學苑出版社

黃艷萍　張再興　編著

肩水金關漢簡字形編

第陸冊

T08:051A
T08:055A
T08:081
T09:010
T09:035
T09:104
T09:215A
T09:281
T10:032
T10:143
T10:144
T10:145
T10:163A
T10:259
T10:323A
T14:014
T15:007
T21:019
T21:041
T21:136
T21:153
T21:160
T22:002
T22:028
T22:047
T22:099
T22:099
T22:150
T23:015A
T23:052
T23:097
T23:118

金部 金

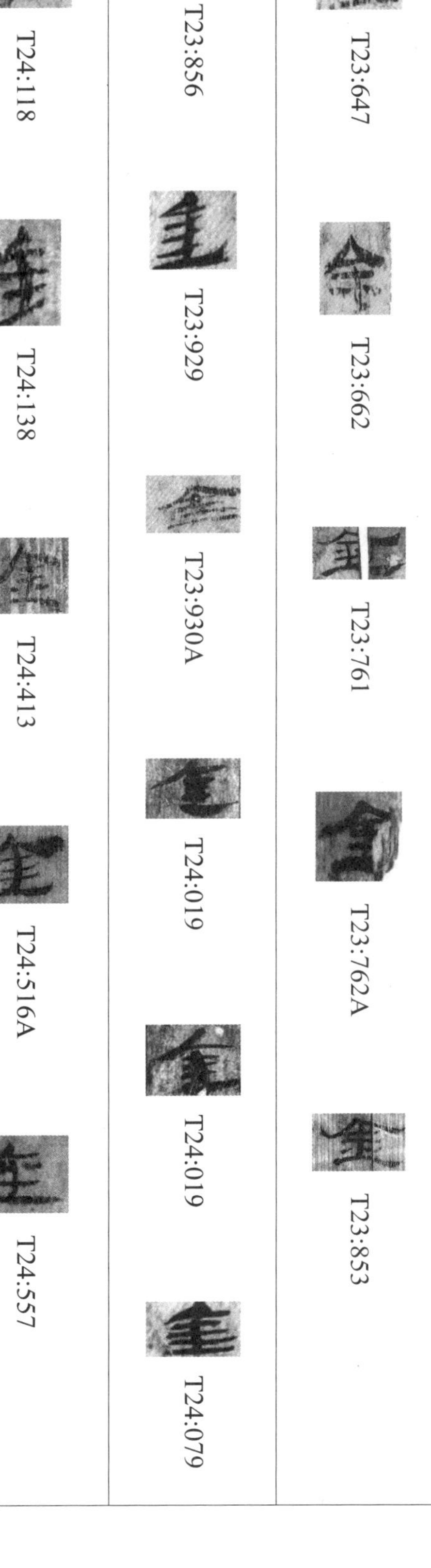

T23:178 T23:314 T23:327 T23:328 T23:335

T23:340 T23:426 T23:617 T23:620 T23:620 T23:629A

T23:647 T23:662 T23:761 T23:762A T23:853

T23:856 T23:929 T23:930A T24:019 T24:019 T24:079

T24:118 T24:138 T24:413 T24:516A T24:557

T25:108 T26:016 T26:016 T26:027 T28:009B T28:028

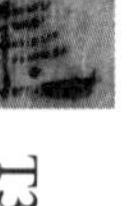

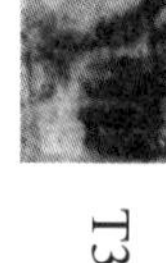

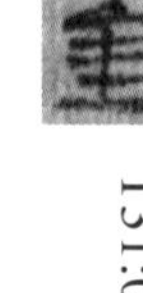

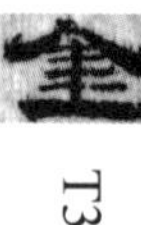
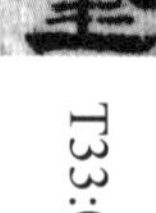

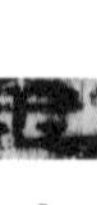

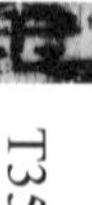

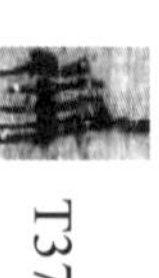

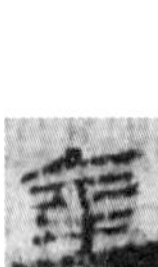

T29:028A T30:004 T30:025 T30:076 T31:066

T31:148 T32:041 T33:071A T33:073 T35:001 T35:009A

T37:023A T37:061A T37:067 T37:110 T37:199

T37:422 T37:451 T37:469 T37:520A T37:521 T37:521

T37:522A T37:524 T37:529 T37:530 T37:540

T37:638 T37:678 T37:690 T37:707A T37:714

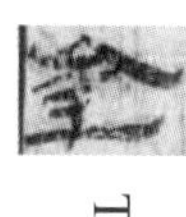
T37:716A

T37:718

T37:738A

T37:748

T37:760

T37:783A

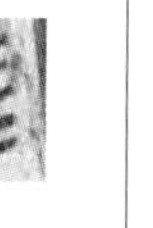

T37:803A

T37:877

T37:907

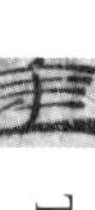

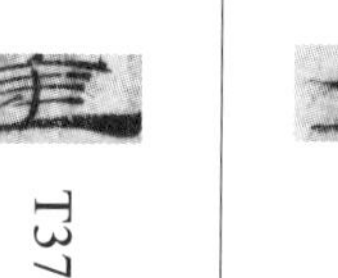

T37:909

T37:913A

T37:975

T37:1020A

T37:1054

T37:1061A

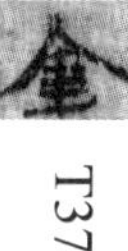
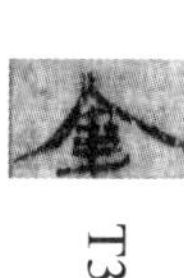
T37:1068

T37:1092

T37:1132

T37:1133

T37:1172

T37:1185

T37:1191A

T37:1296

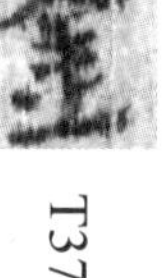
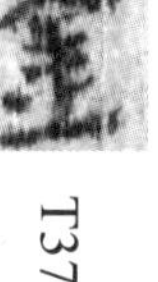

T37:1310

T37:1374

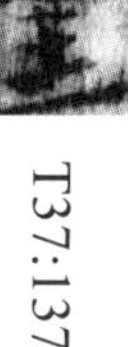
T37:1375A

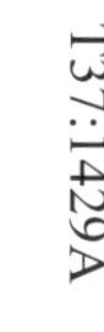

T37:1429A

T37:1441A

T37:1472

T37:1473

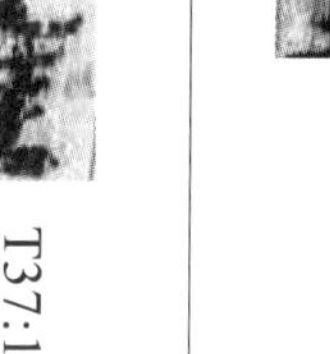

T37:1502A

金部 金

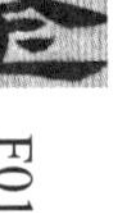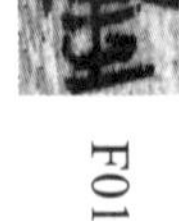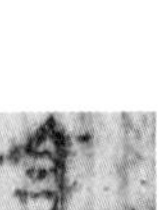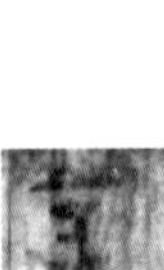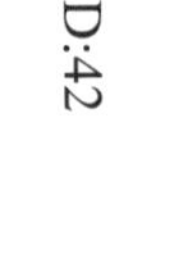

T37:1503A
T37:1518
H01:011
F01:025
F01:027

F01:031
F01:031
F01:081
F01:089
73EJF3:38

73EJF3:39A
73EJF3:117A
73EJF3:120A
73EJF3:125A

73EJF3:155A
73EJF3:165
73EJF3:184A
73EJF3:310

73EJF3:327
73EJF3:379
73EJF3:451
73EJF3:499
73EJF3:621B

73EJD:13
73EJD:36A
73EJD:42
73EJD:43A
73EJD:290

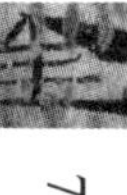
73EJD:291

73EJD:292

73EJD:307B

73EJD:333

73EJD:366

72EJC:23

72EJC:24

72EJC:59

72EJC:113

72EJC:184

72EJC:201

72EJC:242

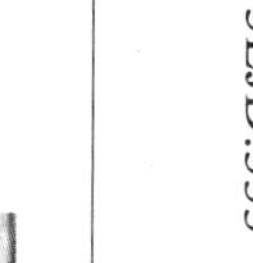
72EJC:243

72EJC:244A

72EJC:245A

72EJC:289

73EJC:316A

73EJC:316A

73EJC:446A

73EJC:530

73EJC:595A

73EJC:598

73EJC:599A

73EJC:605

73EJC:665

72EBS7C:1A

72EBS7C:1A

錫 2042	銅 2043	鐵 2044		錄 2045	
72EBS7C:4	T04:026	T23:789B	73EJF3:161	T23:883	T37:775
	T04:153	T30:152	73EJC:615	T23:909B	73EJF3:328B
	T21:061	T30:191		T30:059A	
	T23:768	T32:039		T30:264	
	H01:039	T37:1548		T31:045	
	73EJC:566				

釘

2046

T01:016

錮

2047

T24:245

鍛

2048

T23:980

鐎

2049

73EJF3:404 按：右殘。

鍵

2050

T07:019

錯

2051

T23:878

F01:036

73EJF3:119A

金部 錡 鍤 鍼 鈹 鋈 錢

錡

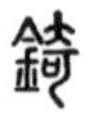

2052

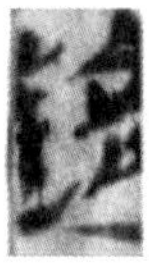

T37:190 按：字形殘。

鍤

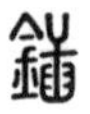

2053

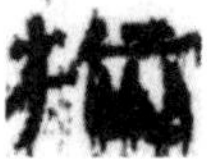

T01:142A

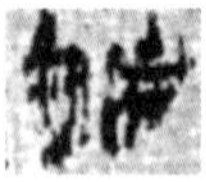

T01:271

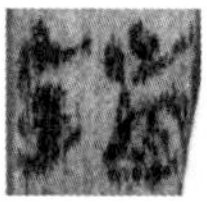

T21:185B

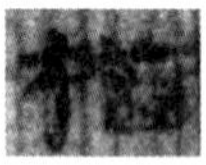

T24:247B

鍼

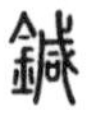

2054

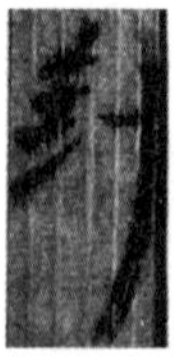

T24:320A 按：金關簡寫作「針」。

鈹

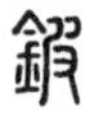

2055

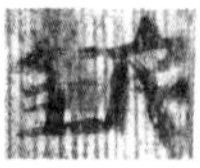

73EJF3:331

鋈

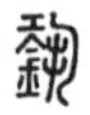

2056

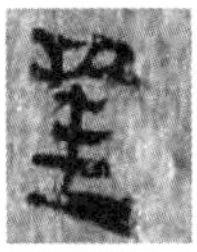

T37:1151A

錢

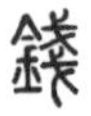

2057

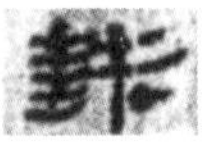

T01:110

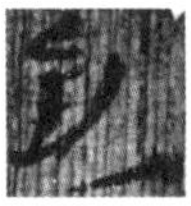

T01:209

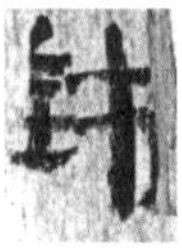

T01:220

T03:038A

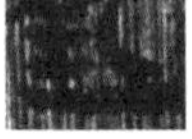

T03:038A

金部　錢

T03:100

T04:124
T04:126
T04:135

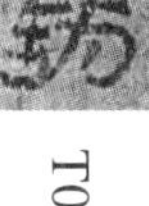
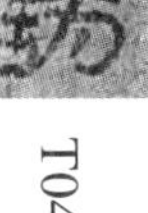

T04:176

T05:008A

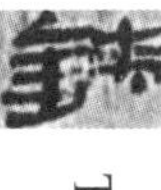
T05:060

T05:098
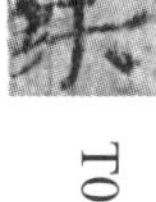

T06:056

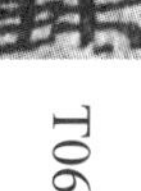

T06:065

T07:066

T09:091

T09:207A

T09:314

T10:066

T10:072

T10:219A

T10:219A
T10:219A
T10:327A
T10:332A
T10:407

T14:018
T15:011A

T21:073B
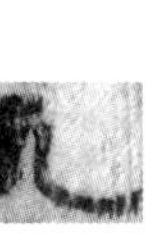
T21:204A

T21:206A

T21:289
T21:314
T21:345
T22:012
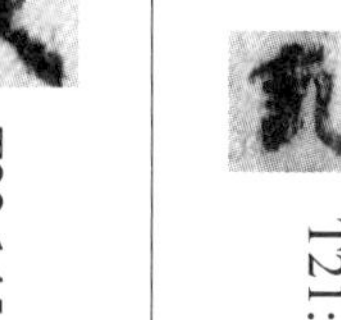
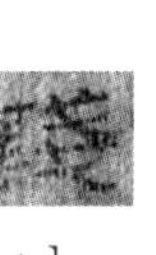
T22:145
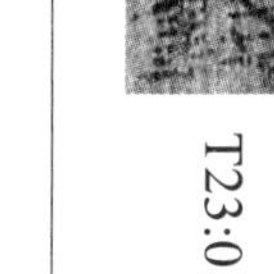
T23:014

金部 錢

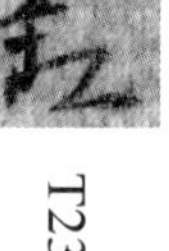
T23:237A

T23:355

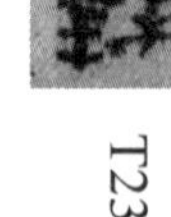

T23:383

T23:404A

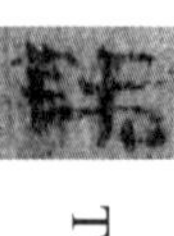
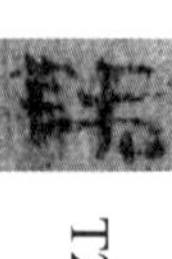
T23:404A

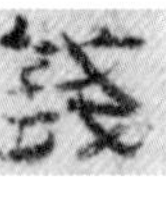
T23:560

T23:663B

T23:684

T23:733A

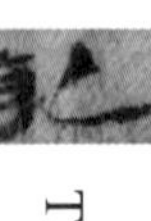
T23:845

T23:883

T23:919A

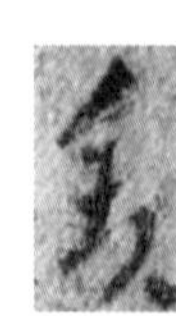
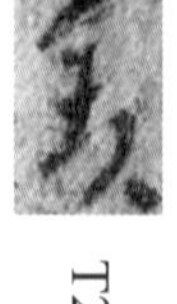
T23:928

T23:928

T23:934

T23:963

T23:963

T23:964

T23:985

T23:985

T23:994A

T24:006A

T24:006B

T24:076

T24:275A

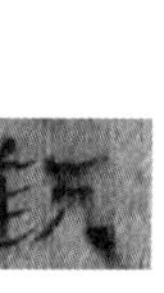
T24:275A

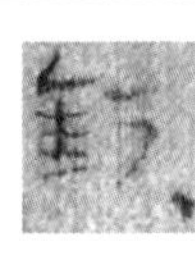
T24:275A

T24:423

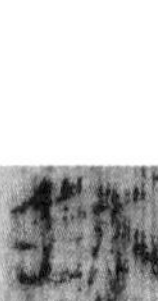
T24:507A

T24:534

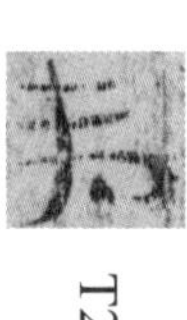
T24:717

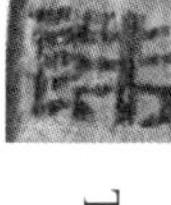

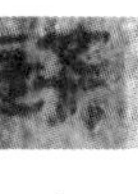

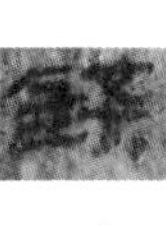
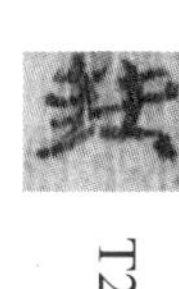

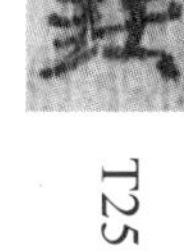

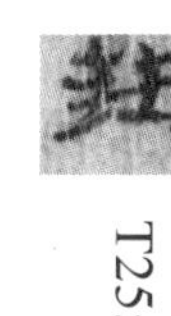

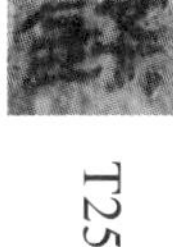

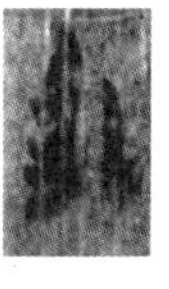
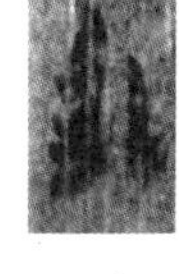

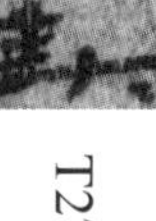

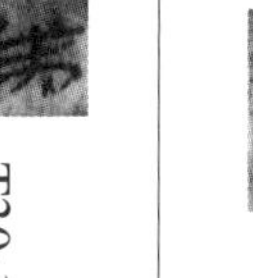
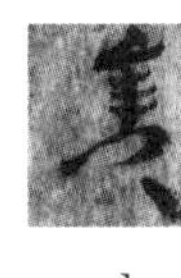

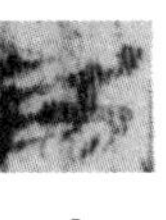

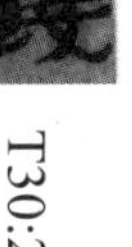

T24:851
T24:921
T25:013
T25:059
T25:079A

T26:023
T26:031
T26:054
T27:017B
T29:114A

T30:002
T30:028A
T30:063
T30:073
T30:081A

T30:102
T30:122A
T30:122A
T30:136
T30:136

T30:145
T30:162
T30:175
T30:258
T31:051B

T31:097B
T33:015
T33:020
T33:029
T35:006

金部　錢

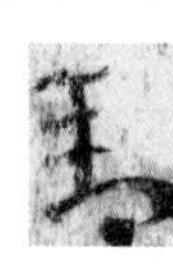
T37:024A

T37:073B

T37:120

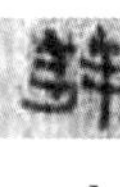
T37:478

T37:535A

T37:767

T37:768

T37:851A

T37:915

T37:1040

T37:1121

T37:1139

T37:1264

T37:1273A

T37:1278A

T37:1307A

T37:1525

H01:020

H01:029

H01:048

H02:007

F01:118A

73EJD:4

73EJD:38

73EJD:82

73EJD:227

73EJD:304B

73EJD:310A

72EJC:55

72EJC:64

72EJC:225

72EJC:237

73EJC:304

73EJC:307

73EJC:320

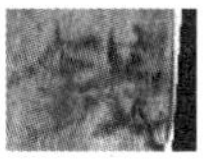

73EJC:378

73EJC:547

73EJC:657

鉏
2058

73EJD:91A

73EJD:307B

鎌
2059

T33:007A

銍
2060

72ECC:14A

鉗
2061

T08:011

T23:969

T37:260

鋸 2062

73EJF3:269+597

錐 2063

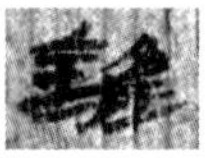

T06:171

銖 2064

T23:859

73EJD:186A

鈞 2065

T22:093

T30:100

T33:038

鐘 2066

T37:1573

鏃 2067

T04:153

T21:061

T23:768

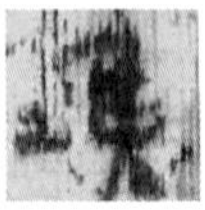

73EJC:566

2068 鎧

鎧

T28:011

T37:777

73EJF3:242

73EJF3:520

73EJF3:557

73EJF3:567

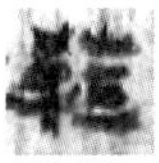

72EJC:119

按：金關簡或从「革」。

2069 鈇

鈇

73EJF3:269+597

2070 鐂

鐂

T21:260

T23:894A

T24:010B

T24:716

T37:786A

T37:1584

73EJF3:261

73EJD:75A

72EJC:135

按：金關簡作「劉」。

2071 鉅

鉅

T01:028

T01:130

T01:154

T01:167

T02:087

T05:011

T05:034

T05:051

T05:053

T09:126

T21:099

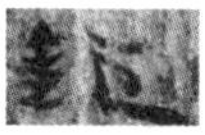

T24:542

T24:836

T31:093

T37:470

T37:1095A

73EJC:628

2072 銘

73EJD:186A

2073 釹

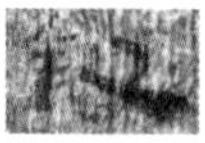

T24:025

2074 鉼

T04:089

H01:025

73EJF3:170

73EJD:6

2075 錧

T27:010

2076 鑷

T23:615

2077 勹 勹

T21:379

73EJF3:332

2078 処 処

T10:292

T23:151

T23:639

T24:211

T24:245

T31:064

T37:175

T37:754

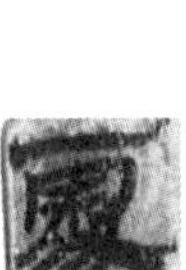

F01:015

73EJF3:278

73EJF3:326

73EJF3:383

73EJF3:522

73EJC:593　按：《說文》，処「処或从虍聲」。

且

且

2079

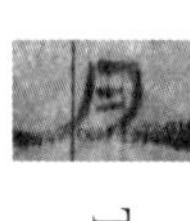
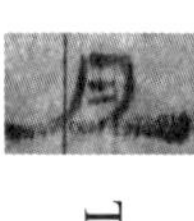
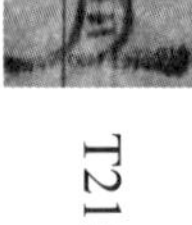

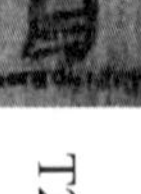

T03:054B　T07:025　T21:131A　T23:019A　T23:136

T23:406B　T23:495A　T23:861B　T23:896A　T24:015B

T24:061A　T24:073A　T24:073A　T24:198　T24:728A

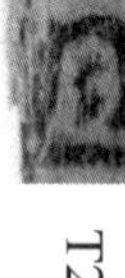

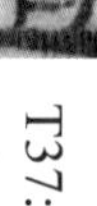

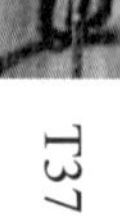

T26:084B　T30:196　T37:1123　T37:1139　T37:1282

73EJF3:161　73EJF3:183B　73EJD:49A　73EJD:262B

斤

斤

2080

T01:142A　T04:001　T06:073B　T06:109　T21:070

T21:423

T23:985

T24:268B

T28:073

T28:101

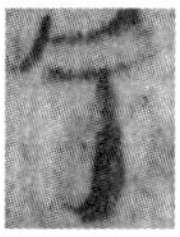

T31:023

T31:030

T33:088

T37:236

T37:1429A

T37:1546

73EJF3:433+274

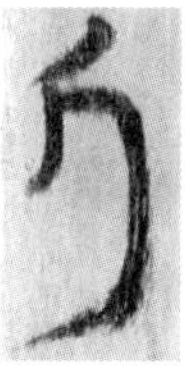

73EJF3:489

73EJD:186B

72EDIC:9

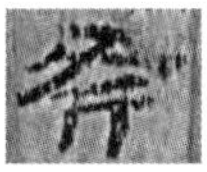

斧

2081

T10:381

T22:034

T24:592

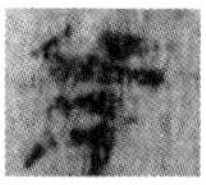

T28:105

T37:1540

73EJF3:289

斵 2082

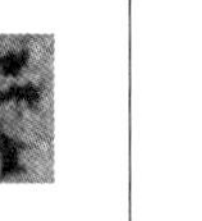
T07:063

所 2083

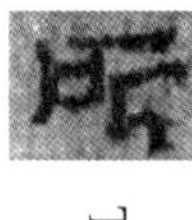
T01:001

T01:101

T02:029A

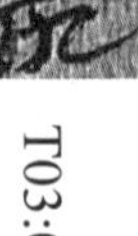
T03:006

T03:027A

T03:055

T03:055

T03:055

T03:105

T03:114

T04:041A

T04:066

T04:101

T05:008A

T05:028

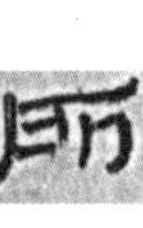
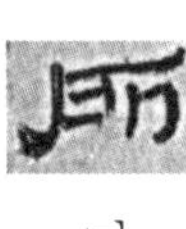
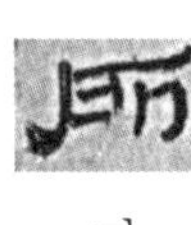

T05:059

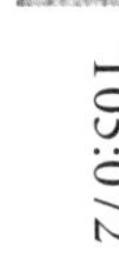

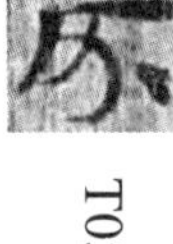

T05:072

T05:073

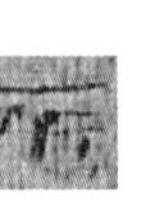

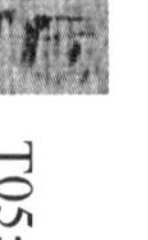
T05:073

T05:083

T05:083

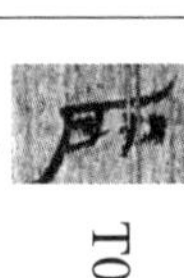
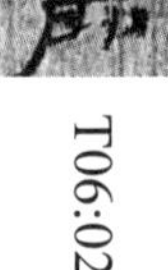
T06:023A

T06:038A

T06:143

T06:180

T07:023

T07:076

T07:120

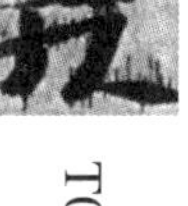

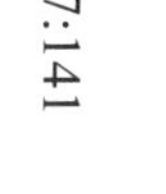
T07:136
T07:141

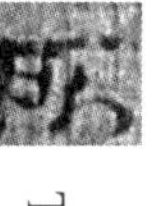
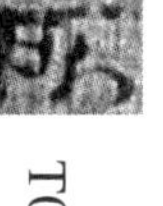
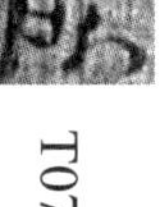

T07:159

T09:012A

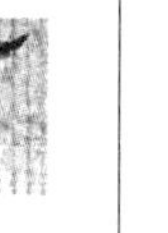

T09:013

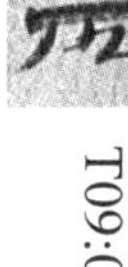

T09:022

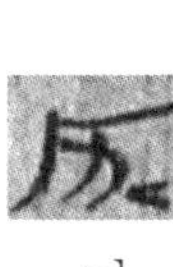
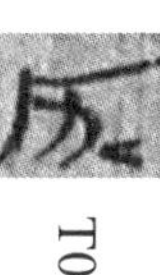

T09:030

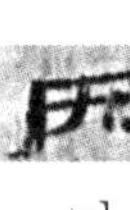

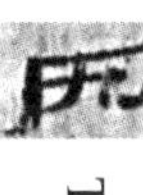
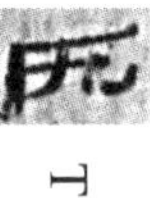
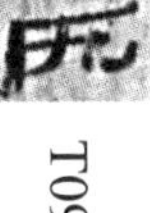
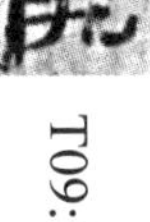
T09:092A

T09:092A
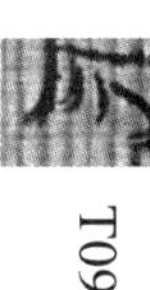
T09:104

T09:104
T09:124
T09:133
T09:140

T09:208

T09:231

T09:231

T09:271B

T10:077

T10:088

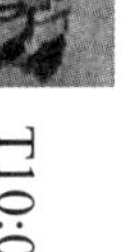

T10:106

T10:120A

T10:120A
T10:121A
T10:125
T10:134
T10:147

T10:212

T10:213A

T10:232A

T10:236A

T10:253

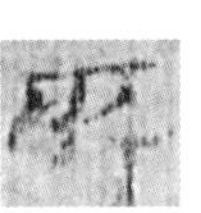
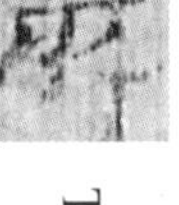
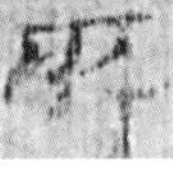
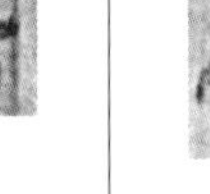

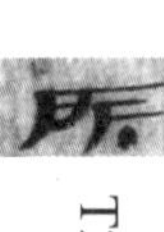
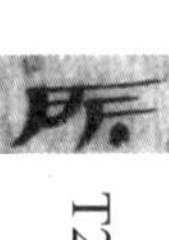
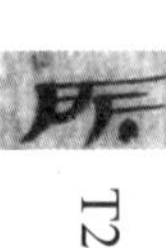
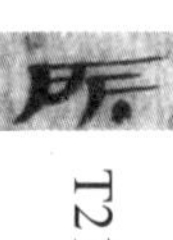

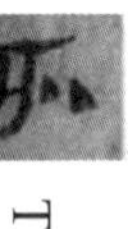

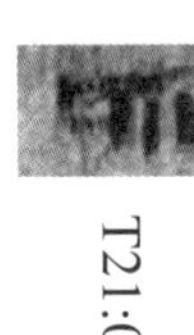
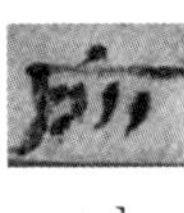
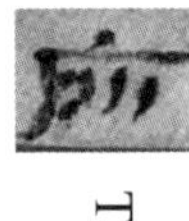

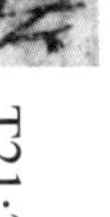

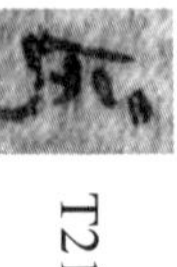
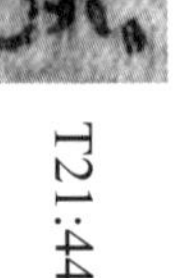
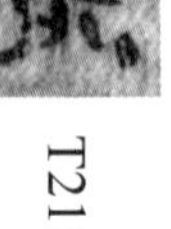
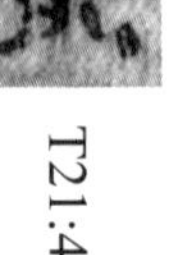
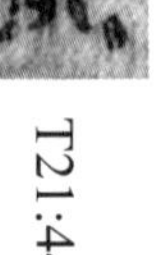

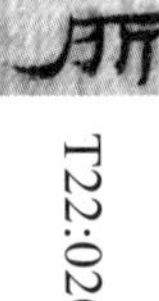

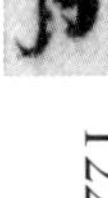
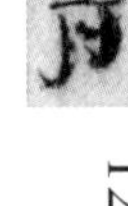
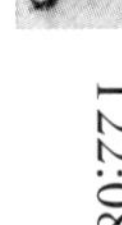

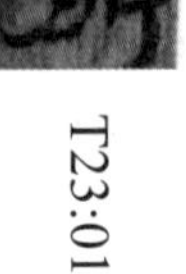

T10:253
T10:313A
T10:313A
T10:315A
T10:359

T10:389
T10:406
T10:419
T11:005
T11:017
T14:034

T21:001
T21:022
T21:047
T21:056
T21:056
T21:064

T21:064
T21:104
T21:200
T21:227B
T21:239

T21:245
T21:293
T21:442
T22:003
T22:020
T22:072

T22:086
T22:149
T23:015A
T23:018
T23:162

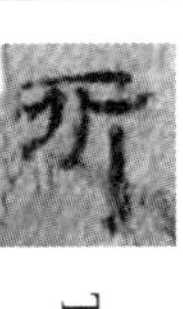
T23:229A

T23:237A

T23:242

T23:279A

T23:290

T23:293B

T23:328

T23:335

T23:386

T23:396A

T23:406A

T23:443

T23:463

T23:565

T23:590

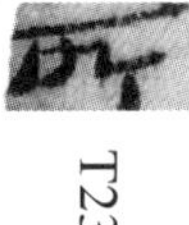
T23:609

T23:620

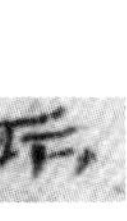
T23:620

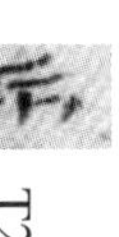
T23:621

T23:647

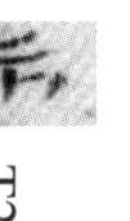
T23:658

T23:685

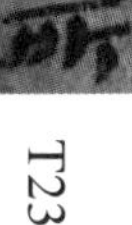
T23:694A

T23:857A

T23:877A

T23:878

T23:878

T23:878

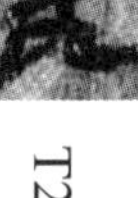
T23:885A

T23:890

T23:897A

T23:929

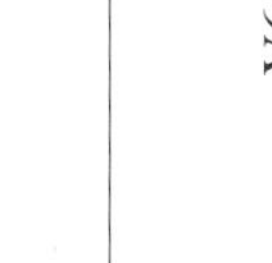

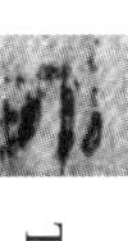

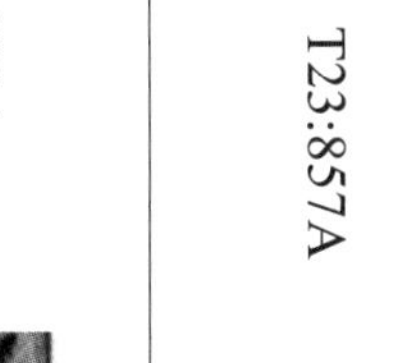

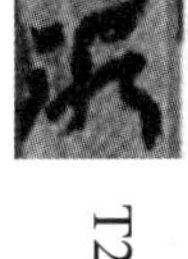
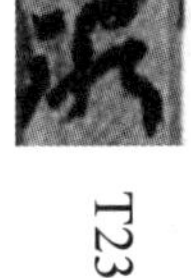
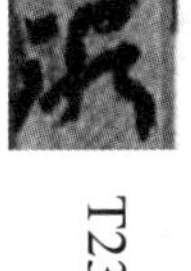
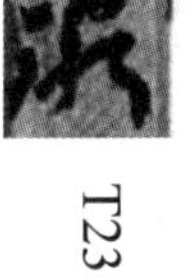
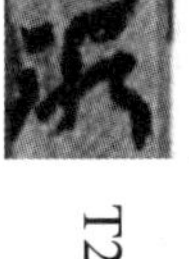

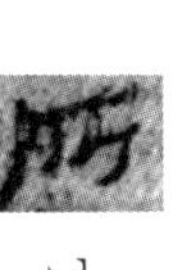
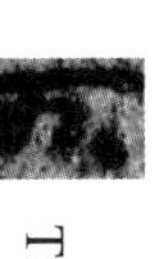

斤部 所

T23:963

T23:965
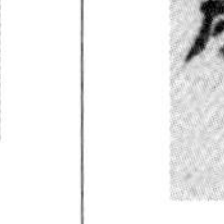
T23:969

T24:015B

T24:023A

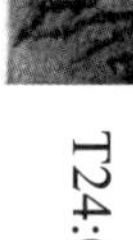
T24:023A

T24:035A

T24:065A

T24:127

T24:148

T24:149

T24:198

T24:202
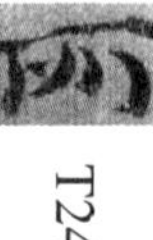
T24:211

T24:240A

T24:247A

T24:249
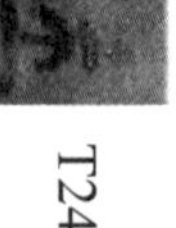
T24:249

T24:264A

T24:266A

T24:266A

T24:267A

T24:268B
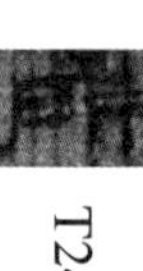
T24:268B
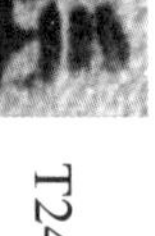
T24:269A

T24:304

T24:410

T24:427A

T24:431

T24:525

T24:532A

T24:533A

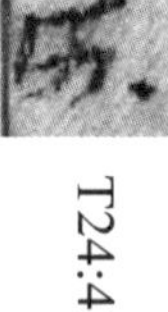

斤部 所

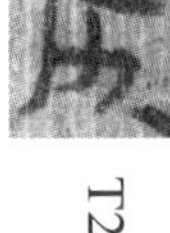
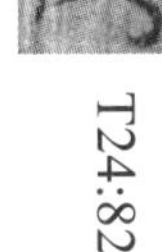

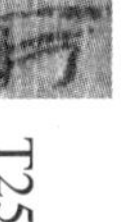
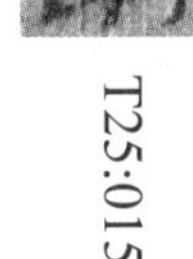

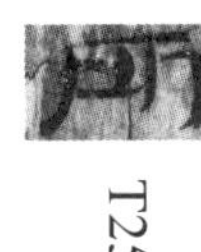

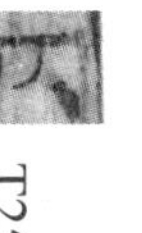

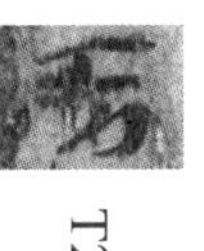

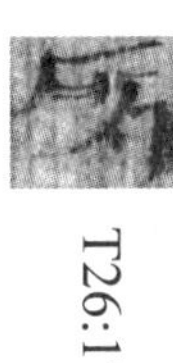

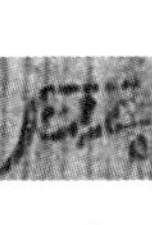

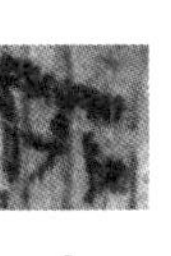

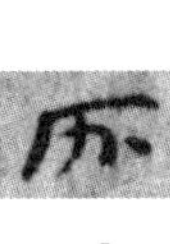

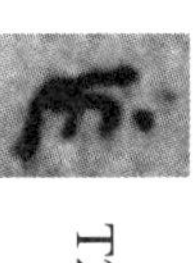

T24:533A
T24:705
T24:720
T24:730
T24:795
T24:816

T24:820
T24:859
T24:949
T24:984
T25:013
T25:013

T25:015A
T25:018
T25:178
T25:186
T26:042
T26:054

T26:065
T26:084B
T26:087
T26:095
T26:095
T26:174B

T26:208
T26:210
T27:013
T28:005
T28:010

T28:026
T28:068
T28:107
T28:107
T28:107

斤部 所

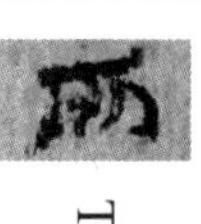

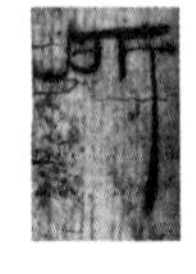
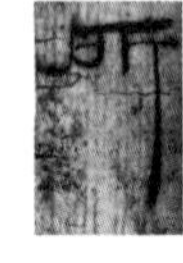
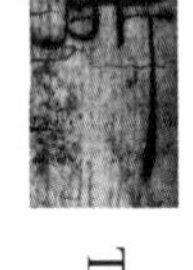
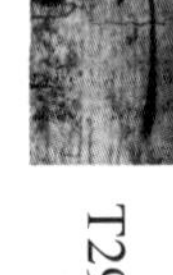

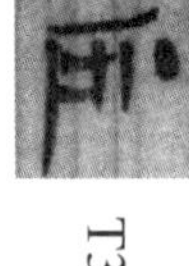

T29:068

T29:074

T29:097

T29:123

T29:124

T30:011

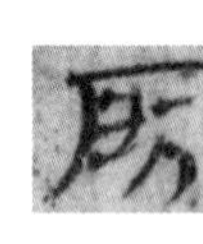
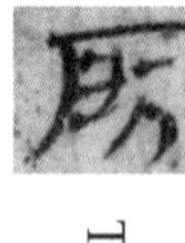

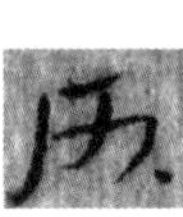

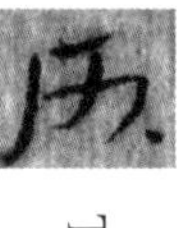

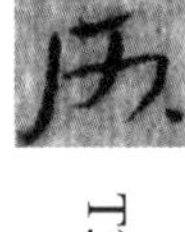
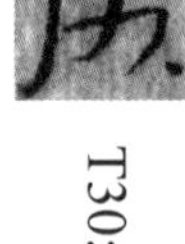

T30:016

T30:016

T30:028A

T30:070

T30:080B

T30:122A

T30:180

T30:204

T30:210A

T31:005

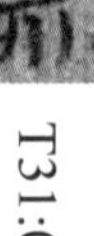

T31:034A

T31:059A

T31:062

T31:066

T31:066

T31:066

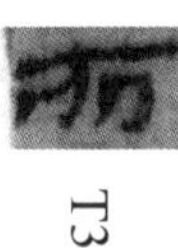

T31:102A

T31:136

T31:152

T33:026

T33:039

T33:039

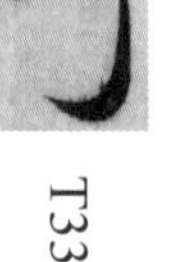

T33:040A

T33:044A

T33:070

T33:077

T34:006A

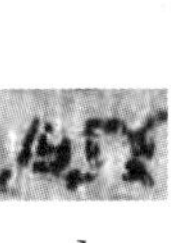
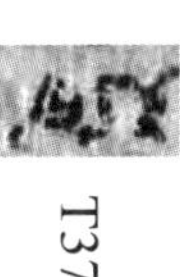

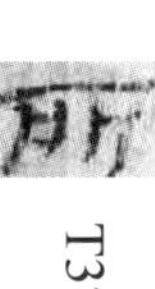

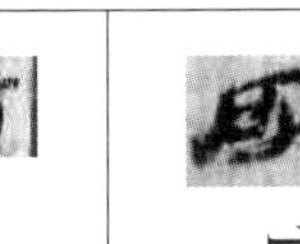

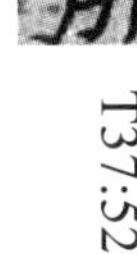

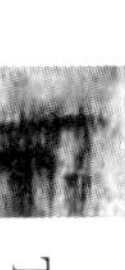

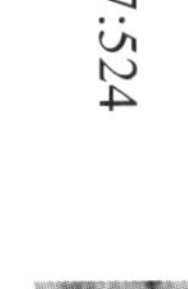

T34:006A
T35:003
T35:007
T37:005
T37:007

T37:018
T37:089
T37:100
T37:134
T37:140
T37:261

T37:284
T37:285
T37:303
T37:420
T37:492
T37:519A

T37:519A
T37:521
T37:521
T37:521
T37:524
T37:524

T37:525
T37:526
T37:528
T37:565
T37:640
T37:660

T37:692
T37:693
T37:702A
T37:708A
T37:708A

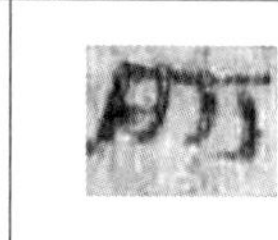

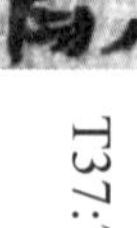

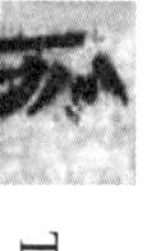

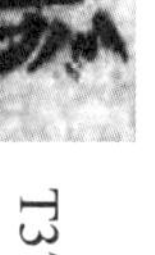

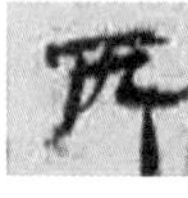
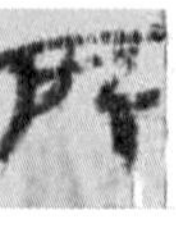
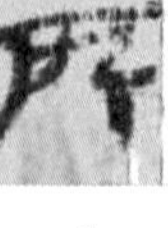
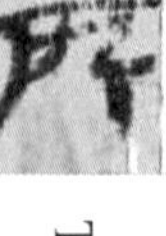
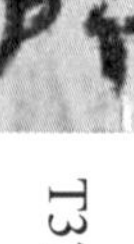

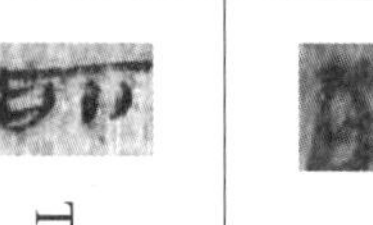
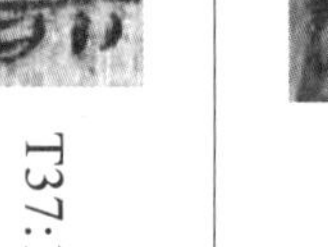

T37:733
T37:749A
T37:752A
T37:778
T37:780
T37:782
T37:792
T37:792
T37:798
T37:798
T37:836A
T37:878A
T37:878A
T37:886
T37:909
T37:913A
T37:916
T37:919
T37:928
T37:999
T37:1029
T37:1045
T37:1067A
T37:1070
T37:1075A
T37:1076A
T37:1076A
T37:1094A
T37:1095A
T37:1095A
T37:1097A

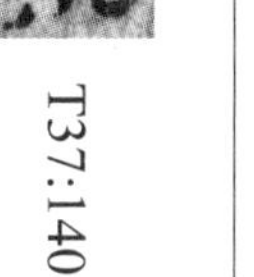

T37:1167A
T37:1184
T37:1188
T37:1202
T37:1216

T37:1401
T37:1416
T37:1438
T37:1453
T37:1454

T37:1462
T37:1491
T37:1491
T37:1499A
T37:1500

T37:1501
T37:1519
T37:1535B
H01:014
H01:043

H02:005A
H02:022
H02:024
H02:042
H02:047A
F01:002

F01:004
F01:020A
F01:020B
F01:025
F01:025

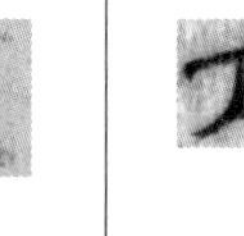
F01:076

F01:096

73EJF3:2

73EJF3:37

73EJF3:51

73EJF3:111

73EJF3:112

73EJF3:117A

73EJF3:118A

73EJF3:155A

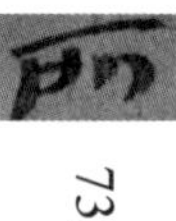
73EJF3:156

73EJF3:160

73EJF3:161

73EJF3:167

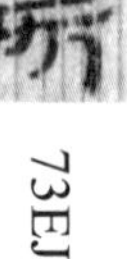
73EJF3:181

73EJF3:225

73EJF3:293

73EJF3:298

73EJF3:322A

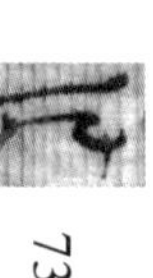

73EJF3:325

73EJF3:327

73EJF3:328A

73EJF3:328B

73EJF3:404

73EJF3:404

73EJF3:417

73EJF3:418

73EJF3:438

73EJF3:447B

斤部 所

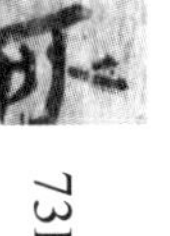
73EJF3:469

73EJF3:508
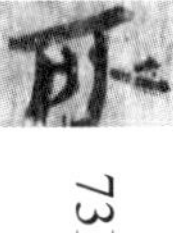
73EJF3:526
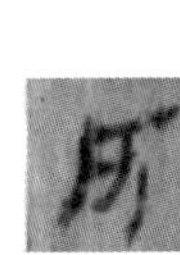
73EJF3:618

73EJD:2

73EJD:5

73EJD:19A
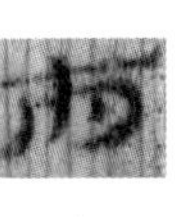
73EJD:37A

73EJD:40A

73EJD:42

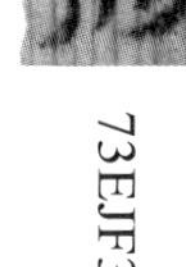
73EJD:44
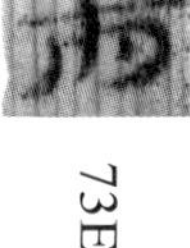
73EJD:64

73EJD:79B

73EJD:96

73EJD:244

73EJD:246

73EJD:277
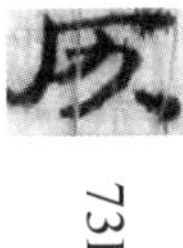
73EJD:295

73EJD:296

73EJD:301

73EJD:306A

73EJD:317A

72EJC:65

72EJC:119
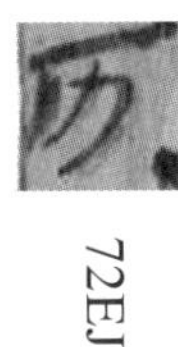
72EJC:216

72EJC:270A

73EJC:295

73EJC:360

73EJC:435

73EJC:529A

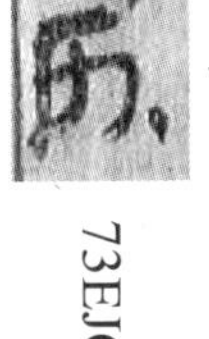
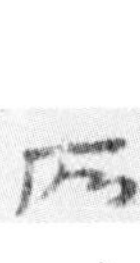
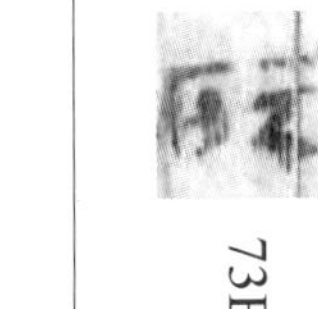

73EJC:547

73EJC:555A

72ECC:36

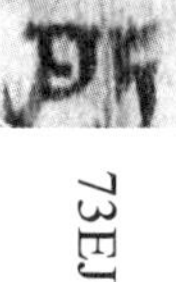
72ECC:58

72EBS7C:1A

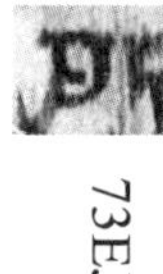
72EBS7C:1A

72EBS7C:1A

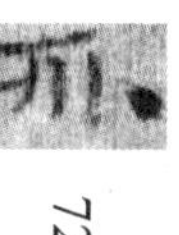
72EBS7C:4

2084 斯

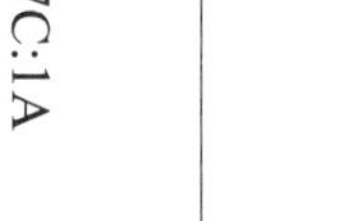
T31:102A

T31:102A

2085 斷

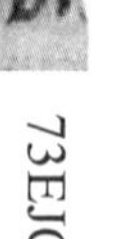

T21:245

T31:149

73EJF3:279

72EBS7C:4　按：左或與「齒」同形。

2086 新

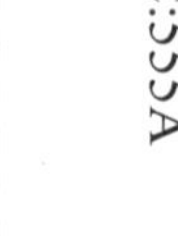
T01:007

T01:128

T02:002

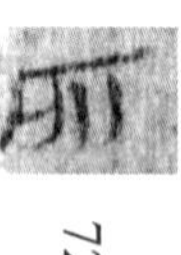
T02:071

T02:072

T02:074

T03:053

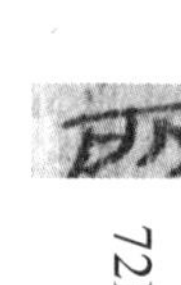
T06:049

T09:098

T10:178

T23:807

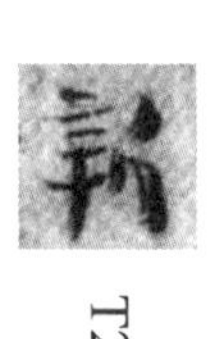
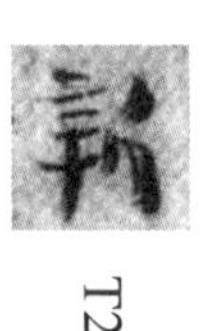

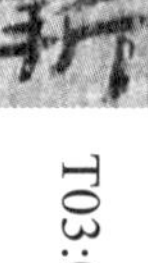
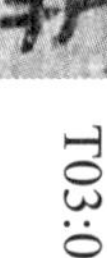
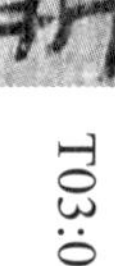
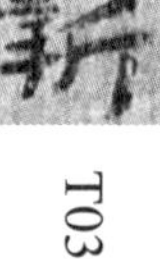

T23:827

T23:878
T24:238
T26:009
T26:038

T26:184

T27:021
T28:031
T29:066
T30:214
T37:452

T37:520A

T37:526

T37:764

T37:812

T37:982

T37:1006

T37:1152

T37:1459

F01:085

73EJF2:10

73EJF3:119A

73EJF3:179B
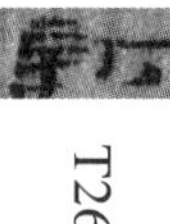
73EJF3:261

73EJF3:276

73EJF3:377

73EJF3:467

72EJC:10

72EJC:26
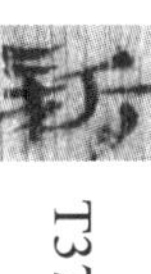
73EJC:485

斗

2087

T01:023

T03:054A

T03:054B

T03:071

T03:072

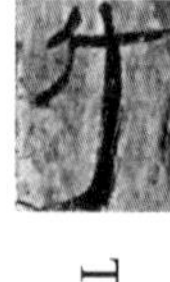
T03:099

T04:073

T04:098A

T05:024

T05:111

T05:113

T06:054

T07:003

T07:135

T08:018

T08:080

T10:067

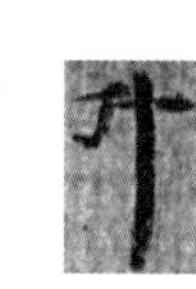
T10:067

T10:067

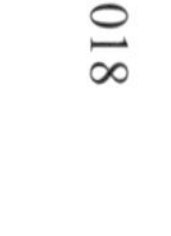
T10:071

T10:071

T10:073

T10:073

T10:073

T10:075

T10:077

T10:078

T10:078

T10:079

T10:079

T10:081

T10:081

T10:081

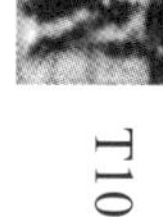

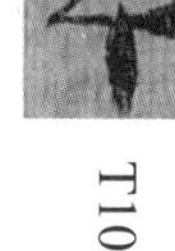

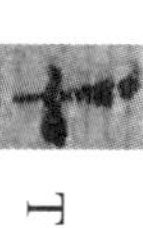

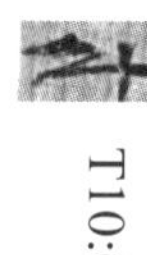

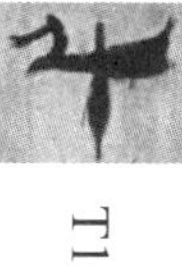
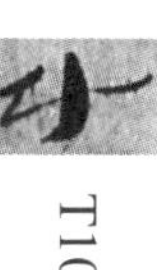

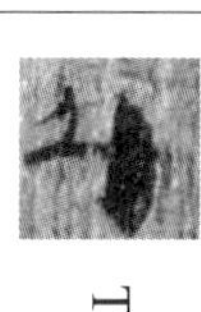
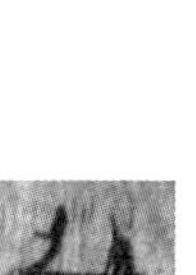

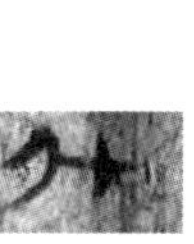

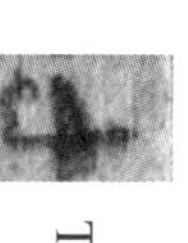
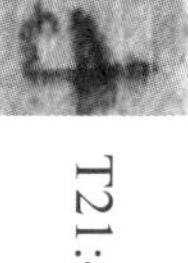

T10:082

T10:082

T10:084

T10:085

T10:085

T10:085

T10:087

T10:088

T10:088

T10:089

T10:116

T10:161

T10:166

T10:169

T10:169

T10:306

T10:315A

T10:327A

T10:397

T21:003

T21:007

T21:112

T21:130A

T21:130A

T21:137

T21:156

T21:166

T21:172

T21:207

T21:233

T21:279

T21:284

T21:408

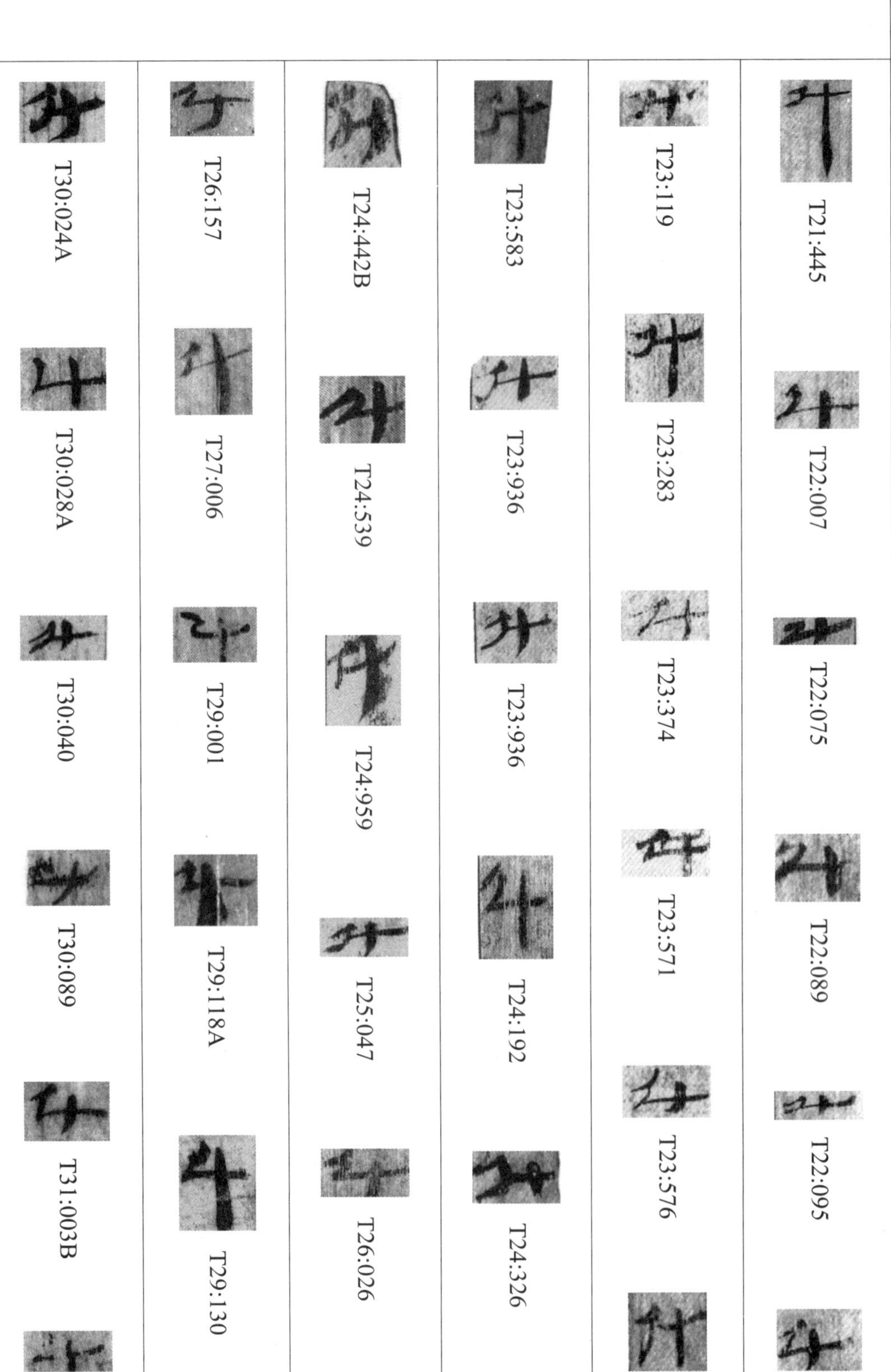

T21:445 T22:007 T22:075 T22:089 T22:095 T22:103

T23:119 T23:283 T23:374 T23:571 T23:576 T23:583

T23:583 T23:936 T23:936 T24:192 T24:326

T24:442B T24:539 T24:959 T25:047 T26:026

T26:157 T27:006 T29:001 T29:118A T29:130

T30:024A T30:028A T30:040 T30:089 T31:003B T31:033

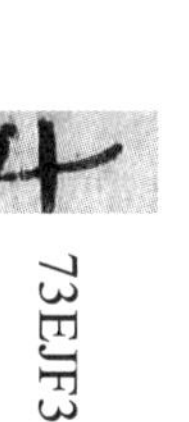
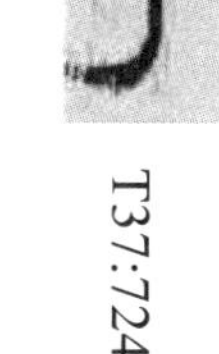

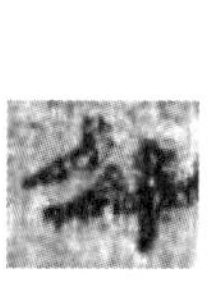
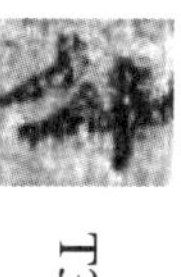

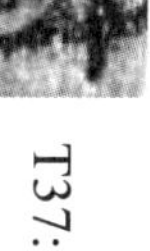

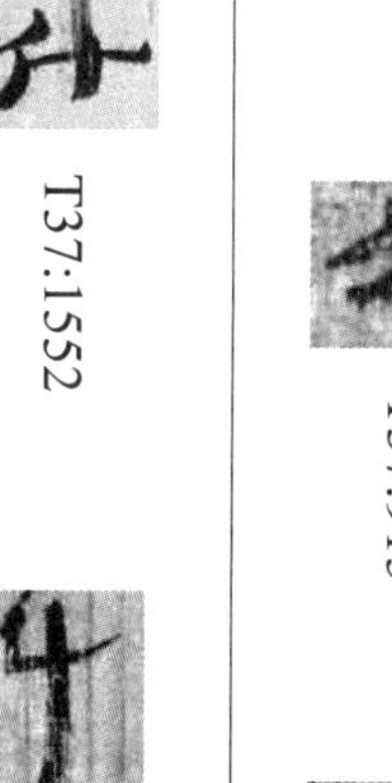

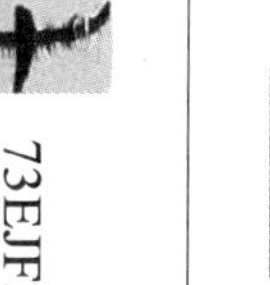

T32:001
T33:024
T34:011
T34:020
T37:448
T37:527

T37:570
T37:724
T37:915
T37:915
T37:939

T37:1021
T37:1169
T37:1552
H01:016B
H01:029

H02:002
73EJF2:23
73EJF3:85
73EJF3:88
73EJF3:90

73EJF3:90
73EJF3:94
73EJF3:116B
73EJF3:312

73EJF3:312
73EJF3:382A
73EJF3:396
73EJF3:412
73EJF3:420

斛

2088

73EJF3:422

73EJF3:545

73EJD:5

73EJD:38

73EJD:186B

72EJC:106

72EJC:277

73EJC:417
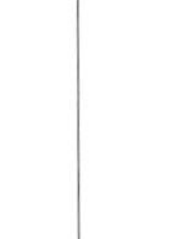
73EJC:550

73EJC:600

72ECC:33

72ECC:40A

72ECC:40B

T21:122

T21:353

T21:441

T22:131A

T24:012

T24:959

T26:229A

T26:229A

T37:550

73EJF2:23

73EJF3:83
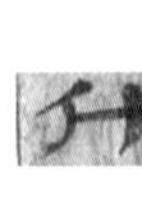
73EJF3:84
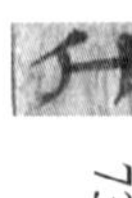
73EJF3:85

73EJF3:87

73EJF3:88

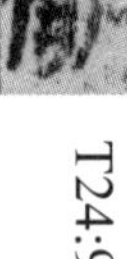

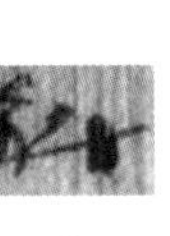

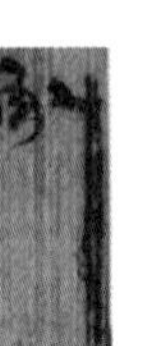
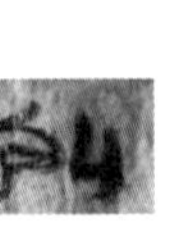
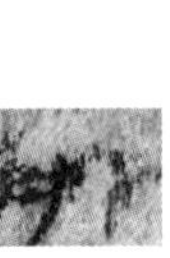

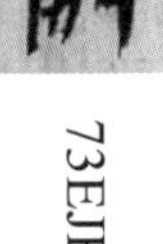

73EJF3:90

73EJF3:116B

73EJF3:116B

73EJF3:312

73EJF3:312

73EJF3:396

73EJF3:412

73EJF3:458

73EJF3:481

73EJF3:545

魁

2089

T21:178

升

2090

T01:023

T03:071

T03:072

T03:099

T03:099

T04:079

T05:111

T07:014

T09:237

T10:067

T10:067

T10:067

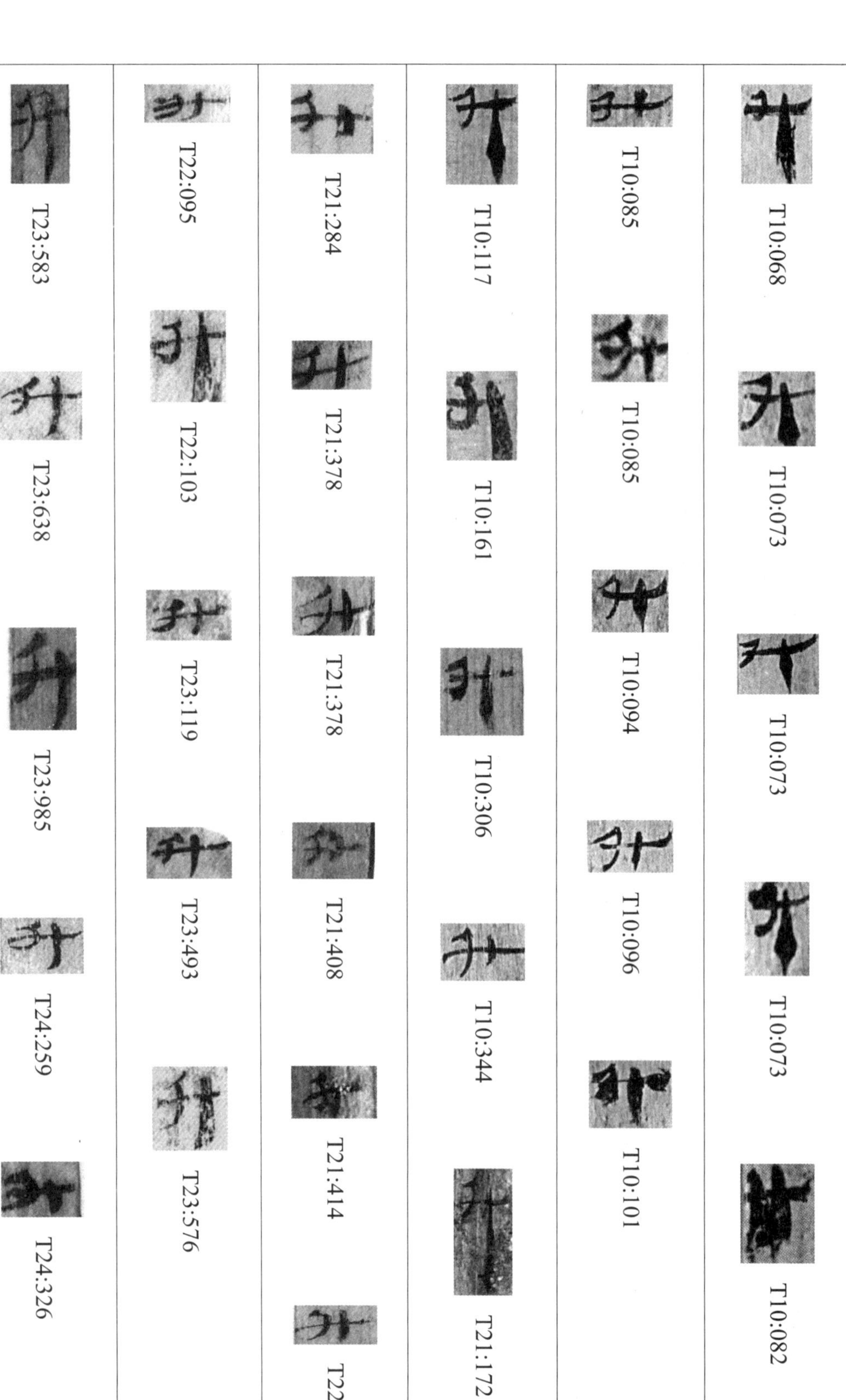

T10:068 T10:073 T10:073 T10:073 T10:082
T10:085 T10:085 T10:094 T10:096 T10:101
T10:117 T10:161 T10:306 T10:344 T21:172
T21:284 T21:378 T21:378 T21:408 T21:414 T22:007
T22:095 T22:103 T23:119 T23:493 T23:576
T23:583 T23:638 T23:985 T24:259 T24:326

T24:326

T24:388

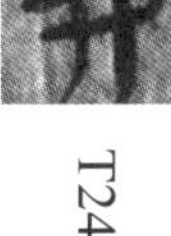
T24:539

T26:026

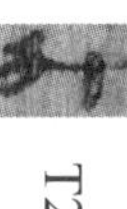
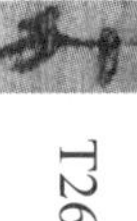

T26:070

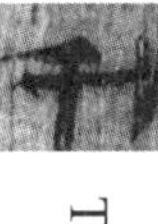
T27:057

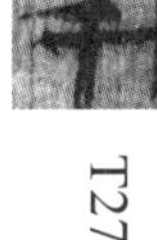
T28:109

T29:001

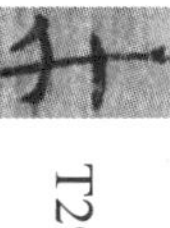
T30:040

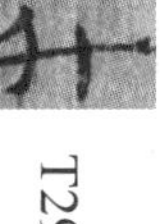
T31:033

T34:020

T37:1021

T37:1169

T37:1479

H01:016B

H01:016B

H01:032B

73EJF3:88

73EJF3:90

73EJF3:94

73EJF3:110

73EJF3:116B

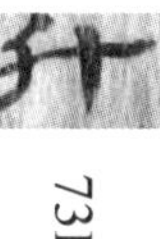

73EJF3:418

73EJF3:419

73EJF3:420

73EJT4H:76

73EJD:249

73EJD:249

72EJC:106

72EJC:277

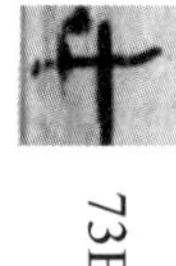

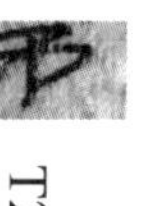

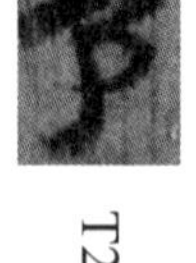

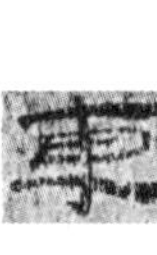
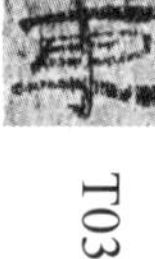

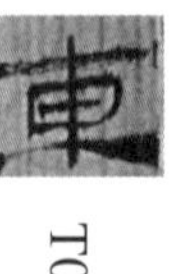
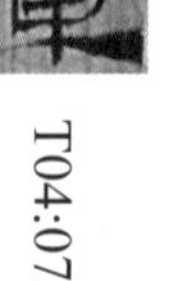

73EJC:318
72EDAC:7
72ECC:33

矛
2091

T23:267
T27:005
T37:1151A
73EJD:11

車
2092

T01:001
T01:030
T01:034
T01:042
T01:045
T01:045
T01:103
T01:159
T01:170
T01:173
T01:285
T02:018
T03:077
T03:093
T03:094
T03:098
T03:098
T03:102
T04:072
T05:002
T05:079

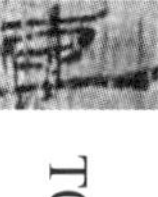

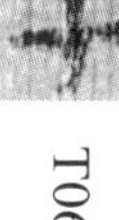

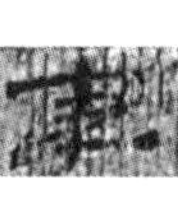
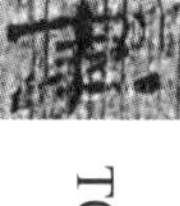

T05:080

T06:037

T06:041A

T06:081A

T06:084

T06:134

T07:036

T07:048

T07:072

T07:107A

T07:107B

T07:115

T08:054A

T08:067

T08:068

T09:009B

T09:041

T09:048

T09:062A

T09:082

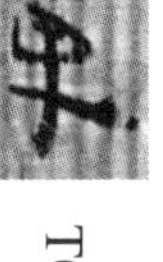

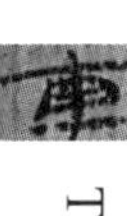
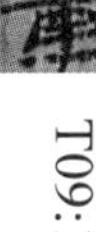
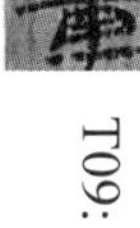

T09:095

T09:097

T09:104

T09:121

T09:131

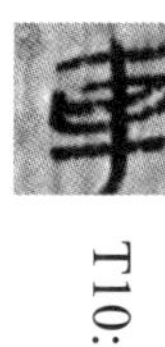

T09:146

T09:254

T10:063

T10:110A

T10:119

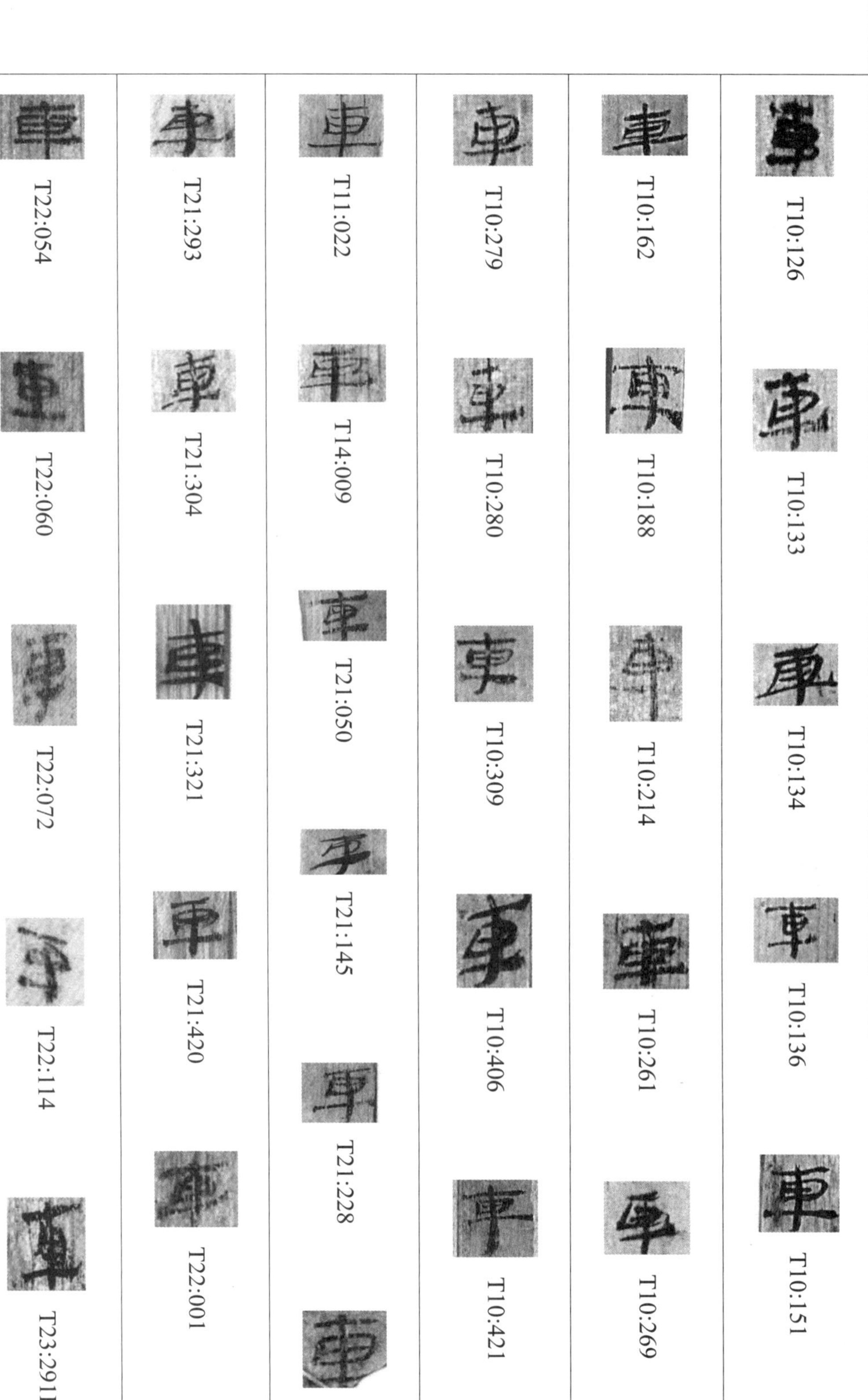
T10:126
T10:133
T10:134
T10:136
T10:151
T10:162
T10:188
T10:214
T10:261
T10:269
T10:279
T10:280
T10:309
T10:406
T10:421
T11:022
T14:009
T21:050
T21:145
T21:228
T21:229
T21:293
T21:304
T21:321
T21:420
T22:001
T22:054
T22:060
T22:072
T22:114
T23:291B

T23:297
T23:329
T23:349A
T23:376
T23:387
T23:660
T23:775
T23:810
T23:894A
T23:896A
T23:897A
T23:897A
T23:905
T23:924
T23:970
T23:973
T24:033
T24:091A
T24:122
T24:124
T24:150
T24:195
T24:201B
T24:241
T24:248
T24:374
T24:393
T24:417B
T24:424
T24:552

車部　車

T24:730

T24:789

T24:951

T25:005

T25:168

T26:035

T26:051

T26:063

T26:185

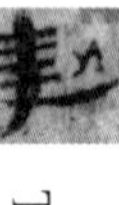

T26:191

T27:001

T27:077

T28:025

T29:003

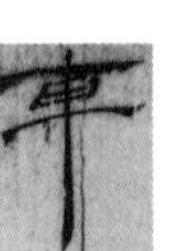
T29:032

T29:056

T29:072

T30:005

T30:009

T30:010

T30:017

T30:020

T30:072

T30:093

T30:093

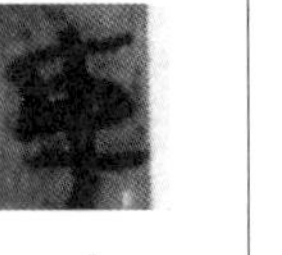
T30:121

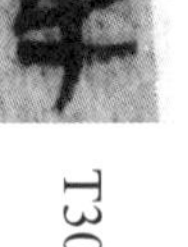
T30:121

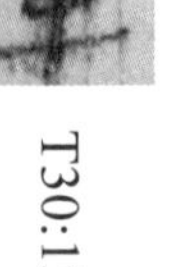
T30:133

T30:142

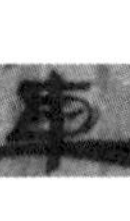
T30:147

T30:152

T30:155

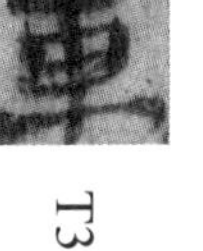
T30:164

T30:173

T30:176

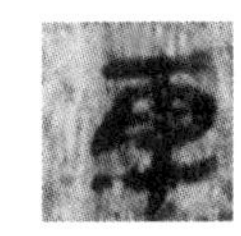
T30:181

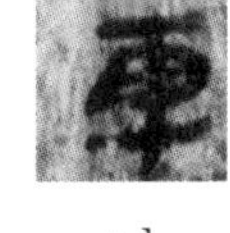
T30:242

T30:252

T30:265

T31:017

T31:066

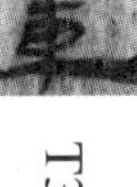
T31:110

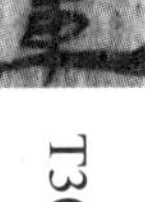
T31:146

T31:150

T31:191

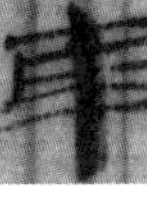
T32:004

T32:011

T33:043

T33:059A

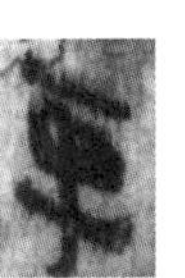
T35:004

T37:017

T37:020

T37:036

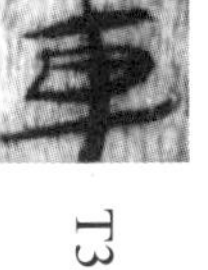
T37:037

T37:053

T37:058

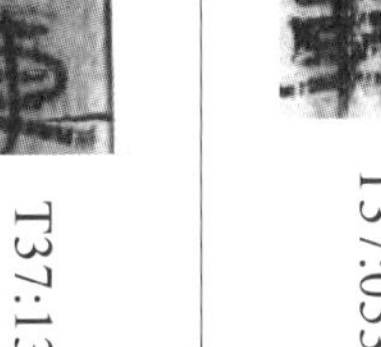
T37:060

T37:081

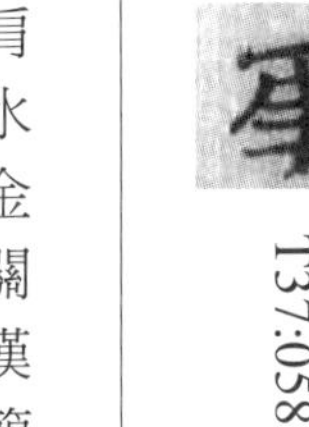
T37:123

T37:132

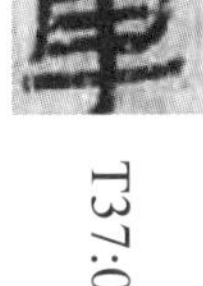

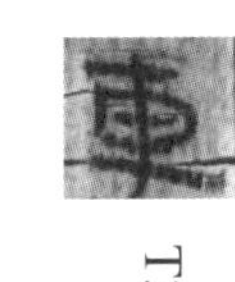

T37:175
T37:178
T37:269
T37:353
T37:456
T37:519A
T37:521
T37:524
T37:552
T37:567
T37:618
T37:624
T37:632
T37:648A
T37:674
T37:696
T37:711
T37:711
T37:712
T37:739
T37:742
T37:748
T37:758
T37:761
T37:762
T37:779
T37:830
T37:837
T37:841
T37:856
T37:858
T37:859
T37:870

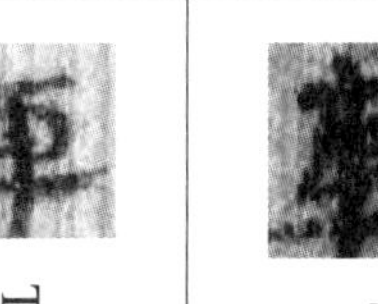
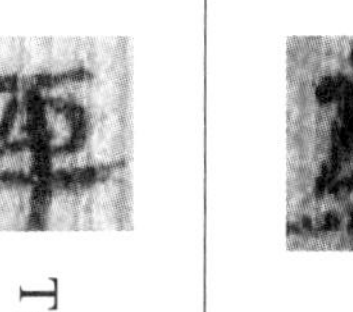
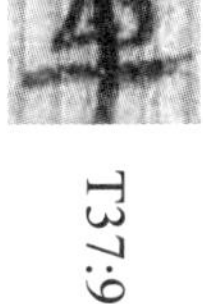

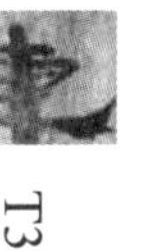
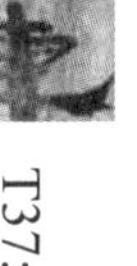

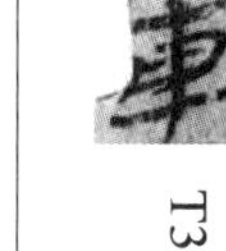

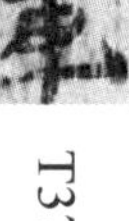

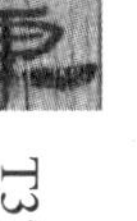

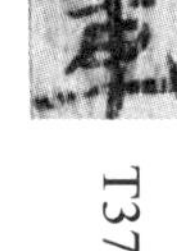

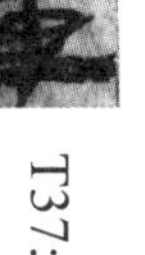

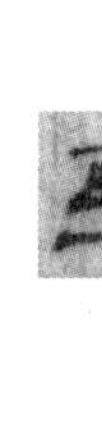
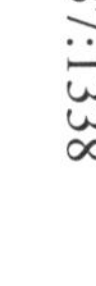

T37:885

T37:919

T37:925

T37:957

T37:961

T37:986

T37:988

T37:996

T37:1006

T37:1022

T37:1034

T37:1058

T37:1065A

T37:1090

T37:1107

T37:1110

T37:1115

T37:1123

T37:1137

T37:1142

T37:1159

T37:1161

T37:1193

T37:1236

T37:1241

T37:1243

T37:1338

T37:1381

T37:1382

T37:1384

T37:1443
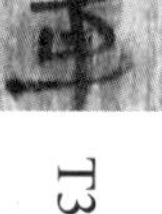
T37:1455
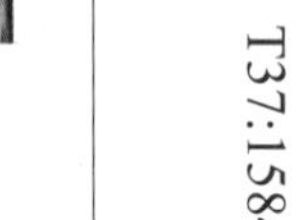
T37:1516
T37:1584

T37:1587

H01:029

H01:029

H01:041

H01:042

H02:016

H02:020

H02:020

H02:032

H02:041
H02:051
F01:026

F01:088

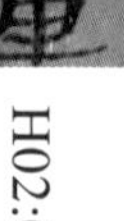
73EJF2:1

73EJF2:13

73EJF3:59

73EJF3:89

73EJF3:129
73EJF3:132
73EJF3:139
73EJF3:156

73EJF3:172

73EJF3:172

73EJF3:178A

73EJF3:256

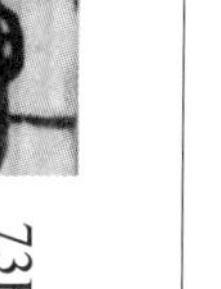

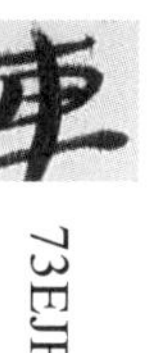

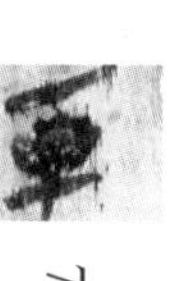

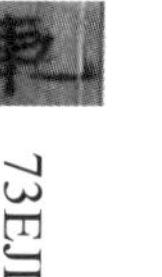
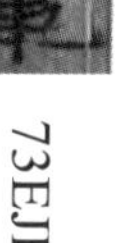

73EJF3:326
73EJF3:344
73EJF3:346
73EJF3:347

73EJF3:368
73EJF3:369
73EJF3:370
73EJF3:371

73EJF3:372
73EJF3:373
73EJF3:392A
73EJF3:405

73EJF3:431
73EJF3:459
73EJF3:474
73EJF3:477
73EJF3:491

73EJF3:507
73EJF3:553
73EJT4H:89A
73EJD:1
73EJD:7

73EJD:17
73EJD:39A
73EJD:48
73EJD:58A
73EJD:65

73EJD:79B
73EJD:96
73EJD:126

73EJD:128

73EJD:198

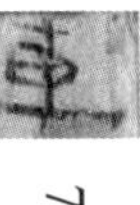

73EJD:206
73EJD:209
73EJD:236

73EJD:256

73EJD:335

72EJC:38

72EJC:100

72EJC:149
72EJC:248
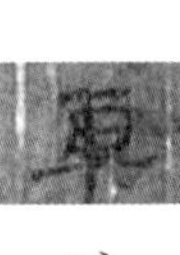
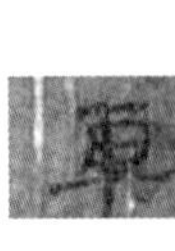

72EJC:285

73EJC:294
73EJC:337
73EJC:367A
73EJC:431

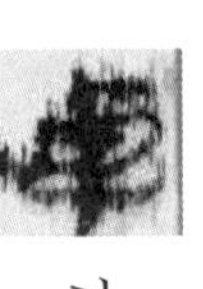
73EJC:521

73EJC:616

73EJC:647

73EJC:650

72ECC:7
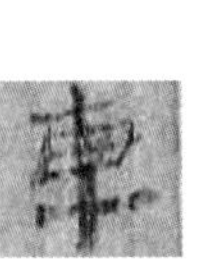

72EDIC:16

72EBS7C:1A

軒 2093

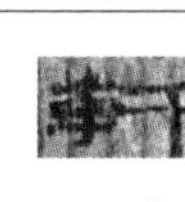

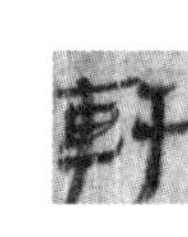

T09:127
73EJT4H:90

軺 2094

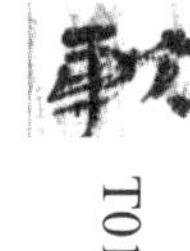

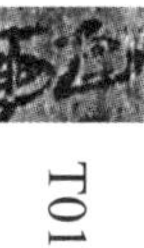
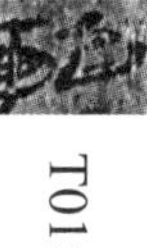

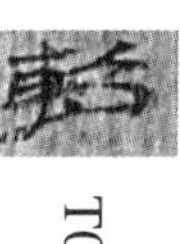

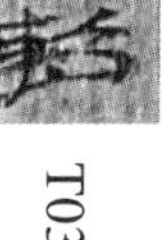
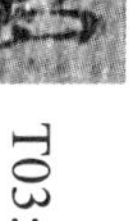
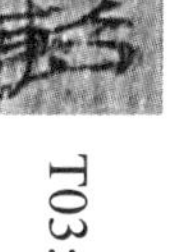
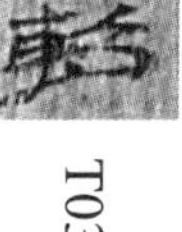
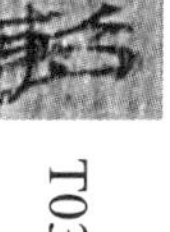
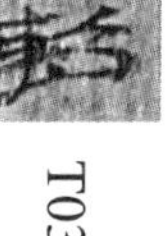
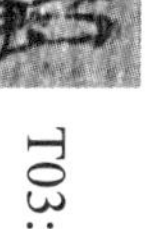
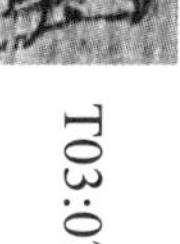

T01:034
T01:042
T01:285
T03:077
T03:098
T05:079

T05:080
T06:091
T06:134
T07:036
T07:072
T08:054A

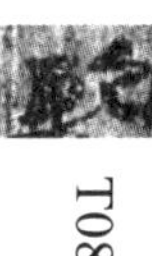
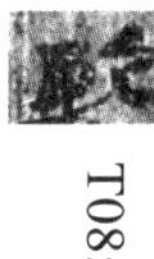
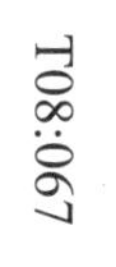

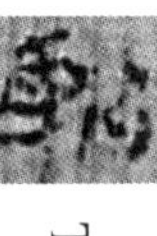

T08:067
T08:068
T09:048
T09:082
T09:097
T09:104

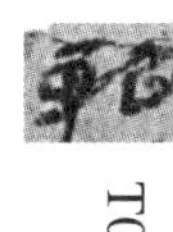

T09:131
T09:240
T10:063
T10:119
T10:133
T10:134

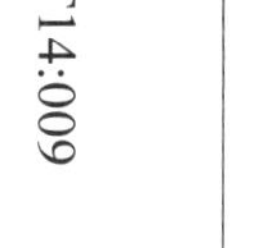

T10:269
T10:279
T10:280
T14:009
T21:050
T22:054

車部 軺

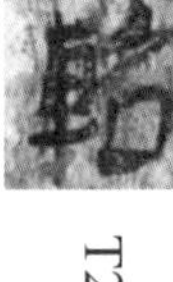

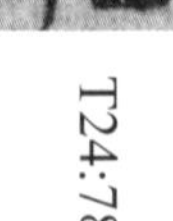

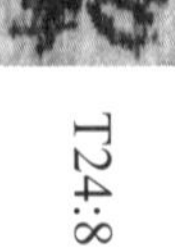

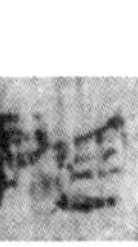
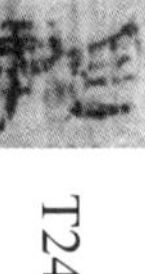

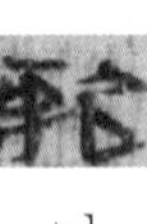

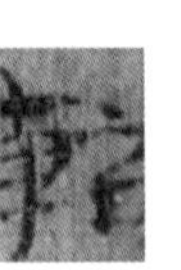

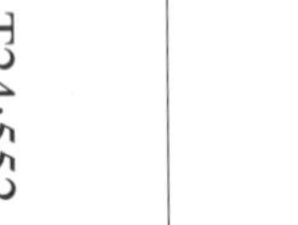

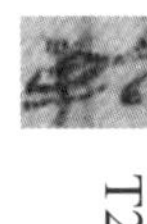

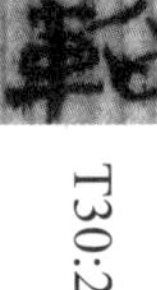

T23:329 T23:623 T23:660 T23:775 T23:973

T24:150 T24:195 T24:374 T24:552 T24:730

T24:789 T24:804 T24:880 T26:191 T30:072

T30:093 T30:121 T30:146 T30:147 T30:173 T30:265

T31:017 T31:066 T31:150 T32:011 T37:017

T37:020 T37:036 T37:053 T37:060 T37:456

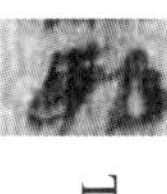

T37:519A

T37:521

T37:525

T37:618

T37:632

T37:674

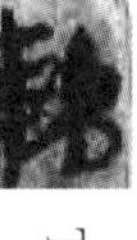

T37:696

T37:711

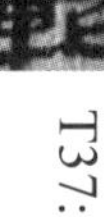

T37:712

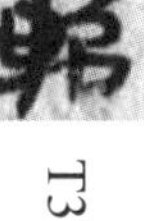
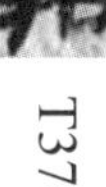
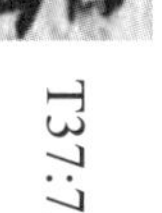
T37:739

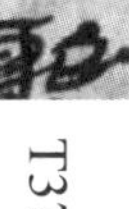

T37:748

T37:779

T37:837

T37:870

T37:885

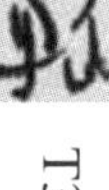
T37:919

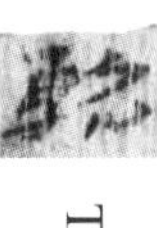
T37:957

T37:961

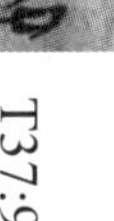

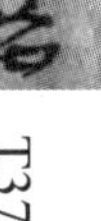

T37:996

T37:1107

T37:1159

T37:1171

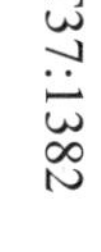

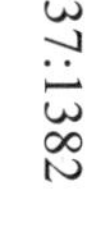

T37:1382

T37:1443

T37:1584

H02:020

H02:051

73EJF2:13

73EJF3:290+121

73EJF3:129

73EJF3:156

73EJF3:172

73EJF3:344

73EJF3:347

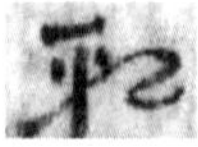

73EJD:17

73EJD:48

73EJD:65

73EJD:79B

73EJD:96

73EJD:335

72EJC:149

73EJC:647

72EBS7C:1A

輕 2095

73EJF3:149

輣 2096

T24:339B

輿 2097

T37:1381

73EJF3:155B

73EJF3:561B

車部 輒 軸 軹 輻 轅 載

輒 2098	軸 2099	軹 2100	輻 2101	轅 2102	載 2103
T23:238	T23:768	T24:337	73EJF3:269+597	T21:458	T01:001
T29:089	73EJC:664				T04:153
T31:087					T06:060
72ECC:12A					T07:115
					T21:021

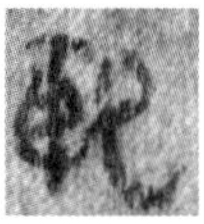

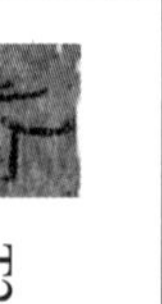

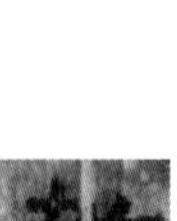
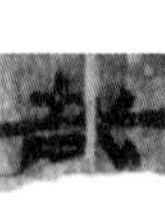

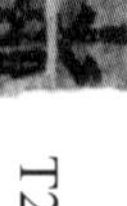
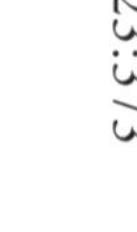

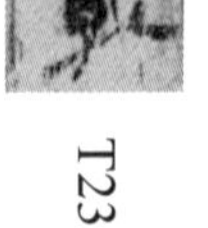
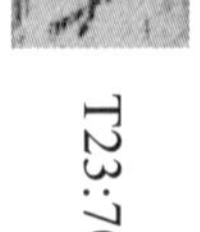

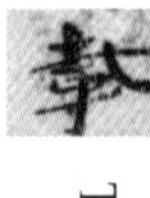

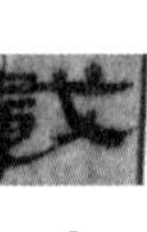
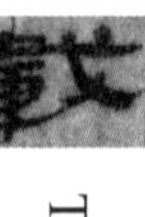

T21:109A　T23:373　T23:700　T23:878　T24:105

T24:206　T24:599　T26:063　T28:032　T31:102A

T31:102A　T31:152　F01:026　73EJD:16A　73EJD:36A

73EJD:206

軍

2104

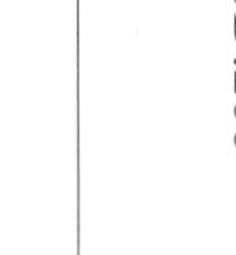

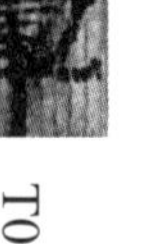

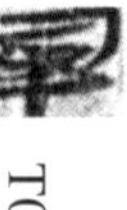

T01:126　T04:098B　T05:068A　T06:122　T06:174

T06:178　T06:183　T07:195　T10:283　T10:298

T22:094

T23:121

T23:308

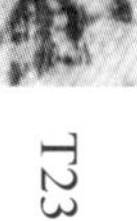
T23:740A

T24:036

T24:046

T24:081

T24:245

T24:267A

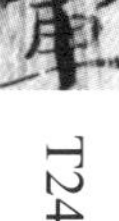
T24:376A

T24:417B

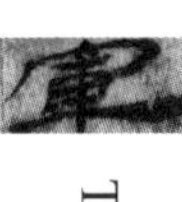
T26:035

T28:113

T29:078

T30:254

T30:254

T37:025

T37:805A

F01:012

73EJF3:2

73EJF3:38

73EJF3:38

73EJF3:94

73EJF3:115

73EJF3:154

73EJF3:164

73EJF3:330

73EJD:5

72EJC:92

73EJC:415

轉 2105

 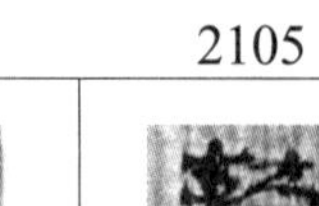

 T03:113	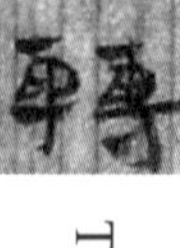 T21:145	 T28:102	 73EJF3:405	 73EJD:260A
 T04:085	 T21:483	 T28:102	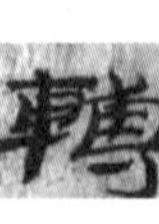 73EJF3:459	 73EJD:289A
 T04:099	 T22:065	 T30:214	 73EJF3:474	 73EJC:534
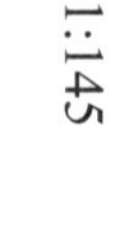 T05:045	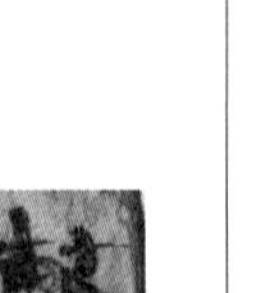 T22:067	 T37:007	 73EJF3:553	
 T10:406	 T23:310	 T37:1552	 73EJD:3	

輸 2106

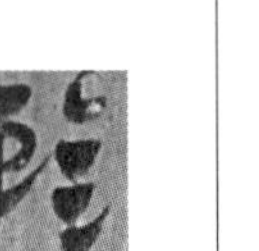  

 T02:018

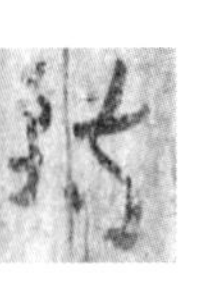 T04:085

 T14:027

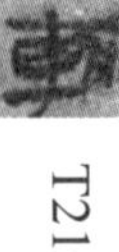 T21:021

 T21:096

T23:381
T24:096 
T24:190A 
T24:981 
T29:093 
T29:099 
T30:050 
T31:151A 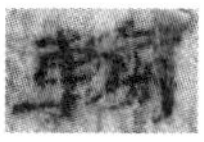
T37:199 
T37:841 
73EJD:88B 
72EJC:137 
73EJC:540 

輩
2107

T23:391
T23:781
T26:085 
T32:075 
T37:153 
T37:739
T37:1060
T37:1449
73EJF3:232 
73EJD:271 

軋
2108

73EJC:470
73EJC:474

軼 2109

T37:1098B

輓 2110

T23:484

斬 2111

T01:093

T01:093

T21:426

T26:238

H01:028

73EJD:258A

72EJC:200A

72EBS7C:4

輔 2112

T01:126

T03:104

T04:030

T07:024

T08:005

T09:029A

T09:060

T10:159

T10:313A

T21:278B

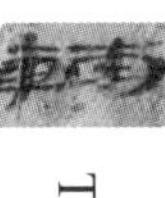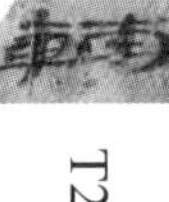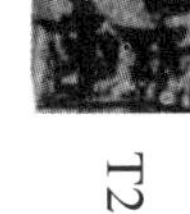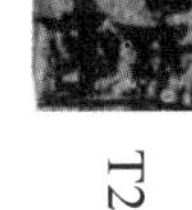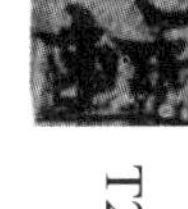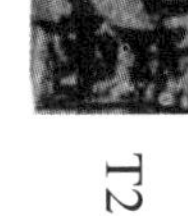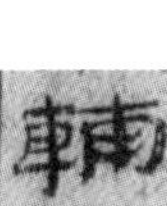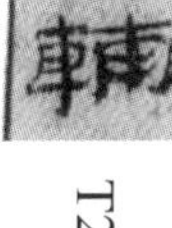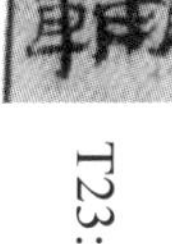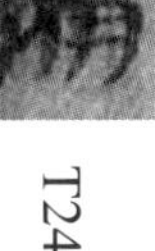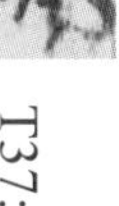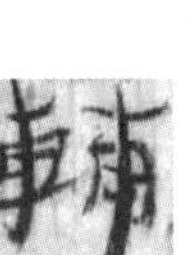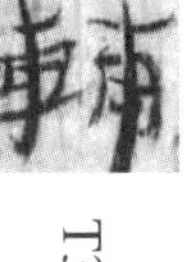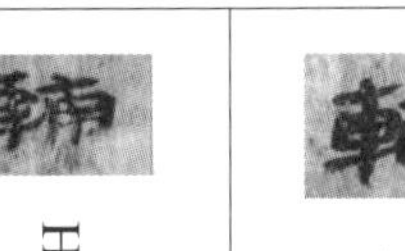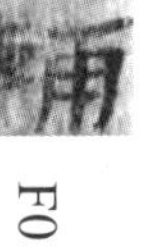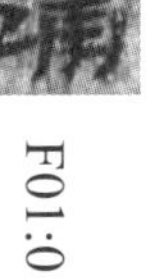

T21:345
T21:439
T22:137
T23:079A
T23:373
T23:878

T23:934
T24:026
T24:108
T24:464
T25:015A

T25:124
T25:171
T26:003
T27:019
T30:049B

T30:062
T33:066
T37:105
T37:527
T37:678

T37:1173
T37:1325
T37:1454
T37:1530
H02:005A

H02:066
F01:004
F01:010
F01:010
73EJF3:97

官 較 軟

2115 2114 2113

73EJD:4 73EJD:27 73EJD:71A 73EJD:159 73EJD:377

73EJD:377 72EJC:51 72EJC:60 72EJC:280 73EJC:296

73EJC:603

T30:139

73EJC:291

T01:001 T01:002 T01:029 T01:075 T01:097 T02:020

T02:022
T02:024
T02:037
T02:046A
T02:082B
T02:094

T03:053
T03:055
T03:056
T03:098
T04:101
T04:126

T05:019
T05:068A
T05:075
T05:076
T05:077
T05:106

T06:026
T06:026
T06:038A
T06:038A
T06:052
T06:122

T07:003
T07:031
T07:102
T07:114
T07:164
T08:008

T08:051A
T08:052A
T08:074
T09:008
T09:010
T09:012A

𨸏部　官

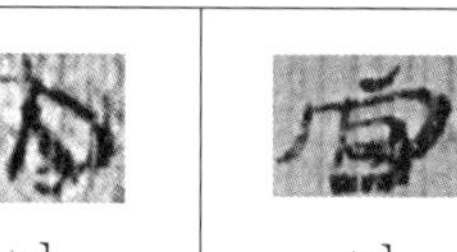

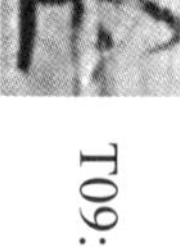

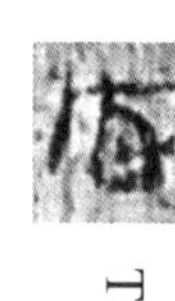

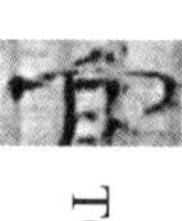
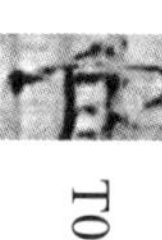

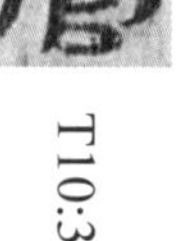
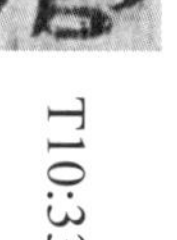

T09:019B
T09:029A
T09:030
T09:033
T09:035

T09:035
T09:047A
T09:052A
T09:067
T09:089
T09:090

T09:092A
T09:328
T09:393
T10:120A
T10:120A

T10:121A
T10:141
T10:142
T10:211
T10:216

T10:222
T10:227
T10:229A
T10:312A
T10:313A

T10:315A
T10:334
T10:338
T10:343B
T10:455

𠂤部 官

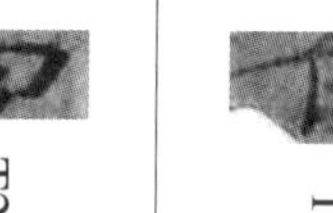
T15:026

T21:036

T21:038A

T21:047

T21:047

T21:059

T21:062

T21:064

T21:084
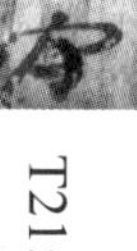
T21:114
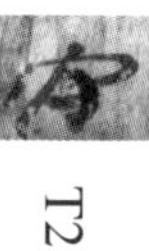
T21:132
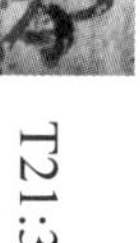
T21:175A

T21:212
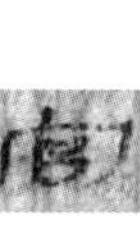
T21:218

T21:355
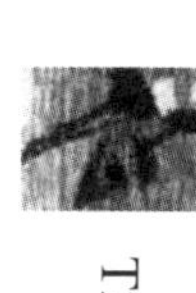
T21:427

T22:011C

T22:022
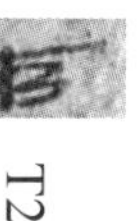
T22:065
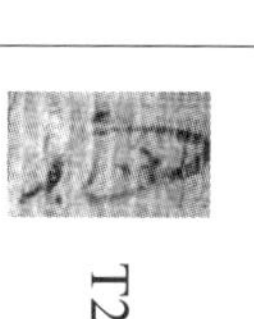
T22:099

T22:099

T22:121
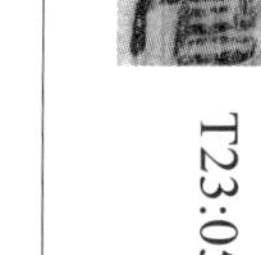
T23:004

T23:050B

T23:051

T23:079A

T23:094

T23:131

T23:232A

T23:238
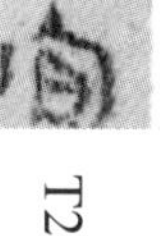
T23:247
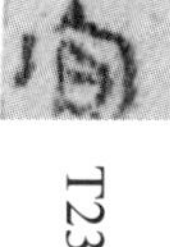
T23:256
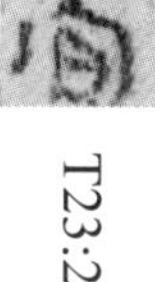
T23:277
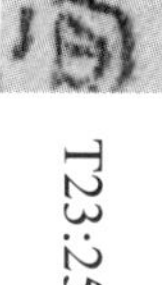

𨸏部　官

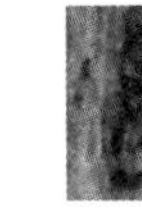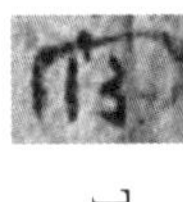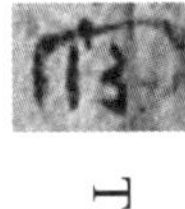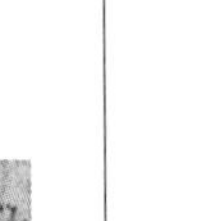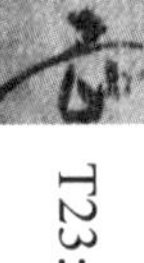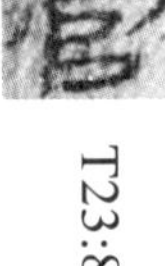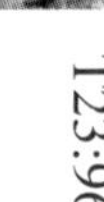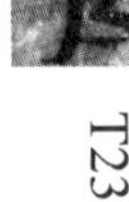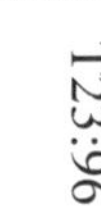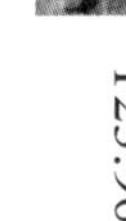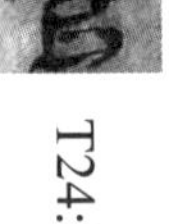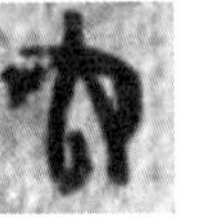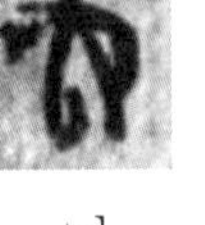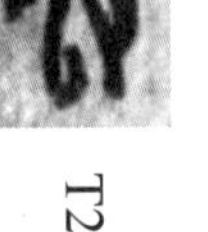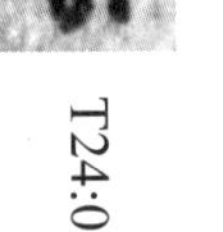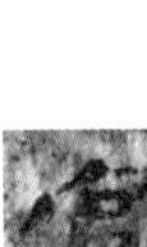

T23:295
T23:295
T23:304
T23:480
T23:496

T23:563
T23:570A
T23:594
T23:620
T23:643
T23:731B

T23:762A
T23:770
T23:823
T23:851
T23:857A

T23:884
T23:897A
T23:899A
T23:933
T23:938

T23:967
T23:969
T23:969
T24:007
T24:012

T24:019
T24:023A
T24:026
T24:032
T24:032

T24:041
T24:044
T24:078
T24:114
T24:130
T24:266A
T24:269A
T24:288
T24:304
T24:336
T24:407
T24:511
T24:530
T24:532A
T24:573
T24:747
T24:858
T24:873A
T24:977A
T25:006
T25:056
T25:056
T25:124
T25:174
T26:001A
T26:016
T26:025
T26:032
T26:047
T26:082
T26:087

阜部 官

T26:087

T26:088A

T26:088A

T26:088A

T26:110

T26:126

T27:017A

T27:024

T28:032

T28:104

T28:107

T29:060

T29:097

T29:099

T29:119

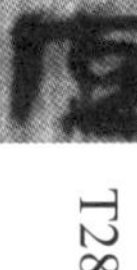
T29:121

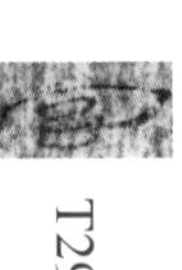
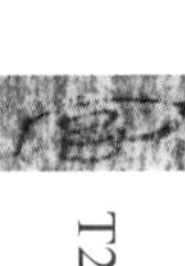

T30:011

T30:011

T30:048

T30:058

T30:161

T30:179

T30:180

T30:205

T30:215+217

T30:249

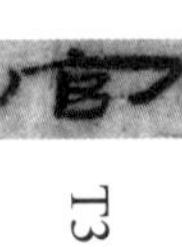

T31:064

T31:097A

T31:114B

T31:149

T31:151A

T32:003
T32:020
T32:033
T32:048
T32:064
T33:004
T33:004
T33:039
T33:039
T33:040A
T33:042
T33:051
T33:056A
T33:066
T33:066
T34:006A
T34:030
T35:006
T37:002
T37:004
T37:029
T37:046
T37:047A
T37:048
T37:052
T37:085
T37:085
T37:095
T37:146A
T37:151
T37:271
T37:279A
T37:346
T37:393
T37:401B

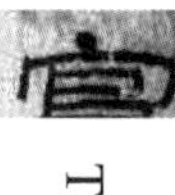

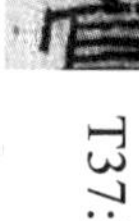

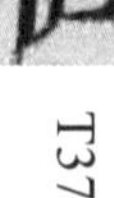

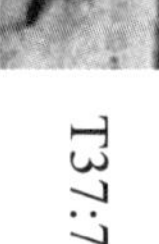

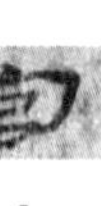

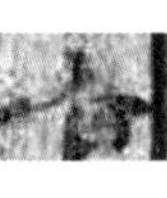

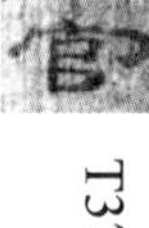

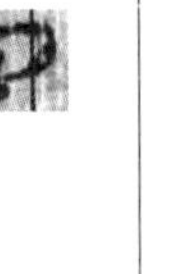

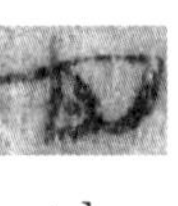

T37:521
T37:530
T37:671
T37:690
T37:726
T37:733

T37:769
T37:780
T37:780
T37:783A
T37:792

T37:828A
T37:835A
T37:835A
T37:857A
T37:912

T37:975
T37:975
T37:1032A
T37:1063
T37:1075A

T37:1076A
T37:1100
T37:1115
T37:1149
T37:1162A

T37:1167A
T37:1186A
T37:1402
T37:1407
T37:1451A

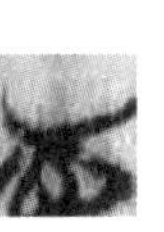

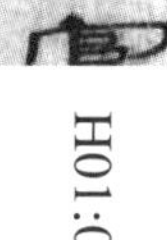
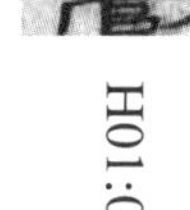

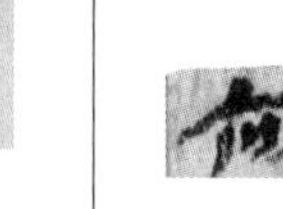

T37:1462

T37:1491

T37:1535A

H01:003A

H01:012B

H01:013

H02:028

F01:014

F01:025

F01:031

F01:096

F01:117

73EJF2:8

73EJF2:28

73EJF2:37

73EJF3:39A

73EJF3:85

73EJF3:101

73EJF3:106

73EJF3:107

73EJF3:123A

73EJF3:125A

73EJF3:141

73EJF3:142

73EJF3:147

73EJF3:179A

73EJF3:249

73EJF3:327

73EJF3:328A

73EJF3:355

𨸏部　官

73EJF3:394

73EJF3:405
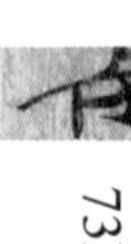

73EJF3:452

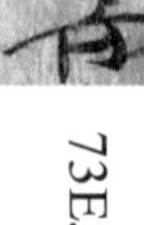
73EJF3:463
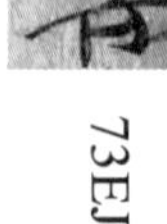

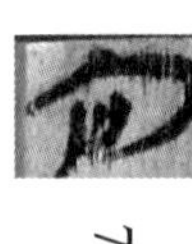

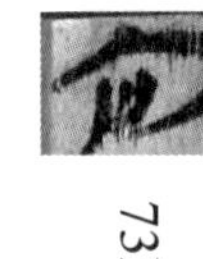
73EJF3:527

73EJF3:563

73EJF3:566

73EJT4H:77A
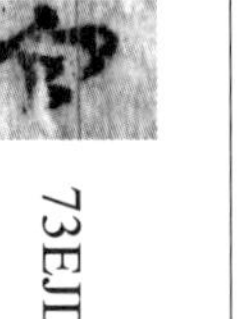
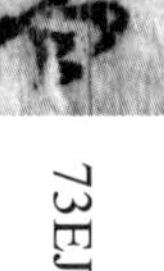

73EJD:2
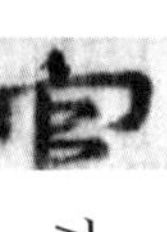
73EJD:7

73EJD:10
73EJD:36A
73EJD:37A

73EJD:37B

73EJD:38

73EJD:39A

73EJD:42

73EJD:63

73EJD:203

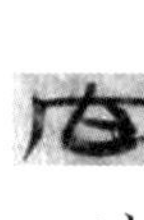
73EJD:207

73EJD:222
73EJD:236
73EJD:246
73EJD:307B

73EJD:319C

73EJD:336

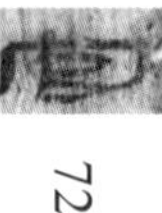

72EJC:102

72EJC:140

72EJC:182

72EJC:272B

73EJC:316A

73EJC:519

73EJC:536

73EJC:589

73EJC:590

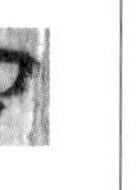
73EJC:596

72ECC:48A

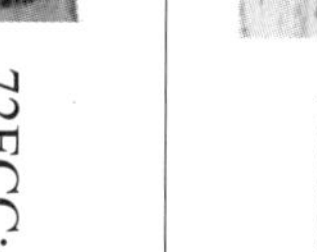
72EBS7C:2A

肩水金關漢簡字形編·卷十四下

陵

2116

T01:001

T01:008

T01:120

T01:150

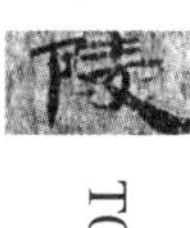
T02:061

T03:052

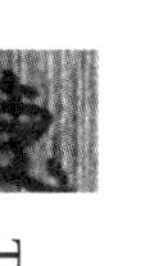
T03:095

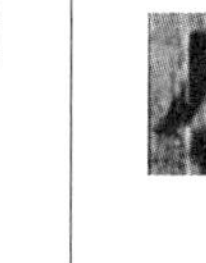
T06:040

T06:093

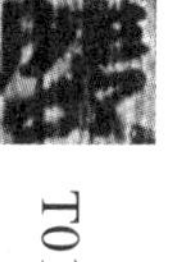
T06:094

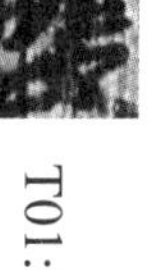
T08:004

T09:150

T10:181

T21:120

T21:370

T23:844

T24:016

T24:016

T24:261

T24:532A

T24:532B

T24:544

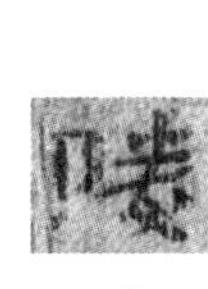
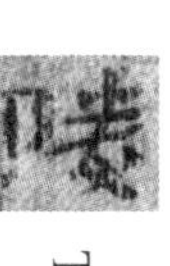
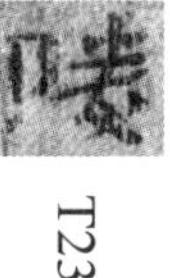

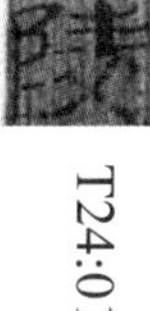

T24:725 T26:034 T27:026 T27:048 T29:102

T30:044 T30:234 T37:107 T37:135 T37:231 T37:425

T37:468A T37:523A T37:523B T37:525 T37:525

T37:669 T37:858 T37:974 T37:997 T37:1064 T37:1076A

T37:1079 T37:1081 T37:1114 T37:1173 T37:1460

T37:1505 T37:1511 H02:041 F01:004 73EJT4H:90

73EJD:75A

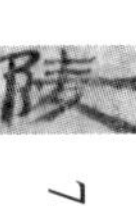

73EJD:313A

72EJC:14

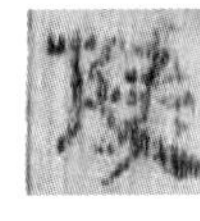
73EJC:400

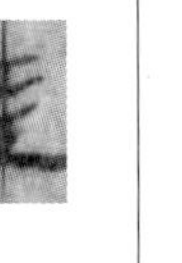
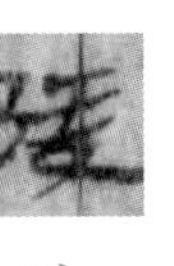
73EJC:531B

73EJC:652

陰

陰

2117

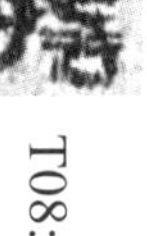
T02:072

T03:050

T05:061

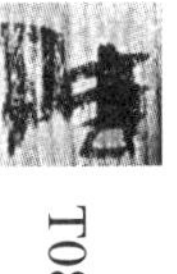

T06:138

T08:007

T08:032

T08:032

T08:033

T08:035

T08:036B

T08:041

T08:073

T21:051

T21:269

T23:053

T23:145

T23:696

T23:939

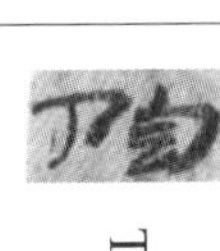

T24:041

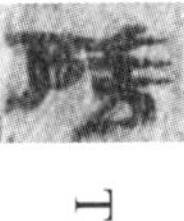
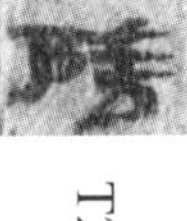

T24:275A

T24:328

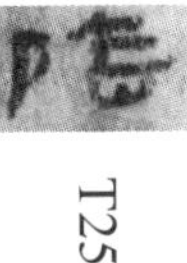

T25:020

T25:150A

T25:164
T28:013A
T30:113
T31:001
T32:041
T33:052
T33:061
T34:040
T37:078
T37:306
T37:513
T37:698
T37:703
T37:852
T37:859
T37:985
T37:987
T37:1113
T37:1320
T37:1394
H01:018
H01:039
73EJF3:61
73EJD:116A

陽

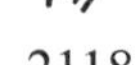

2118

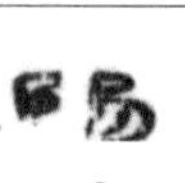

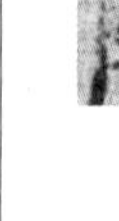

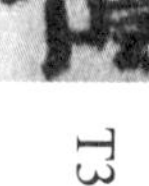

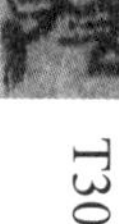

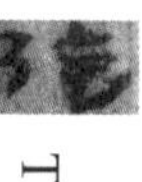
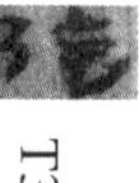
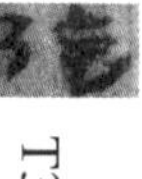
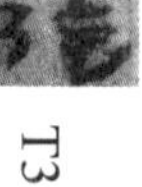

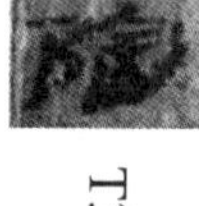
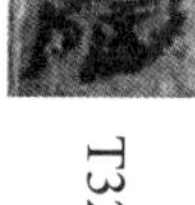

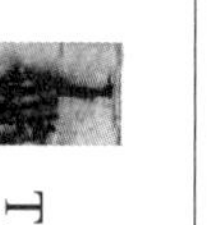
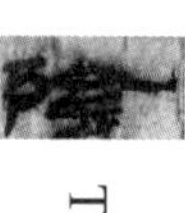
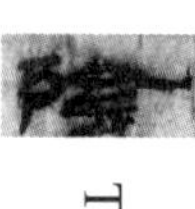
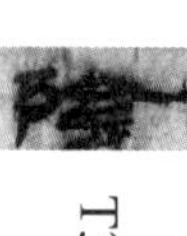

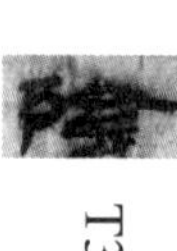

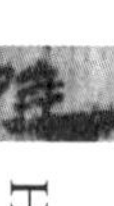

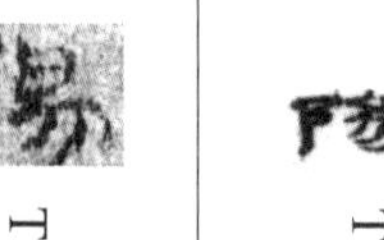

T01:003
T01:006
T01:031
T01:062
T01:081
T01:100
T01:100
T01:120
T01:131
T01:134
T01:161
T01:275

阜部　陽

   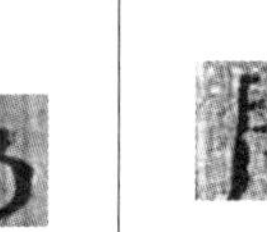 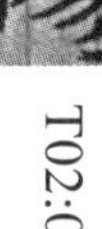 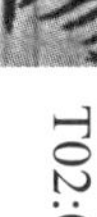     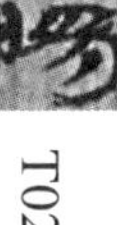  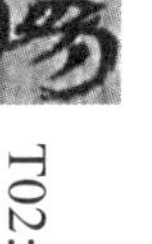 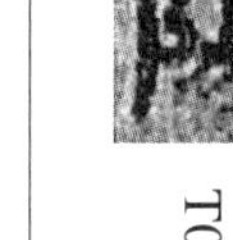   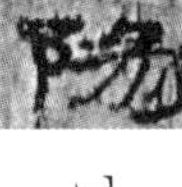 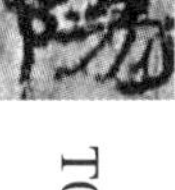  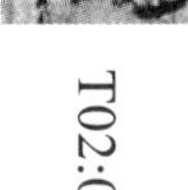       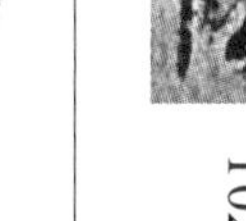    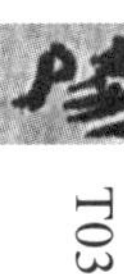        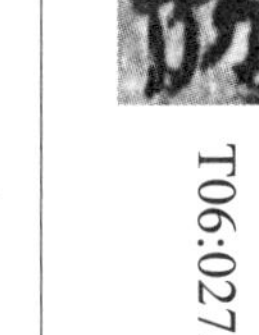        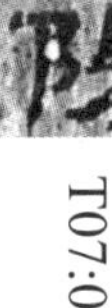  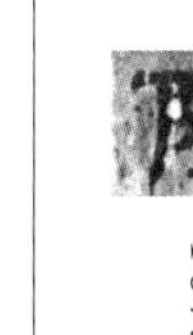

T02:002　T02:003　T02:004　T02:042　T02:043

T02:043　T02:071　T02:071　T02:072　T02:074　T03:049

T03:049　T03:051　T03:055　T03:069　T03:083　T03:104

T04:015　T04:017　T04:017　T05:014　T05:015　T05:023A

T05:036　T06:020　T06:023A　T06:027A　T06:150　T07:006

T07:007　T07:023　T07:023　T07:095　T07:096

T07:129A
T07:159
T08:041
T08:049
T08:090
T09:006
T09:040
T09:044
T09:050
T09:056A
T09:081
T09:083
T09:092A
T09:093
T09:113
T09:139
T09:206
T09:206
T09:244
T09:253
T09:277
T10:103
T10:108
T10:118A
T10:118A
T10:118A
T10:148
T10:176
T10:182
T10:183
T10:215A
T10:267A
T10:267A
T10:290
T10:294

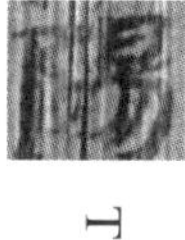

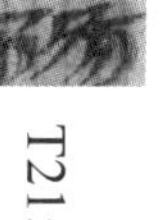

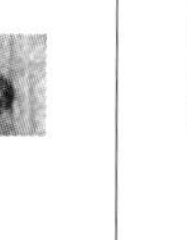
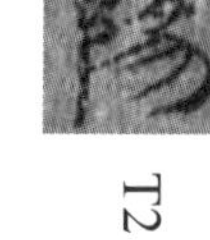
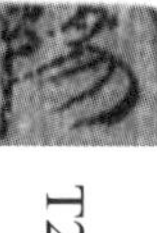
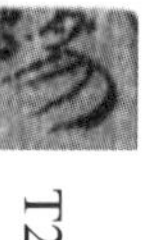

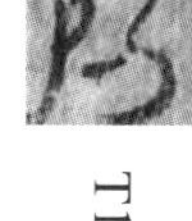
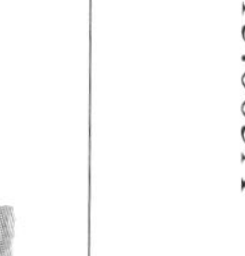
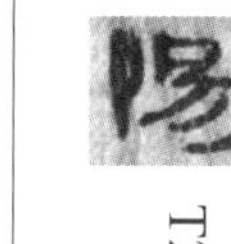
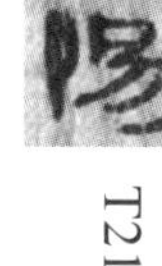

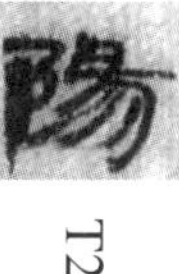
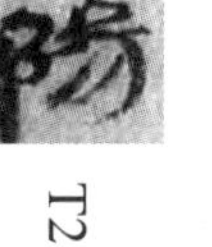

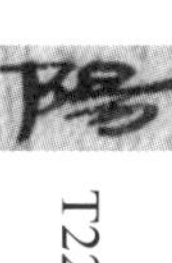

T10:298
T11:006
T14:006
T14:011B
T15:005A

T21:016
T21:049
T21:095
T21:102A
T21:121
T21:126

T21:175B
T21:202
T21:220
T21:223
T21:248
T21:260

T21:265
T21:310
T21:313
T21:336
T21:396
T21:419

T21:419
T21:425
T21:430
T21:430
T21:439
T21:439

T21:441
T21:468
T22:018
T22:060
T22:080
T22:093

𨸏部 陽

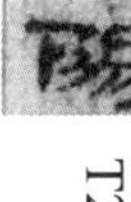

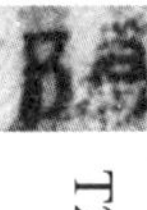

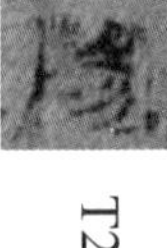

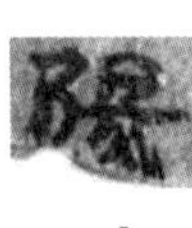

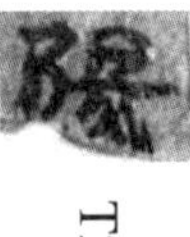
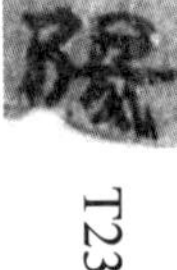
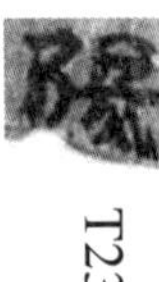
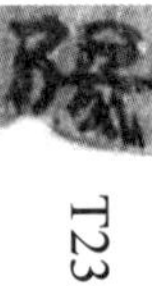
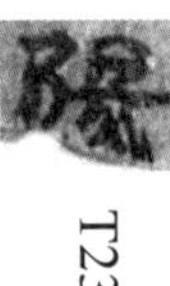

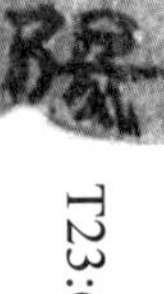

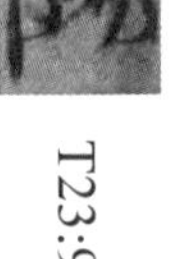

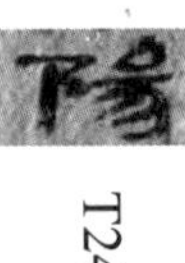

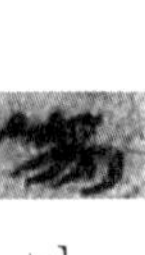

T22:098 T23:016 T23:029 T23:053 T23:064 T23:182

T23:182 T23:328 T23:341 T23:498 T23:655 T23:696

T23:878 T23:878 T23:897A T23:921 T23:922

T23:933 T23:966 T23:966 T23:967 T23:974

T24:008B T24:021 T24:023A T24:023B T24:028

T24:047 T24:155 T24:238 T24:248 T24:255 T24:256

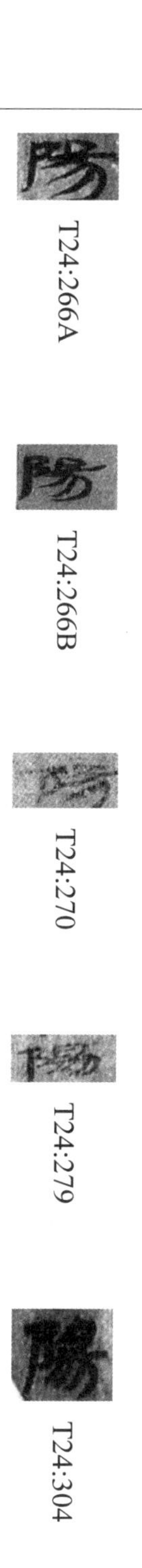
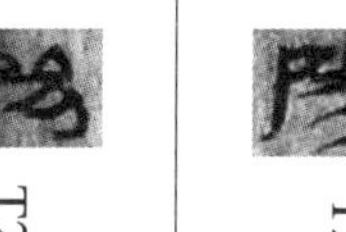

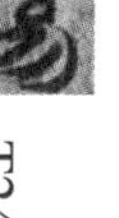

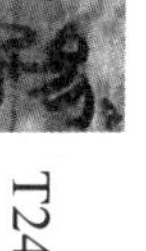
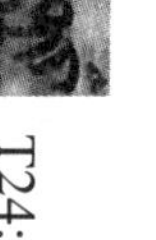

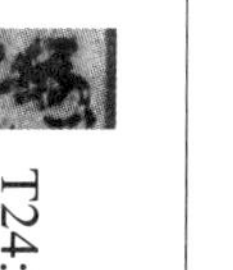

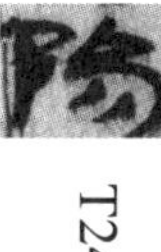

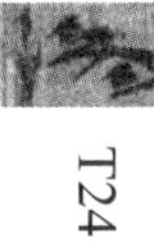

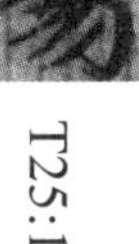

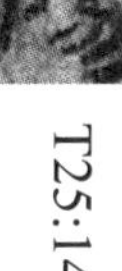

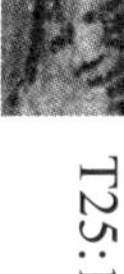

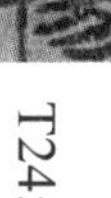

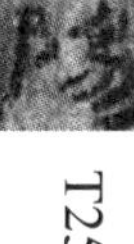

T24:266A
T24:266B
T24:270
T24:279
T24:304
T24:404

T24:541
T24:563A
T24:578
T24:706
T24:709
T24:754

T24:776
T24:791
T24:811
T24:850
T24:938
T24:956

T24:966
T24:968
T24:970
T25:005
T25:091
T25:146

T25:166A
T26:009
T26:063
T26:172
T26:184
T26:217

T27:014
T27:020
T27:026
T27:048
T28:030
T28:036

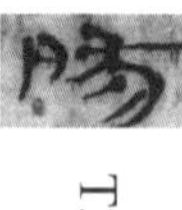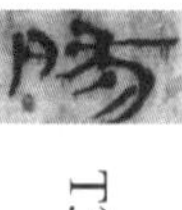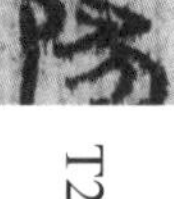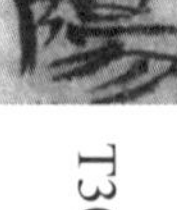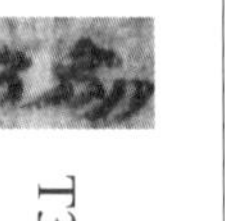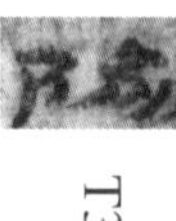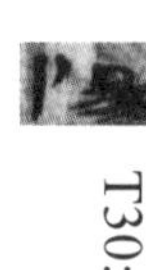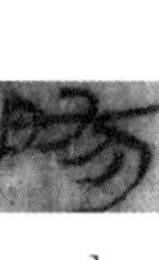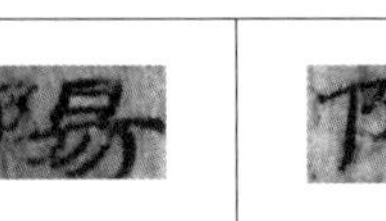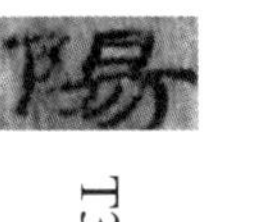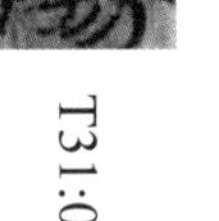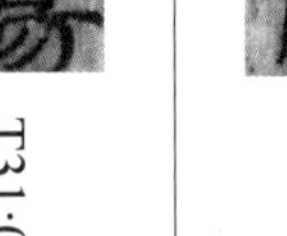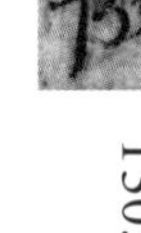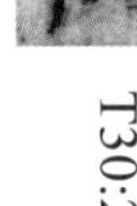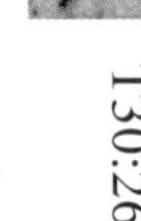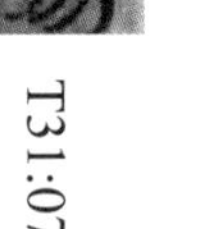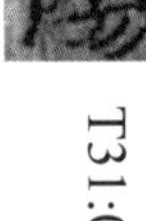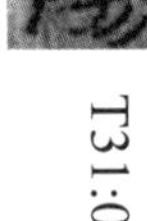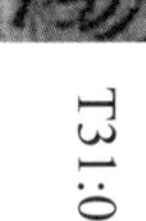

T28:095
T29:002
T29:039
T29:050
T30:003
T30:008

T30:008
T30:012
T30:013
T30:014
T30:015
T30:025

T30:025
T30:102
T30:102
T30:118
T30:119
T30:135

T30:140
T30:154
T30:243B
T30:262
T30:263
T30:263

T30:266
T30:267
T31:021
T31:034A
T31:034B

T31:070
T31:070
T31:084
T31:093
T31:145
T31:145

阜部 陽

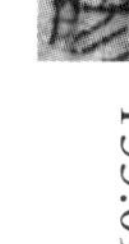

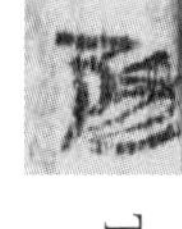
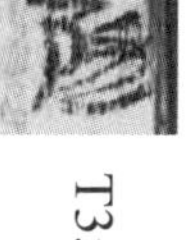
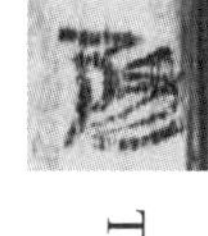

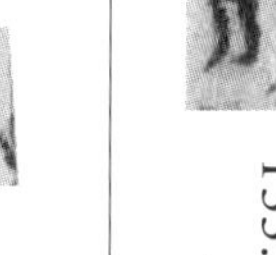

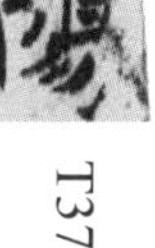

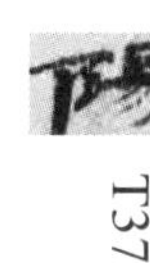

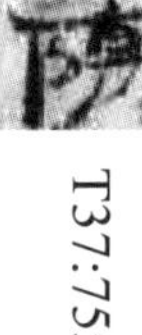

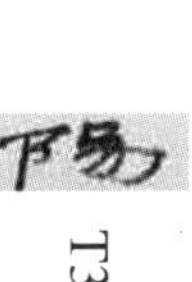

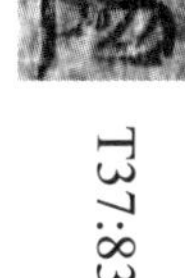
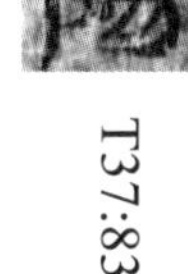

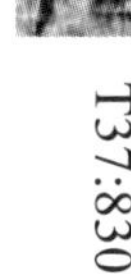

T32:002
T32:002
T32:004
T32:004
T33:083
T33:085

T33:091
T35:011
T35:013
T37:078
T37:126
T37:178

T37:247
T37:267
T37:465
T37:486
T37:525
T37:526

T37:550
T37:550
T37:554
T37:617
T37:670
T37:709

T37:713
T37:713
T37:738B
T37:755
T37:761
T37:767

T37:830
T37:845
T37:854
T37:856
T37:866
T37:870

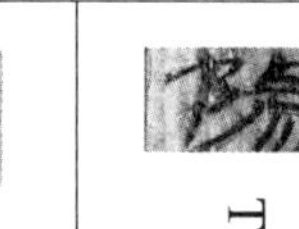

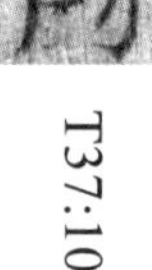

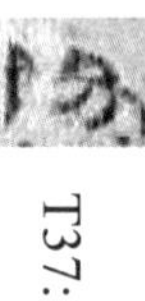

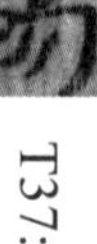

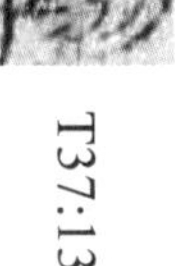

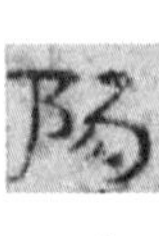

T37:933
T37:983
T37:989
T37:991
T37:991
T37:1006

T37:1007
T37:1019
T37:1033
T37:1033
T37:1066

T37:1070
T37:1070
T37:1084
T37:1109
T37:1111

T37:1154
T37:1209
T37:1220
T37:1222
T37:1244

T37:1250
T37:1251
T37:1318
T37:1319
T37:1330

T37:1386
T37:1389
T37:1397A
T37:1418
T37:1431

T37:1436

T37:1444

T37:1444

T37:1445

T37:1459

T37:1470

T37:1476

T37:1587

H01:003A

H01:045

H02:014

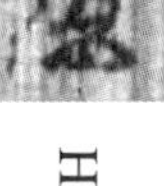
F01:004

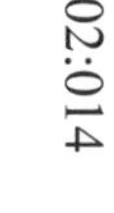

73EJF2:6

73EJF2:42

73EJF3:3

73EJF3:28

73EJF3:31

73EJF3:32

73EJF3:99

73EJF3:107

73EJF3:144

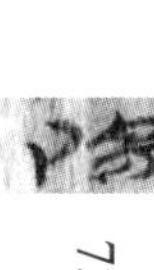
73EJF3:148

73EJF3:169

73EJF3:178A

73EJF3:181

73EJF3:181

73EJF3:253

73EJF3:319

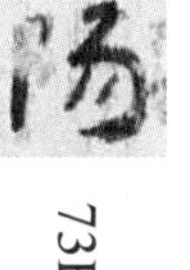
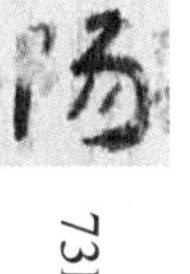
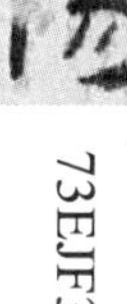

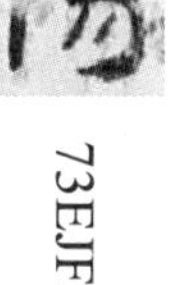
73EJF3:325

73EJF3:344

𨸏部 陽

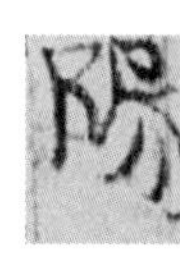

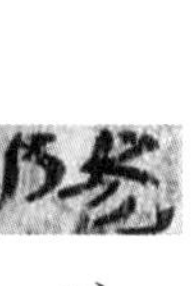

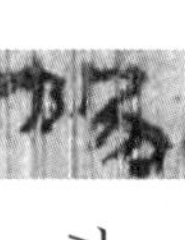

73EJF3:351 73EJF3:366 73EJF3:372 73EJF3:385 73EJF3:544

73EJT4H:90 73EJD:3 73EJD:19A 73EJD:19A 73EJD:45

73EJD:52 73EJD:60 73EJD:68 73EJD:85 73EJD:116A

73EJD:204 73EJD:223 73EJD:231 73EJD:244 72EJC:10

72EJC:15B 72EJC:19 72EJC:20 72EJC:26 72EJC:33

72EJC:40 72EJC:49 72EJC:120 72EJC:121 72EJC:141

陸

陸

2119

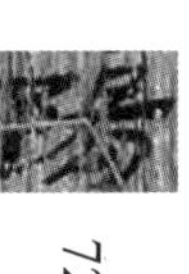

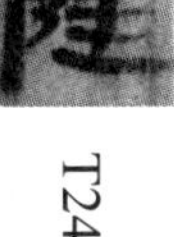

72EJC:157

72EJC:204

72EJC:236

72EJC:238

72EJC:267A

72EJC:267B

73EJC:344

73EJC:362

73EJC:391

73EJC:413

73EJC:415

73EJC:424

73EJC:427

73EJC:531B

73EJC:556A

73EJC:575

73EJC:614

73EJC:628

73EJC:642

72EDIC:1

72EDIC:5

72EDIC:5

T02:100

T24:258

T24:550

T24:725

T24:974

T37:761

阿 2120

T05:019
T09:090 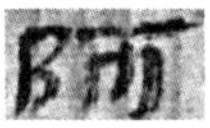
T21:107 
T23:245 
T23:275 
T23:768 
T23:910 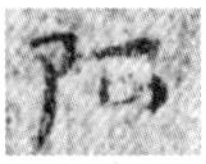
T24:836 
T24:953 
T25:007A 
T29:054 
T31:026 
T33:083 
T37:1022 
T37:1070 
T37:1317 
73EJD:39B 

陬 2121

T03:035
T24:249 
T24:733 
T33:059A 
T37:513 

隗 2122

T37:532

陜 2123

T29:098

陟

2124

73EJC:440

陷

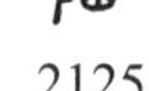

2125

T07:004

T21:046

隊

2126

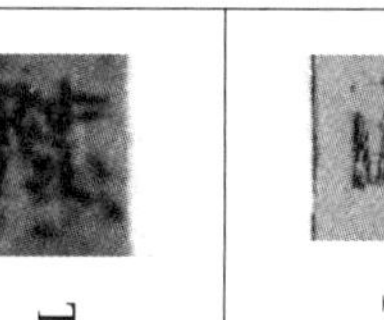

T06:042

T06:087

T07:006

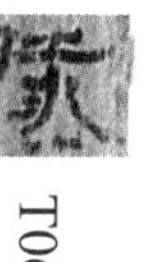

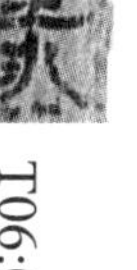

T07:024

T07:024

T07:025

T08:034

T08:069

T08:072

T08:093

T21:100

T23:082

T23:237A

T23:308

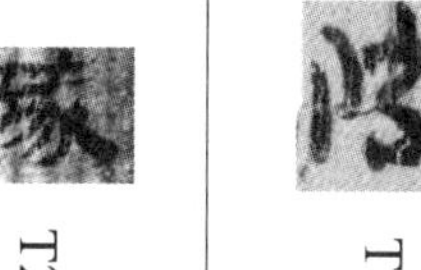

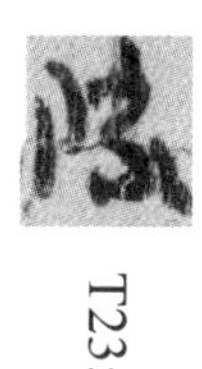

T23:335

T23:628

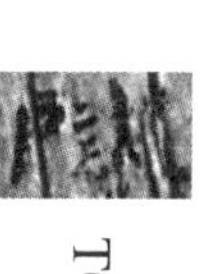

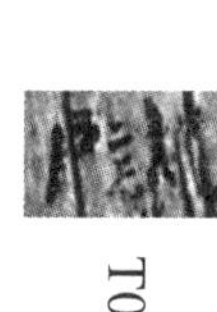

T23:666

T23:918B

T23:991

T23:991

T24:052

阜部 隊

T24:194
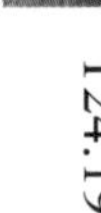
T24:432
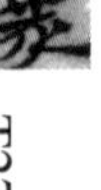
T24:523
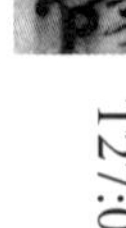
T24:523

T24:596

T27:046

T30:189

T30:213
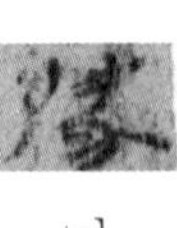
T30:215+217

T30:215+217

T31:094

T31:113

T37:560

T37:603

T37:1121

T37:1458A

73EJF3:165

73EJF3:165

73EJF3:165

73EJF3:420

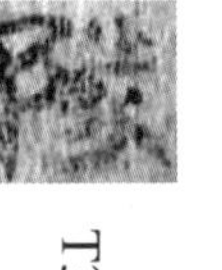
73EJF3:473

73EJD:231

73EJD:258A

73EJD:258A

73EJD:258A

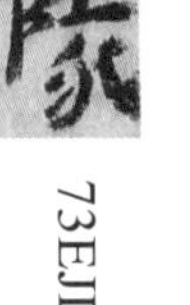
73EJD:262A

72EJC:155A

72EJC:155A

72EJC:155A

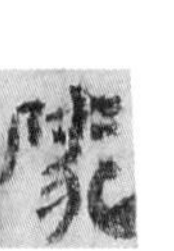

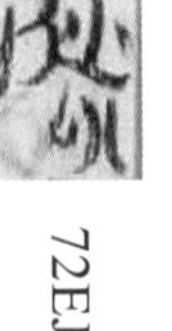

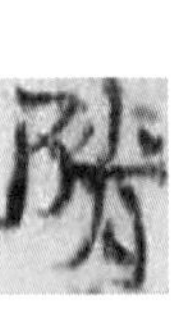

72EJC:155A

72EJC:155A

73EJC:591 按：金關簡均為「隧」之省。

降 2127

T01:183

T06:055

T07:055

T08:034

T09:246

T11:002

T21:326

T23:342

T23:585

T23:969

T37:756

73EJD:88B

73EJD:214

73EJD:287

防 2128

T23:311

T24:847

附 2129

73EJF3:154

72EBS7C:4

障 2130

T01:015

T01:106

T01:179

T05:068A

T10:381

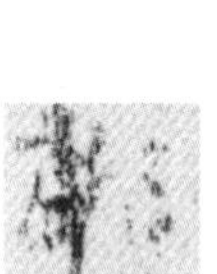
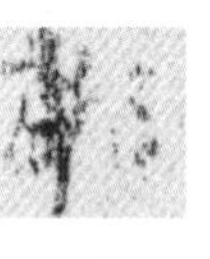

T22:038A

T23:911

T24:257

T24:260

T24:373

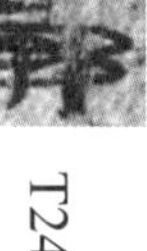

T24:539

T24:911

T24:955

T29:054

T29:084

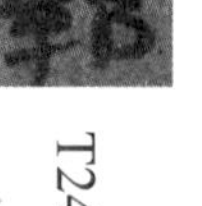
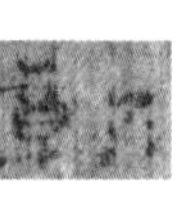

T30:070

T37:033

T37:1432

73EJF3:36

73EJF3:375

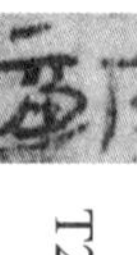

73EJC:420 按：金關簡「鄣」「障」混同。

隱 2131

T30:118

T37:224

T37:888

T37:1431

隴
2132

T09:114
T24:264A
T37:522A
T37:524
T37:1155

陝
2133

T02:035
T09:067
T31:152
T37:986
T37:1493
72EJC:262

阮
2134

T01:033
73EJC:363

陳
2135

T01:075
T01:105
T01:256
T02:002
T02:073
T02:086
T03:049
T03:102
T06:019
T06:093
T07:007
T08:035
T09:099
T09:239
T10:120A
T10:121A

阜部

陳

T10:134 T10:159 T10:365 T21:044 T21:105 T21:121
T21:202 T21:375A T23:320 T23:562 T23:788A
T23:878 T23:906A T24:009A T24:047 T24:956 T24:956
T24:966 T24:966 T24:990 T25:164 T27:048
T27:048 T27:048 T27:110 T28:007 T29:025B
T30:003 T30:012 T30:013 T30:015 T30:118 T30:119

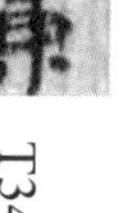

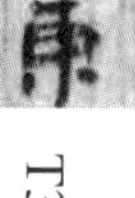

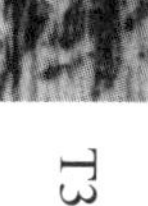

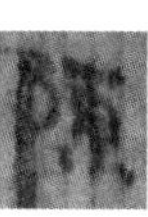

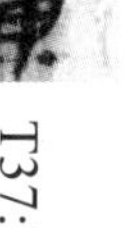

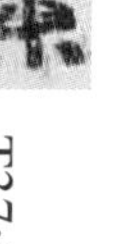

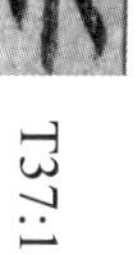
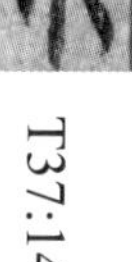

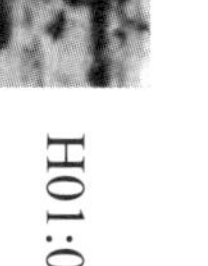

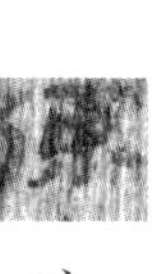

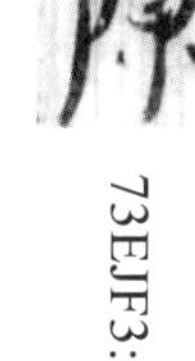

T30:135
T30:262
T31:095
T31:149
T32:032B

T34:006A
T34:006A
T34:006A
T37:526
T37:586

T37:593
T37:669
T37:756
T37:756
T37:837
T37:855

T37:885
T37:1005
T37:1101
T37:1325
T37:1328

T37:1399A
T37:1415
T37:1496
H01:004
73EJF3:331

73EJF3:337
73EJF3:346
73EJF3:569
73EJD:39B

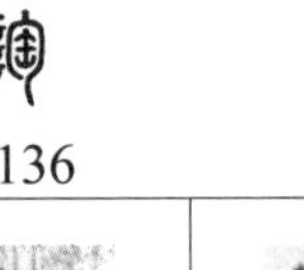
73EJD:139

73EJD:391

72EJC:33

73EJC:338

73EJC:593

陶

2136

T05:061

T06:106

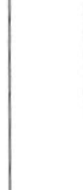
T09:069

T21:383

T23:145

T23:496

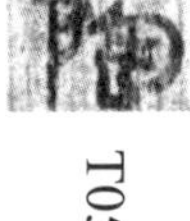
T23:506

T25:164

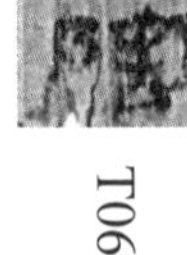
T30:113

T33:061

T37:076

H01:018

73EJD:207

73EJD:233

72EJC:114

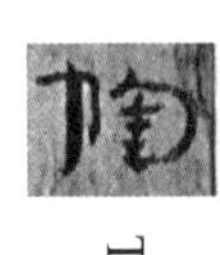
73EJC:588

除

2137

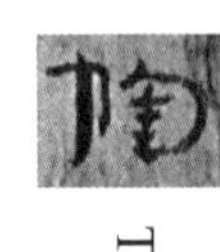
T03:092

T06:135A

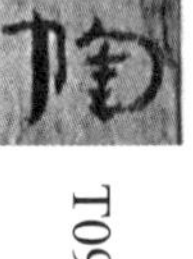
T09:025

T09:086

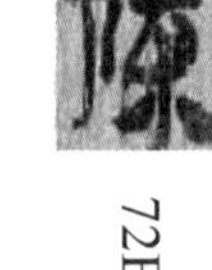
T10:311

T21:101

T21:103

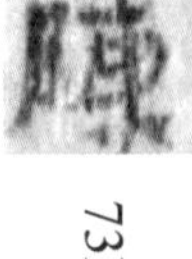
T21:422

T23:187

T23:277

T23:378

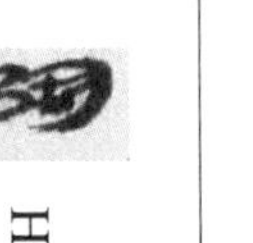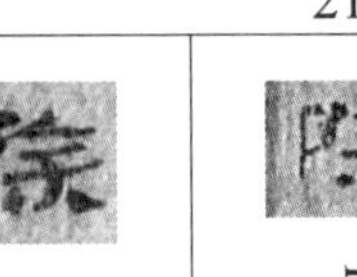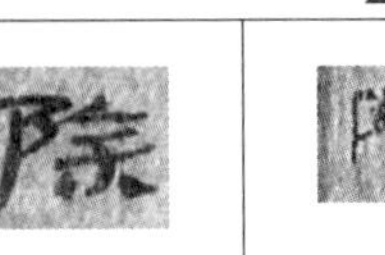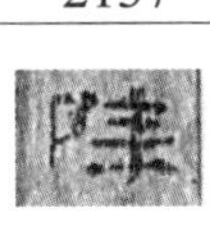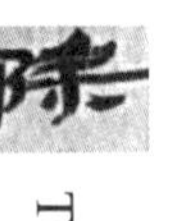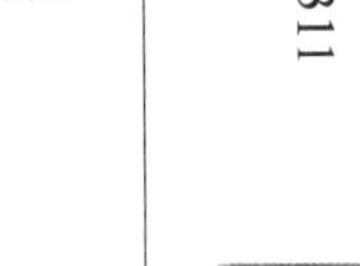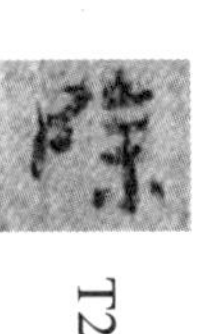

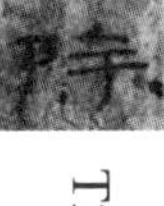
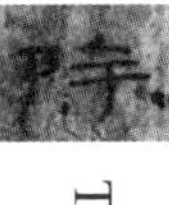
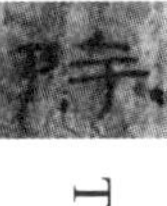

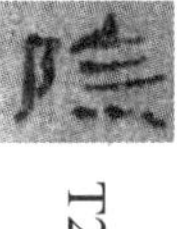

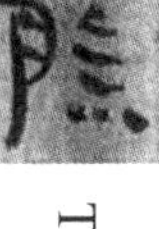
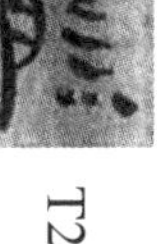

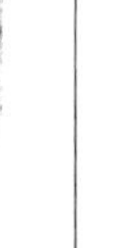

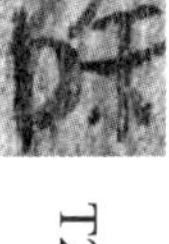
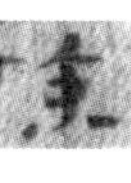
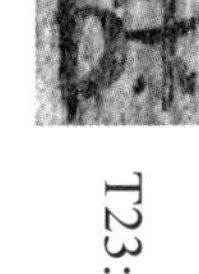

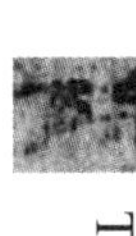

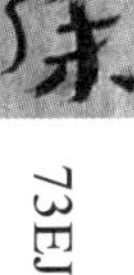

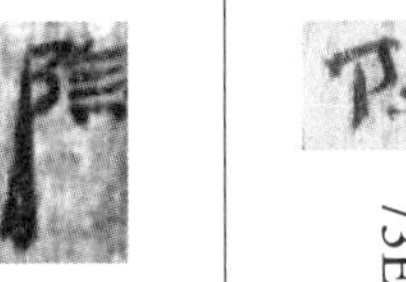
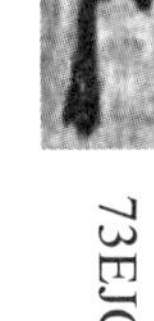

T23:528
T23:996A
T23:996A
T23:996B
T24:235

T24:300
T24:534
T24:710
T26:033
T26:141
T26:155

T31:036
T31:069
T31:128
T37:783A
T37:1032A

T37:1148
T37:1162A
73EJF3:39A
73EJF3:60
73EJF3:123A

73EJF3:125A
73EJD:231
72EJC:140
73EJC:291
73EJC:418

73EJC:478

2138 陛	2139 隝		2140 陌	2141 陣	2142 𨼏
T21:024	T04:002	T37:1549	T05:069	T07:004	T01:023
	T09:002	T37:1557	T37:1397A	T23:865B	T01:036
	T21:177	73EJD:194			T01:050
	T23:780	72EJC:119			T01:174C
	T37:618	按：金關簡从「土」。			T01:183
					T02:016

T02:016 T02:082A T02:092 T03:028A T03:034

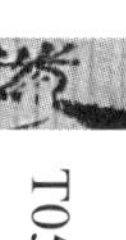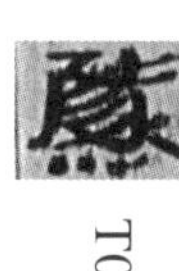

T04:114A T04:153 T04:165 T05:078 T06:041A T06:055

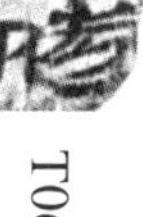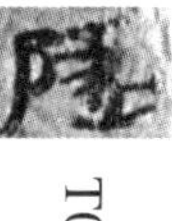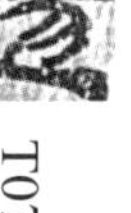

T06:060 T06:122 T06:130 T07:004 T07:005 T07:050

T07:051 T07:055 T07:080A T07:113 T07:195 T08:016

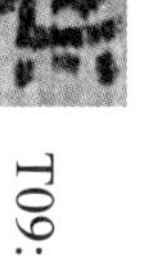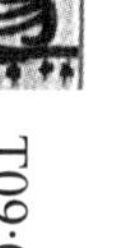

T09:026 T09:026 T09:084 T09:085 T09:086

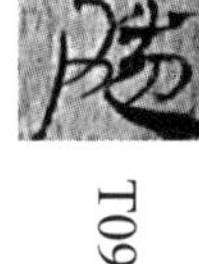

T09:101 T09:236 T09:250 T10:131 T10:132 T10:206

T10:248　T11:002　T14:025　T15:003A　T21:011　T21:012

T21:013　T21:014　T21:027　T21:040　T21:089B　T21:096

T21:136　T21:137　T21:149　T21:173　T21:208　T21:237

T21:261　T21:288　T21:326　T21:356　T21:384　T21:385

T21:420　T22:005　T22:005　T22:005　T22:010　T22:011C

T22:034　T22:133　T22:135　T23:029　T23:061　T23:067

T23:079A

T23:113

T23:114

T23:176

T23:177A

T23:236

T23:262

T23:287A

T23:287A

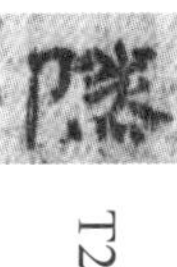

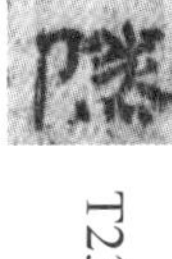
T23:287A

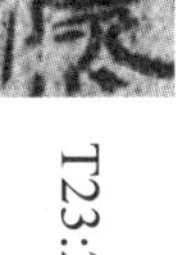
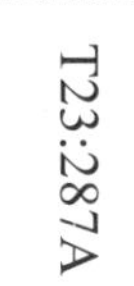
T23:287A

T23:287A

T23:287B

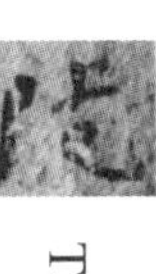
T23:289

T23:289

T23:298

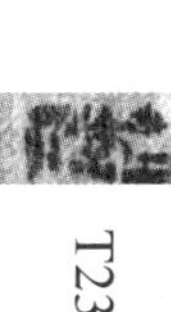
T23:298

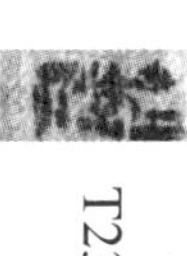
T23:301

T23:342

T23:375

T23:390

T23:392

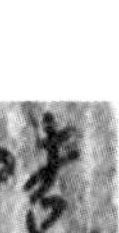

T23:408

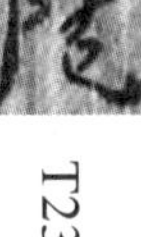

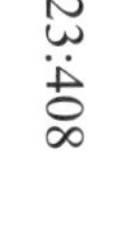

T23:408

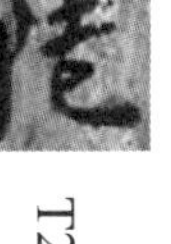

T23:414

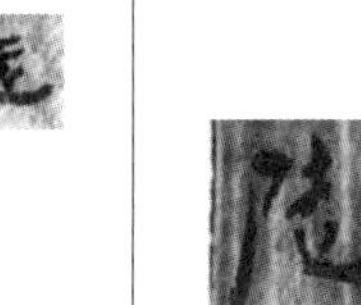
T23:426

T23:443

T23:471

T23:481B

T23:481B

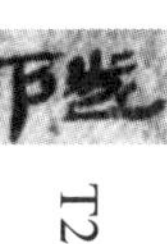
T23:482

T23:488

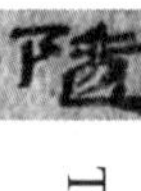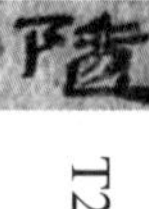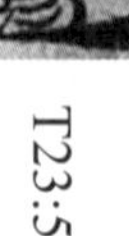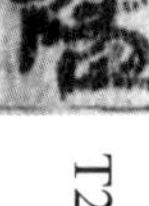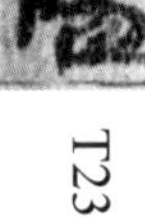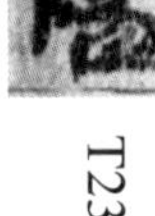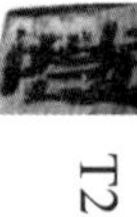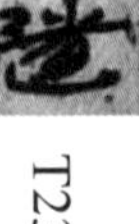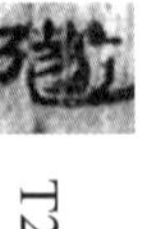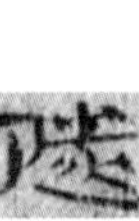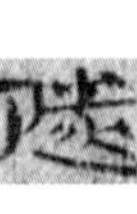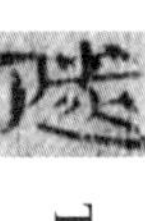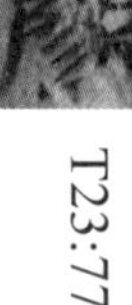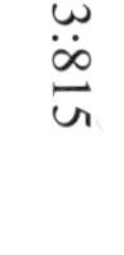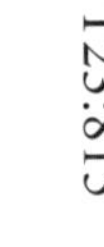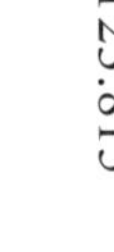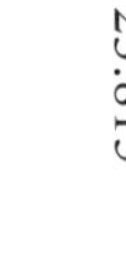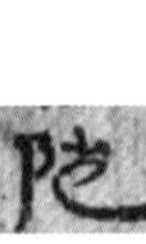

T23:489
T23:493
T23:497
T23:498
T23:500
T23:503

T23:510
T23:531
T23:532
T23:565
T23:627
T23:662

T23:666
T23:667
T23:672
T23:697
T23:726

T23:764
T23:764
T23:764
T23:776
T23:777
T23:777

T23:815
T23:824
T23:826
T23:876
T23:877A

T23:877A
T23:885A
T23:925
T23:933
T23:963

𨺅部 𨽸

T23:965

T23:965

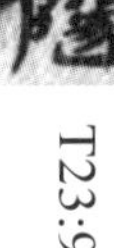
T23:977

T23:979

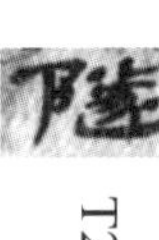
T23:991

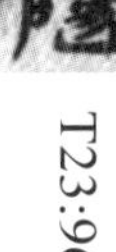
T24:024A

T24:024A

T24:043

T24:046

T24:046

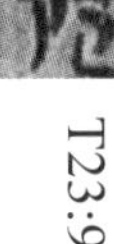
T24:046

T24:046

T24:079

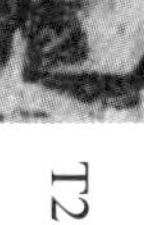
T24:138

T24:138

T24:138

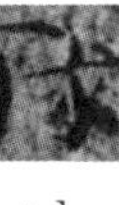
T24:138

T24:144

T24:194

T24:261

T24:265

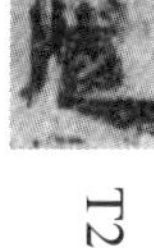
T24:291

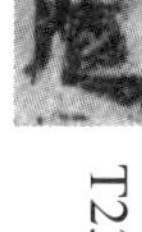
T24:307

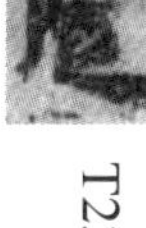
T24:327

T24:399

T24:549

T24:557

T24:557

T24:585

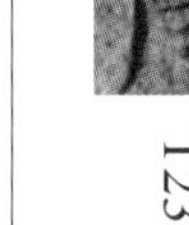
T24:593

T24:623

T24:703

T24:710

T24:721

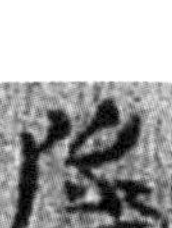

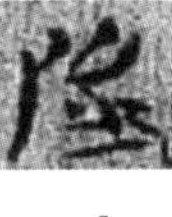
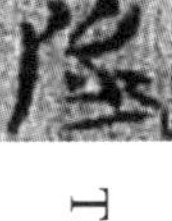
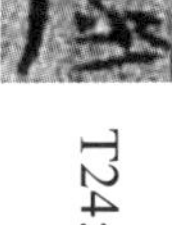

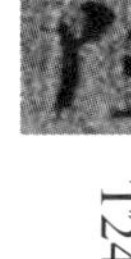

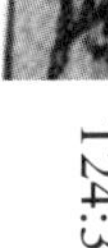

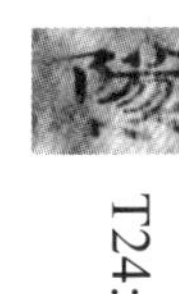
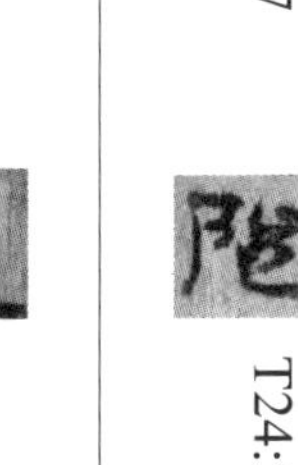
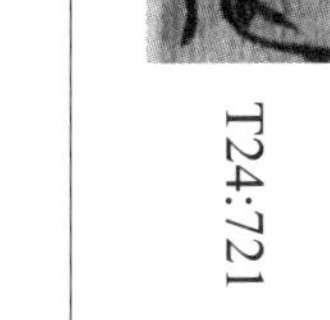

T24:797 T24:870 T24:955 T25:023 T25:059 T25:130

T25:192 T26:039 T26:052 T26:054 T26:059 T26:060

T26:073 T26:077 T26:088A T26:088A T26:137 T26:154

T26:156 T26:181 T26:230A T26:265 T27:046

T27:067 T28:002 T28:007 T28:010 T28:011 T28:016

T28:023 T28:028 T28:028 T28:048 T28:054 T28:077

𨸏部 隧

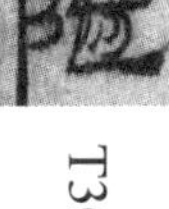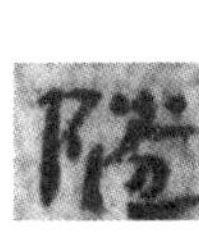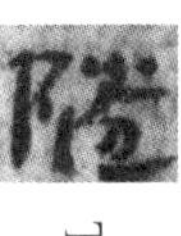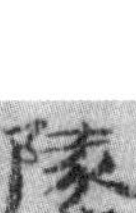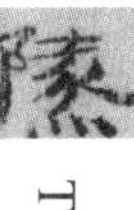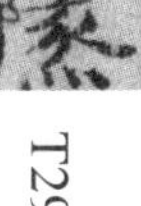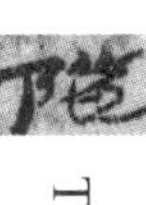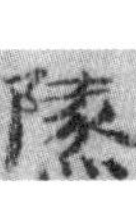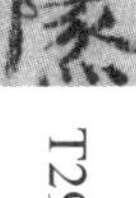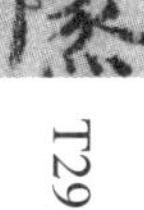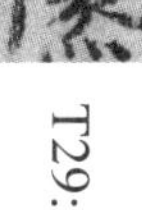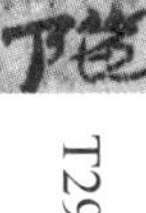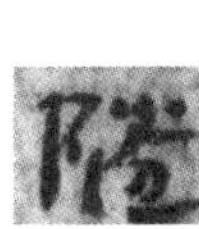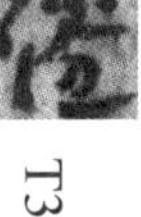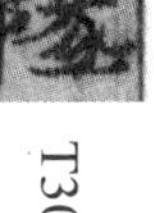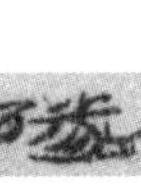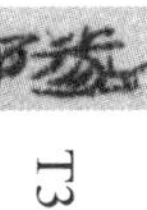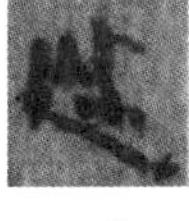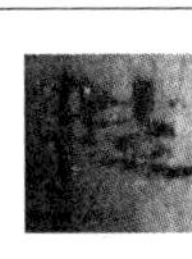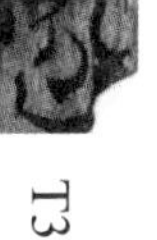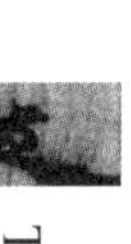

T28:113 T29:001 T29:042 T29:046 T29:058 T29:107

T30:007+019 T30:007+019 T30:007+019 T30:035A T30:039

T30:039 T30:039 T30:040 T30:062 T30:062 T30:070

T30:074 T30:078 T30:085 T30:086 T30:131 T30:178

T30:191 T30:196 T30:204 T30:244 T31:033

T31:080 T31:127 T31:160 T32:005A T32:026 T32:039

T32:039 T32:049 T33:056A T33:066 T34:017 T34:019

T34:023 T37:010 T37:016 T37:057 T37:062 T37:081

T37:082 T37:083 T37:098 T37:130 T37:194 T37:240

T37:454 T37:460 T37:485A T37:534 T37:582 T37:622

T37:628 T37:629 T37:630 T37:673 T37:718 T37:719

T37:754 T37:756 T37:757 T37:846 T37:865 T37:898

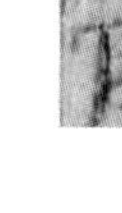
T37:958

T37:972

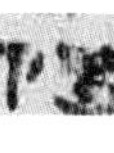
T37:1057A

T37:1087

T37:1221

T37:1223

T37:1329

T37:1345
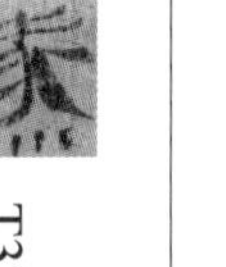
T37:1441A

T37:1517

T37:1517

T37:1535A
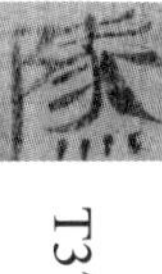

T37:1538

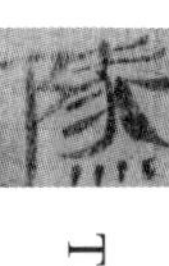
T37:1546

H01:012B

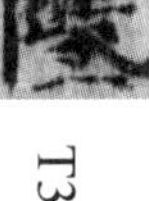
H01:018

H01:019

H01:027

H02:007

H02:014

H02:024

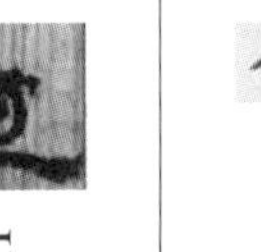

H02:042

H02:066

H02:090

F01:015

F01:027

F01:033

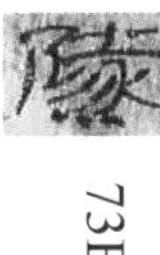
F01:033
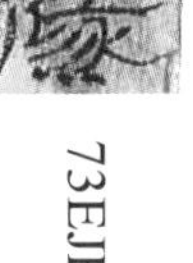
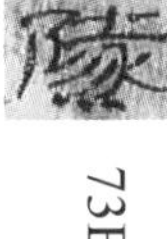
F01:089

73EJF3:35

73EJF3:46

73EJF3:52

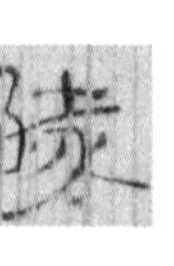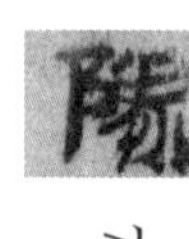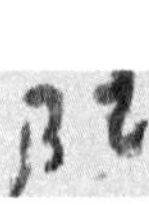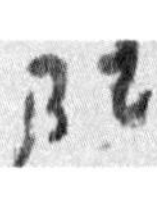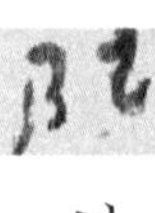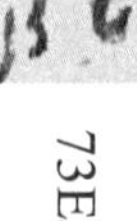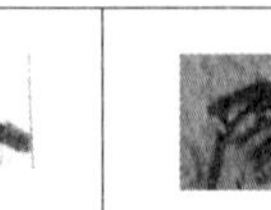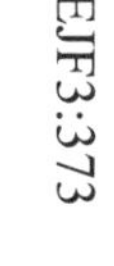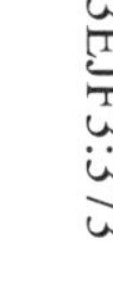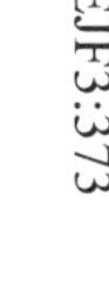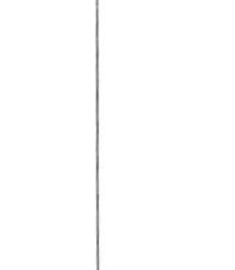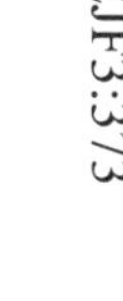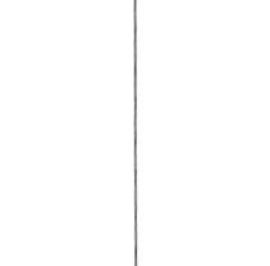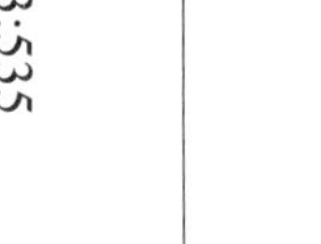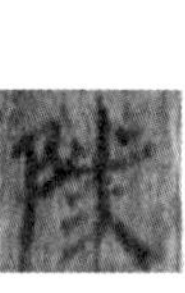

73EJF3:83
73EJF3:84
73EJF3:86
73EJF3:87
73EJF3:88

73EJF3:89
73EJF3:95
73EJF3:108
73EJF3:110
73EJF3:112

73EJF3:112
73EJF3:125A
73EJF3:130
73EJF3:138
73EJF3:160

73EJF3:242
73EJF3:277
73EJF3:278
73EJF3:285
73EJF3:318

73EJF3:373
73EJF3:376
73EJF3:377
73EJF3:417
73EJF3:528

73EJF3:535
73EJF3:557
73EJF3:557
73EJT4H:73
73EJT4H:76

73EJD:28A

73EJD:54

73EJD:69

73EJD:160
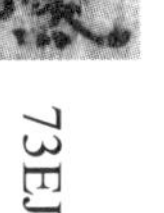
73EJD:211

73EJD:214

73EJD:218

73EJD:287

73EJD:299A

73EJD:303

73EJD:308

73EJD:312

73EJD:317A

73EJD:318A

73EJD:320A

73EJD:320C

73EJD:350

73EJD:353

72EJC:3

72EJC:63A

72EJC:163

72EJC:198
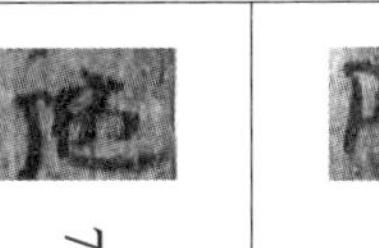
72EJC:201

72EJC:280
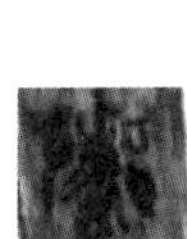
72EJC:283

73EJC:358

73EJC:364

73EJC:410

73EJC:418

73EJC:422

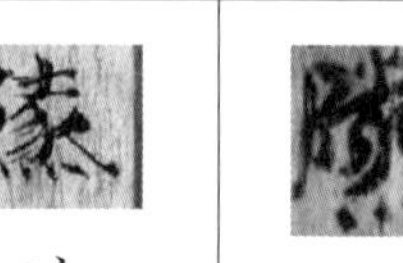
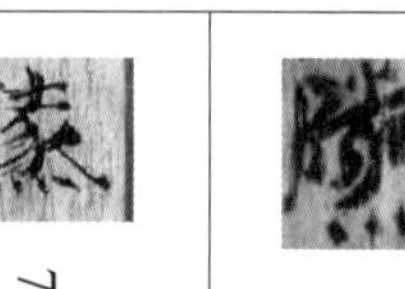
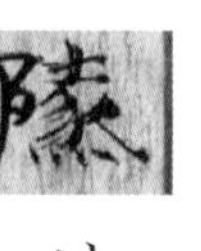
73EJC:426

73EJC:434

73EJC:479

73EJC:489

73EJC:491

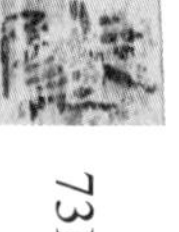
73EJC:603

73EJC:611

73EJC:613

73EJC:613

73EJC:615

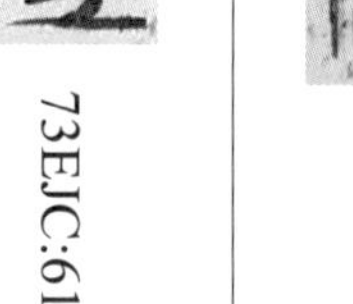
72ECC:55　按：《說文》，𨽕「篆文省」。

四

2143

T01:037

T01:123

T01:148

T03:047A

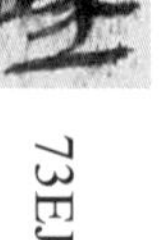
T03:047B

T03:055

T03:057

T03:067

T03:071

T03:071

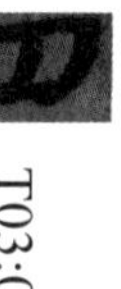
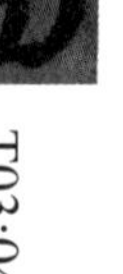

T03:095

T03:098

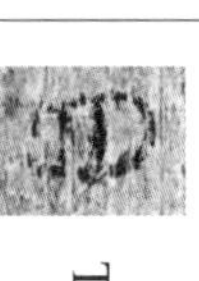
T03:102

T04:073

T04:077

T04:091

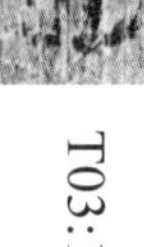
T04:131

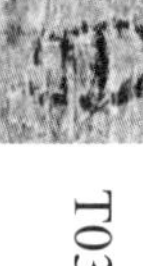

T05:014

四部 四

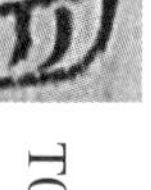
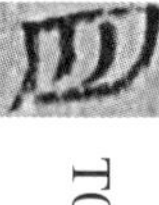

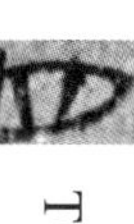

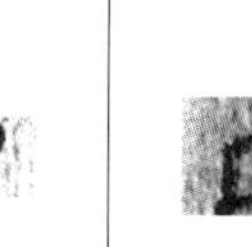

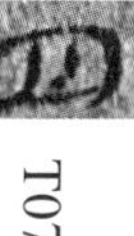

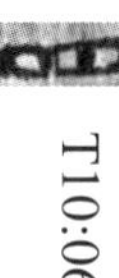

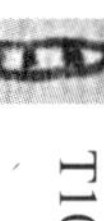

T05:064
T05:068A
T05:068A
T05:113
T06:040
T06:056

T06:112
T06:139
T06:193
T07:023
T07:045
T07:064

T07:110
T07:135
T07:169
T08:004
T08:007
T08:034

T08:036A
T09:036
T09:046
T09:059A
T09:081
T09:086

T09:087
T09:104
T09:113
T09:127
T09:278
T10:065

T10:067
T10:067
T10:067
T10:068
T10:073
T10:073

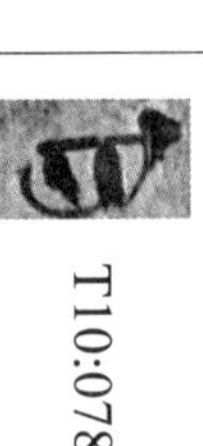
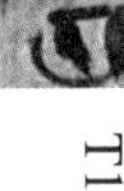

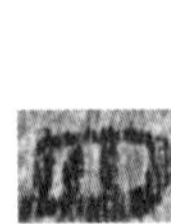
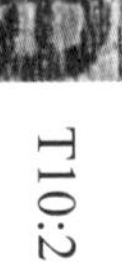

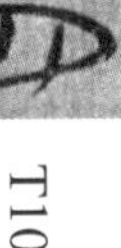

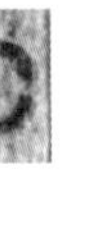

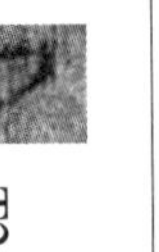

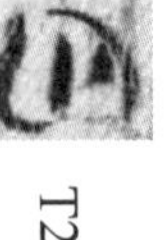
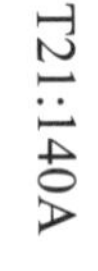

T10:078 T10:082 T10:089 T10:092 T10:092 T10:096

T10:101 T10:106 T10:117 T10:120A T10:121A T10:136

T10:171 T10:171 T10:208 T10:247 T10:311 T10:311

T10:315A T10:369 T10:377A T10:378 T11:002 T11:002

T21:001 T21:024 T21:040 T21:099 T21:102A T21:106

T21:123 T21:124 T21:124 T21:137 T21:138 T21:140A

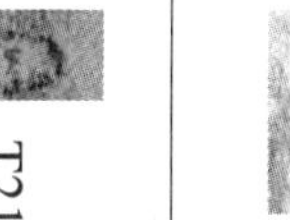
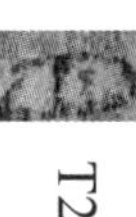

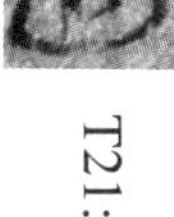

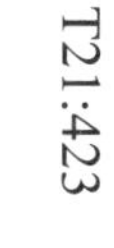

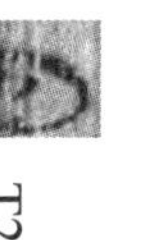

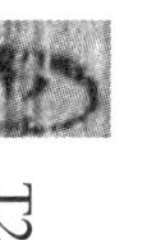
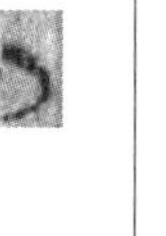

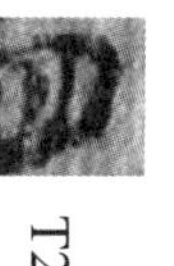

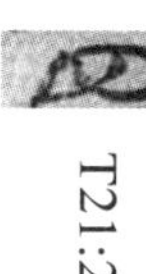

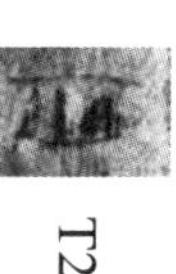

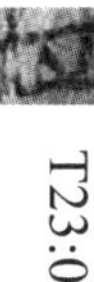
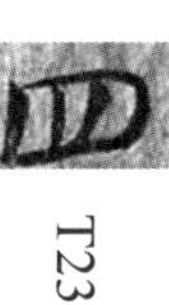
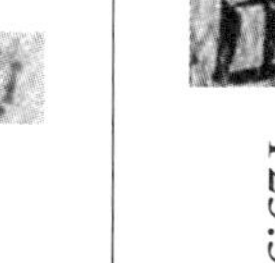
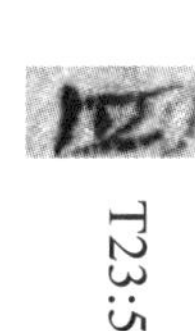

T21:153	T21:210A	T21:221	T21:227B	T21:262	T21:270
T21:274	T21:284	T21:284	T21:336	T21:348A	T21:390
T21:418	T21:423	T21:441	T21:446	T22:008	T22:024
T22:036A	T22:085	T23:026	T23:038	T23:054	T23:071
T23:094	T23:131	T23:257	T23:273	T23:310	T23:311
T23:354B	T23:362	T23:383	T23:481A	T23:529	T23:565

四部 四

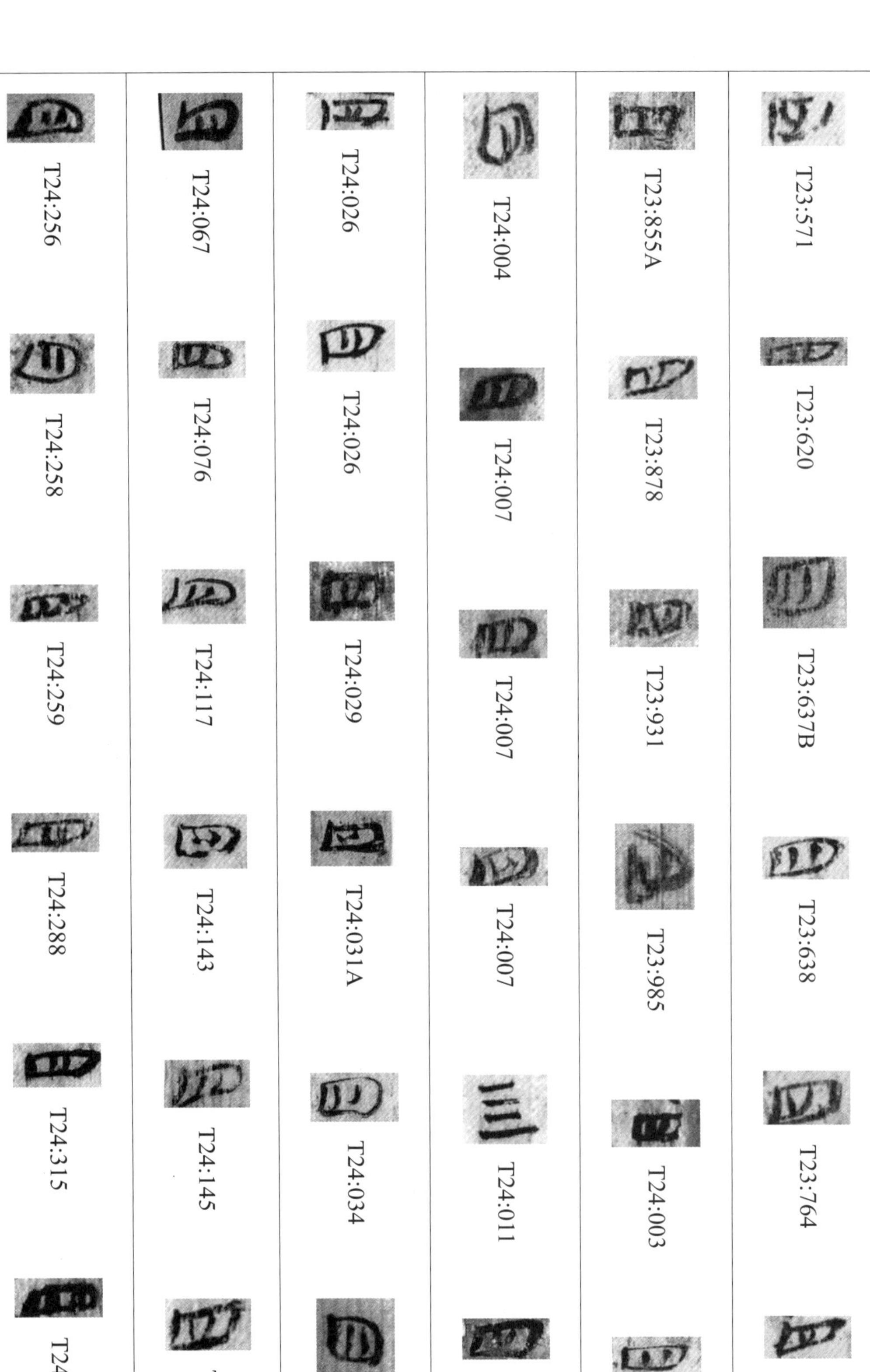

T23:571 T23:620 T23:637B T23:638 T23:764 T23:764

T23:855A T23:878 T23:931 T23:985 T24:003 T24:003

T24:004 T24:007 T24:007 T24:007 T24:011 T24:024A

T24:026 T24:026 T24:029 T24:031A T24:034 T24:051

T24:067 T24:076 T24:117 T24:143 T24:145 T24:206

T24:256 T24:258 T24:259 T24:288 T24:315 T24:326

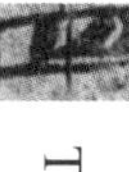

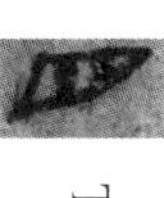

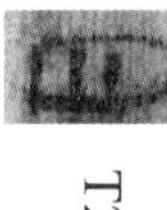
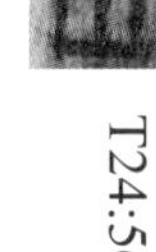

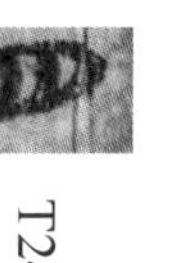

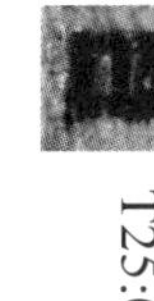

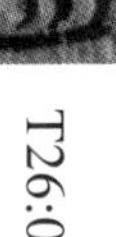

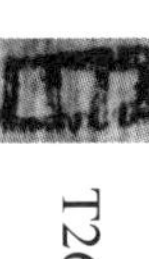

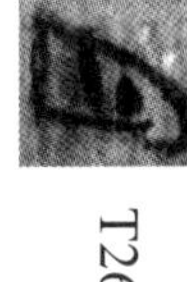
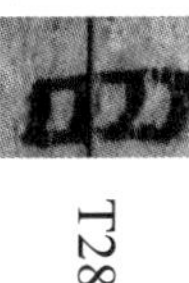

T24:389
T24:416A
T24:534
T24:539
T24:566A

T24:705
T24:709
T24:711
T24:723
T24:748
T24:833

T24:851
T24:952
T24:968
T25:045
T25:061
T25:079A

T25:100
T26:003
T26:023
T26:031
T26:07
T26:088A

T26:088A
T26:112
T26:122
T26:157
T26:239
T26:268

T27:048
T28:004A
T28:004A
T28:004B
T28:004B
T28:009A

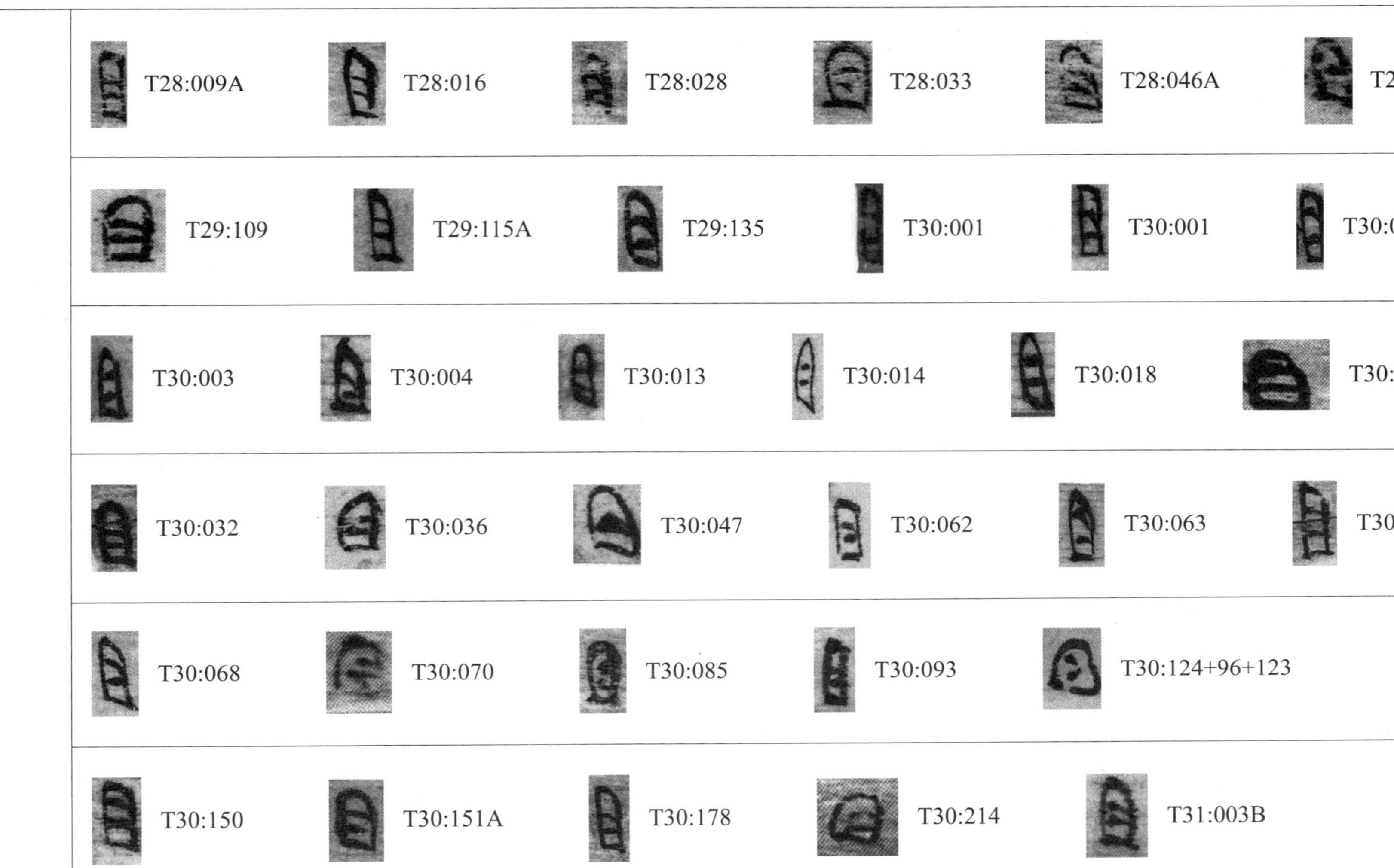

T28:009A　T28:016　T28:028　T28:033　T28:046A　T28:105

T29:109　T29:115A　T29:135　T30:001　T30:001　T30:002

T30:003　T30:004　T30:013　T30:014　T30:018　T30:032

T30:032　T30:036　T30:047　T30:062　T30:063　T30:067

T30:068　T30:070　T30:085　T30:093　T30:124+96+123

T30:150　T30:151A　T30:178　T30:214　T31:003B

四部 四

T31:020A
T31:040
T31:050
T31:065
T31:065
T31:066
T31:076
T31:080
T31:082
T31:084
T31:097A
T31:104B
T31:107
T31:142
T32:005A
T32:005A
T32:010
T32:075
T33:004
T33:024
T33:042
T33:046
T33:067B
T34:006A
T34:010
T35:006
T37:059
T37:079
T37:133
T37:156
T37:175
T37:176
T37:177
T37:177
T37:223
T37:352

四部 四

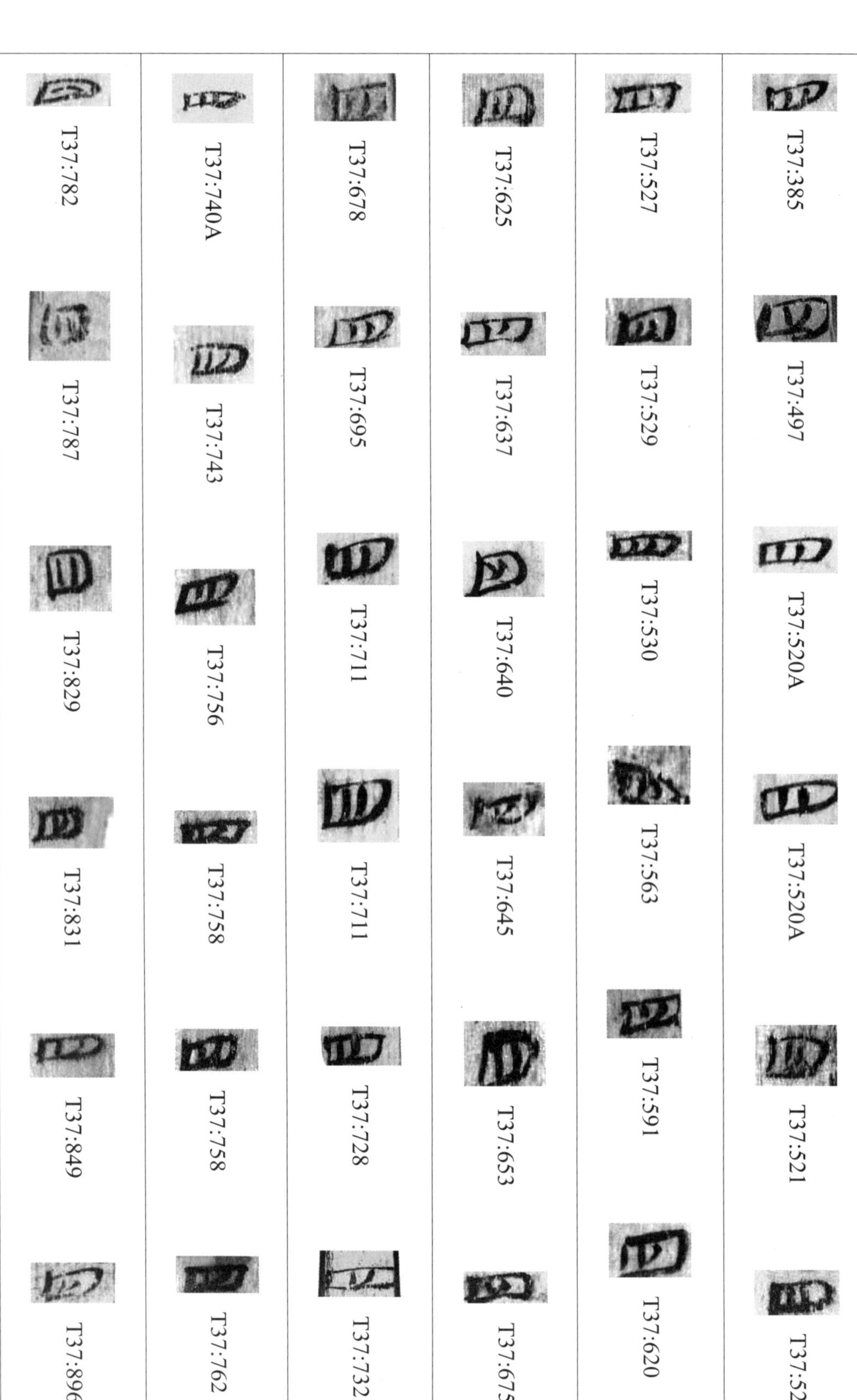

T37:385 T37:497 T37:520A T37:520A T37:521 T37:526

T37:527 T37:529 T37:530 T37:563 T37:591 T37:620

T37:625 T37:637 T37:640 T37:645 T37:653 T37:675

T37:678 T37:695 T37:711 T37:711 T37:728 T37:732

T37:740A T37:743 T37:756 T37:758 T37:758 T37:762

T37:782 T37:787 T37:829 T37:831 T37:849 T37:896

T37:927 T37:983 T37:988 T37:1005 T37:1021 T37:1058

T37:1058 T37:1059 T37:1062A T37:1063 T37:1067A

T37:1076A T37:1094A T37:1151A T37:1184 T37:1209

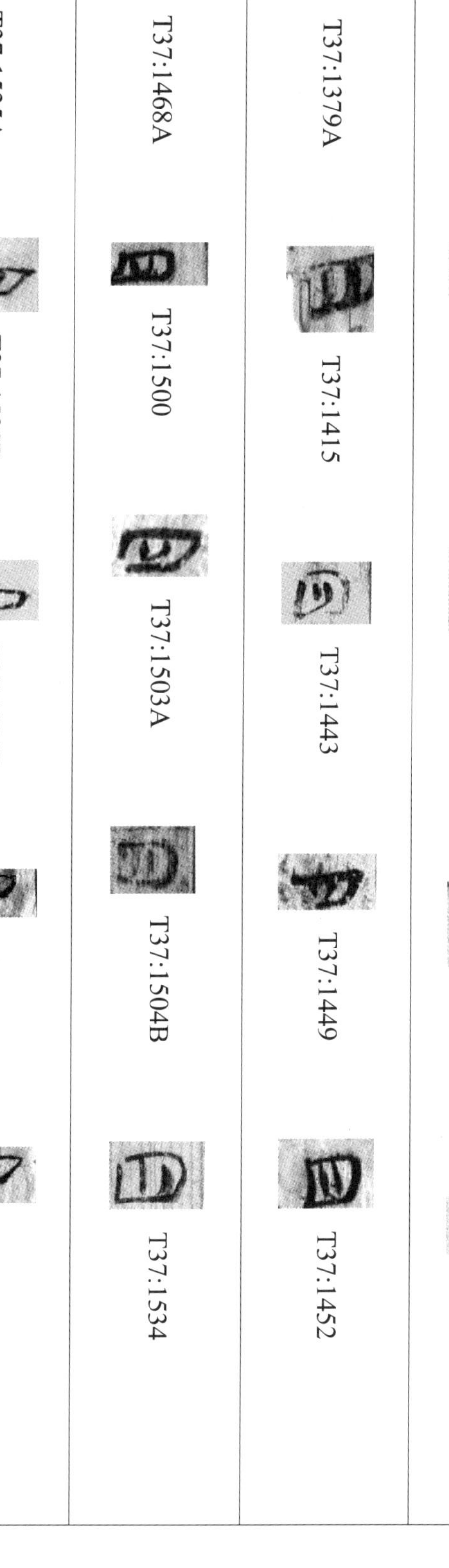

T37:1379A T37:1415 T37:1443 T37:1449 T37:1452

T37:1468A T37:1500 T37:1503A T37:1504B T37:1534

T37:1535A T37:1535B T37:1535B T37:1540 T37:1543

四部 四

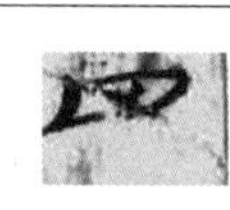

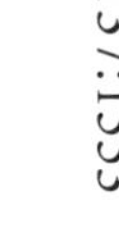
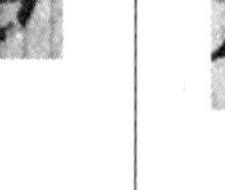

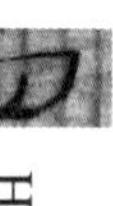

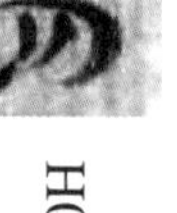

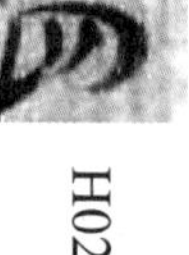
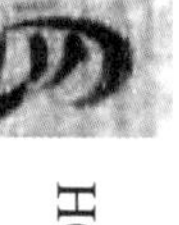

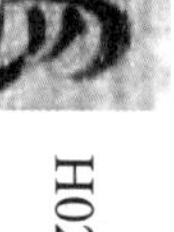
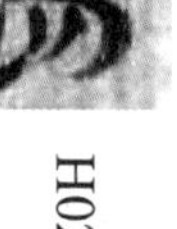

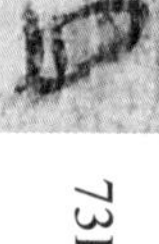

T37:1553

T37:1554

T37:1575

H01:042

H02:009

H02:020

H02:058

F01:026

F01:085

73EJF2:6

73EJF2:23

73EJF3:35

73EJF3:57B

73EJF3:83

73EJF3:90

73EJF3:90

73EJF3:90

73EJF3:92

73EJF3:94

73EJF3:104

73EJF3:110

73EJF3:115

73EJF3:123B

73EJF3:126

73EJF3:138

73EJF3:139

73EJF3:146

73EJF3:149

73EJF3:150A

73EJF3:154

73EJF3:164

73EJF3:176

四部 四

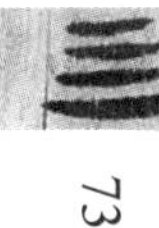

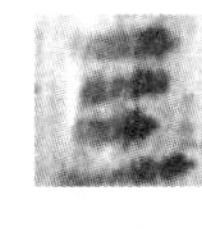

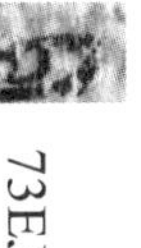

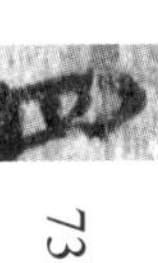
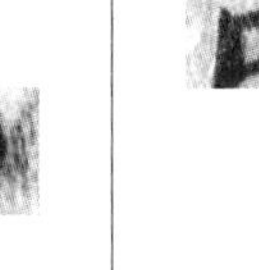
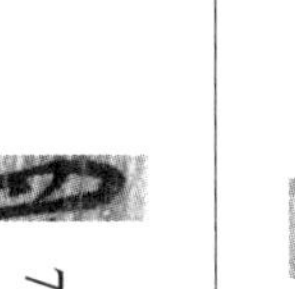

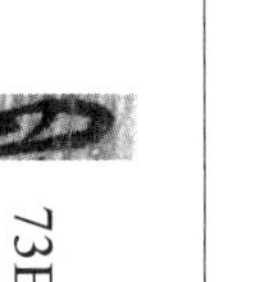

73EJF3:228
73EJF3:256
73EJF3:259
73EJF3:311

73EJF3:312
73EJF3:314
73EJF3:345
73EJF3:372
73EJF3:384B

73EJF3:396
73EJF3:437
73EJF3:479
73EJF3:483
73EJF3:520

73EJF3:523
73EJF3:545
73EJD:2
73EJD:5
73EJD:5

73EJD:6
73EJD:11
73EJD:37A
73EJD:43A
73EJD:58A

73EJD:63
73EJD:65
73EJD:68
73EJD:154A
73EJD:177

四部 四

73EJD:226
73EJD:246
73EJD:309A
73EJD:309B
72EJC:2A
72EJC:15A
72EJC:62
72EJC:96
72EJC:101
72EJC:116B
72EJC:145
72EJC:156
72EJC:182
72EJC:191
73EJC:402
73EJC:408
73EJC:409
73EJC:411
73EJC:416
73EJC:445A
73EJC:533
73EJC:537
73EJC:591
73EJC:611
73EJC:614
73EJC:642
73EJC:652
73EJC:668
72EDAC:7
72EDAC:7

五

2144

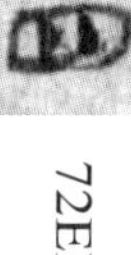
72EDAC:7

72EDAC:7

72EDAC:7

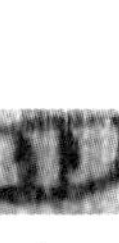

72EDAC:7

72EDIC:3

72EDIC:16

72EBS7C:1A

72EBS7C:2A

按：《說文》，亖「籀文四」。

T01:001

T01:020

T01:041

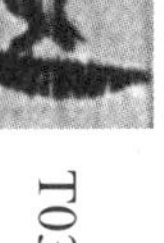

T01:104

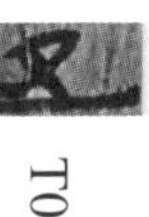
T01:152

T02:075

T03:003

T03:030

T03:038A

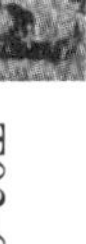

T03:049

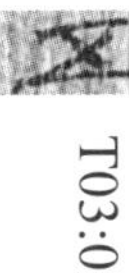
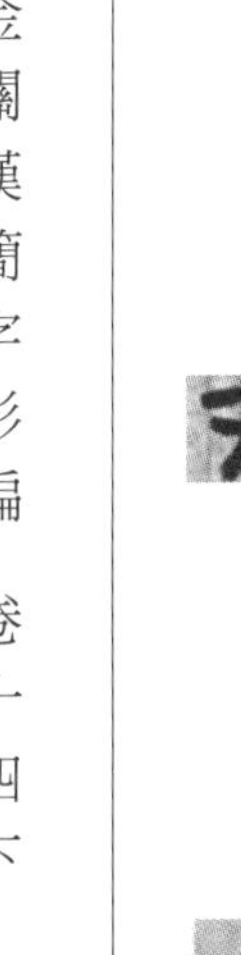
T03:052

T03:062

T03:071

T03:072

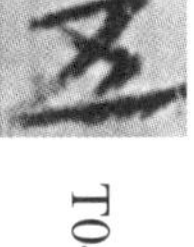
T03:098

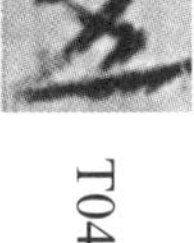
T03:098

T03:104

T03:109

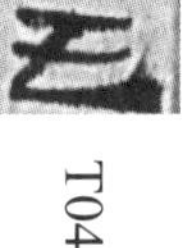
T04:019

T04:054

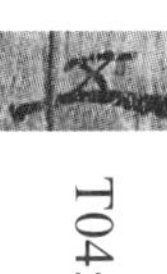
T04:100

T04:107

T04:111

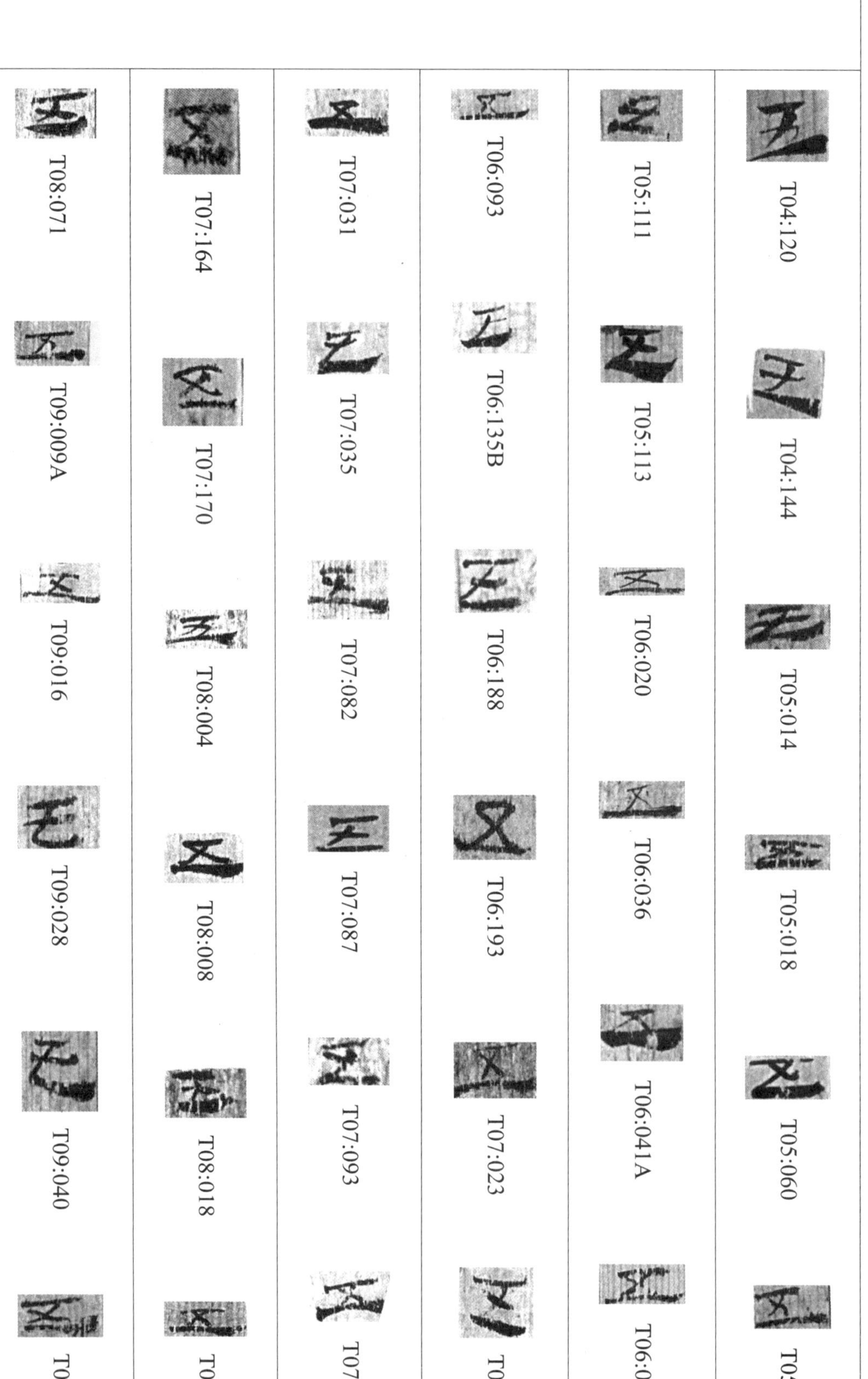
T04:120
T04:144
T05:014
T05:018
T05:060
T05:098
T05:111
T05:113
T06:020
T06:036
T06:041A
T06:084
T06:093
T06:135B
T06:188
T06:193
T07:023
T07:024
T07:031
T07:035
T07:082
T07:087
T07:093
T07:097
T07:164
T07:170
T08:004
T08:008
T08:018
T08:035
T08:071
T09:009A
T09:016
T09:028
T09:040
T09:041

五部 五

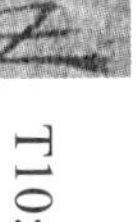

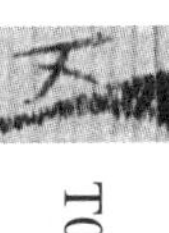
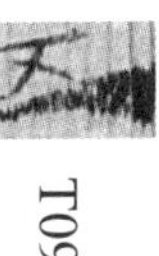
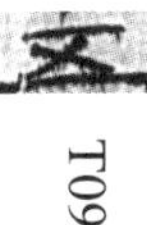

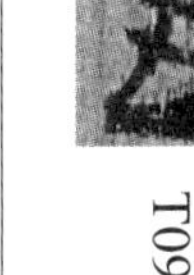

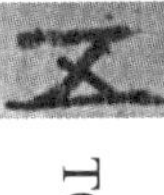
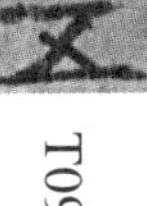

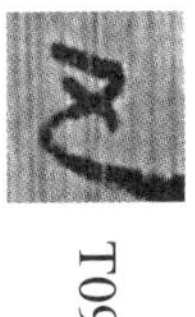

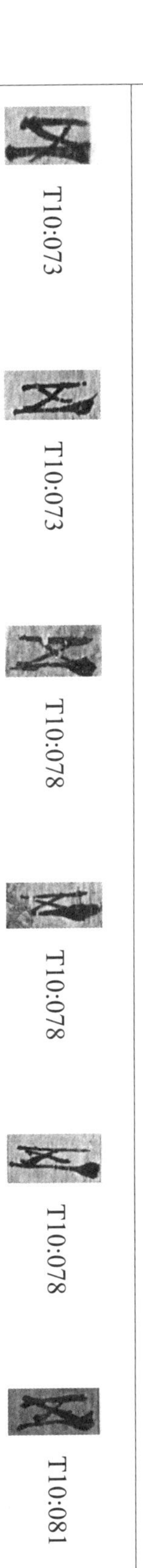
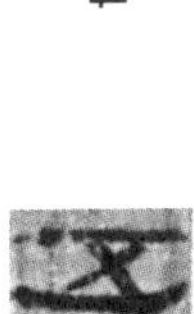

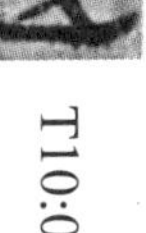

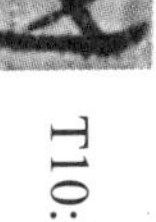

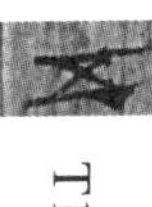
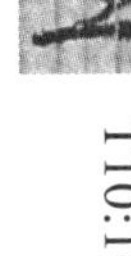
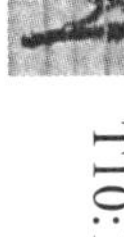

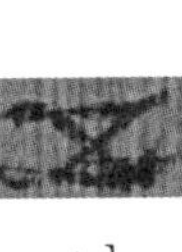
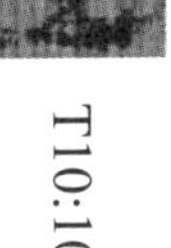

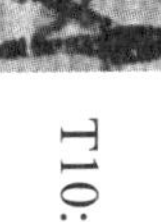

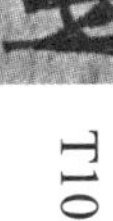

T09:083
T09:087
T09:092A
T09:092A
T09:098
T09:104

T09:121
T09:139
T09:237
T09:238
T09:274
T09:311

T10:062
T10:063
T10:063
T10:067
T10:071
T10:071

T10:073
T10:073
T10:078
T10:078
T10:078
T10:081

T10:082
T10:083
T10:084
T10:085
T10:089
T10:096

T10:102
T10:106
T10:107
T10:116
T10:131
T10:147

T10:150
T10:160
T10:161
T10:180
T10:180
T10:216
T10:227
T10:236A
T10:279
T10:287
T10:295
T10:306
T10:312A
T10:341
T10:363
T10:407
T10:422
T11:004
T11:031B
T11:031B
T14:002
T14:010
T14:012
T21:004
T21:005
T21:010
T21:010
T21:021
T21:035B
T21:035B
T21:042A
T21:097
T21:097
T21:102A
T21:130A

T21:130A
T21:153
T21:202
T21:223
T21:227B
T21:230
T21:233
T21:258
T21:271A
T21:281
T21:284
T21:310
T21:311
T21:331
T21:348A
T21:348A
T21:353
T21:378
T21:382
T21:391
T21:418
T21:422
T21:425
T21:494
T22:001
T22:024
T22:033
T22:035
T22:035
T22:075
T22:091
T23:001A

T23:002　T23:026　T23:039　T23:054　T23:071　T23:141A

T23:145　T23:160　T23:189　T23:237B　T23:257　T23:278

T23:303　T23:332　T23:341　T23:352　T23:355　T23:372

T23:374　T23:381　T23:385　T23:385　T23:418　T23:428

T23:481B　T23:508　T23:562　T23:583　T23:583

T23:632　T23:678A　T23:701　T23:721　T23:749

五部 五

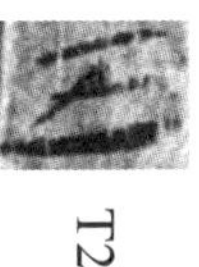

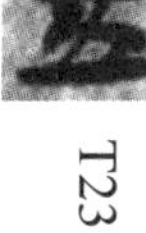

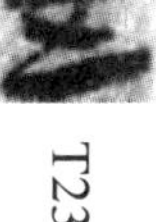

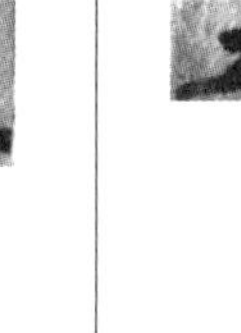

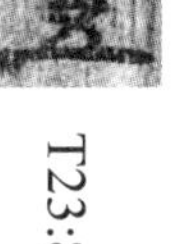
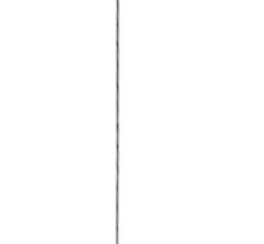

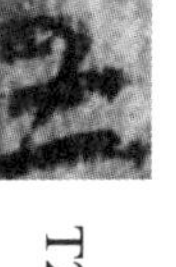

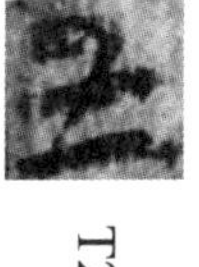

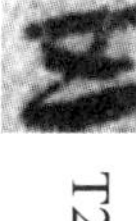

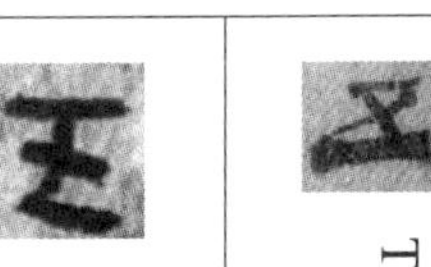

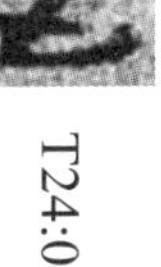

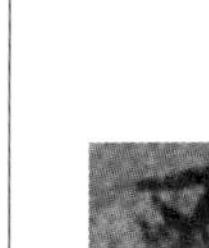
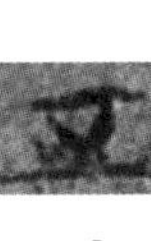

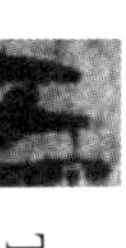

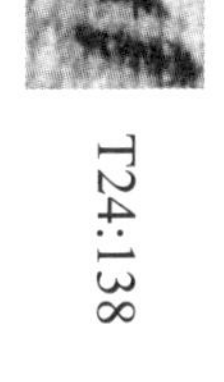

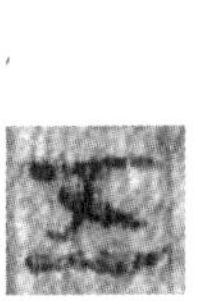

T23:764 T23:764 T23:764 T23:765 T23:768 T23:773

T23:777 T23:786 T23:855A T23:855B T23:883

T23:920 T23:924 T23:926 T23:941A T23:963 T23:985

T23:986 T23:991 T23:991 T23:991 T24:003 T24:025

T24:033 T24:046 T24:052 T24:065A T24:067

T24:081 T24:138 T24:138 T24:138 T24:144

五部 五

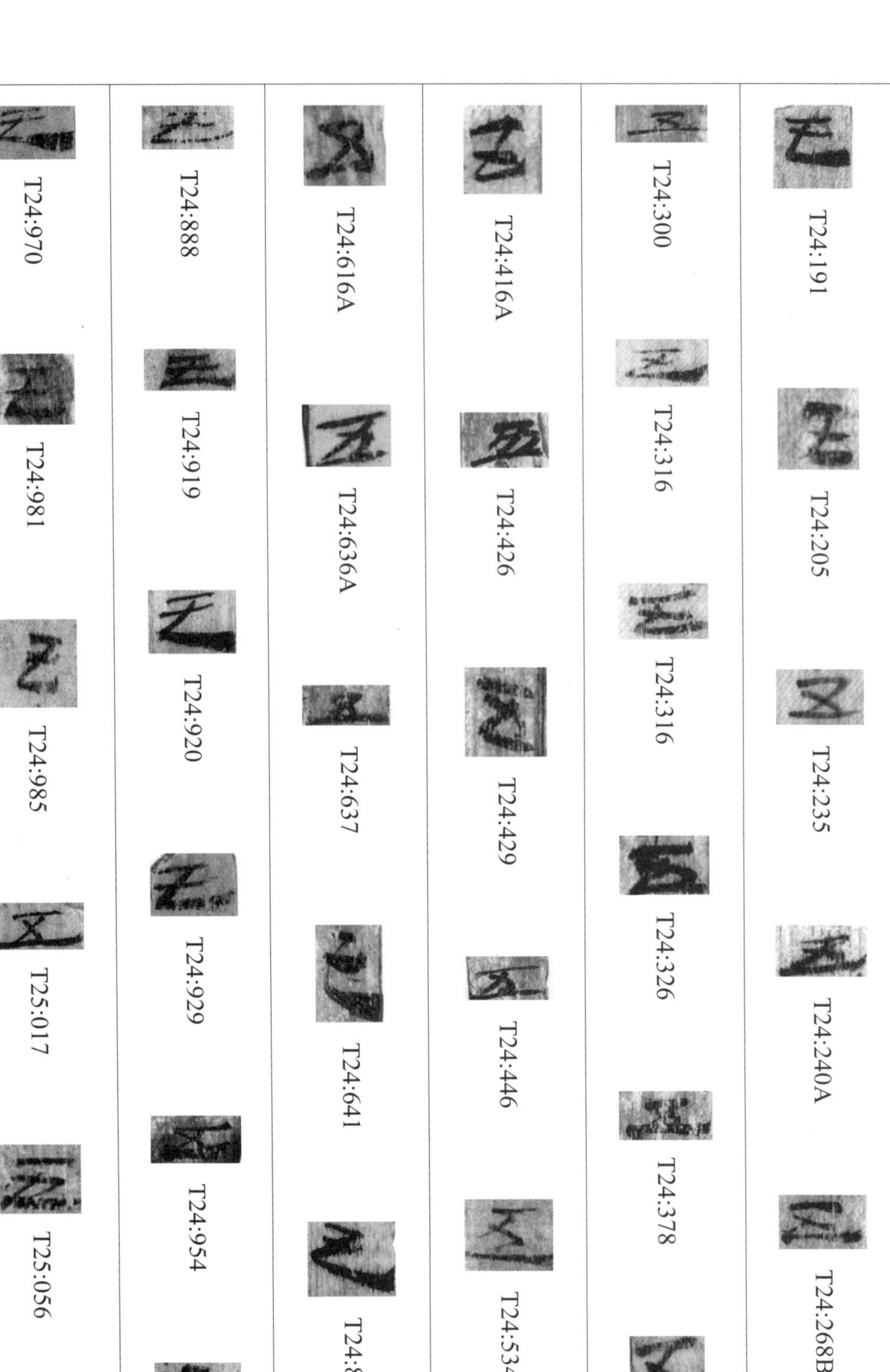
T24:191 T24:205 T24:235 T24:240A T24:268B
T24:300 T24:316 T24:316 T24:326 T24:378 T24:394A
T24:416A T24:426 T24:429 T24:446 T24:534
T24:616A T24:636A T24:637 T24:641 T24:805
T24:888 T24:919 T24:920 T24:929 T24:954 T24:966
T24:970 T24:981 T24:985 T25:017 T25:056 T25:056

五部 五

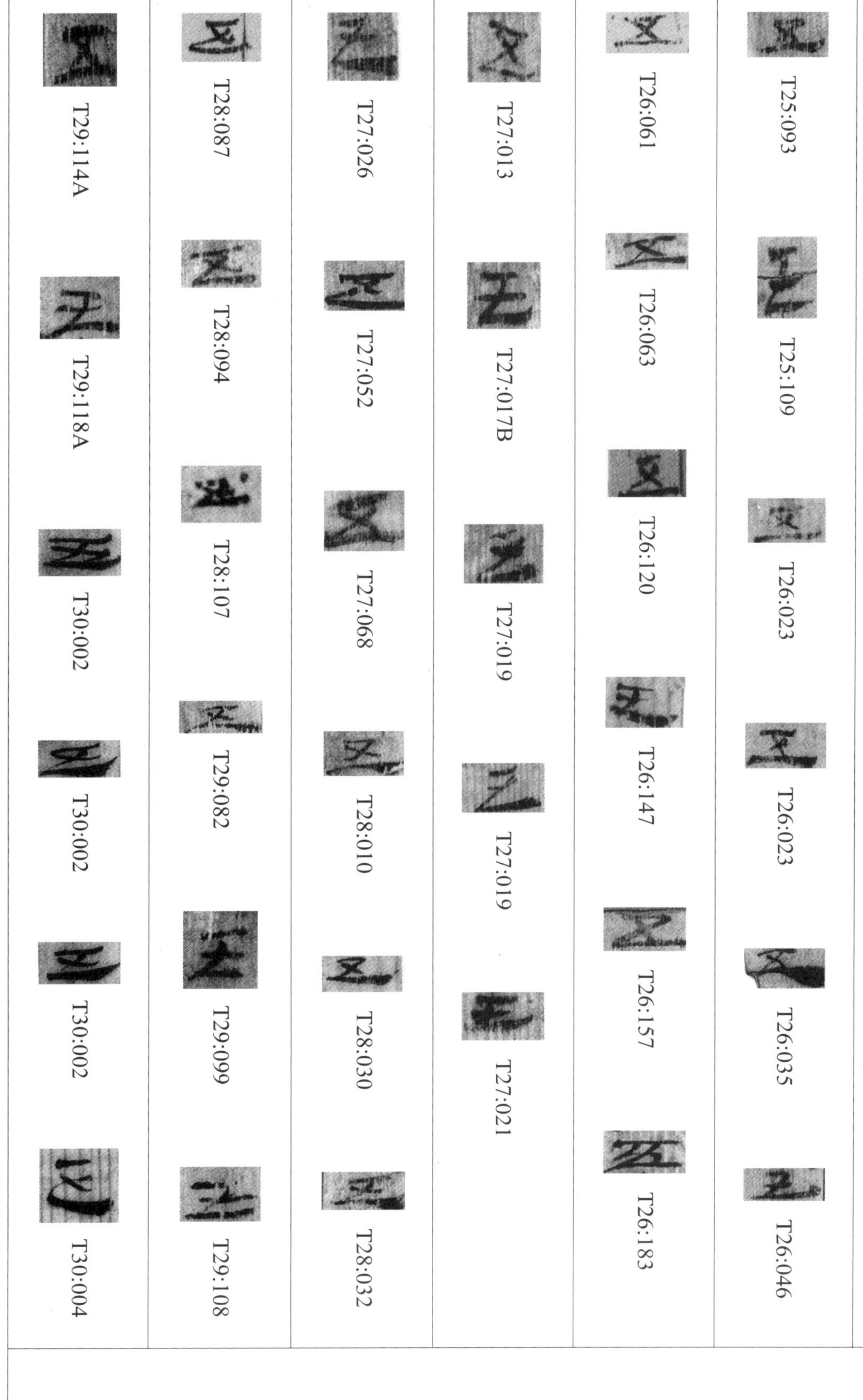

T25:093
T25:109
T26:023
T26:023
T26:035
T26:046
T26:061
T26:063
T26:120
T26:147
T26:157
T26:183
T27:013
T27:017B
T27:019
T27:019
T27:021
T27:026
T27:052
T27:068
T28:010
T28:030
T28:032
T28:087
T28:094
T28:107
T29:082
T29:099
T29:108
T29:114A
T29:118A
T30:002
T30:002
T30:002
T30:004

五部 五

T30:005 T30:009 T30:018 T30:020 T30:023 T30:024A

T30:024A T30:032 T30:033A T30:053 T30:058 T30:061

T30:062 T30:062 T30:065 T30:074 T30:094B T30:102

T30:102 T30:122A T30:122A T30:124+96+123 T30:137

T30:142 T30:143 T30:152 T30:168 T30:175 T30:180

T30:240 T30:255 T30:263 T31:066 T31:073 T31:089

T31:101B
T31:146 
T32:006 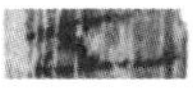
T32:008 
T32:010 
T32:032A 

T32:032A
T32:049 
T33:040A 
T33:040A 
T33:043 

T33:046
T33:059A 
T33:069 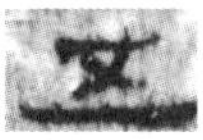
T33:088 
T34:006A 
T34:007 

T34:033
T34:043 
T34:043 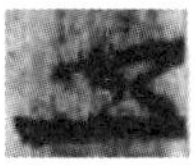
T35:005 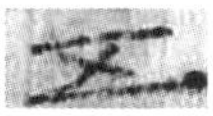
T37:003A 
T37:016

T37:017
T37:019 
T37:053 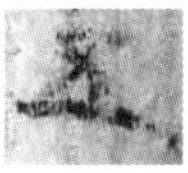
T37:064 
T37:081 
T37:099 

T37:107
T37:113 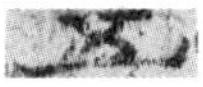
T37:130 
T37:175 
T37:224 
T37:225

五部 五

T37:276A T37:340 T37:350 T37:355 T37:365 T37:385

T37:408 T37:416 T37:521 T37:521 T37:522A T37:523A

T37:524 T37:525 T37:551 T37:570 T37:618 T37:624

T37:637 T37:658 T37:664 T37:675 T37:701 T37:710

T37:713 T37:719 T37:726 T37:739 T37:740A T37:742

T37:742 T37:745 T37:751 T37:752A T37:753 T37:758

T37:759
T37:759
T37:762
T37:767
T37:770A
T37:779
T37:780
T37:782
T37:785
T37:788A
T37:797
T37:797
T37:803A
T37:803B
T37:827
T37:830
T37:831
T37:833A
T37:841
T37:843
T37:853
T37:856
T37:857A
T37:860
T37:861
T37:870
T37:873
T37:893
T37:915
T37:915
T37:915
T37:920
T37:959
T37:960
T37:960

T37:986
T37:988
T37:989
T37:992
T37:993
T37:993
T37:995
T37:1007
T37:1019
T37:1039A
T37:1058
T37:1058
T37:1062A
T37:1062A
T37:1065A
T37:1076A
T37:1076A
T37:1078
T37:1079
T37:1081
T37:1089
T37:1100
T37:1101
T37:1103
T37:1108
T37:1111
T37:1137
T37:1148
T37:1149
T37:1151A
T37:1154
T37:1156

T37:1156
T37:1184 
T37:1242 
T37:1266 
T37:1278A 

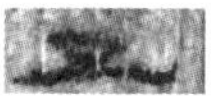

T37:1323
T37:1381 
T37:1405 
T37:1443 
T37:1443 

T37:1448A
T37:1448B 
T37:1452 
T37:1456 
T37:1479 

T37:1493
T37:1506 
T37:1516 
T37:1517
T37:1529 
T37:1535A 

T37:1537A
T37:1538 
T37:1546 
T37:1557 
T37:1584
T37:1584 

T37:1585A
T37:1585A 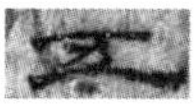
T37:1585A 
H01:005 
H01:014

H01:016B H01:026 H01:064 H01:066 H02:001 H02:008

H02:016 H02:020 H02:041 H02:050 H02:058 H02:058

H02:072 F01:023A F01:025 F01:026 F01:026 F01:036

F01:110 F01:117 F01:118A 73EJF2:7 73EJF2:8

73EJF2:11 73EJF2:21 73EJF3:57A 73EJF3:83 73EJF3:85

73EJF3:87 73EJF3:89 73EJF3:94 73EJF3:94 73EJF3:94

五部 五

73EJF3:105 73EJF3:106 73EJF3:107 73EJF3:116B 73EJF3:116B

73EJF3:116B 73EJF3:132 73EJF3:132 73EJF3:146 73EJF3:147

73EJF3:155A 73EJF3:159B 73EJF3:240 73EJF3:242 73EJF3:256

73EJF3:272 73EJF3:311 73EJF3:311 73EJF3:314 73EJF3:326

73EJF3:326 73EJF3:326 73EJF3:347 73EJF3:355 73EJF3:368

73EJF3:369 73EJF3:371 73EJF3:405 73EJF3:437 73EJF3:446

五部 五

73EJF3:462

73EJF3:489
73EJF3:515
73EJF3:590
73EJF3:592

73EJD:1

73EJD:4

73EJD:4
73EJD:23
73EJD:24

73EJD:34

73EJD:34
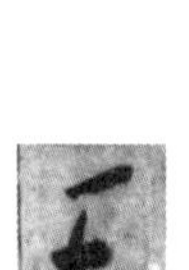
73EJD:35

73EJD:38
73EJD:39B

73EJD:42

73EJD:47

73EJD:48

73EJD:52

73EJD:112

73EJD:145

73EJD:154A

73EJD:173

73EJD:188A

73EJD:198

73EJD:203

73EJD:224

73EJD:226

73EJD:245

73EJD:260A

73EJD:271
73EJD:307A
73EJD:309A
73EJD:309B
73EJD:310A

72EJC:6
72EJC:13
72EJC:26
72EJC:31
72EJC:50

72EJC:102
72EJC:119
72EJC:119
72EJC:140
72EJC:154

72EJC:154
72EJC:155A
72EJC:156
72EJC:159A
72EJC:182

72EJC:225
72EJC:229
72EJC:248
72EJC:265
72EJC:280

72EJC:283
72EJC:285
72EJC:287
73EJC:338
73EJC:375

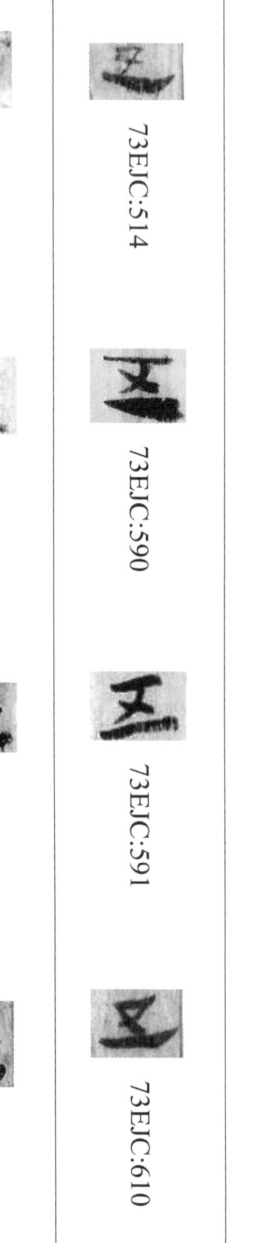

73EJC:402　73EJC:514　73EJC:590　73EJC:591　73EJC:610

73EJC:613　73EJC:616　73EJC:646　73EJC:652　73EJC:655

73EJC:662　73EJC:662　72ECC:13　72ECC:53　72EDIC:3

72EDIC:3　72EBS7C:1A　72EBS7C:2A

六

2145

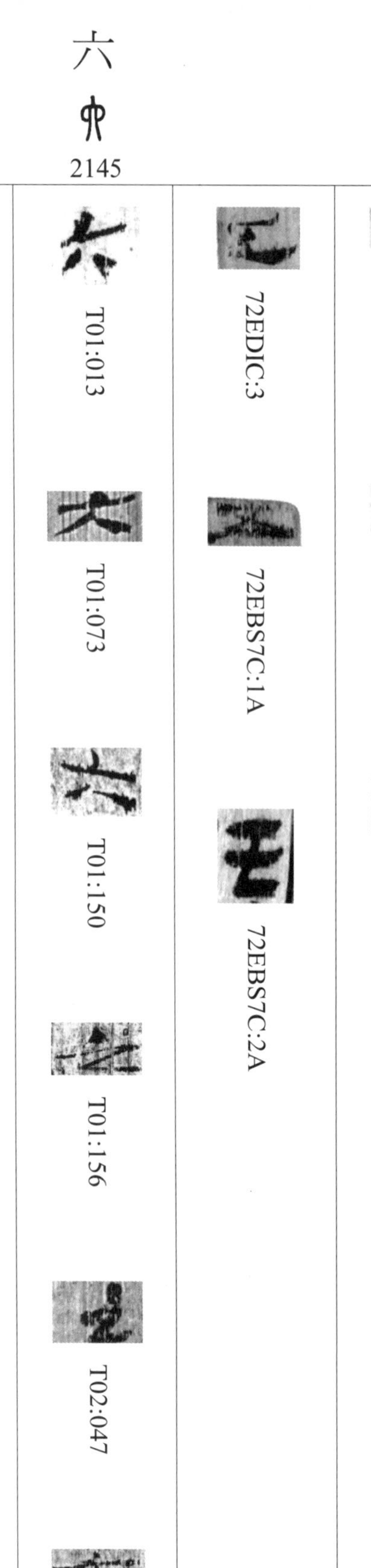

T01:013　T01:073　T01:150　T01:156　T02:047　T03:051

T03:056　T03:071　T03:071　T03:073　T03:093　T04:059

六部 六

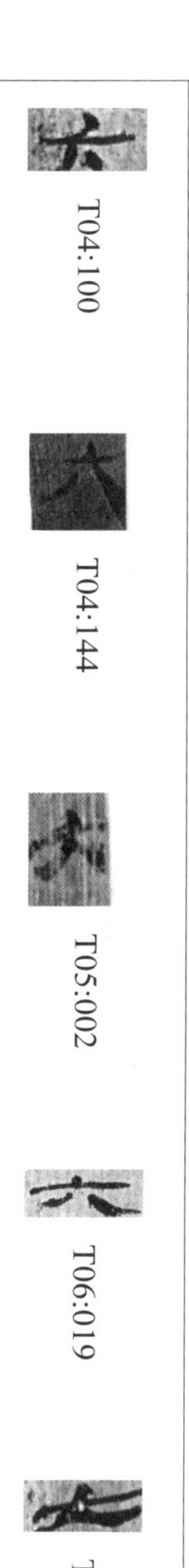
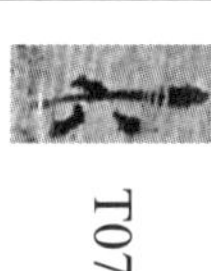

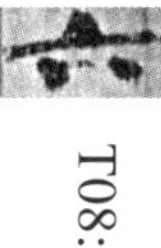
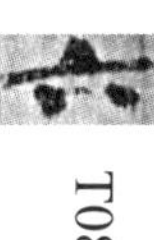
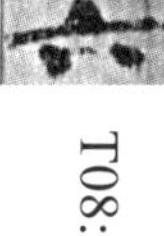

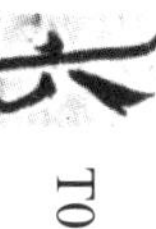

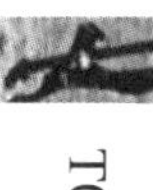
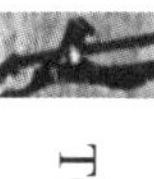
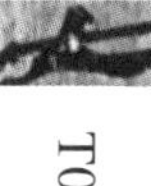

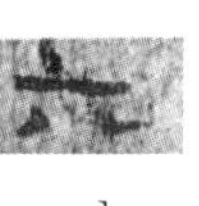

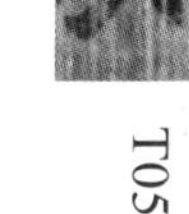
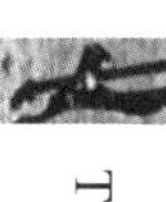

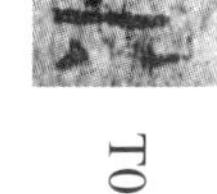
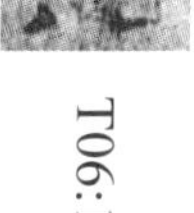
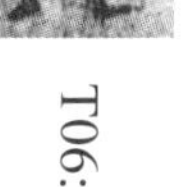

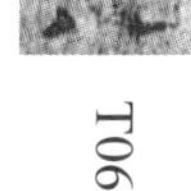

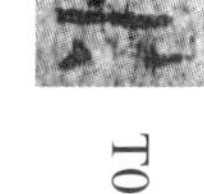

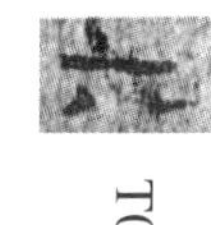

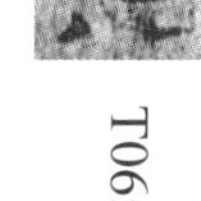

T04:100
T04:144
T05:002
T06:019
T06:056
T06:193

T07:001
T07:016
T07:063
T07:066
T07:089A
T07:132

T07:138
T08:023
T08:029
T08:057
T08:065
T09:005

T09:030
T09:037
T09:082
T09:084
T09:087
T09:091

T09:092A
T09:102A
T09:237
T10:065
T10:065
T10:067

T10:067
T10:073
T10:075
T10:078
T10:082
T10:085

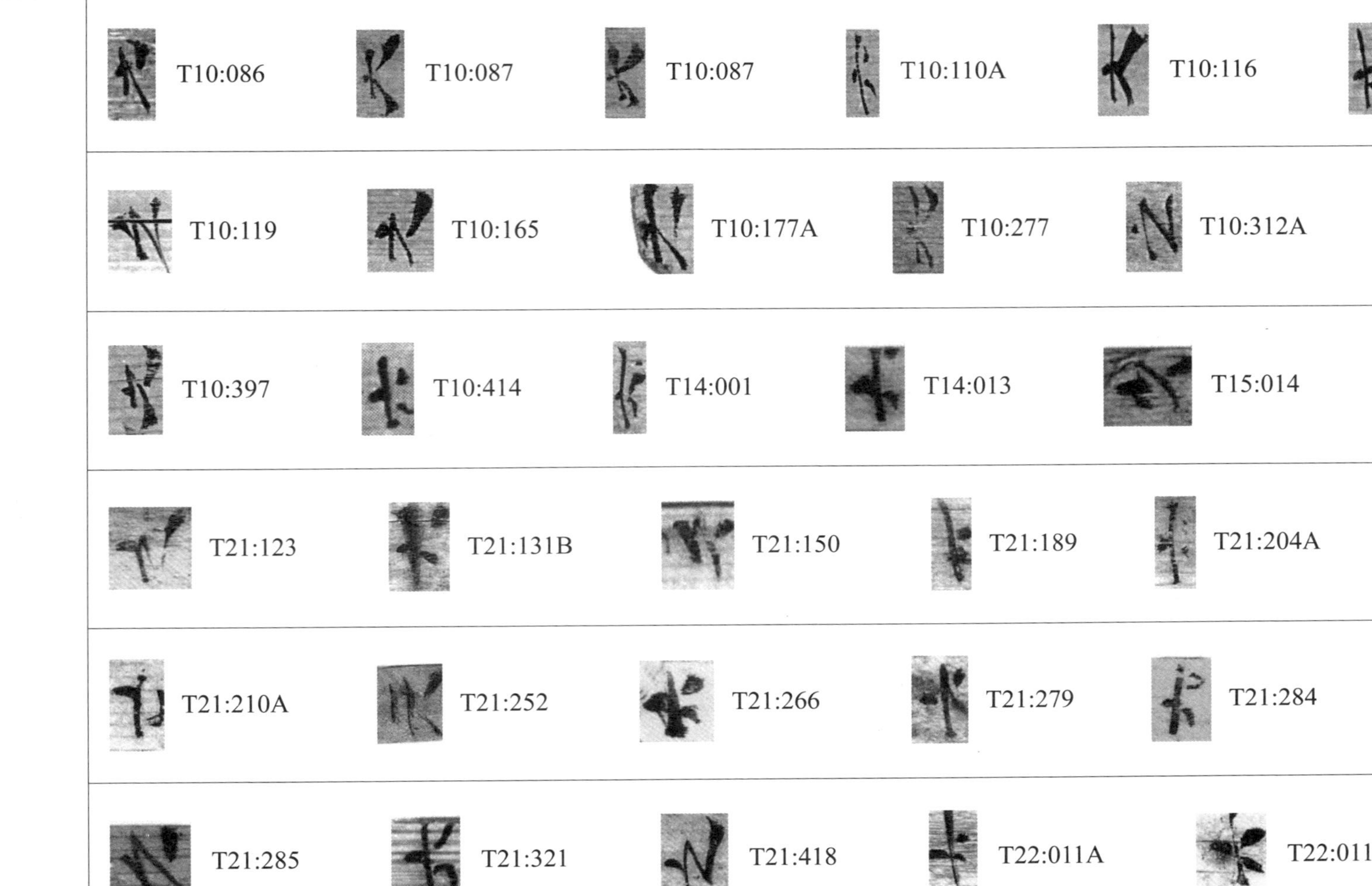
T10:086
T10:087
T10:087
T10:110A
T10:116
T10:117
T10:119
T10:165
T10:177A
T10:277
T10:312A
T10:377A
T10:397
T10:414
T14:001
T14:013
T15:014
T21:102A
T21:123
T21:131B
T21:150
T21:189
T21:204A
T21:209
T21:210A
T21:252
T21:266
T21:279
T21:284
T21:284
T21:285
T21:321
T21:418
T22:011A
T22:011C

六部 六

T22:055
T22:074 
T22:075 
T22:080 
T22:156 
T23:054 

T23:055
T23:057 
T23:176 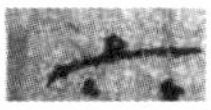
T23:254 
T23:297 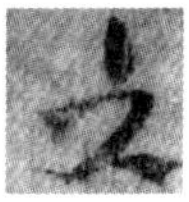
T23:307 

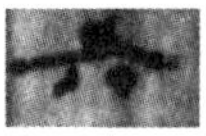

T23:310
T23:317 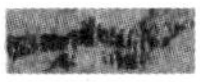
T23:346 
T23:349A 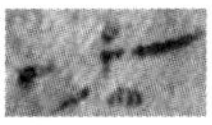
T23:370 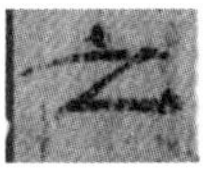
T23:375 

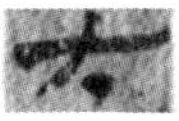

T23:383
T23:413 
T23:417 
T23:418 
T23:552 
T23:561 

T23:565
T23:572 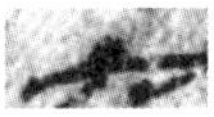
T23:666 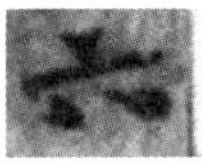
T23:675 
T23:697 
T23:697 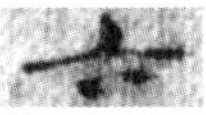

T23:818
T23:876 
T23:905 
T23:931 
T23:932 
T23:934

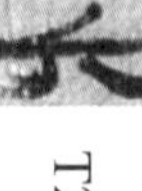

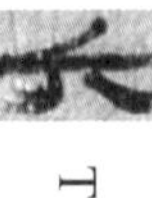

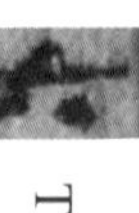

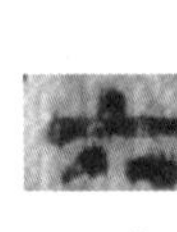
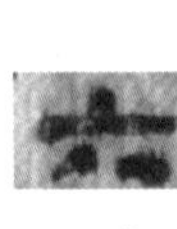
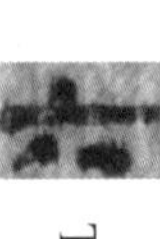

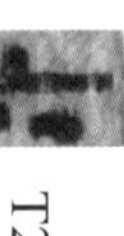
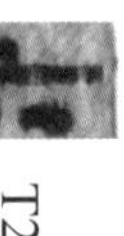
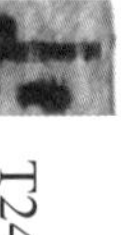
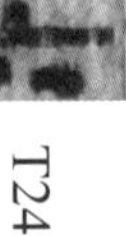

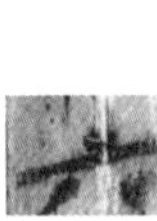
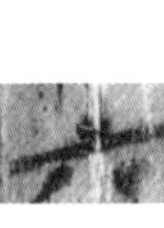

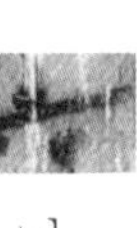
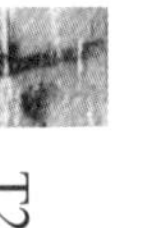
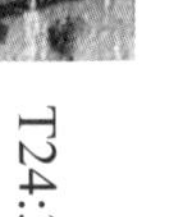
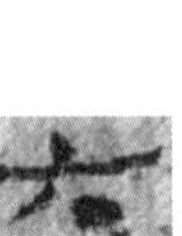

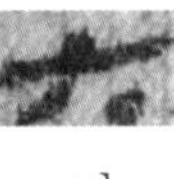

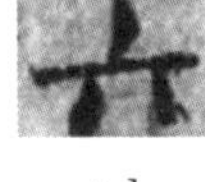
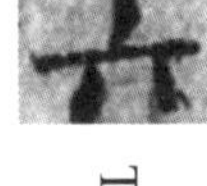
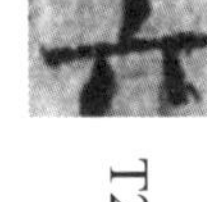
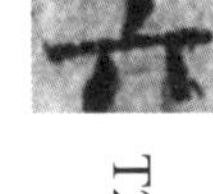
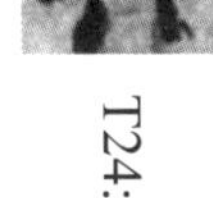
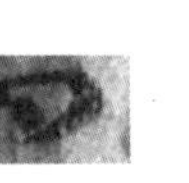
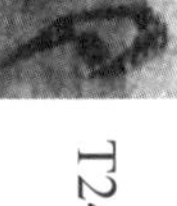

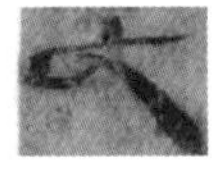
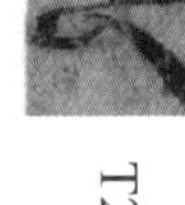

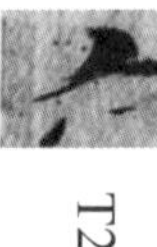
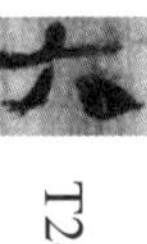
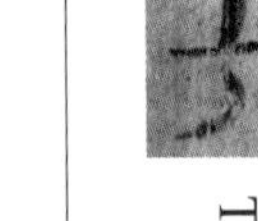

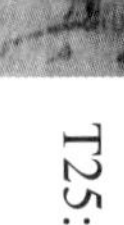
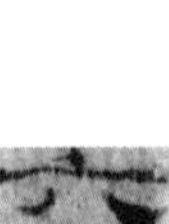
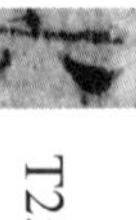

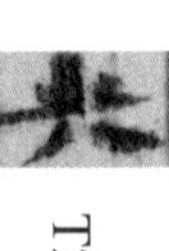
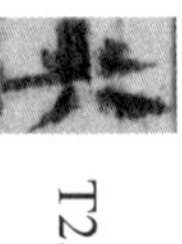
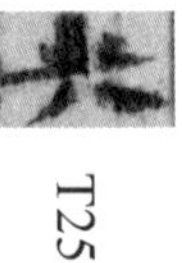

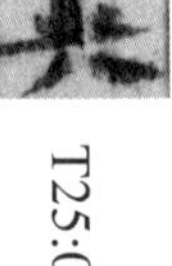

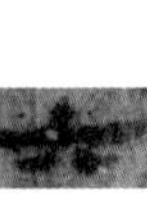

T23:964　T23:968　T23:979　T23:985　T24:006B　T24:007

T24:022　T24:032　T24:080　T24:150　T24:208　T24:255

T24:259　T24:326　T24:326　T24:382B　T24:388　T24:399

T24:412　T24:423　T24:520　T24:534　T24:546　T24:550

T24:559　T24:560　T24:592　T24:632　T24:771　T24:771

T24:806　T25:046　T25:049　T25:058　T25:079A　T25:086

T25:114
T25:174
T26:023
T26:050
T26:051
T26:076
T26:091A
T26:120
T26:155
T26:223
T27:009
T27:017B
T28:028
T28:101
T29:001
T29:051
T29:072
T29:080
T29:091
T29:118A
T29:118A
T29:118A
T29:126A
T30:002
T30:004
T30:009
T30:012
T30:020
T30:058
T30:062
T30:094B
T30:121
T30:121
T30:124+96+123

六部 六

T30:124+96+123
T30:132
T30:136
T30:167A
T30:266
T30:267
T31:020A
T31:034A
T31:097A
T31:100
T31:199
T32:001
T32:006
T32:010
T32:010
T32:015
T33:058
T33:069
T37:006
T37:047B
T37:078
T37:079
T37:097
T37:097
T37:104
T37:273
T37:279A
T37:290A
T37:343
T37:359
T37:478
T37:519A
T37:521

六部 六

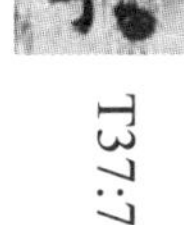

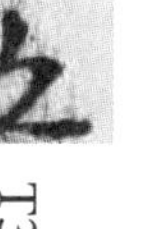
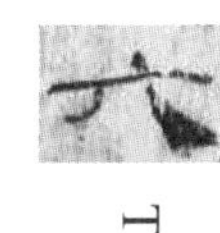

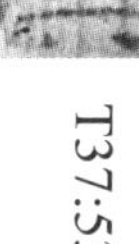

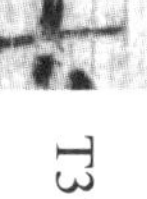

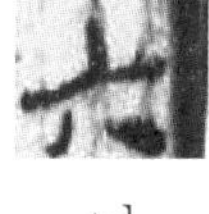
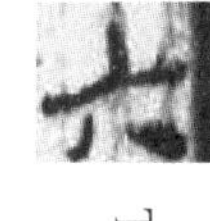
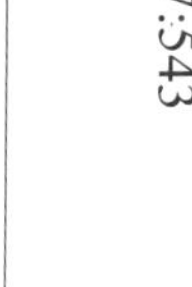
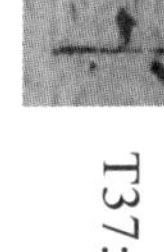

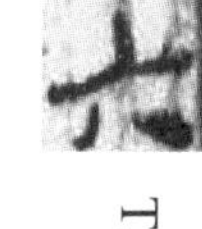
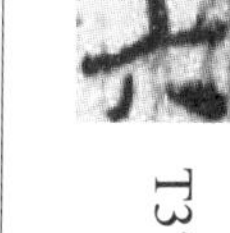
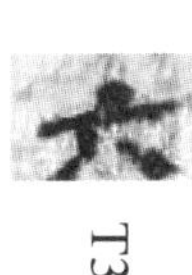

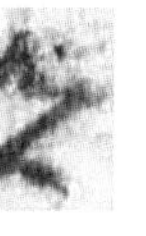

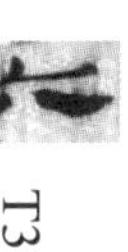
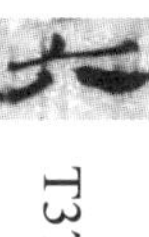
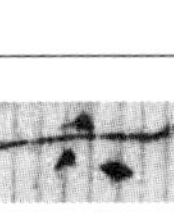

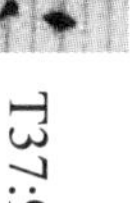

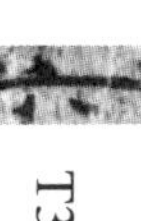

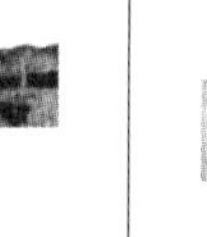
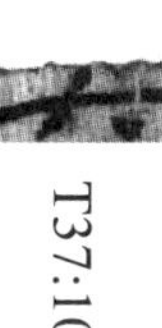
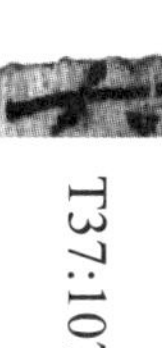

T37:521
T37:526
T37:531
T37:535A
T37:543
T37:584

T37:623
T37:651A
T37:664
T37:669
T37:701
T37:712

T37:712
T37:739
T37:740A
T37:746
T37:755
T37:794

T37:797
T37:813
T37:827
T37:838
T37:962A
T37:985

T37:994
T37:999
T37:1019
T37:1042
T37:1076A
T37:1076A

T37:1078
T37:1085
T37:1101
T37:1121
T37:1138

六部 六

T37:1155
T37:1193
T37:1231
T37:1307A
T37:1390
T37:1405
T37:1504B
H01:003A
H01:005
H01:020
H01:023
H01:027
H01:027
H01:047
H01:064
H02:007
H02:014
H02:041
H02:042
H02:050
H02:058
H02:058
H02:064
H02:070
F01:031
F01:088
F01:088
73EJF2:10
73EJF3:85
73EJF3:116A

73EJF3:116B

73EJF3:116B

73EJF3:118A

73EJF3:119A

73EJF3:131

73EJF3:142

73EJF3:156

73EJF3:172

73EJF3:242

73EJF3:242

73EJF3:259

73EJF3:260

73EJF3:344

73EJF3:376

73EJF3:391

73EJF3:404

73EJF3:431

73EJF3:446

73EJF3:481

73EJF3:484

73EJF3:527

73EJF3:557

73EJF3:566

73EJF3:584

73EJF3:591

73EJT4H:68

73EJT4H:76

73EJT4H:90

73EJD:34

73EJD:88B

73EJD:115
73EJD:129
73EJD:186A
73EJD:186B
73EJD:203
73EJD:260A
73EJD:287
73EJD:289A
73EJD:314A
73EJD:314B
72EJC:3
72EJC:16
72EJC:20
72EJC:27
72EJC:42
72EJC:143
72EJC:205
72EJC:209
73EJC:303
73EJC:311
73EJC:318
73EJC:320
73EJC:338
73EJC:439
73EJC:452
73EJC:524
73EJC:539
73EJC:539
73EJC:543
73EJC:559

七

2146

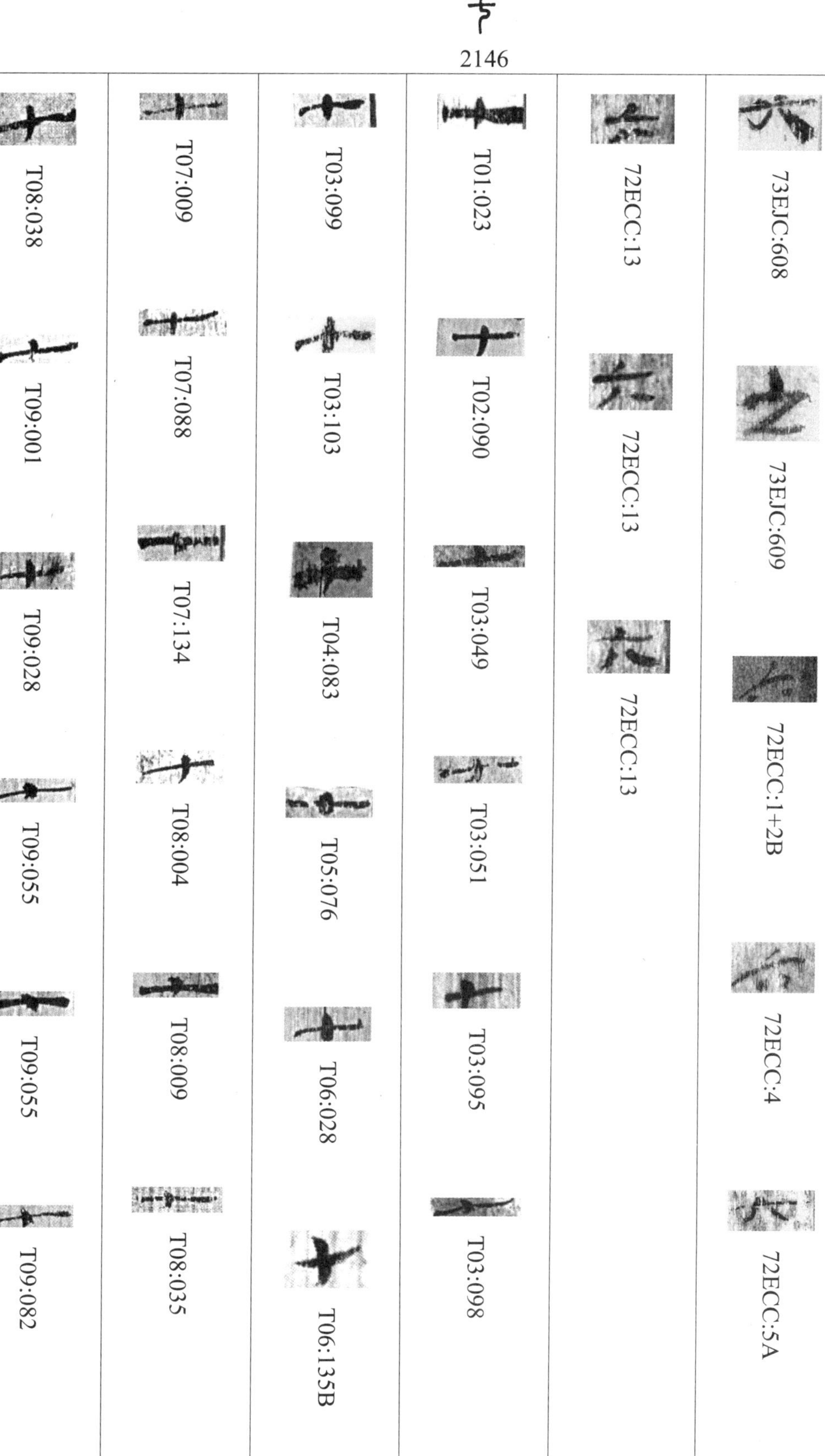
73EJC:608
73EJC:609
72ECC:1+2B
72ECC:4
72ECC:5A
72ECC:13
72ECC:13
72ECC:13
T01:023
T02:090
T03:049
T03:051
T03:095
T03:098
T03:099
T03:103
T04:083
T05:076
T06:028
T06:135B
T07:009
T07:088
T07:134
T08:004
T08:009
T08:035
T08:038
T09:001
T09:028
T09:055
T09:055
T09:082

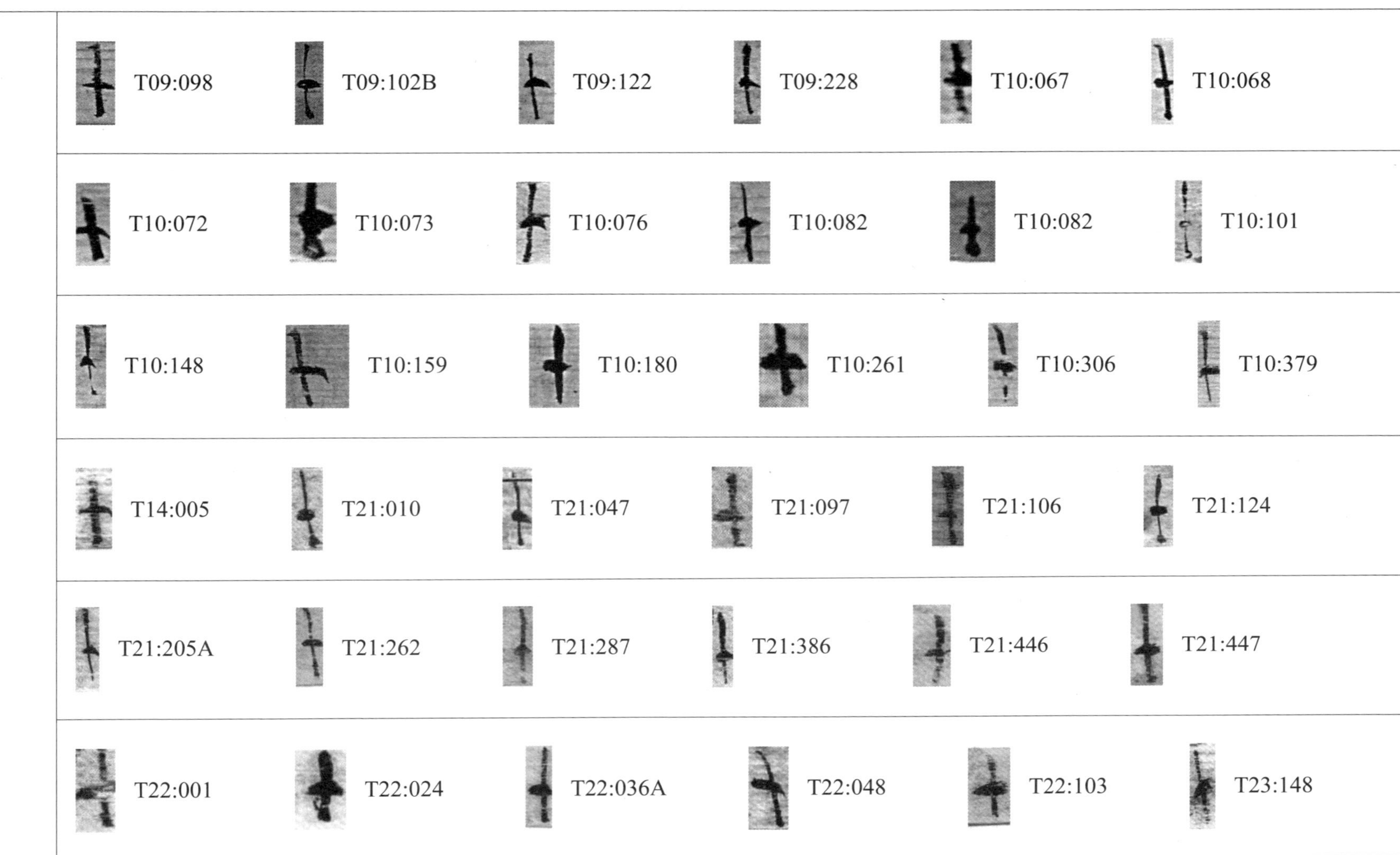

T09:098 T09:102B T09:122 T09:228 T10:067 T10:068

T10:072 T10:073 T10:076 T10:082 T10:082 T10:101

T10:148 T10:159 T10:180 T10:261 T10:306 T10:379

T14:005 T21:010 T21:047 T21:097 T21:106 T21:124

T21:205A T21:262 T21:287 T21:386 T21:446 T21:447

T22:001 T22:024 T22:036A T22:048 T22:103 T23:148

 T23:310	 T23:480	 T23:497	 T23:564	 T23:668	 T23:897A
 T23:926	 T23:928	 T23:974	 T23:985	 T24:006A	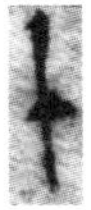 T24:315
 T24:316	 T24:430	 T24:539	 T24:541	 T24:621	 T24:705
 T25:005	 T25:050	 T25:055	 T25:090	 T25:098	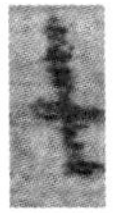 T25:109
 T25:112	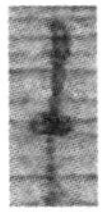 T25:122	 T25:174	 T25:192	 T26:023	 T26:023
 T26:023	 T26:023	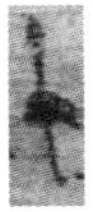 T26:046	 T26:047	 T26:118	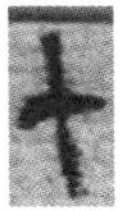 T26:120

T26:123 T26:238 T26:238 T27:011 T27:014 T27:019

T27:020 T28:094 T29:002 T29:059 T29:090 T29:096

T29:100 T29:108 T29:118A T30:041 T30:043 T30:058

T30:062 T30:066 T30:094A T30:103 T30:132 T30:142

T30:154 T30:161 T30:184 T30:219 T30:266 T31:030

T31:080 T31:084 T31:093 T31:140 T31:141 T31:144

七部 七

T32:010	T33:091	T37:019	T37:076	T37:132	T37:522A
T32:010	T34:007	T37:020	T37:078	T37:194	T37:527
T32:014	T34:013	T37:037	T37:079	T37:333	T37:527
T32:040	T34:033	T37:058	T37:106	T37:414	T37:551
T33:029	T35:005	T37:058	T37:116	T37:414	T37:563
T33:085	T37:003A	T37:076	T37:132	T37:416	T37:580

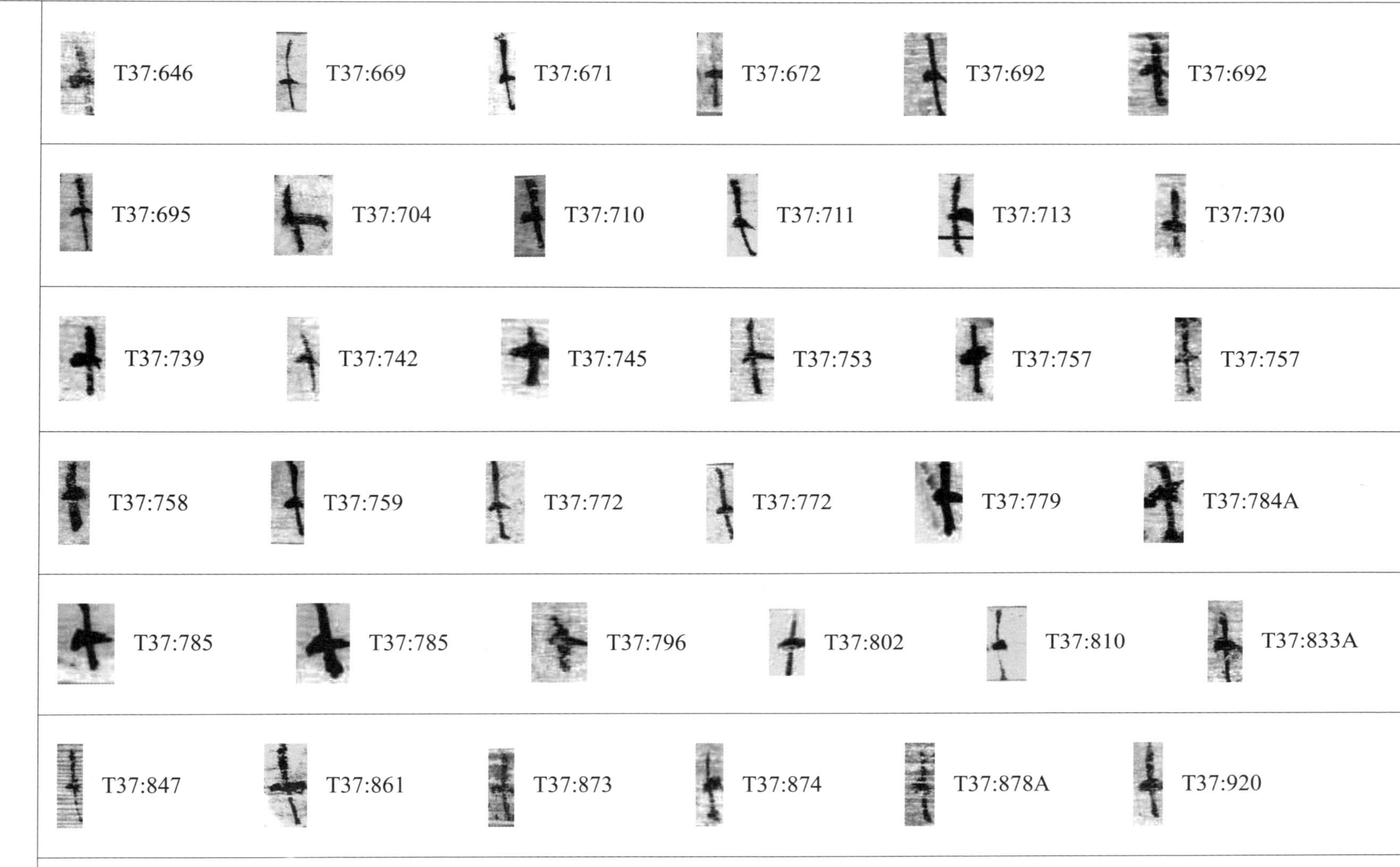
T37:646
T37:669
T37:671
T37:672
T37:692
T37:692
T37:695
T37:704
T37:710
T37:711
T37:713
T37:730
T37:739
T37:742
T37:745
T37:753
T37:757
T37:757
T37:758
T37:759
T37:772
T37:772
T37:779
T37:784A
T37:785
T37:785
T37:796
T37:802
T37:810
T37:833A
T37:847
T37:861
T37:873
T37:874
T37:878A
T37:920

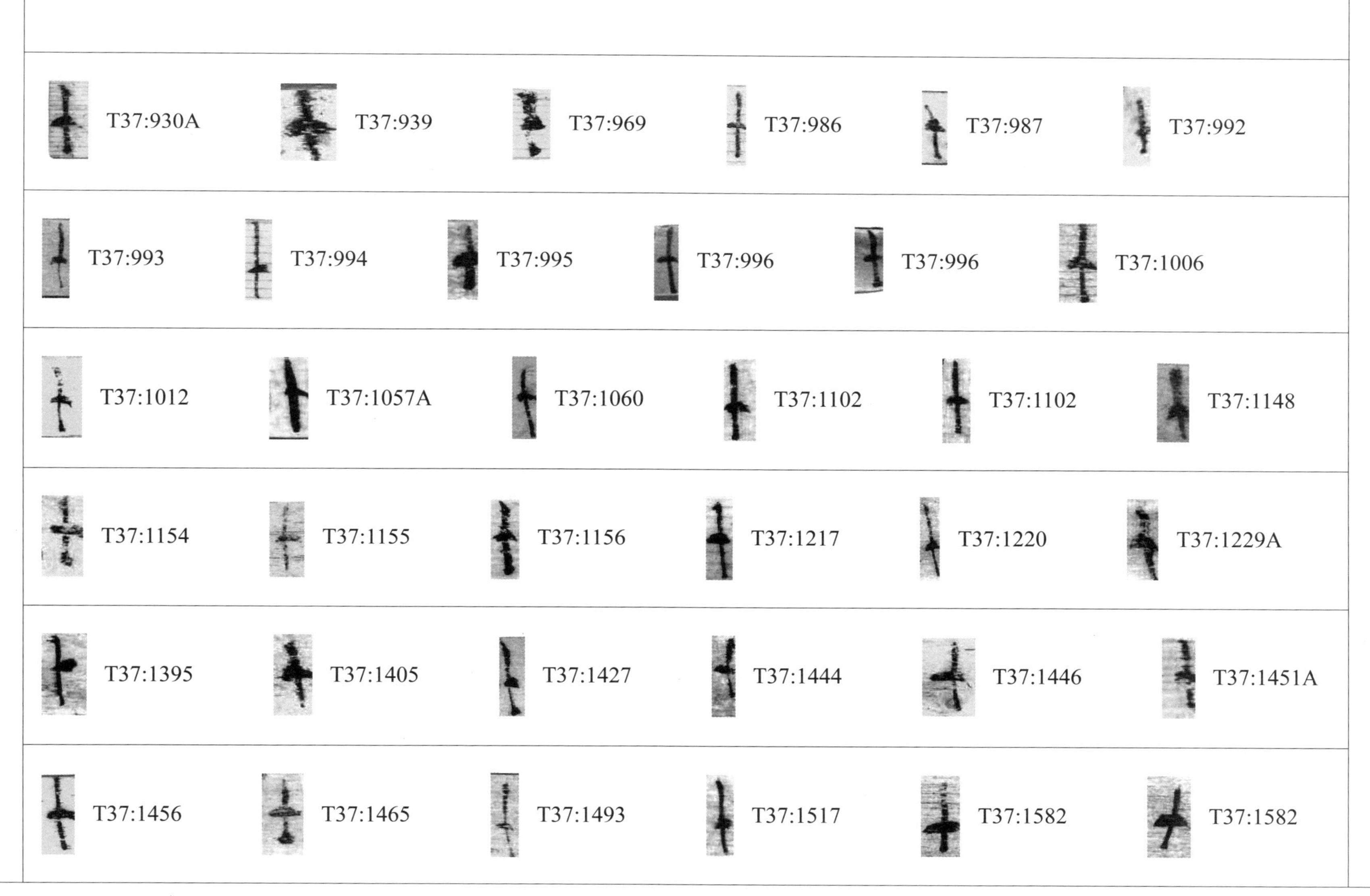

T37:930A
T37:939
T37:969
T37:986
T37:987
T37:992
T37:993
T37:994
T37:995
T37:996
T37:996
T37:1006
T37:1012
T37:1057A
T37:1060
T37:1102
T37:1102
T37:1148
T37:1154
T37:1155
T37:1156
T37:1217
T37:1220
T37:1229A
T37:1395
T37:1405
T37:1427
T37:1444
T37:1446
T37:1451A
T37:1456
T37:1465
T37:1493
T37:1517
T37:1582
T37:1582

二三〇六

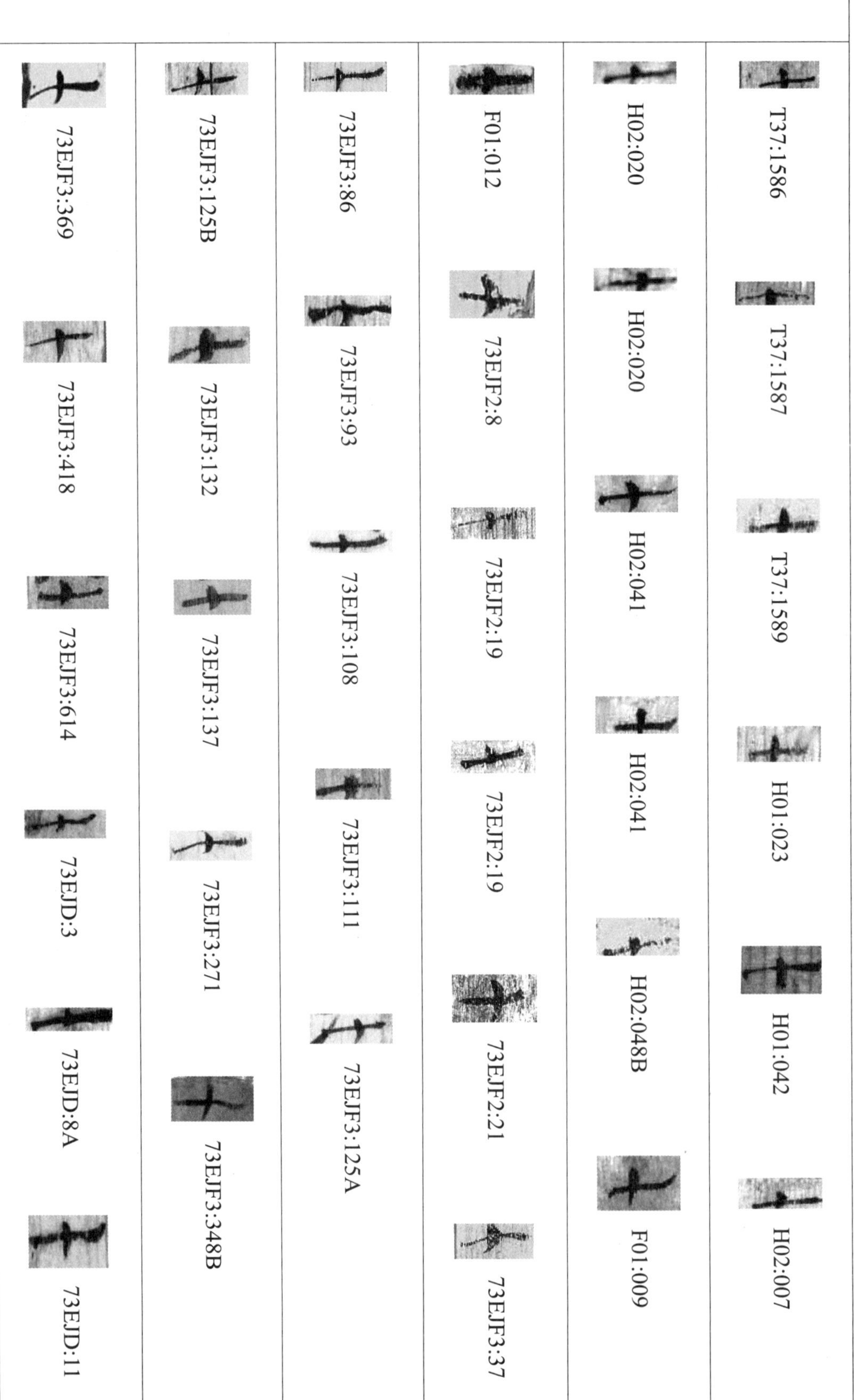
T37:1586
T37:1587
T37:1589
H01:023
H01:042
H02:007
H02:020
H02:020
H02:041
H02:041
H02:048B
F01:009
F01:012
73EJF2:8
73EJF2:19
73EJF2:19
73EJF2:21
73EJF3:37
73EJF3:86
73EJF3:93
73EJF3:108
73EJF3:111
73EJF3:125A
73EJF3:125B
73EJF3:132
73EJF3:137
73EJF3:271
73EJF3:348B
73EJF3:369
73EJF3:418
73EJF3:614
73EJD:3
73EJD:8A
73EJD:11

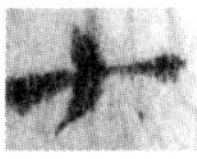

73EJD:39A	73EJD:54	73EJD:55B	73EJD:66	73EJD:95	
 73EJD:113	73EJD:168	73EJD:191	73EJD:357	72EJC:3	72EJC:5
 72EJC:5	72EJC:10	72EJC:19	72EJC:19	72EJC:20	72EJC:95
 72EJC:154	72EJC:191	72EJC:214	73EJC:297	73EJC:307	73EJC:399
73EJC:414	73EJC:470	73EJC:543	73EJC:546	73EJC:546	73EJC:572
 73EJC:589	73EJC:594	73EJC:635	73EJC:642	73EJC:657	

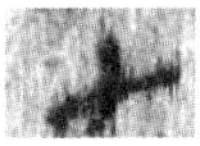

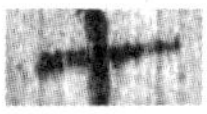

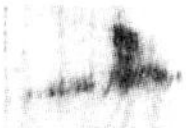

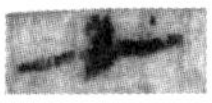

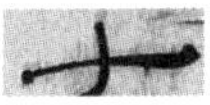

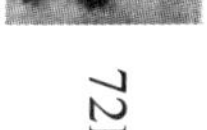

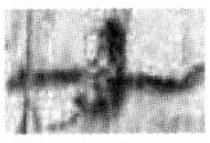

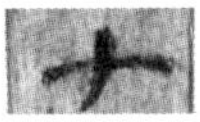

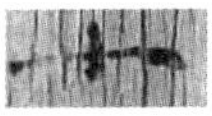

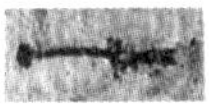

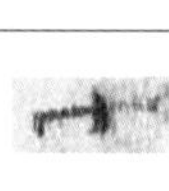  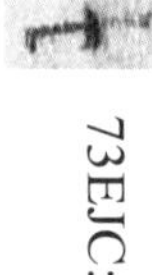           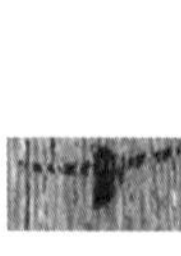 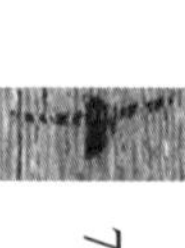 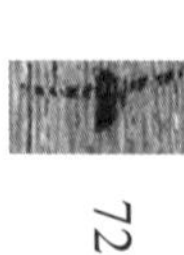 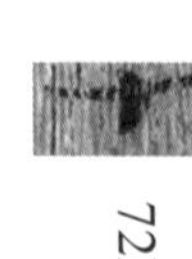

73EJC:662

72EDAC:6

72EDAC:7

72EDIC:1

九

2147

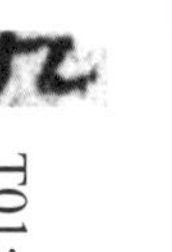 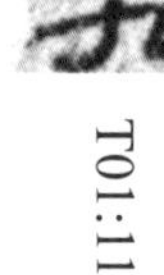   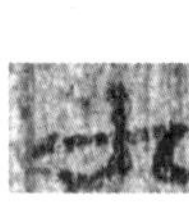            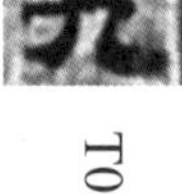  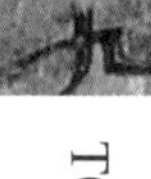 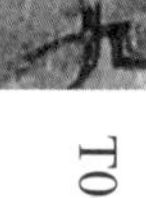

T01:110

T01:153

T03:079

T03:093

T03:098

T04:079

T05:111

T06:027A

T06:054

T06:193

T07:074

T07:102

    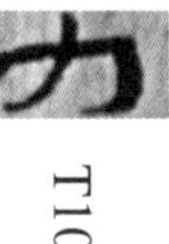 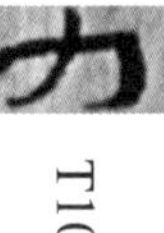 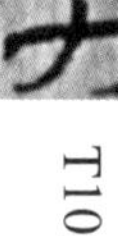 

T08:018

T08:068

T09:043

T10:067

T10:072

T10:072

T10:073

T10:074

T10:088

T10:094

T10:096

T10:161

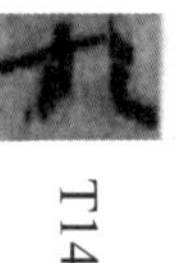 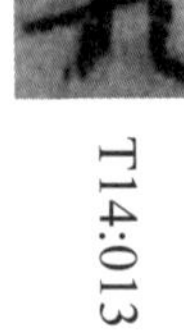  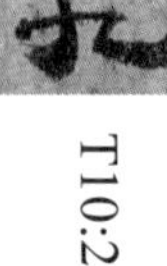 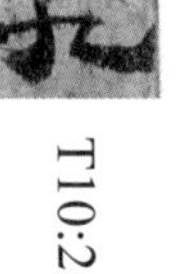 

T10:215A

T10:285

T10:349

T10:367A

T11:006

T14:013

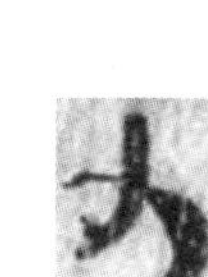
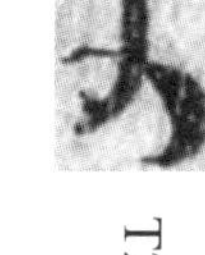

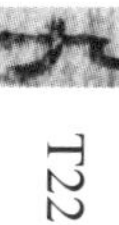

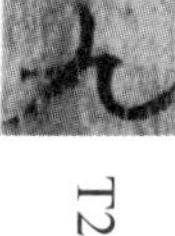
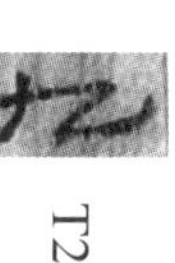

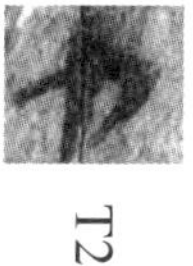
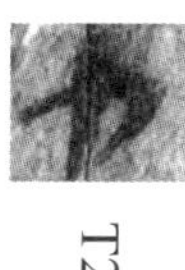

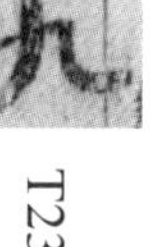

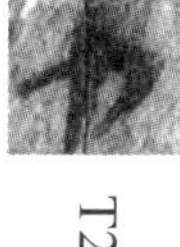

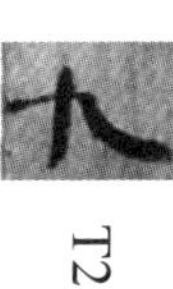

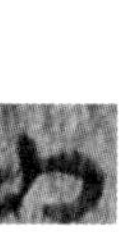

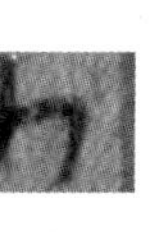

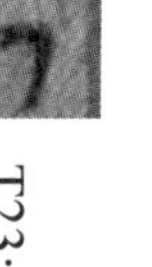

T14:018
T15:011B
T21:056
T21:096
T21:290
T21:378

T22:007
T22:024
T22:027
T22:040
T22:085
T22:095

T22:095
T22:103
T22:114
T22:141
T23:252
T23:273

T23:383
T23:481A
T23:481B
T23:481B
T23:481B

T23:481B
T23:533
T23:583
T23:632
T23:659

T23:700
T23:906A
T23:936
T23:963
T24:023A
T24:040

九部

九

T24:043
T24:235
T24:262
T24:393
T24:418
T24:611
T25:017
T25:050
T25:112
T25:112
T26:016
T26:023
T26:023
T26:087
T26:088A
T26:088A
T26:238
T27:017B
T28:053A
T29:059
T29:118A
T30:040
T30:070
T30:093
T30:145
T30:145
T30:182
T30:254
T31:033
T31:062
T31:082
T31:101A
T31:150
T31:183
T32:040
T32:075

九部 九

T33:044A
T34:003A
T34:007
T34:017
T34:048
T37:023A
T37:089
T37:112
T37:266
T37:276A
T37:365
T37:452
T37:525
T37:528
T37:563
T37:615
T37:671
T37:728
T37:739
T37:754
T37:756
T37:768
T37:802
T37:814
T37:854
T37:872
T37:888
T37:961
T37:983
T37:1039A
T37:1045
T37:1077
T37:1095A
T37:1157

九部 九

T37:1234
T37:1240
T37:1318
T37:1386
T37:1449
T37:1452
T37:1460
T37:1500
T37:1506
T37:1518
T37:1525
T37:1552
T37:1554
T37:1584
H01:003A
H01:025
H02:020
H02:020
H02:020
F01:004
F01:031
73EJF2:2
73EJF3:83
73EJF3:116B
73EJF3:156
73EJF3:172
73EJF3:249
73EJF3:312
73EJF3:371
73EJF3:384B
73EJF3:418
73EJF3:422

九部　九

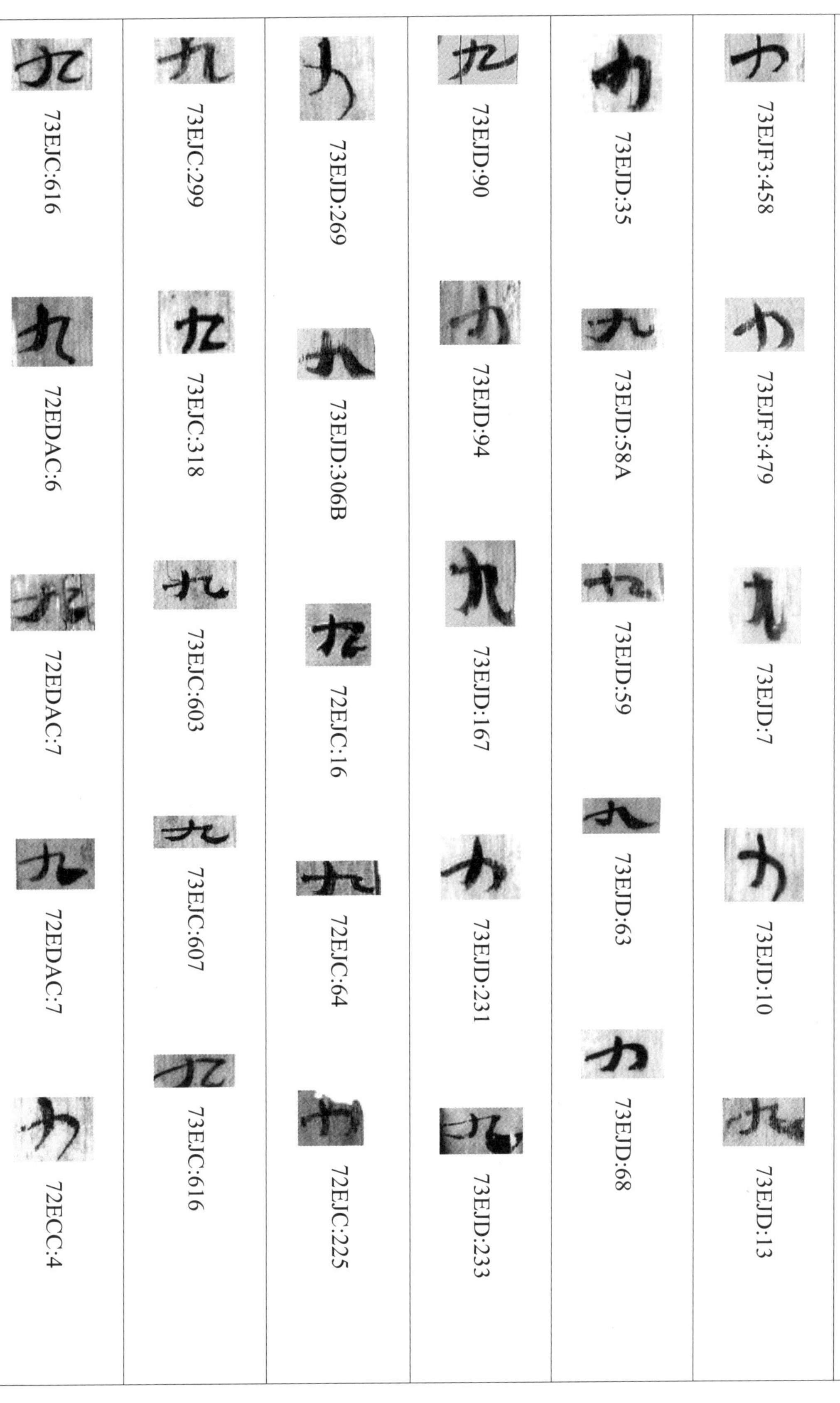

73EJF3:458
73EJF3:479
73EJD:7
73EJD:10
73EJD:13
73EJD:35
73EJD:58A
73EJD:59
73EJD:63
73EJD:68
73EJD:90
73EJD:94
73EJD:167
73EJD:231
73EJD:233
73EJD:269
73EJD:306B
72EJC:16
72EJC:64
72EJC:225
73EJC:299
73EJC:318
73EJC:603
73EJC:607
73EJC:616
73EJC:616
72EDAC:6
72EDAC:7
72EDAC:7
72ECC:4

禽 2148

萬 2149

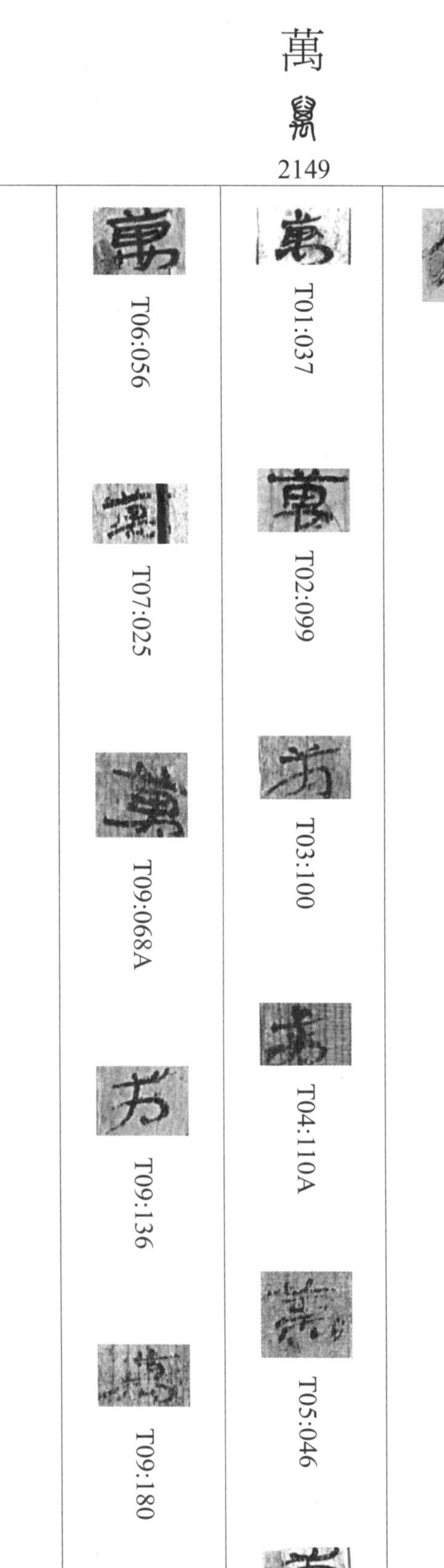

72ECC:13 72ECC:13 72ECC:22 72ECC:49B 72ECC:76

72EBS9C:2A

T10:131 T23:287A T30:032 T30:032 T31:033

73EJF3:83

T01:037 T02:099 T03:100 T04:110A T05:046 T06:052

T06:056 T07:025 T09:068A T09:136 T09:180

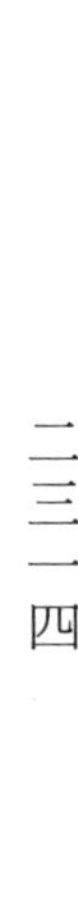

内部 萬

T10:072
T10:102
T10:266
T10:291
T11:015
T21:059
T21:137
T21:206A
T21:309
T21:355
T21:418
T22:011B
T23:148
T23:202
T23:383
T23:434
T23:567
T23:633
T23:695
T23:764
T23:764
T23:917A
T23:917A
T23:975
T24:038
T24:046
T24:144
T24:148
T24:154
T24:265
T24:270

内部 萬

T24:309
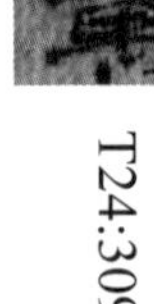
T24:366

T24:517A

T24:557

T24:797

T25:043

T26:023

T26:031
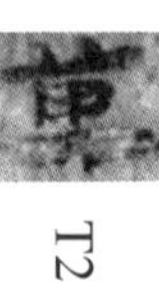
T26:040

T26:122

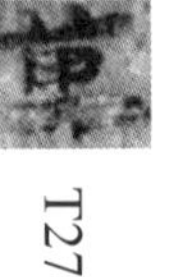
T26:154

T27:017B

T27:030
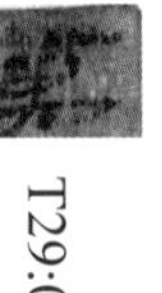
T29:005

T30:002

T30:028A

T30:028A

T30:029B

T30:132

T30:136

T30:136

T30:145

T30:175

T30:250
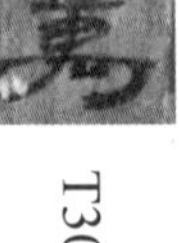
T31:042A

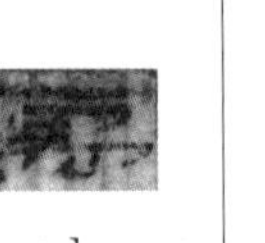
T31:092A

T31:117
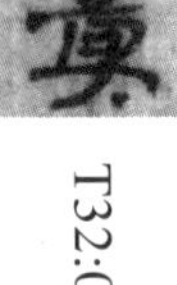
T32:014

T37:110

T37:231

T37:240

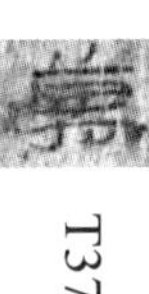
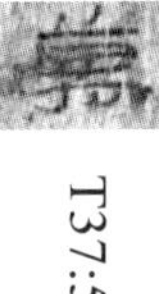

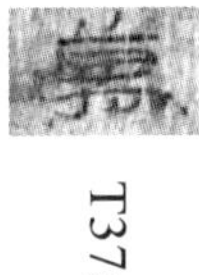
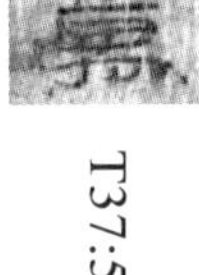

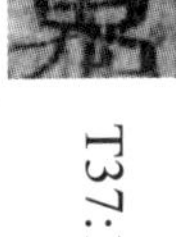
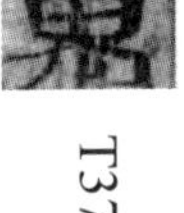

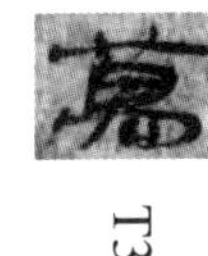

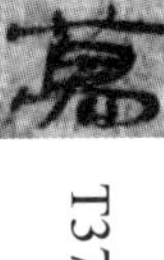
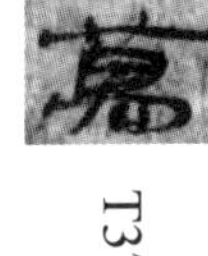

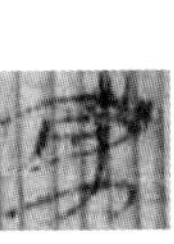
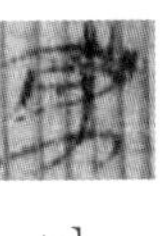
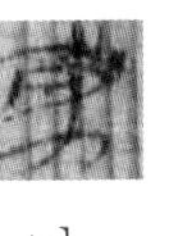
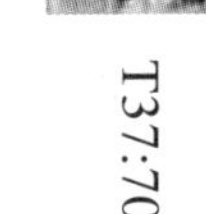

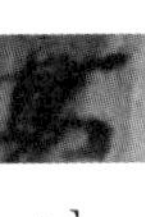
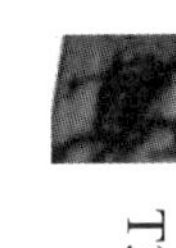
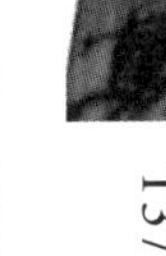

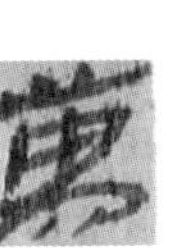

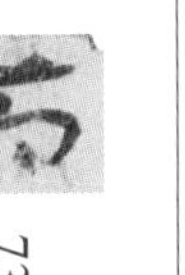

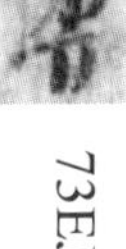
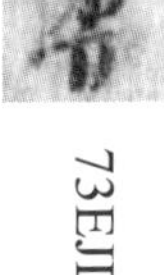

T37:527

T37:535A

T37:669

T37:702A

T37:1003

T37:1075A

T37:1076A

T37:1076A

T37:1081

T37:1125

T37:1171

T37:1299A

T37:1324

T37:1402

H01:020

H02:017

F01:026

73EJF2:11

73EJF2:44

73EJF3:24

73EJF3:101

73EJF3:242

73EJF3:259

73EJF3:285

73EJF3:372

73EJF3:501

73EJD:22

73EJD:38

73EJD:49A

73EJD:62

禹

2150

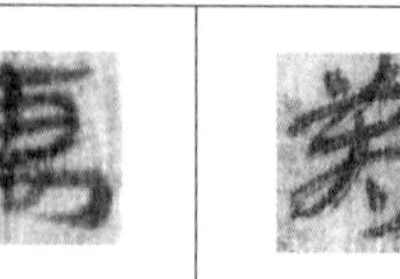
73EJD:262A

73EJD:276

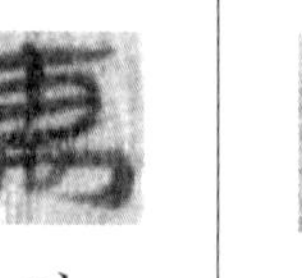
72EJC:11

72EJC:155A

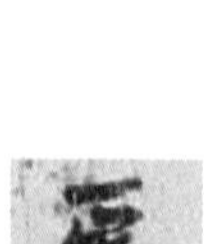
73EJC:426

72EDAC:7

72EDIC:2

T01:002

T04:166

T09:001

T09:092A

T10:162

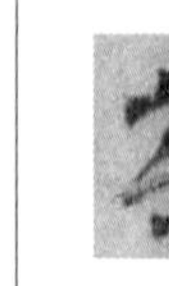
T10:288

T21:046

T21:062

T21:104

T23:694B

T24:266A

T24:534

T25:007A

T25:071

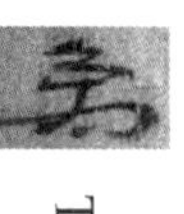
T26:138

T28:115

T29:002

T30:205

T31:149

T31:149

T31:149

甲

2151

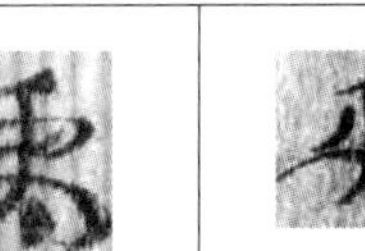

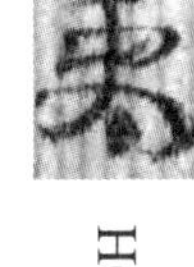
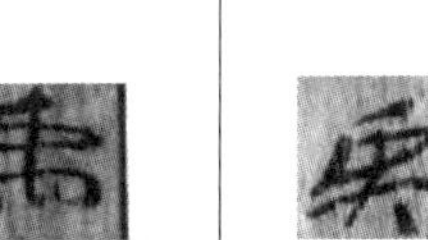

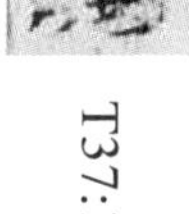

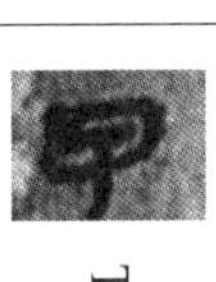

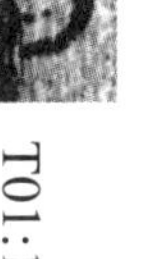

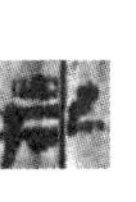

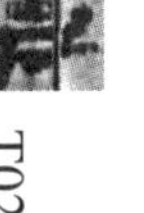
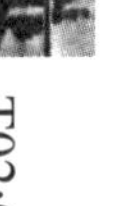

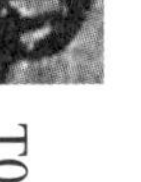
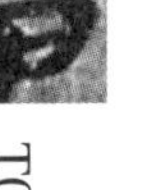
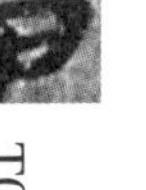

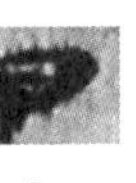

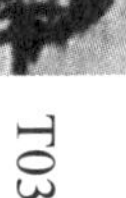

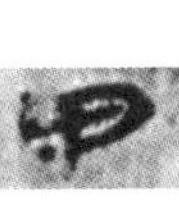
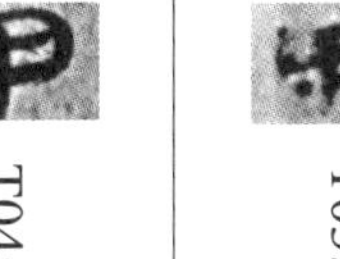

T33:040A　T34:017　T37:194　T37:525　T37:983

H02:039　H02:050　73EJD:40A　73EJD:96　72EJC:3

72EJC:140　72EJC:218　73EJC:339

T01:001　T01:153　T02:044　T03:001　T03:053　T03:055

T03:055　T03:103　T04:051　T04:082　T04:100　T04:100

T05:068A　T05:068A　T05:084　T06:036　T06:038A

T07:003

T07:023

T07:063

T07:132

T07:166A

T08:051A

T08:115
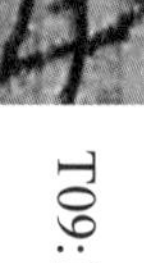
T09:010

T09:161A

T09:276

T10:125

T10:154B

T10:247

T10:311

T10:311

T11:031A

T14:031A

T21:011

T21:013
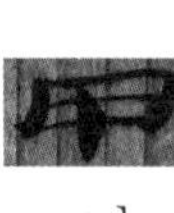
T21:014
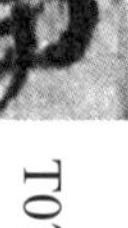
T21:040

T21:047

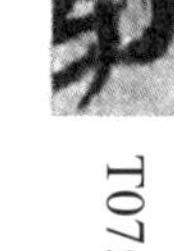
T21:047
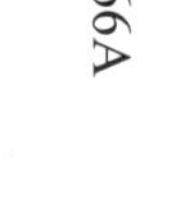
T21:088
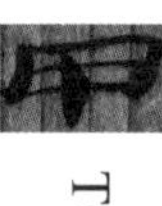
T21:137

T21:140B
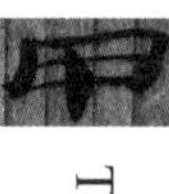
T21:189

T21:334
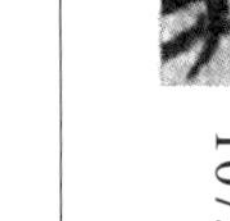
T21:377

T21:443

T22:027

T22:077

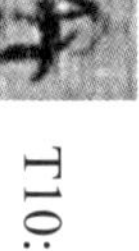

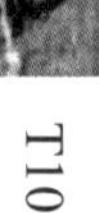

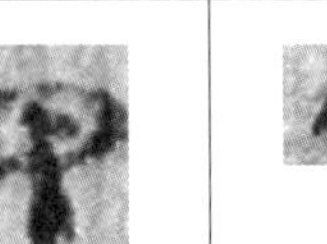

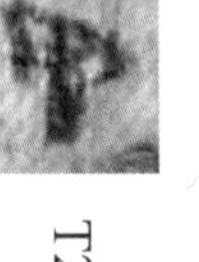
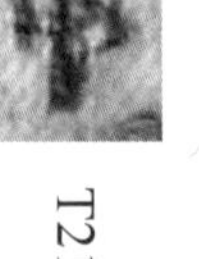

甲部 甲

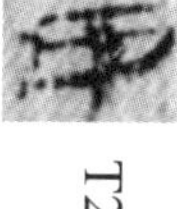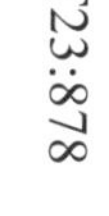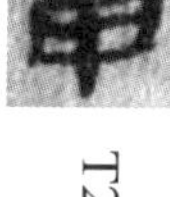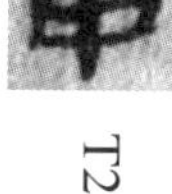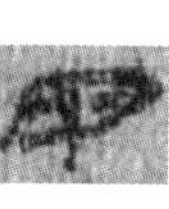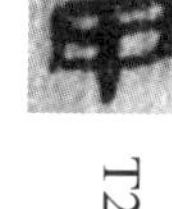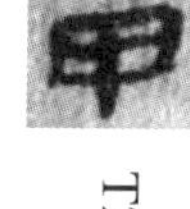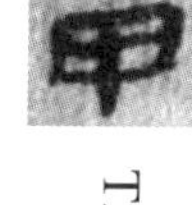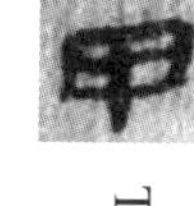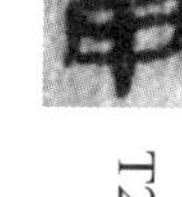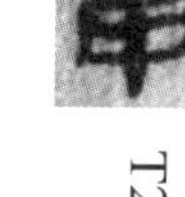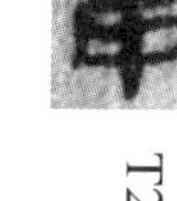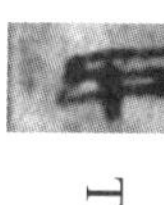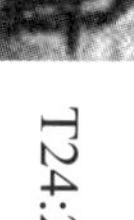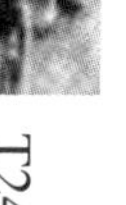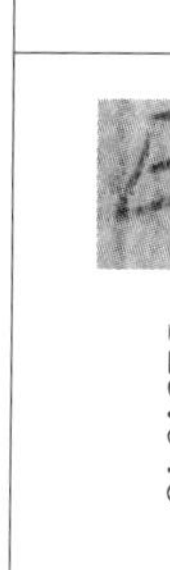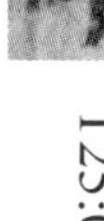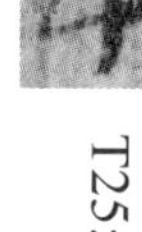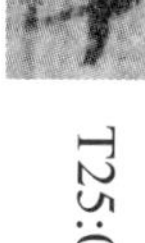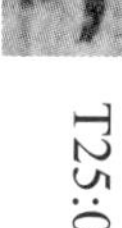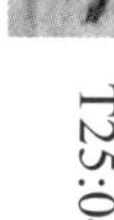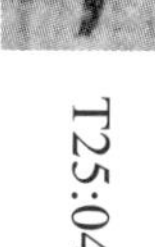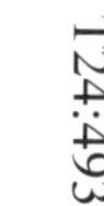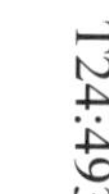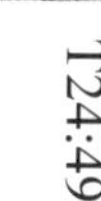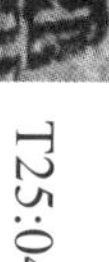

T23:115
T23:245
T23:297
T23:303
T23:352
T23:386

T23:389
T23:483
T23:740A
T23:775
T23:865A

T23:878
T24:012
T24:038
T24:078
T24:088
T24:092A

T24:097
T24:243
T24:303A
T24:398
T24:434

T24:493
T24:557
T24:705
T24:849
T24:906
T25:043

T25:046
T25:068
T26:033
T26:042
T27:060A

T28:016

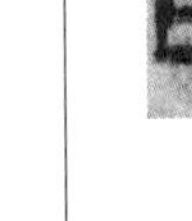
T28:053A

T28:081

T29:115A

T30:021A

T30:041

T30:043

T30:057B

T30:066

T30:070

T30:073

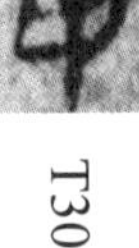
T30:103

T30:202

T31:060

T31:066

T31:066

T31:072

T31:115

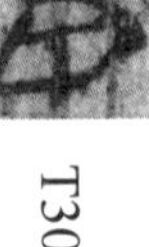
T32:006

T32:040

T33:058

T33:058

T34:043

T34:048

T35:008

T37:152

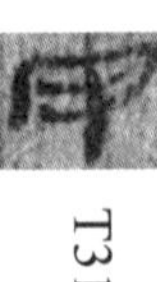
T37:156

T37:204

T37:248

T37:446

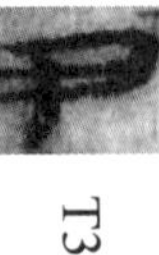
T37:519A

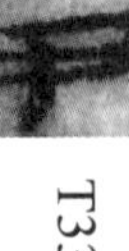
T37:523A

T37:524

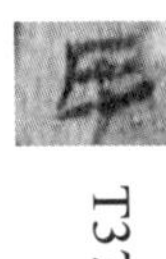

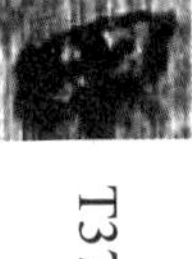

T37:572

T37:647

T37:698

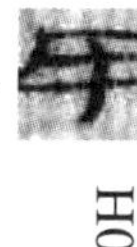
T37:716A

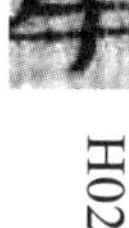
T37:773

T37:777

T37:796

T37:1076A

T37:1148

T37:1171

T37:1202

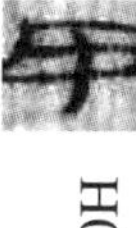
T37:1342

T37:1379A

T37:1396A

T37:1423A

T37:1453

T37:1502A

T37:1503A

T37:1535A

H01:003A

H01:036

H02:050

H02:051

F01:035

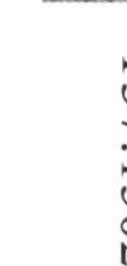
73EJF2:2

73EJF2:25

73EJF3:39B

73EJF3:41A

73EJF3:57B

73EJF3:92

73EJF3:101

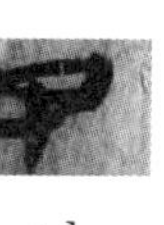
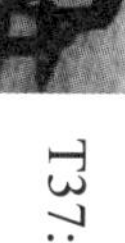
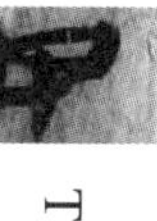
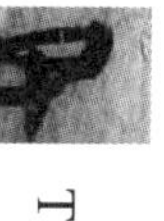
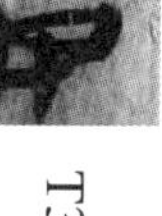

甲部　甲

73EJF3:116A

73EJF3:176

73EJF3:176

73EJF3:192

73EJF3:244

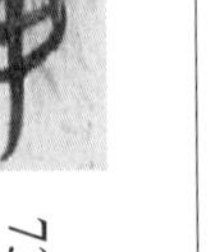

73EJF3:285

73EJF3:327

73EJF3:355

73EJF3:370

73EJF3:400

73EJF3:520
73EJD:30
73EJD:37A
73EJD:37A

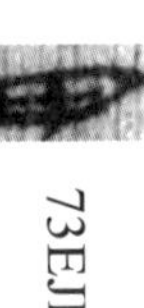
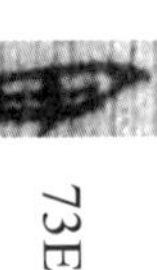

73EJD:66

73EJD:76
73EJD:87
73EJD:246
72EJC:1

72EJC:51

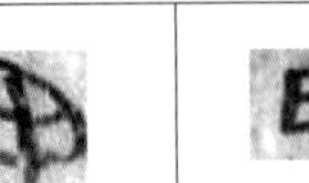
73EJC:555A

73EJC:615

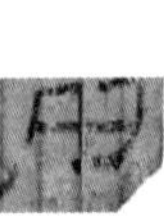
73EJC:629

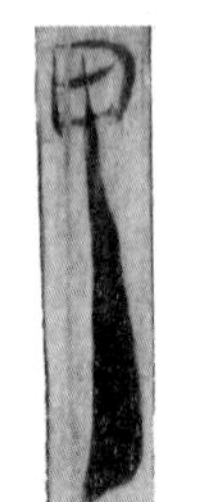
72EDAC:3A

72EBS7C:1A

72EBS7C:1A

乙 ㇂

2152

T01:156 T01:174D T03:103 T03:109 T04:100 T06:014A

T07:027A T08:008 T08:016 T09:029A T09:029A T09:036

T09:081 T09:092A T09:147 T10:120A T10:120A T10:120A

T10:209 T10:213A T10:213A T10:376 T10:400 T11:012

T15:005A T22:088 T23:173A T23:309 T23:339 T23:620

T23:678A T23:764 T23:855A T23:855B T23:974 T23:991

乙部　乙

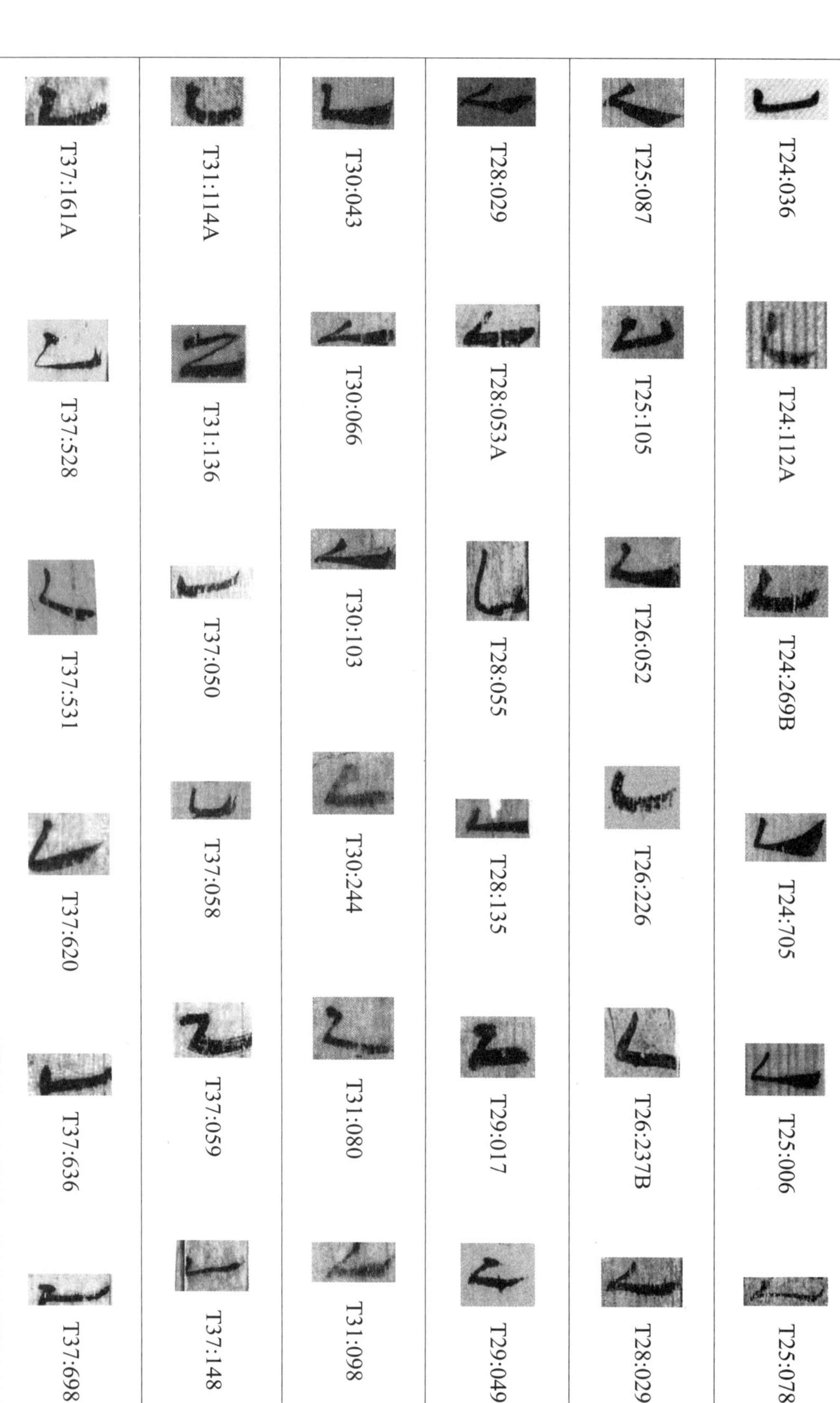

T24:036　T24:112A　T24:269B　T24:705　T25:006　T25:078

T25:087　T25:105　T26:052　T26:226　T26:237B　T28:029

T28:029　T28:053A　T28:055　T28:135　T29:017　T29:049

T30:043　T30:066　T30:103　T30:244　T31:080　T31:098

T31:114A　T31:136　T37:050　T37:058　T37:059　T37:148

T37:161A　T37:528　T37:531　T37:620　T37:636　T37:698

T37:706
T37:772 
T37:783A 
T37:805A 
T37:878A 
T37:1062A 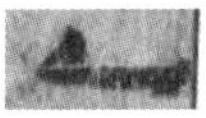

T37:1092
T37:1100 
T37:1148 
T37:1149 
T37:1424 
T37:1529 

H01:003A
73EJF2:2 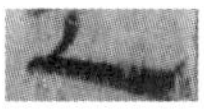
73EJF3:111 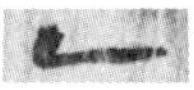
73EJF3:117A 
73EJF3:118A 

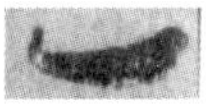

73EJF3:132
73EJF3:176 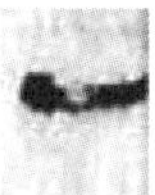
73EJF3:176 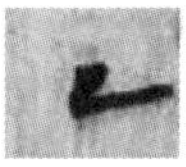
73EJF3:369 
73EJD:35 

73EJD:63
73EJD:73B 
73EJD:75B 
73EJD:94 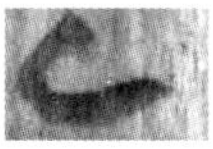
73EJD:127 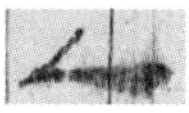

73EJD:239
73EJD:254 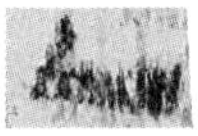
73EJD:319C 
72EJC:3 
72EJC:15A

72EJC:62
72EJC:209
73EJC:445A
73EJC:655
72EDAC:3B

72EDAC:8
72EBS7C:2A
72EBS9C:2A

乾
𠃥（篆）
2153

T06:092
T23:518A
T24:711
T37:753

亂
𤔔（篆）
2154

T23:495A
T28:013B
72ECC:3

丸
2155

T10:124B
T24:073A
T26:072
T37:1098B
73EJF3:522

丙
2156

T01:023
T01:104
T01:147
T03:055
T03:055
T03:086

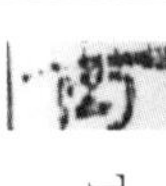

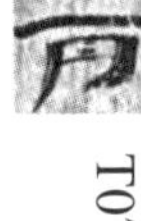

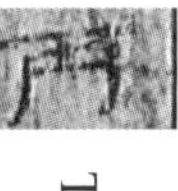
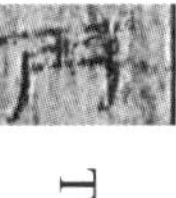
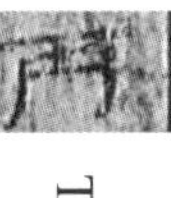
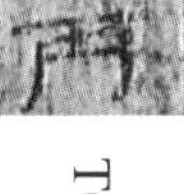
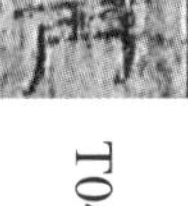
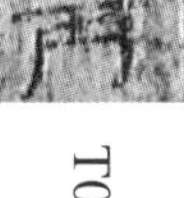
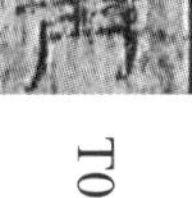
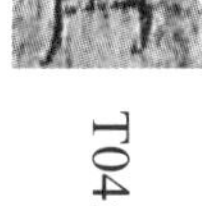
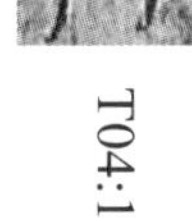

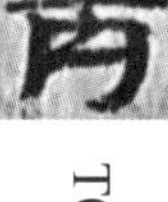

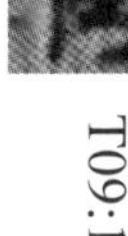

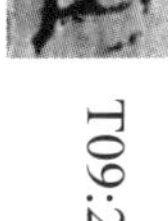

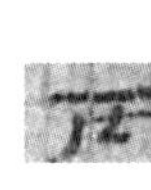
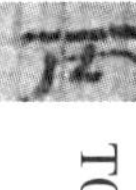

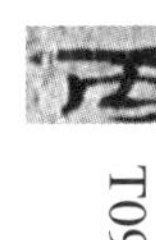

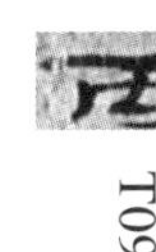

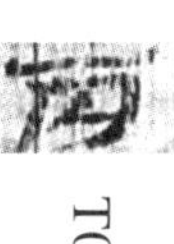

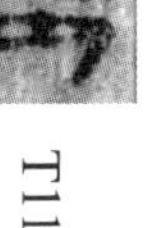

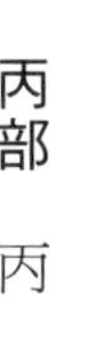
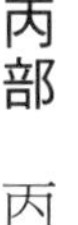

T03:103　T04:113B　T04:113B　T05:076　T07:106　T07:108

T07:115　T09:029A　T09:115　T09:234　T09:270　T09:336

T10:121A　T10:177A　T10:236A　T10:313A　T10:332B

T10:386A　T10:419　T11:006　T21:001　T21:019

T21:042A　T21:104　T21:108　T21:161　T21:258　T21:287

T21:415B　T22:095　T22:132　T23:118　T23:269

丙部 丙

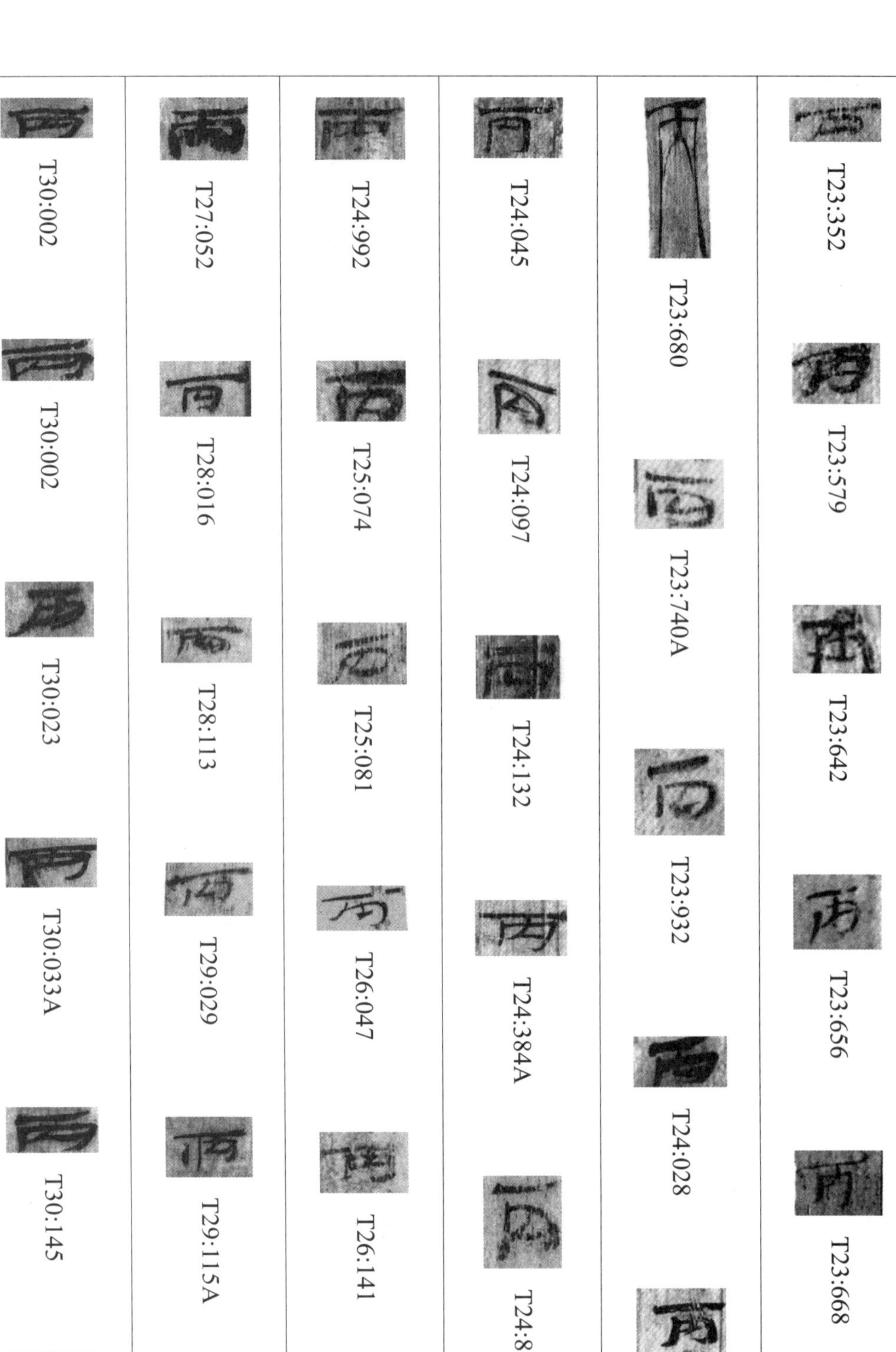
T23:352
T23:579
T23:642
T23:656
T23:668
T23:680
T23:740A
T23:932
T24:028
T24:031A
T24:045
T24:097
T24:132
T24:384A
T24:855
T24:992
T25:074
T25:081
T26:047
T26:141
T27:029
T27:052
T28:016
T28:113
T29:029
T29:115A
T30:001
T30:002
T30:002
T30:023
T30:033A
T30:145
T30:240

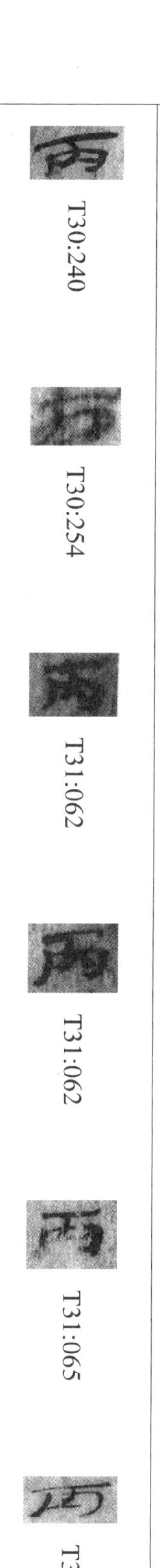
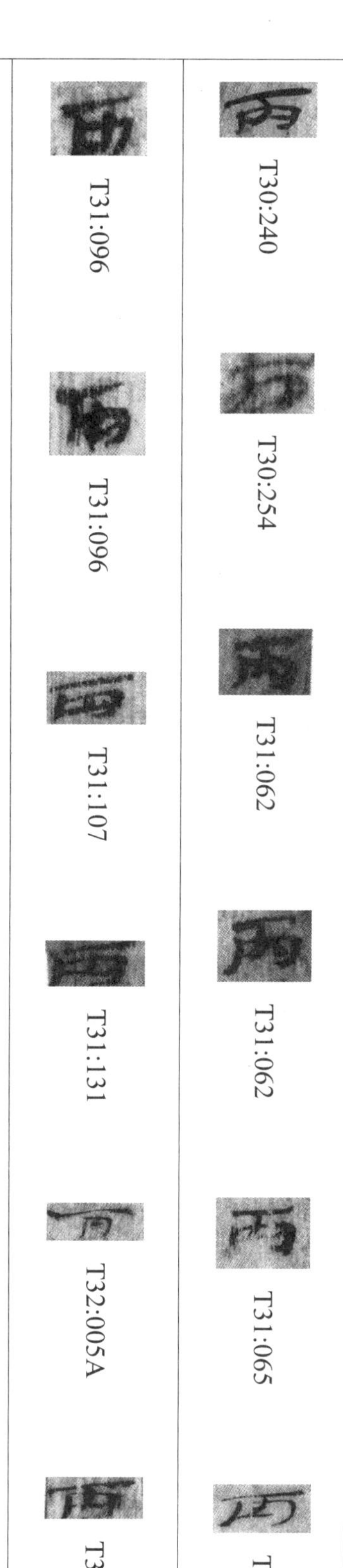

T30:240 T30:254 T31:062 T31:062 T31:065 T31:069

T31:096 T31:096 T31:107 T31:131 T32:005A T32:006

T32:018  T33:014  T33:080A  T34:006A  T37:223  T37:269

T37:279A  T37:290A  T37:410  T37:519A  T37:520A  T37:522A

T37:522B  T37:528  T37:529  T37:616B  T37:639  T37:651A

T37:692  T37:715  T37:770A  T37:778  T37:803A  T37:930A

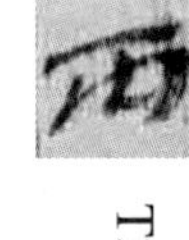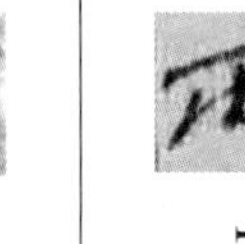

T37:962A
T37:1063
T37:1070
T37:1122
T37:1438

T37:1451A
T37:1451A
T37:1468A
T37:1518
T37:1537A

T37:1537A
F01:025
73EJF2:7
73EJF2:34
73EJF3:105

73EJF3:125A
73EJF3:147
73EJF3:154
73EJF3:176
73EJF3:181

73EJF3:327
73EJF3:444
73EJD:63
73EJD:65
73EJD:72

73EJD:118
73EJD:121
72EJC:62
72EJC:168
72EJC:168

丁

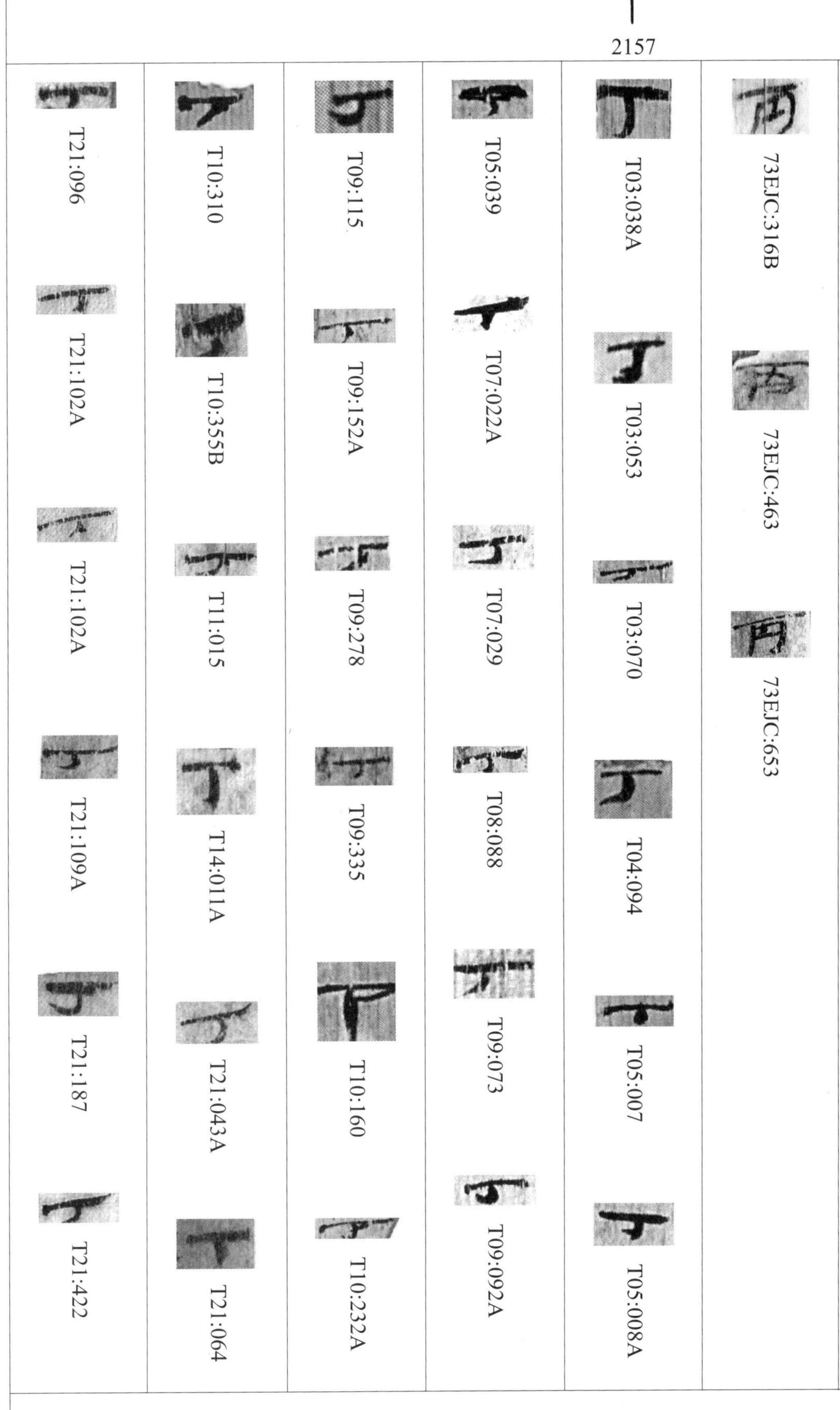

2157
73EJC:316B
73EJC:463
73EJC:653
T03:038A
T03:053
T03:070
T04:094
T05:007
T05:008A
T05:039
T07:022A
T07:029
T08:088
T09:073
T09:092A
T09:115
T09:152A
T09:278
T09:335
T10:160
T10:232A
T10:310
T10:355B
T11:015
T14:011A
T21:043A
T21:064
T21:096
T21:102A
T21:102A
T21:109A
T21:187
T21:422

T22:002 T22:027 T22:120 T23:229A T23:278 T23:397
T23:440 T23:484 T23:573 T23:670 T23:897A T23:966
T24:117 T24:120 T24:145 T24:262 T24:379 T24:546
T24:719 T24:810 T25:078 T25:078 T26:083 T26:091B
T26:111 T26:153 T26:155 T27:052 T29:071 T29:096
T30:021A T30:048 T30:068 T31:020A T31:034A T31:066

T31:069

T34:004A

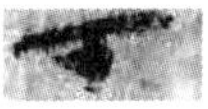

T37:059

T37:089

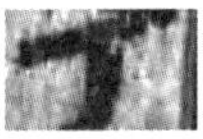

T37:097

T37:148

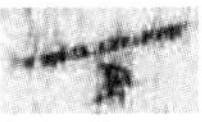

T37:228

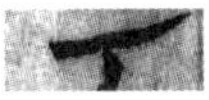

T37:339

T37:448

T37:522A

T37:525

T37:530

T37:615

T37:617

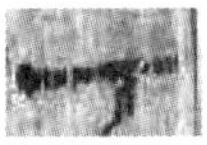

T37:678

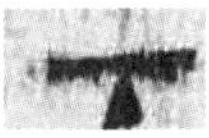

T37:752A

T37:760

T37:780

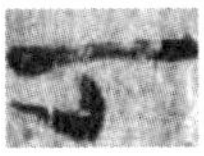

T37:795

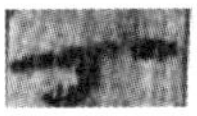

T37:803A

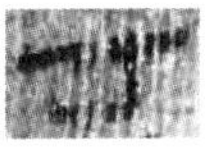

T37:878A

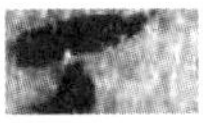

T37:937

T37:938

T37:962A

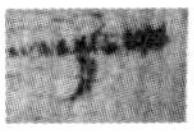

T37:1063

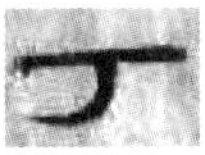

T37:1100

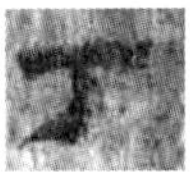

T37:1149

T37:1381

T37:1450

T37:1452

T37:1460

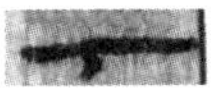

T37:1517

73EJF3:41B

73EJF3:376

73EJF3:382A

戊

2158

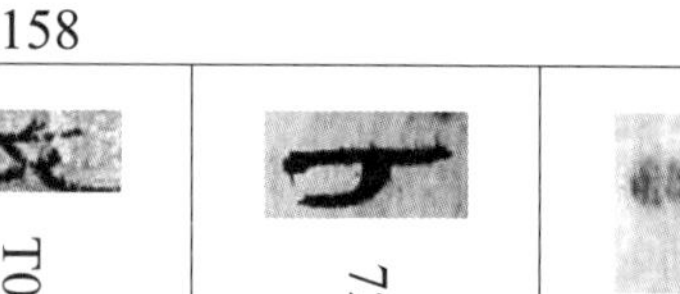
73EJF3:463
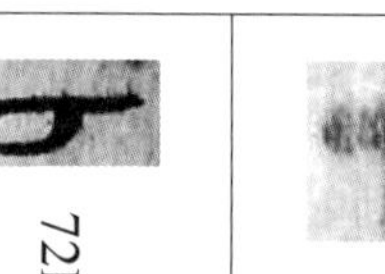
73EJD:10
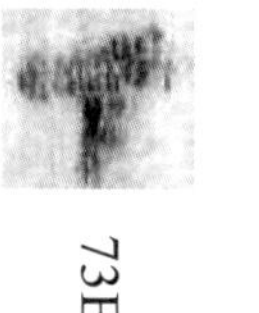
73EJD:68
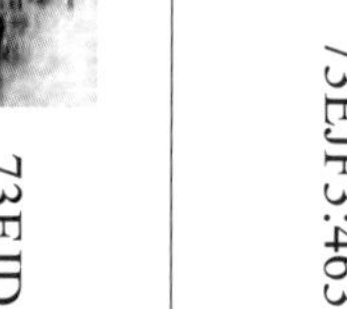
73EJD:87
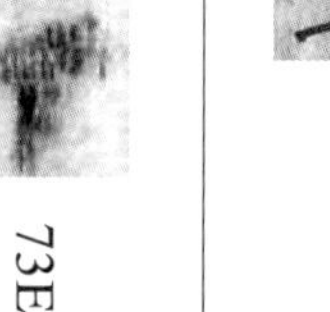
73EJD:95

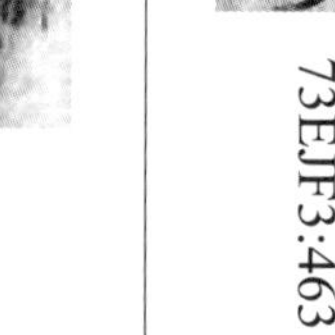
73EJD:168

73EJD:207

73EJD:236

73EJD:246
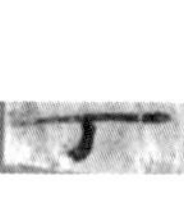
72EJC:1

72EJC:2A

72EJC:79B

73EJC:328

73EJC:591

72EBS7C:1A

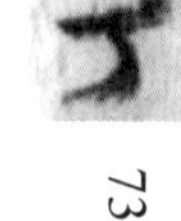
T01:124
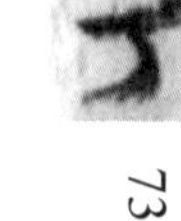
T01:125A

T03:061

T03:103

T03:103

T03:113

T04:082

T07:004

T08:009
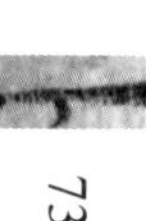
T10:312A

T21:039

T21:042A

T21:080

T21:097
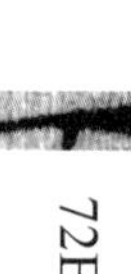
T21:098

T21:201

T21:367

T23:002

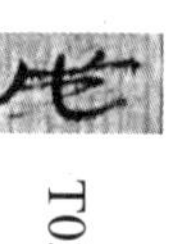

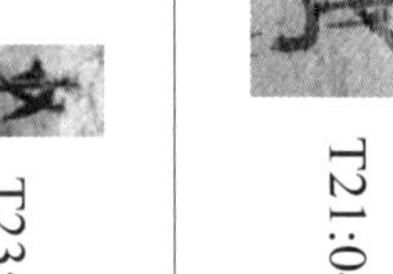
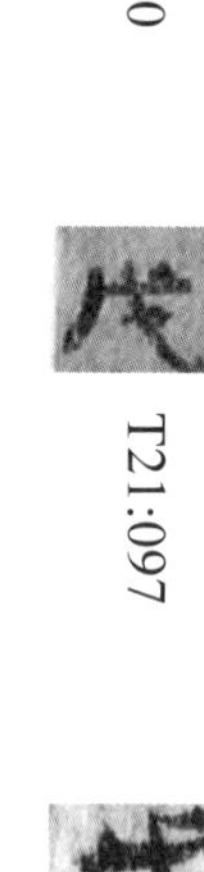

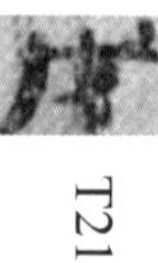

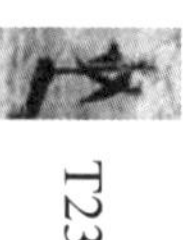

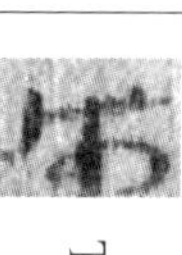
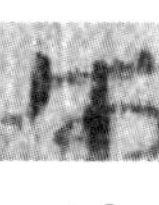
T23:263

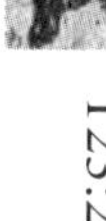

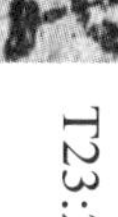

T23:288

T23:385

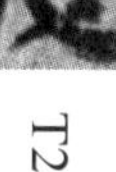
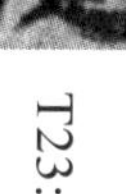
T23:413

T23:432

T23:496

T23:574

T23:966

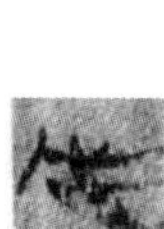
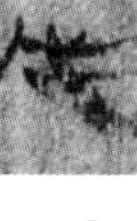
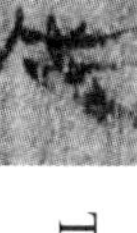
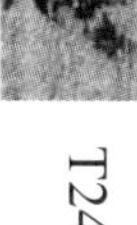

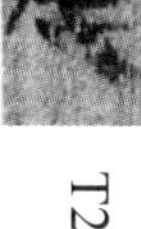
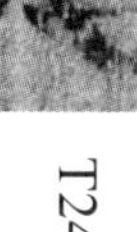

T24:191

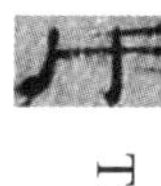
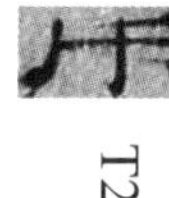
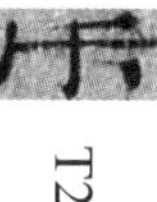
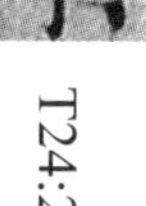

T24:267A

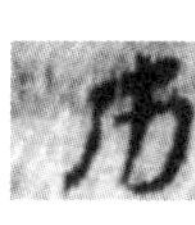

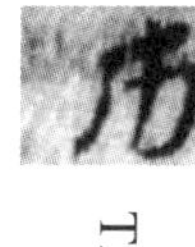
T24:416A

T26:001A

T26:003

T26:088A

T26:116

T26:227A

T28:027

T28:034A

T29:125B

T30:048

T30:167A

T30:179

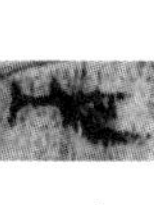
T31:054A

T31:065

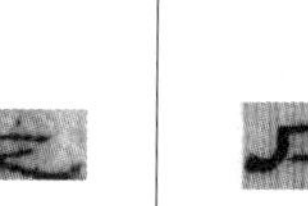
T32:005A

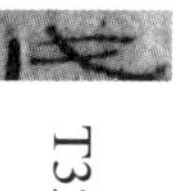
T32:014

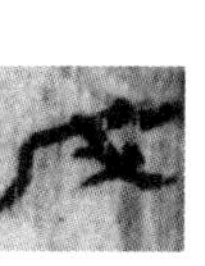

T32:044

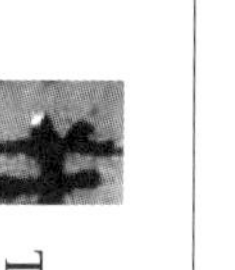

T33:039

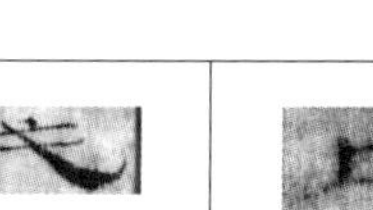
T34:003A

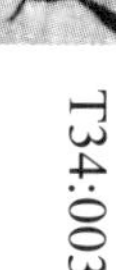
T34:043

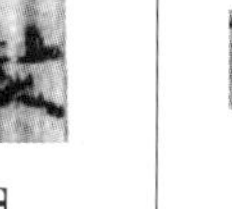
T37:067

T37:112

T37:131

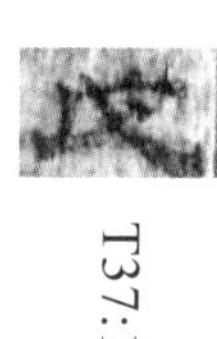
T37:152

戊部

戊

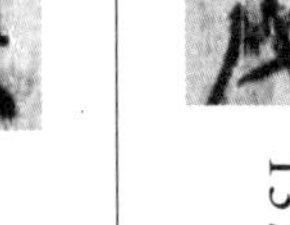
T37:161A
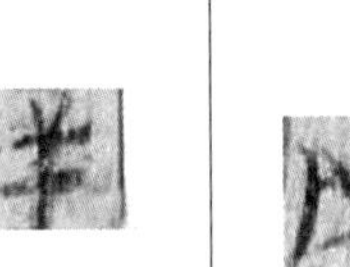
T37:303

T37:342

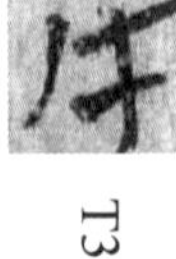
T37:343

T37:355

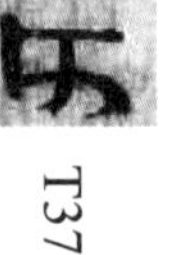
T37:521

T37:697

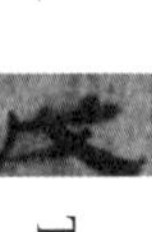
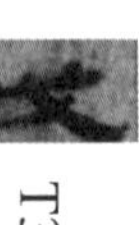

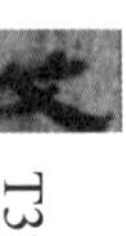
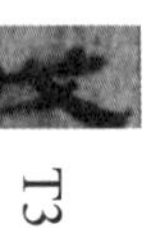

T37:770A
T37:782

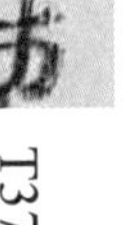
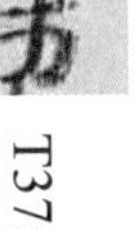
T37:992

T37:1065A

T37:1078

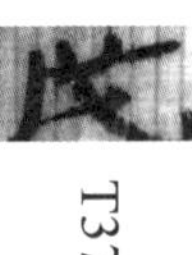
T37:1107

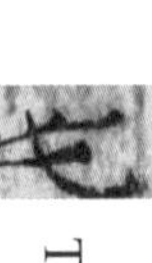
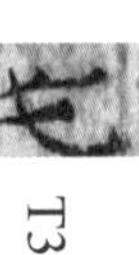
T37:1124

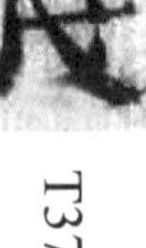
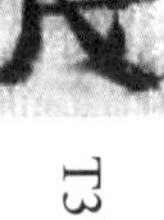
T37:1452

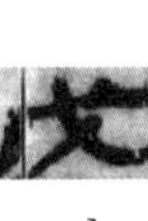
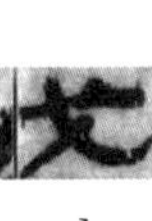
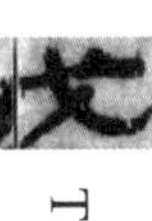
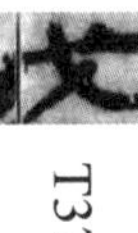
T37:1483

T37:1548

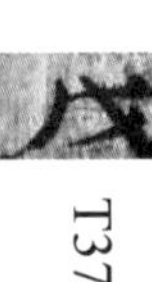

H01:014
H01:014
H02:018
F01:009
F01:009

F01:010
F01:085
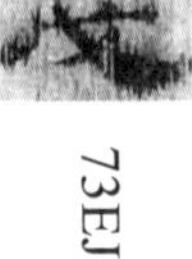

73EJF2:10

73EJF2:16

73EJF3:43

73EJF3:107
73EJF3:119A
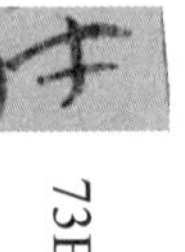
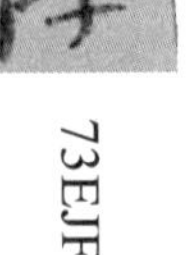
73EJF3:144

73EJF3:153

73EJF3:289

成

2159

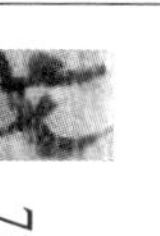

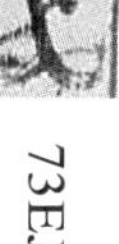

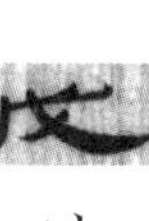

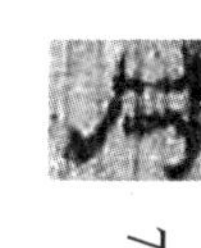
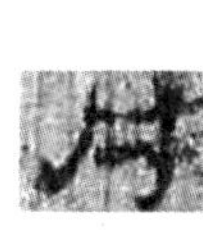

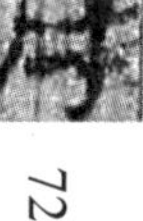

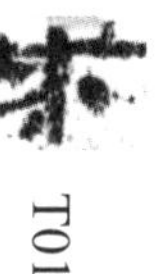

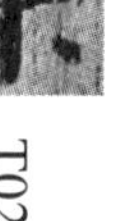
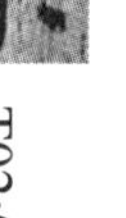

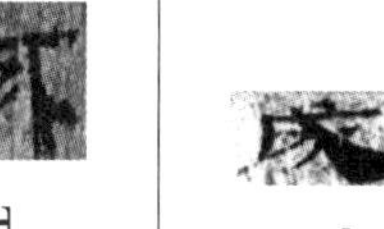
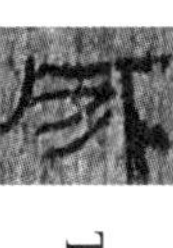
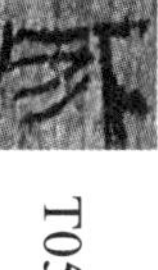

73EJF3:318
73EJF3:328A
73EJF3:328A
73EJF3:371
73EJD:45

73EJD:95
73EJD:125A
73EJD:167
72EJC:145
72EJC:159A

73EJC:609
73EJC:651
73EJC:673
72EDAC:7
72EDAC:8

72ECC:43

T01:043
T01:059
T02:017
T02:088
T03:098
T03:109

T04:004
T04:015
T04:076
T05:027
T05:029
T06:048

戌部 成

T06:083A

T06:094

T06:135B

T06:178

T06:187

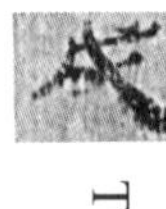
T07:013A

T07:051

T09:030

T09:113

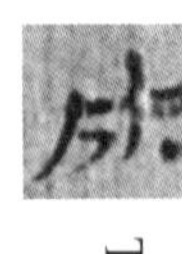
T09:140

T09:243

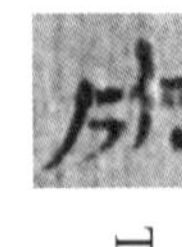
T09:281

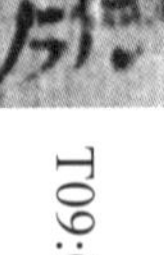
T10:120A

T10:157

T10:181

T10:289

T10:300

T10:332A

T10:343A

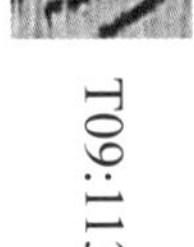
T14:001

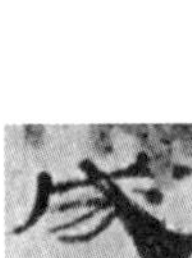
T21:021

T21:095

T21:101

T21:117

T21:120

T21:121

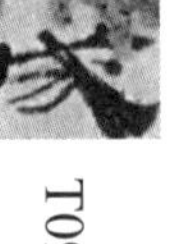
T21:127

T21:176

T21:176

T21:176

T21:221

T21:268

T21:287

T21:396

T21:468

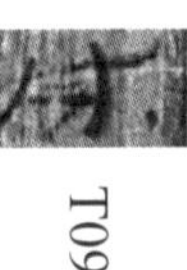
T22:098

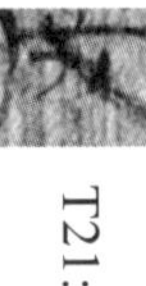
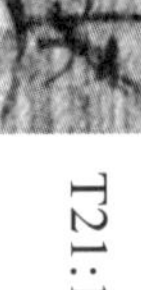
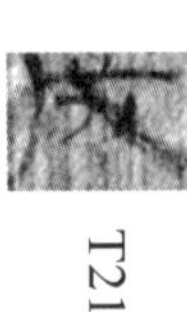
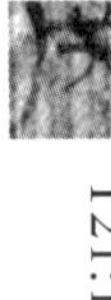
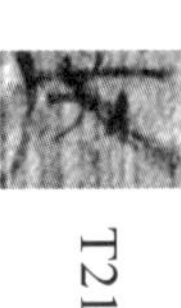

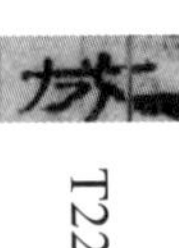
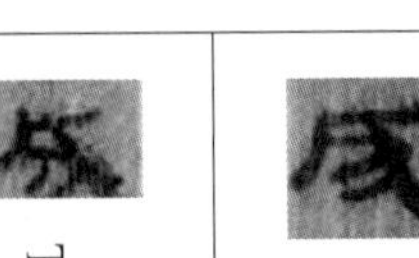

戌部 成

T23:146  T23:301  T23:636 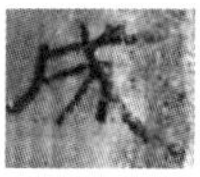 T23:767  T23:774  T23:925

T23:960  T23:980  T24:003  T24:047 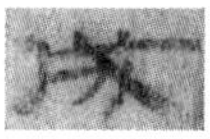 T24:564  T24:564

T24:781  T24:923  T24:951  T24:968  T24:974  T25:005

T25:020  T26:236  T26:261  T27:021  T28:043  T28:050

T29:005 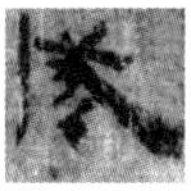 T29:028A  T29:066  T29:100  T30:154  T30:240

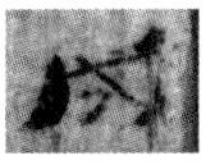

T31:021  T34:040  T37:006  T37:011  T37:105  T37:124

T37:151
T37:603
T37:633
T37:693
T37:695
T37:719
T37:745
T37:756
T37:767
T37:845
T37:969
T37:973
T37:982
T37:1331
T37:1431
T37:1582
H02:016
F01:026
F01:118A
73EJF3:116B
73EJF3:127B
73EJF3:178A
73EJF3:181
73EJF3:272
73EJF3:276
73EJF3:287A
73EJF3:328A
73EJF3:362
73EJF3:366
73EJF3:373
73EJF3:392A
73EJF3:392B
73EJF3:401

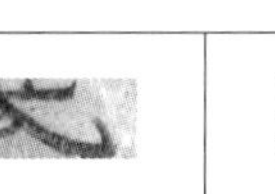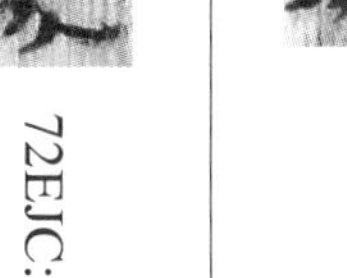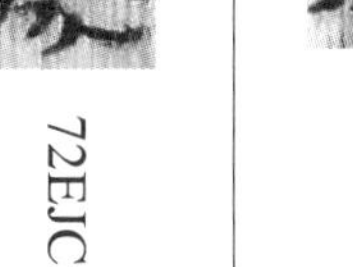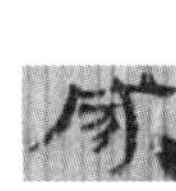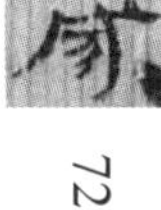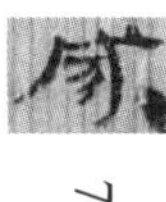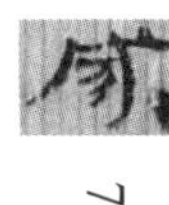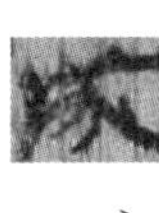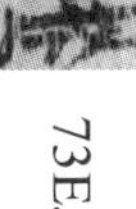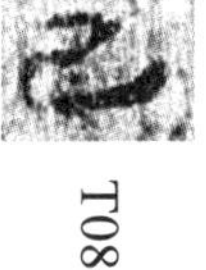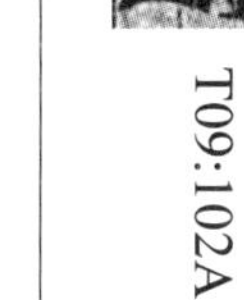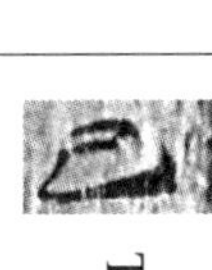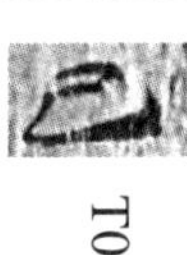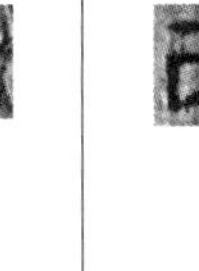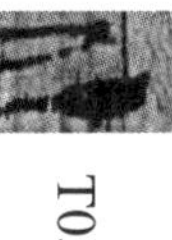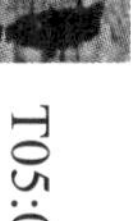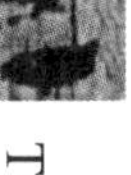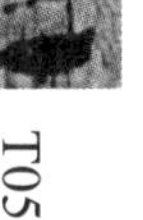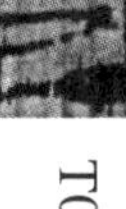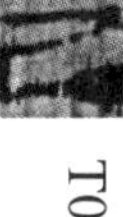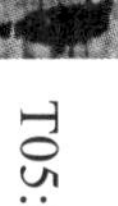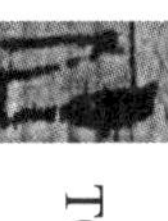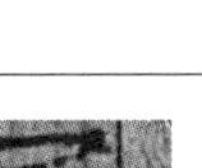

73EJF3:462　73EJF3:467　73EJD:162　73EJD:210　73EJD:293

73EJD:313A　72EJC:18　72EJC:26　72EJC:32　72EJC:65

72EJC:120　72EJC:204　73EJC:474　73EJC:610　72ECC:35

己

2160

T01:001　T01:075　T03:058A　T03:114　T03:114

T05:047　T06:027A　T06:081A　T06:198　T07:006　T07:023

T07:064　T07:102　T07:110　T08:009　T08:031　T09:102A

 T09:104
 T09:104
 T09:104
 T09:349
 T10:121A

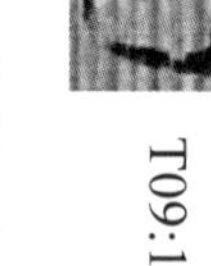 T10:127
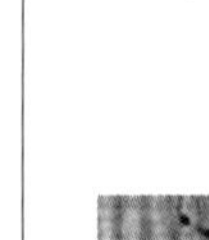 T10:307
 T10:309
 T10:309
 T10:315A
 T10:349

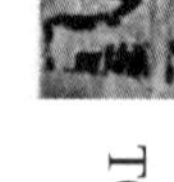 T11:001
 T21:043A
 T21:098
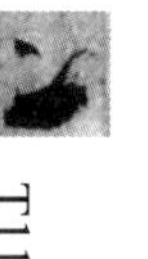 T21:307
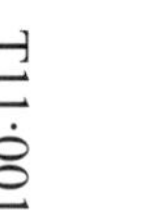 T22:011C

 T22:067
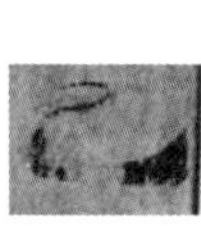 T23:071
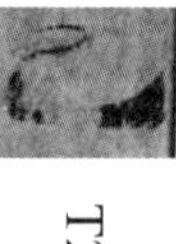 T23:252
 T23:350
 T23:378
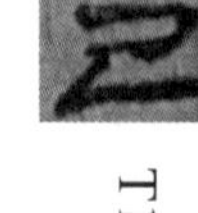 T23:564

 T23:606
 T23:699
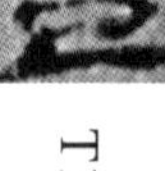 T23:705
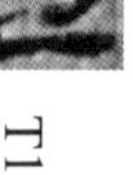 T23:756
 T23:809
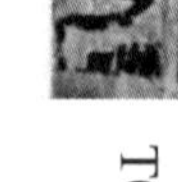 T24:022

 T24:034
 T24:036
 T24:092A
 T24:269A
 T24:382B

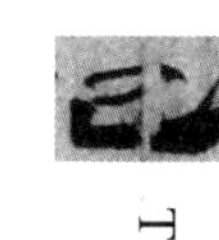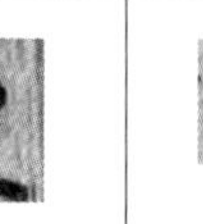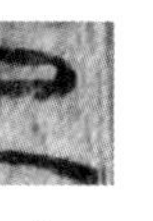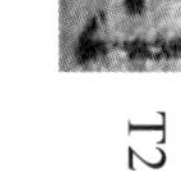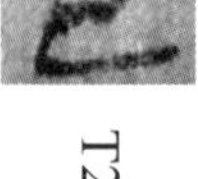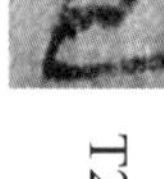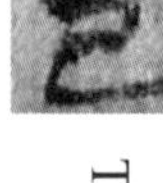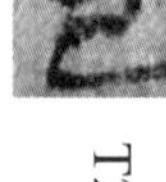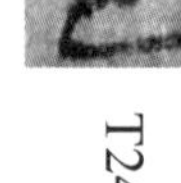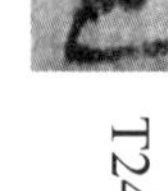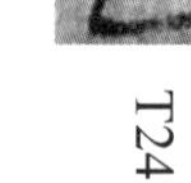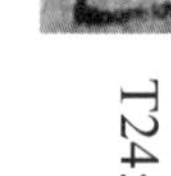

T24:416A
T24:514 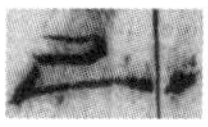
T24:534 
T24:896B 
T25:030 
T25:058 

T25:069
T25:070B 
T25:087 
T26:111
T26:278 
T27:013 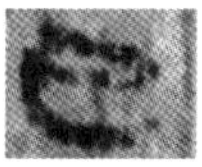

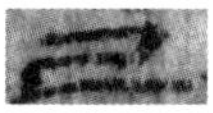

T28:009A
T28:046A 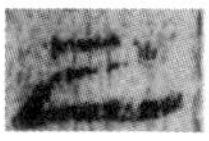
T29:068 
T29:115B 
T30:151A 

T31:064
T31:069 
T31:148 
T32:014 
T33:040A 
T33:040A 

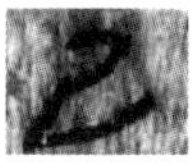

T33:050
T33:080A 
T37:279A 
T37:480A 
T37:521 

T37:521
T37:526 
T37:565 
T37:617 
T37:637 
T37:728

T37:740A
T37:749A
T37:782
T37:803B
T37:931
T37:1061A
T37:1065A
T37:1067A
T37:1076A
T37:1091
T37:1094A
T37:1136
T37:1454
T37:1500
H01:003A
H01:014
F01:013
F01:014
73EJF3:39A
73EJF3:41A
73EJF3:94
73EJF3:153
73EJF3:179A
73EJF3:179A
73EJF3:179A
73EJF3:181
73EJF3:276
73EJF3:328B
73EJF3:473
73EJF3:490

73EJF3:493
73EJF3:528
73EJD:6
73EJD:30
73EJD:37A

73EJD:42
73EJD:44
73EJD:68
73EJD:85
73EJD:131

73EJD:198
72EJC:8
72EJC:79B
72EJC:194
72EJC:267A

73EJC:316A
73EJC:409
73EJC:416
73EJC:444
73EJC:604

72EDAC:7
72ECC:13
72ECC:13

庚

2161

T01:180
T04:098A
T06:023A
T06:052
T06:144

庚部

庚

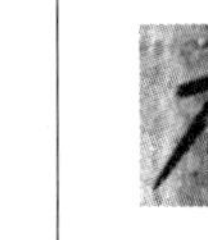
T07:044

T08:053A

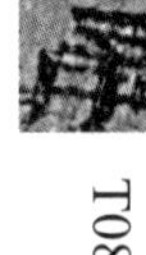
T09:059A

T09:086

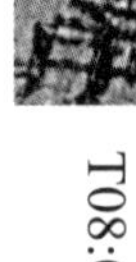
T09:087

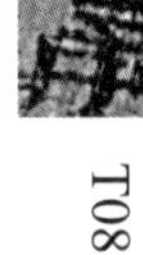
T09:092A

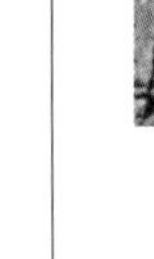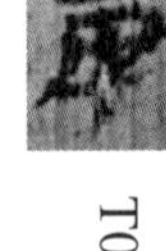
T09:222

T10:064

T10:120A

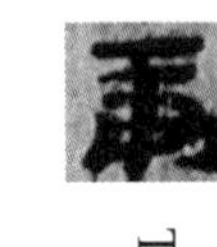
T10:206

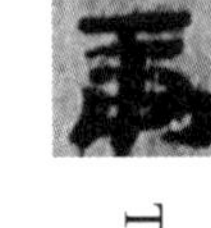
T10:212

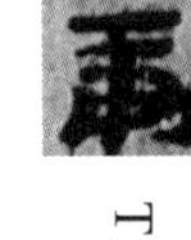
T10:312B

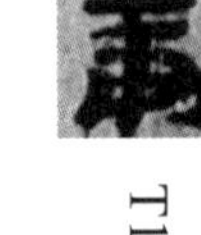
T10:313A

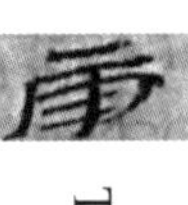
T10:313A

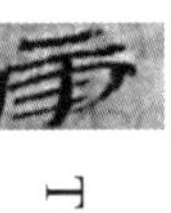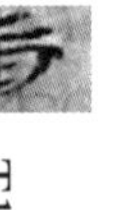
T15:025

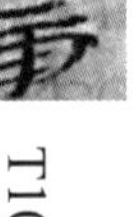
T21:064

T21:109A

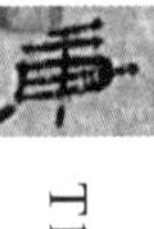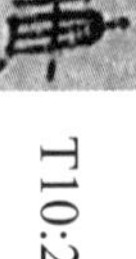
T21:175A

T21:277

T21:348A

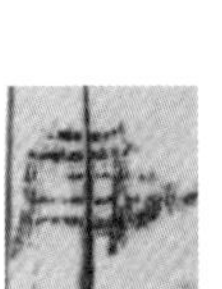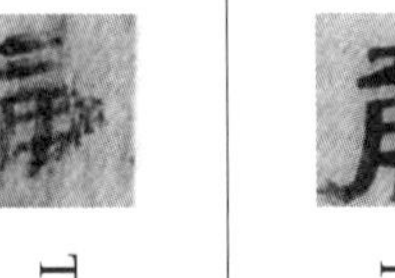
T21:436

T22:011A

T22:070

T22:070

T23:236

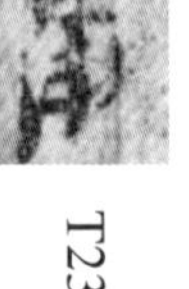
T23:278

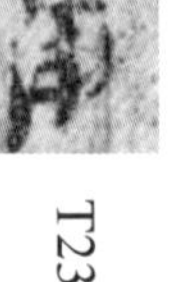
T23:290

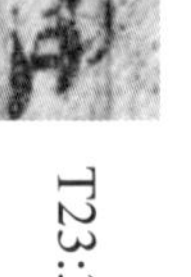
T23:335

T23:572

T23:573

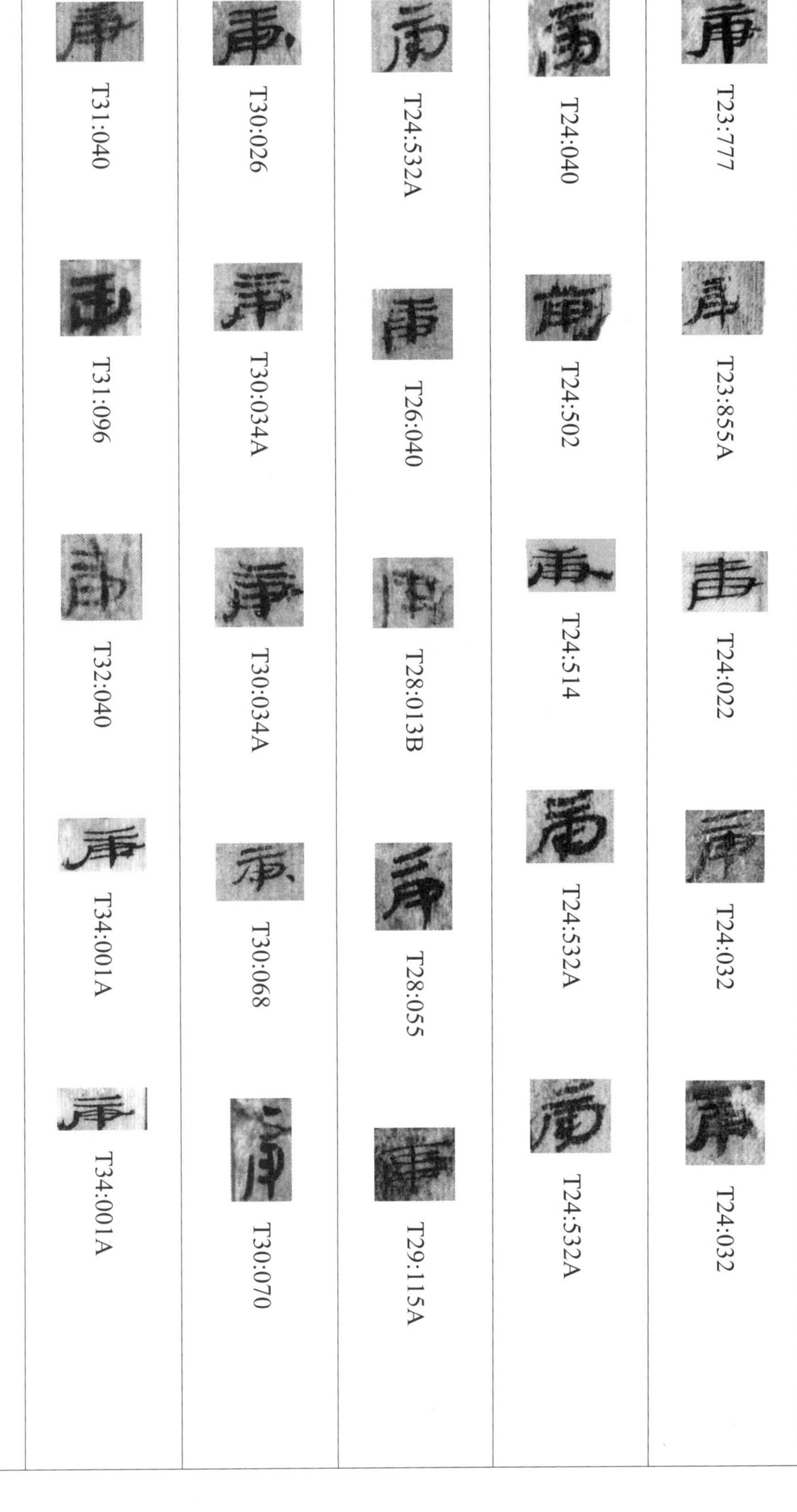

T23:777
T23:855A
T24:022
T24:032
T24:032
T24:040
T24:502
T24:514
T24:532A
T24:532A
T24:532A
T26:040
T28:013B
T28:055
T29:115A
T30:026
T30:034A
T30:034A
T30:068
T30:070
T31:040
T31:096
T32:040
T34:001A
T34:001A
T34:017
T37:150
T37:446
T37:480A
T37:527

T37:530　T37:615　T37:623　T37:649　T37:785

T37:788A　T37:875　T37:875　T37:876A　T37:988

T37:1075A　T37:1076A　T37:1078　T37:1379A　T37:1416

T37:1453　T37:1491　T37:1582　H01:003A　F01:012

F01:118A　73EJF3:116A　73EJF3:119A　73EJF3:125A

73EJF3:155A　73EJF3:228　73EJF3:254　73EJF3:311

辛

2162

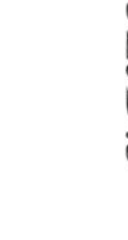

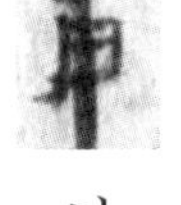

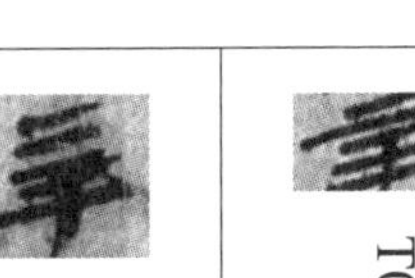
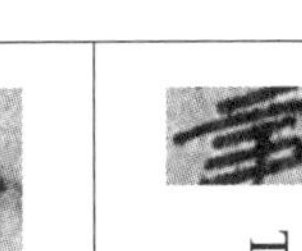

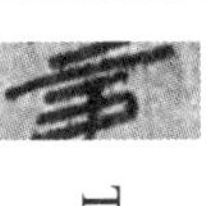

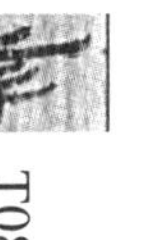

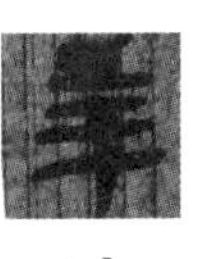

73EJF3:516
73EJD:3
73EJD:7
73EJD:36A
73EJD:56

73EJD:115
73EJD:231
73EJD:271
73EJD:272
72EJC:64

72EJC:121
72EJC:149
73EJC:299
73EJC:549A
72EBS7C:2A

T03:098
T03:103
T04:092
T04:197
T08:008
T08:052A

T09:139
T09:144A
T10:177A
T10:215A
T10:375

T11:001
T14:031B
T15:014
T21:060A
T21:138

T21:175A

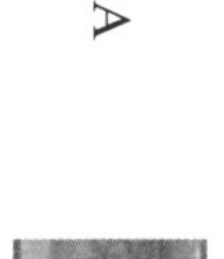
T21:234

T21:336

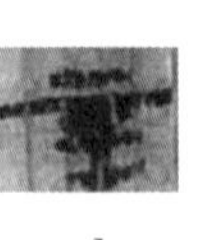
T21:421

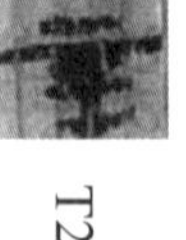
T21:440

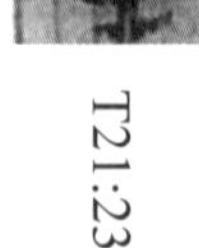
T22:067

T23:001B

T23:055

T23:100

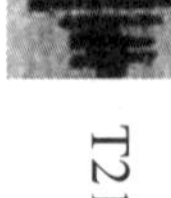
T23:268

T23:311

T23:349A

T23:385

T23:529

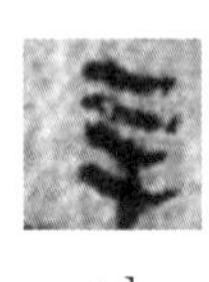
T23:619

T23:821

T23:897A

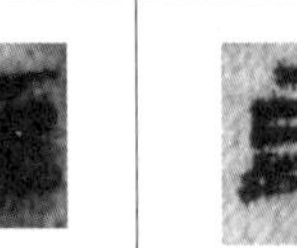
T23:897A

T24:017

T24:023A

T24:023A

T24:033

T24:139

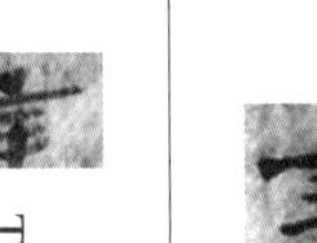
T24:145

T24:147

T24:203A

T24:243

T24:267A

T24:300

T24:400

T24:502
T24:521
T24:748
T24:748
T25:006

T25:007A
T25:078
T25:078
T26:058
T26:174A

T26:223
T28:046A
T28:111
T28:132
T30:020

T30:033B
T30:144
T30:167A
T30:210A
T31:020A

T31:050
T31:060
T31:136
T31:144
T32:013

T32:059
T33:011
T33:040A
T33:069
T37:023A

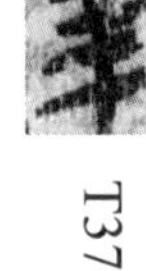

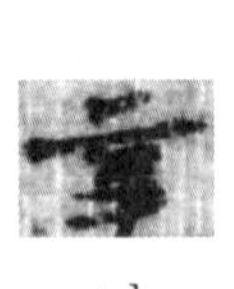
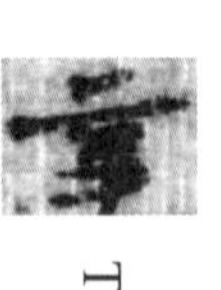

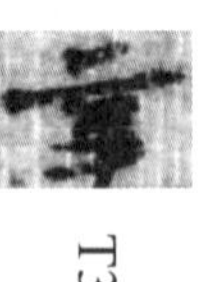
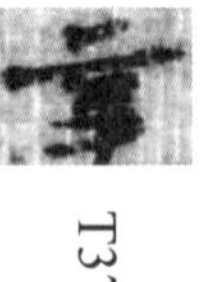
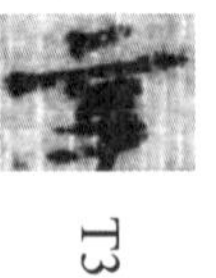
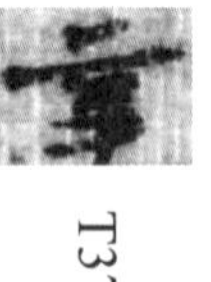
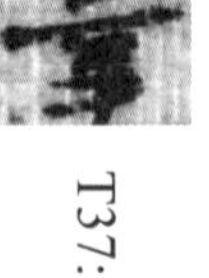

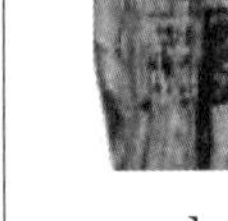
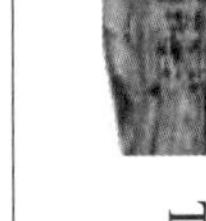

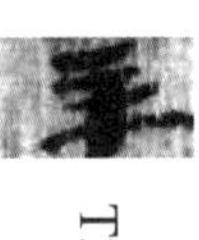

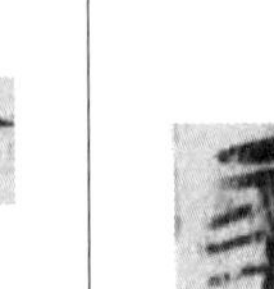
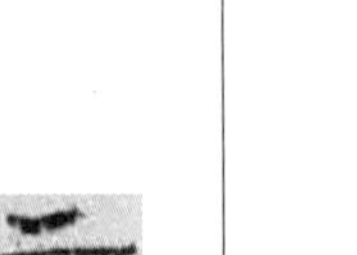

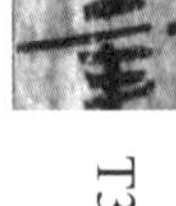

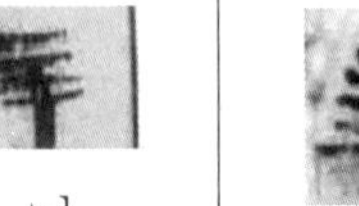
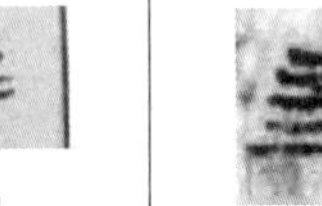

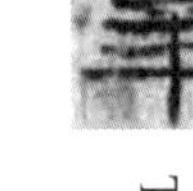

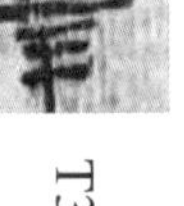

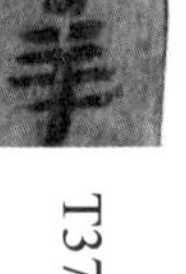

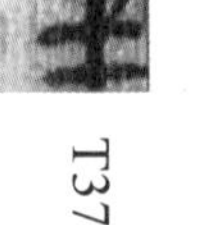
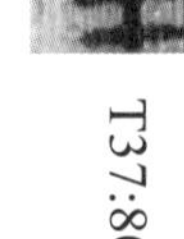

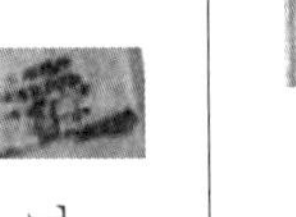
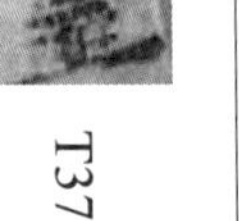
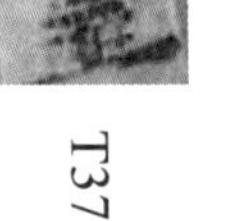
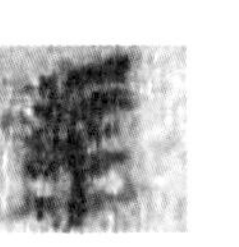
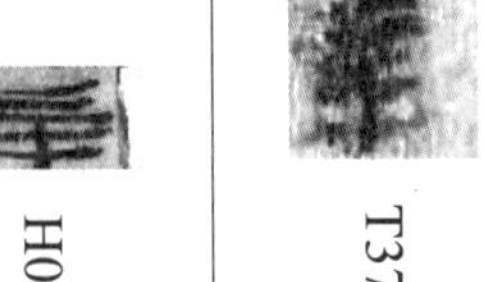

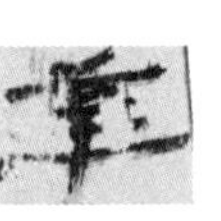
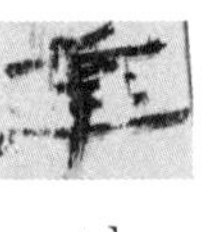
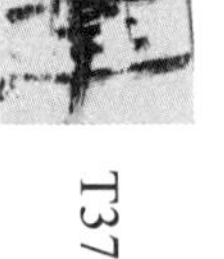

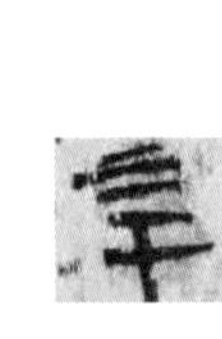
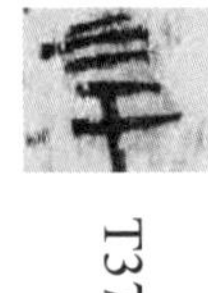

T37:039A
T37:112
T37:177
T37:290A
T37:356

T37:425
T37:520A
T37:522A
T37:523A
T37:527

T37:649
T37:696
T37:713
T37:744A
T37:773

T37:795
T37:800A
T37:808
T37:847
T37:871

T37:1061A
T37:1062A
T37:1075A
T37:1089
T37:1148

T37:1229A
T37:1396A
T37:1396B
T37:1502A
H01:003A

H02:002 H02:005A F01:015 F01:085 73EJF3:1

73EJF3:43 73EJF3:104 73EJF3:104 73EJF3:115 73EJF3:119A

73EJF3:146 73EJF3:277 73EJF3:287B 73EJF3:311

73EJF3:612 73EJT4H:68 73EJD:34 73EJD:54 73EJD:95

73EJD:158 73EJD:220 73EJD:270 73EJD:352 72EJC:2A

72EJC:2B 72EJC:15A 72EJC:46 72EJC:194 73EJC:445A

73EJC:603

73EJC:603

73EJC:611

2163 辜 辜

T08:041

2164 辭 辭

T09:212B

T21:059

T21:141

T23:014

T23:408

T23:490

T23:784

T29:025B

T37:1429A

T37:1429A

73EJF3:179B

73EJF3:246

73EJF3:287B

72EJC:288

2165 辯 辯

T21:059

T37:1209

73EJD:56

壬

2166

T01:003

T01:080B

T03:103

T03:109

T03:113

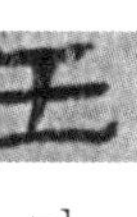
T04:036

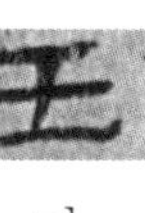
T06:038A

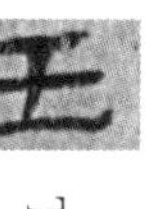
T06:139

T07:089A

T09:019B

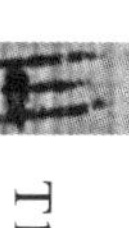
T09:034B

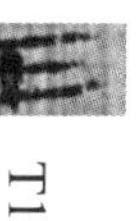
T09:092A

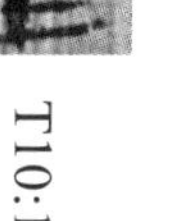
T09:250

T09:269

T10:064

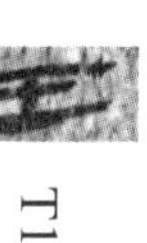
T10:106

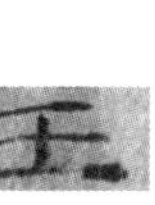
T10:318

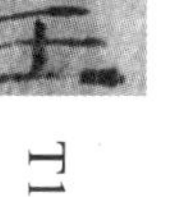
T11:028

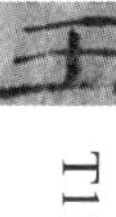
T14:021

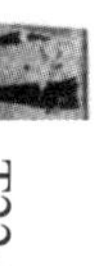
T15:013

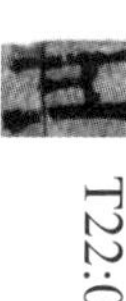
T21:060A

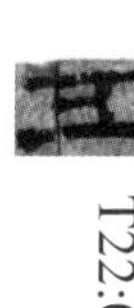
T21:101

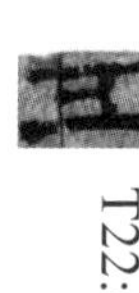
T21:108

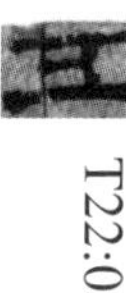
T22:058

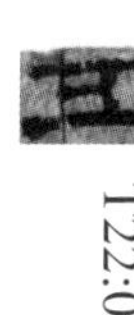
T22:146

T23:019B

T23:061

T23:079A

T23:141A

T23:307

T23:307

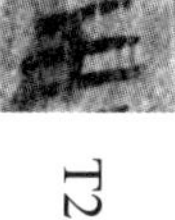
T23:750

T23:765

T23:878

T24:017

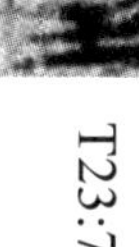

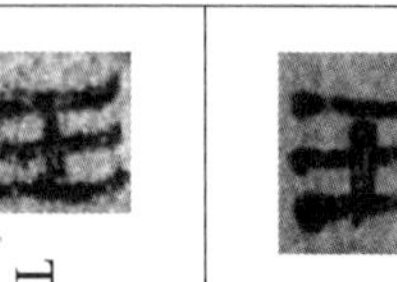
T24:017

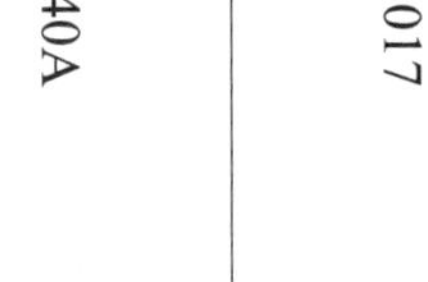
T24:023A

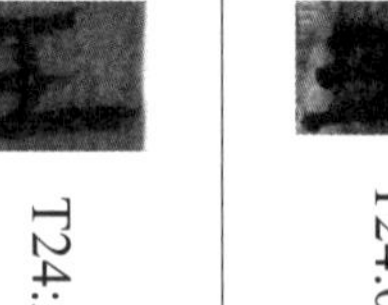
T24:026

T24:028

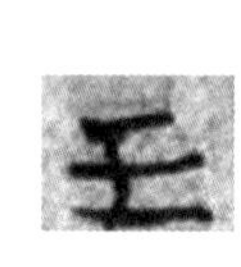
T24:218

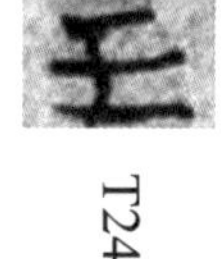
T24:240A

T24:262

T24:381

T24:429

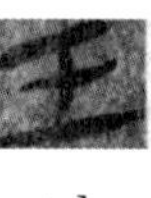
T24:493

T24:516A

T24:723

T25:007A

T26:050

T26:050

T26:115

T27:028

T29:107

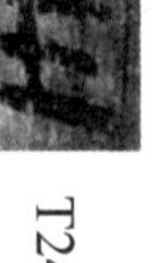
T29:125B

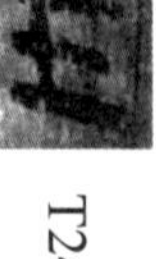
T30:041

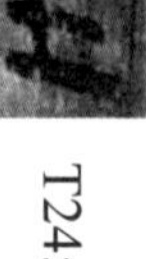
T30:186

T30:190

T31:089

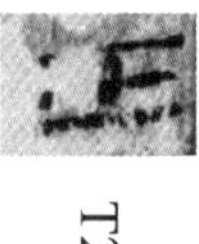
T33:011

T33:041A

T33:044A

T37:097

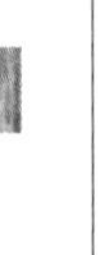
T37:156

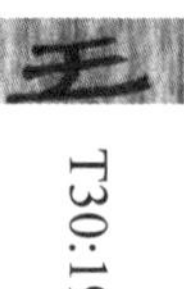
T37:230

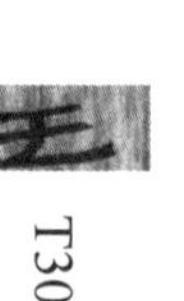
T37:514

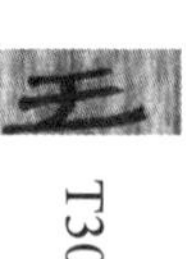
T37:519B

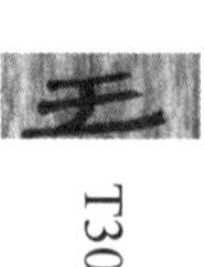
T37:520B

T37:523A

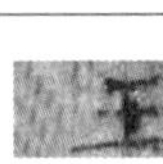

T37:525
T37:529 
T37:655 
T37:728 
T37:740A 
T37:745 

T37:783A
T37:784A 
T37:871 
T37:927 
T37:1061B 

T37:1070
T37:1118 
T37:1184 
T37:1408 
T37:1423A 

T37:1450
H02:050 
H02:053A 
F01:025 
73EJF3:47 

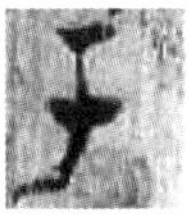

73EJF3:93
73EJF3:118A 
73EJF3:155A 
73EJF3:176 
73EJF3:178A

73EJF3:184A
73EJT4H:89B 
73EJD:42 
73EJD:357 
73EJD:382

癸

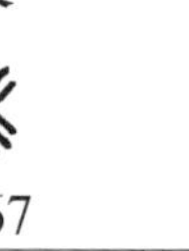

2167

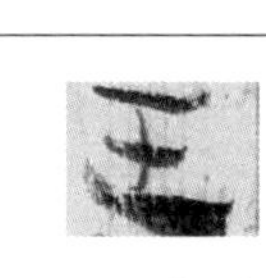
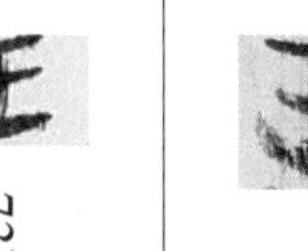

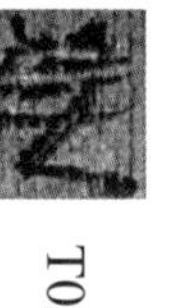

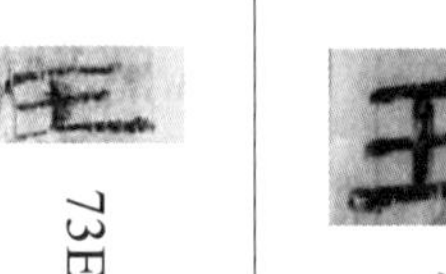
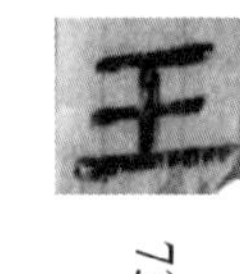

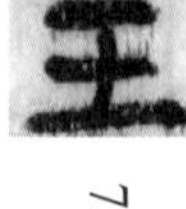

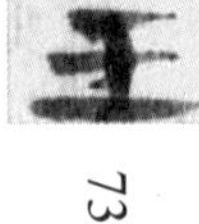
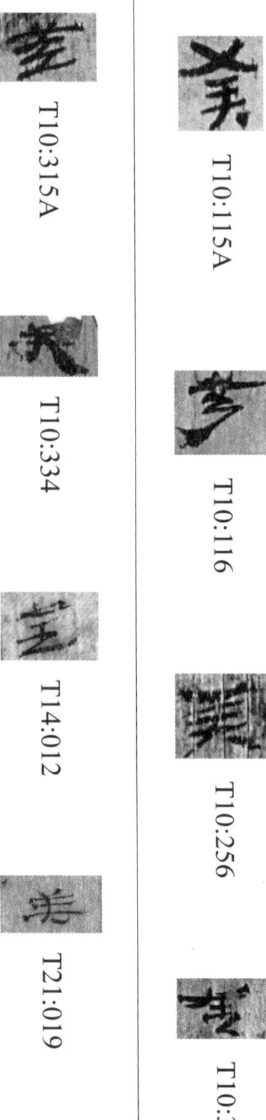

72EJC:7　72EJC:205　73EJC:417　73EJC:521　73EJC:539

73EJC:613　73EJC:651　73EJC:665

T02:029A　T03:001　T03:058A　T04:055　T07:026A

T07:034　T08:051A　T09:004　T09:005　T09:030

T10:044　T10:115A　T10:116　T10:256　T10:312A

T10:315A　T10:315A　T10:334　T14:012　T21:019　T21:103

T21:123
T21:155 
T22:084 
T23:015A 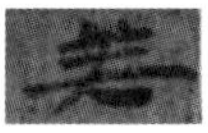
T23:079A 
T23:172A 
T23:290 
T23:456 
T23:556 
T23:561 
T23:619 
T23:668 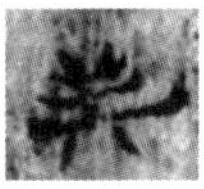
T23:730 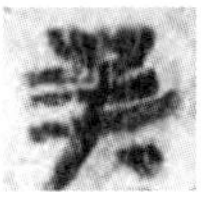
T23:797A 
T24:025 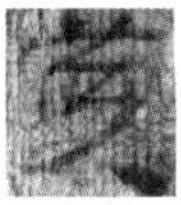
T24:046 
T24:208 
T24:327 
T24:363 
T24:528 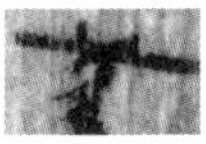
T24:627A 
T25:065A 
T25:078 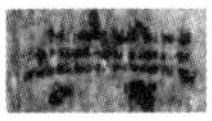
T26:016 
T26:088A 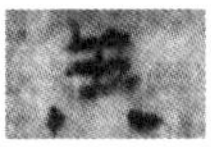
T28:003
T28:111 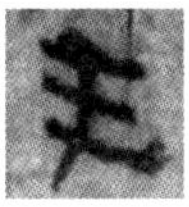
T30:062 
T30:073 
T30:204 
T31:050

癸部 癸

T31:131

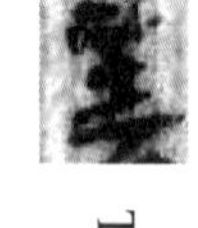
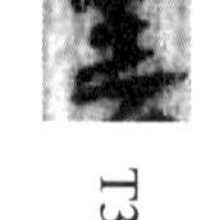

T33:011

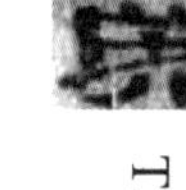

T37:524

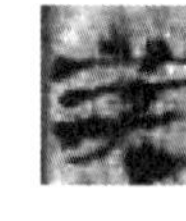
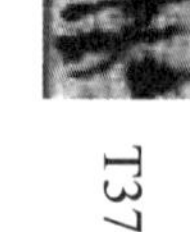

T37:524

T37:526

T37:527

T37:567

T37:626

T37:640

T37:645

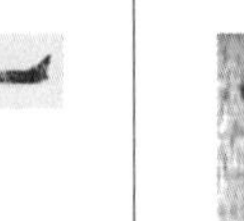

T37:702A

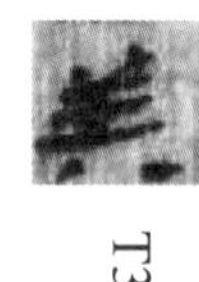
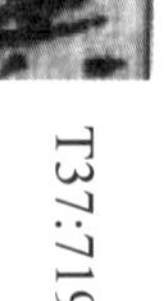
T37:719

T37:719

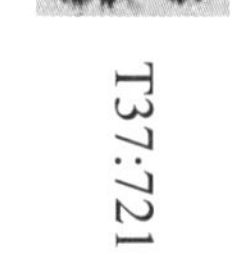
T37:721

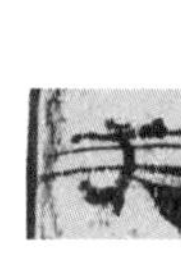
T37:732

T37:739

T37:778

T37:800A

T37:843

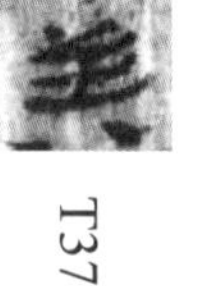
T37:854

T37:876A

T37:931

T37:983

T37:1017

T37:1045

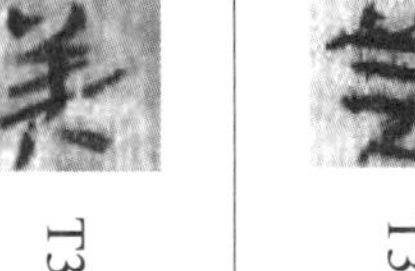
T37:1067A

T37:1095A

T37:1140

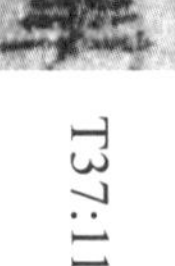
T37:1175

T37:1184

癸部 癸

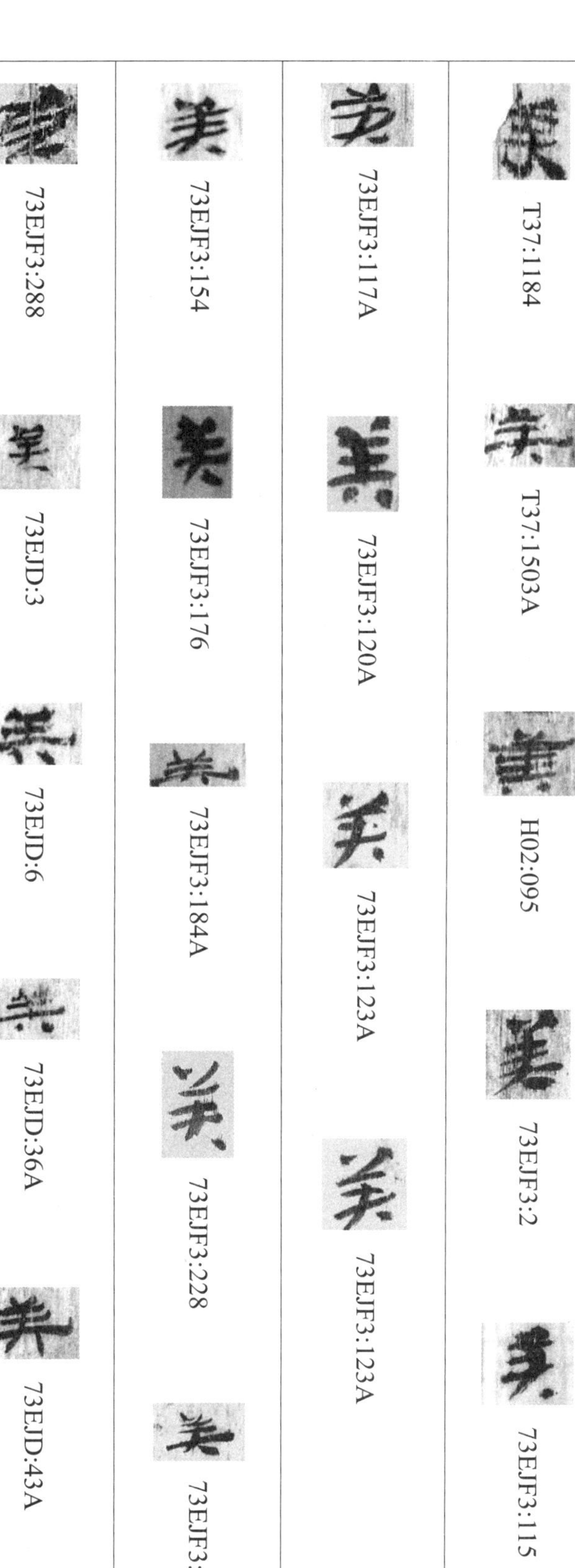

T37:1184
T37:1503A
H02:095
73EJF3:2
73EJF3:115

73EJF3:117A
73EJF3:120A
73EJF3:123A
73EJF3:123A

73EJF3:154
73EJF3:176
73EJF3:184A
73EJF3:228
73EJF3:249

73EJF3:288
73EJD:3
73EJD:6
73EJD:36A
73EJD:43A

73EJD:43A
73EJD:44
73EJD:44
73EJD:65
73EJD:131

73EJC:293
73EJC:316A
73EJC:316A
73EJC:589

子

2168

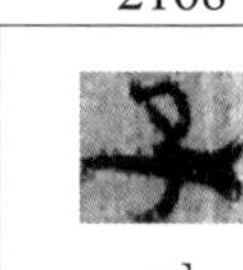
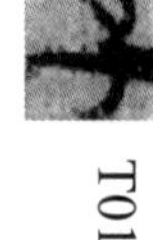
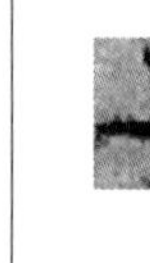

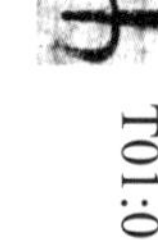

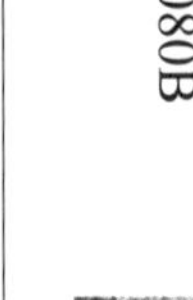
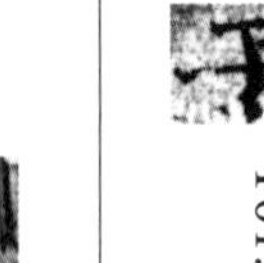

T01:001
T01:012
T01:047
T01:080B
T01:120
T01:124

T01:140
T01:153
T01:180
T01:217A
T02:012

T02:017
T02:082B
T03:003
T03:038A
T03:055
T03:077

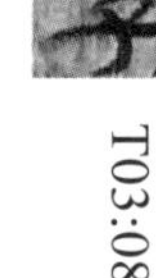

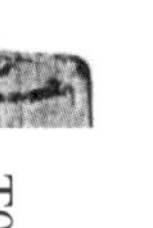

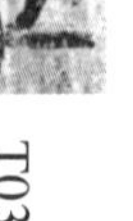

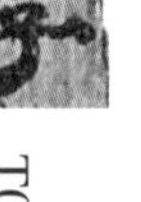

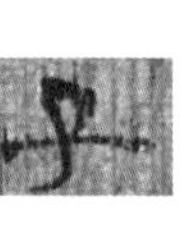
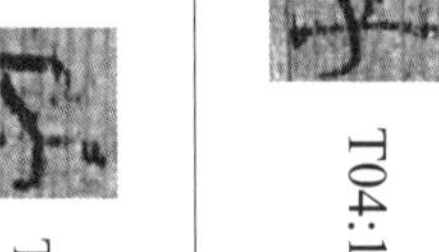
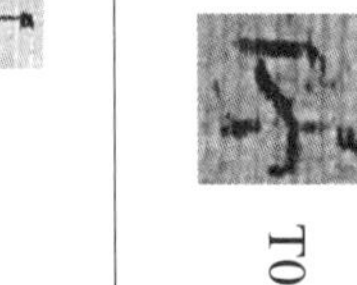
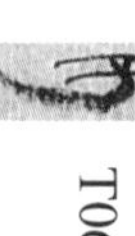

T03:086
T03:101
T03:111
T04:017
T04:082
T04:110B

T04:113B
T04:126
T04:153
T04:156
T04:171A
T05:009

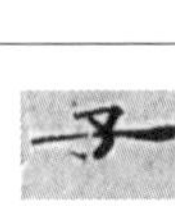

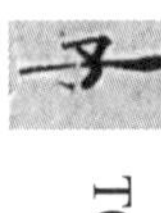
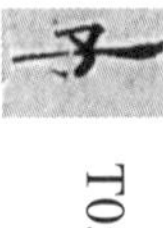

T05:071
T05:071
T06:016
T06:041A
T06:044B
T06:044B

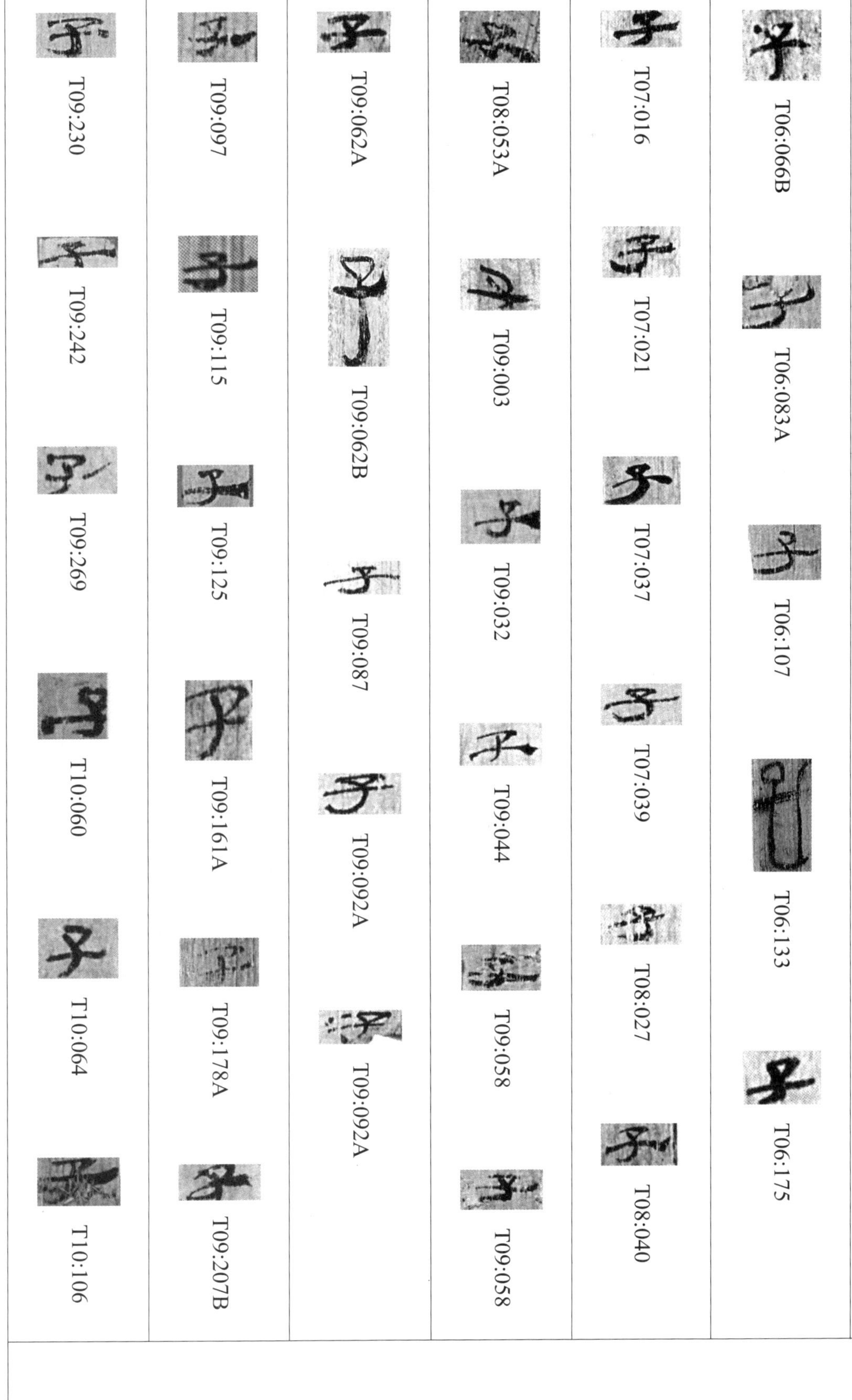
T06:066B
T06:083A
T06:107
T06:133
T06:175
T07:016
T07:021
T07:037
T07:039
T08:027
T08:040
T08:053A
T09:003
T09:032
T09:044
T09:058
T09:058
T09:062A
T09:062B
T09:087
T09:092A
T09:092A
T09:097
T09:115
T09:125
T09:161A
T09:178A
T09:207B
T09:230
T09:242
T09:269
T10:060
T10:064
T10:106

子部 子

T10:116 T10:124A T10:152 T10:174 T10:206

T10:212 T10:216 T10:219A T10:220A T10:220B

T10:221A T10:221B T10:222 T10:262 T10:278 T10:312A

T10:340 T10:370 T11:011 T14:007 T14:041 T15:013

T15:020 T15:021 T21:042A T21:064 T21:101

T21:108 T21:125B T21:131B T21:136 T21:173 T21:189

T21:201 T21:203 T21:286B T21:320 T21:375A T21:375B

T21:387 T21:454 T21:455 T21:484 T22:006 T22:006

T22:038B T22:070 T22:078 T22:086 T22:086

T22:091 T22:099 T22:142 T23:001A T23:019B

T23:019B T23:056 T23:061 T23:196B T23:245

T23:260 T23:263 T23:316 T23:328 T23:328

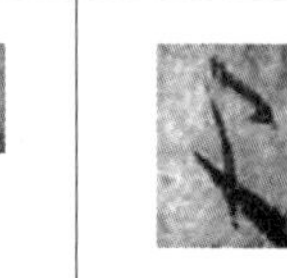
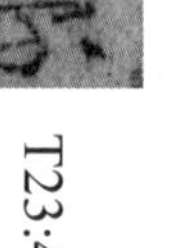

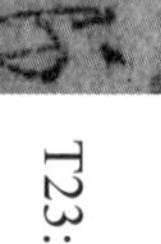
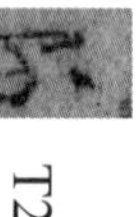

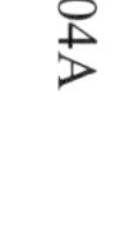

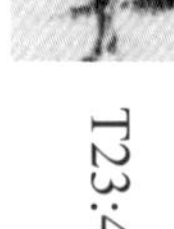

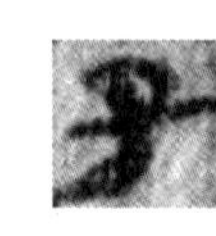
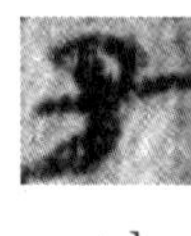
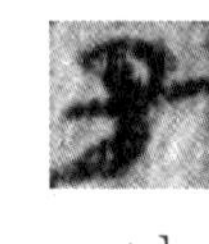
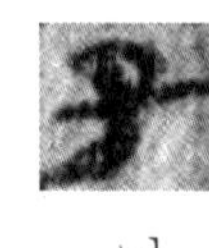

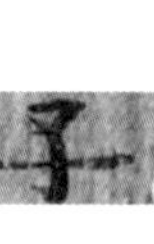

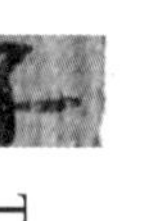
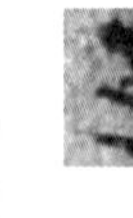

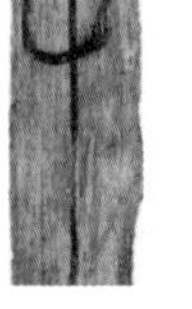

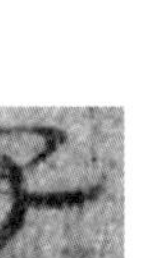

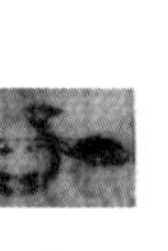
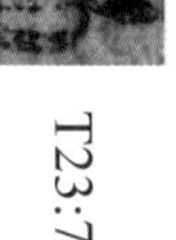
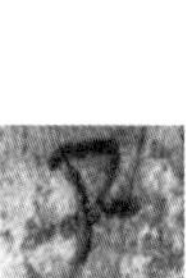
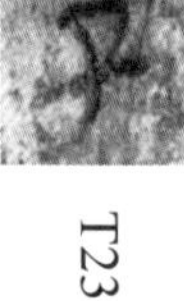
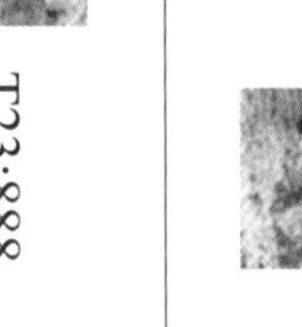

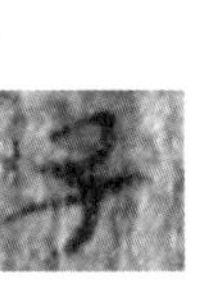
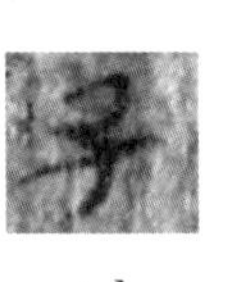
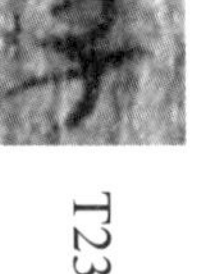

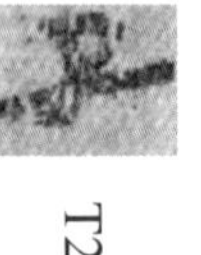
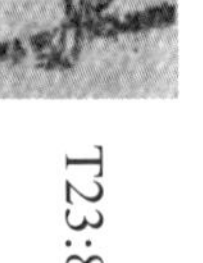

T23:344　T23:360B　T23:366　T23:385　T23:389

T23:404A　T23:406A　T23:413　T23:418　T23:481A

T23:481B　T23:481B　T23:562　T23:610A　T23:612

T23:680　T23:737　T23:769A　T23:775　T23:789A

T23:818　T23:840　T23:878　T23:888　T23:888

T23:894A　T23:894A　T23:896B　T23:897A　T23:917A

T23:917A T23:919A T23:919A T23:919A T23:919A

T23:976A T23:977 T23:984B T24:011 T24:011

T24:016 T24:019 T24:022 T24:023A T24:047 T24:065A

T24:073B T24:074 T24:088 T24:096 T24:097 T24:104

T24:104 T24:124 T24:131 T24:150 T24:160B T24:194

T24:206 T24:304 T24:381 T24:398 T24:507A

T24:532A　T24:532A　T24:572　T24:572　T24:656　T24:739

T24:833　T24:835　T24:884　T24:906　T24:980　T24:998

T25:046　T25:122　T25:126　T26:042　T26:084B　T26:086

T26:087　T26:138　T26:141　T26:145　T26:151A　T26:174B

T26:197　T26:200　T26:227A　T26:299　T27:095

T27:101　T28:009A　T28:009A　T28:009A　T28:013B

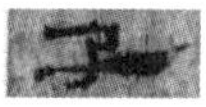

子

T28:030

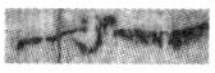

T28:104

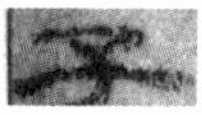

T28:113

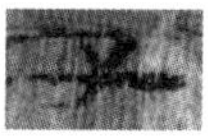

T29:019A

T29:052

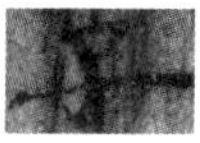

T29:105A

T29:109

T29:125B

T29:135

T30:002

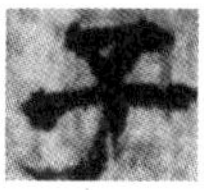

T30:020

T30:022

T30:035A

T30:035A

T30:062

T30:062

T30:070

T30:097

T30:107

T30:109

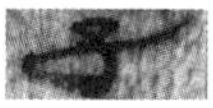

T30:122A

T30:144

T30:148A

T30:169

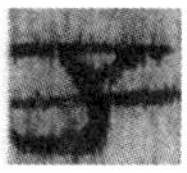

T30:169

T30:172A

T30:181

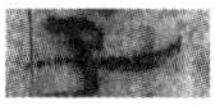

T30:212B

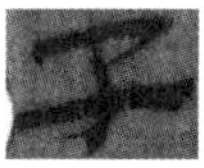

T30:235

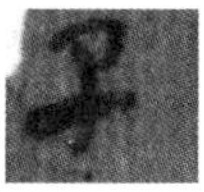

T30:259

T31:042A

T31:060

T31:066

T31:066

T31:072

T31:077

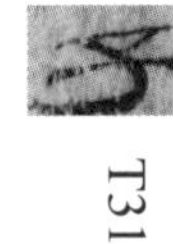
T31:103

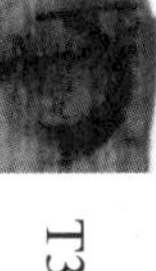
T31:104A

T31:115

T31:139

T31:161

T32:005A

T32:014

T32:018

T32:021

T32:040

T32:044

T33:007A

T33:039

T33:040A

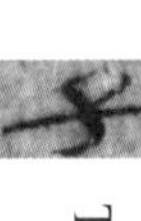
T33:080A

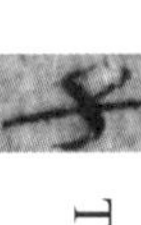
T33:083

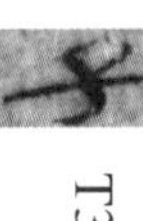
T34:003A

T35:004

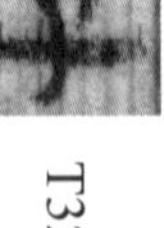
T37:037

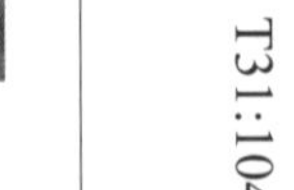
T37:052

T37:059

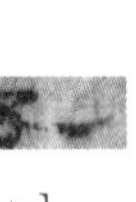
T37:092

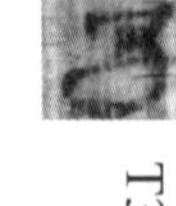
T37:151

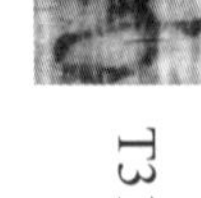
T37:158

T37:175

T37:178

T37:237

T37:248

T37:271

T37:285

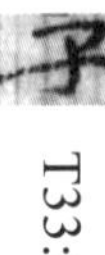
T37:343

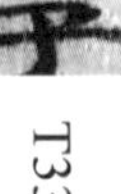

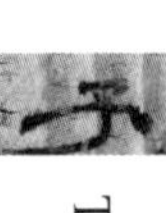

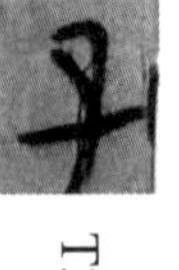

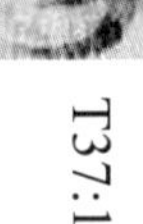
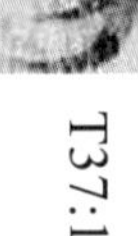

子部 子

T37:418
T37:456
T37:519B
T37:521
T37:521
T37:527

T37:529
T37:530
T37:700
T37:744A
T37:755
T37:755

T37:755
T37:755
T37:755
T37:755
T37:755
T37:756

T37:757
T37:757
T37:758
T37:758
T37:758
T37:758

T37:761
T37:762
T37:778
T37:779
T37:783A

T37:785
T37:788A
T37:788B
T37:797
T37:806+816

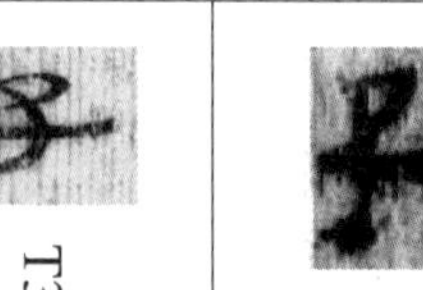
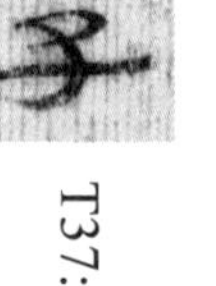
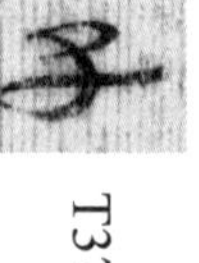
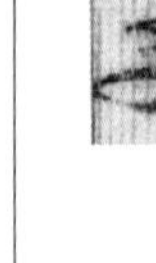
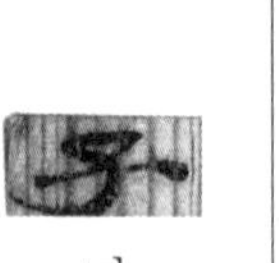
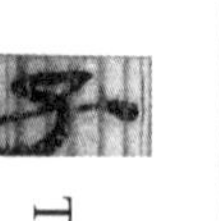
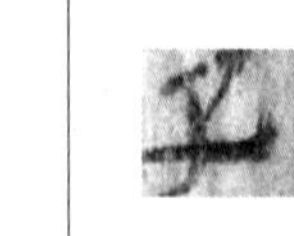

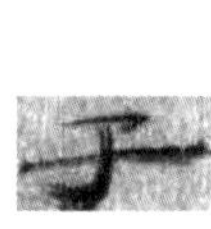
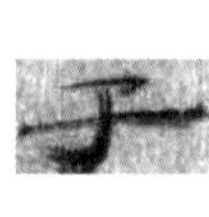
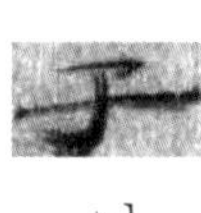
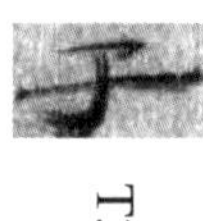
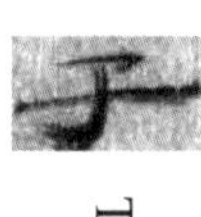
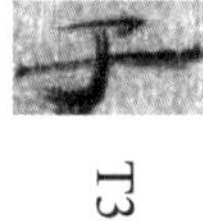
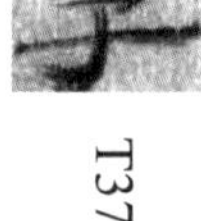
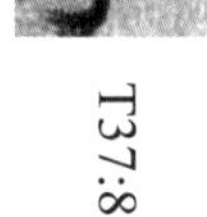

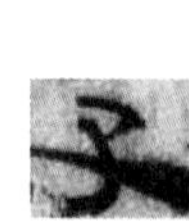

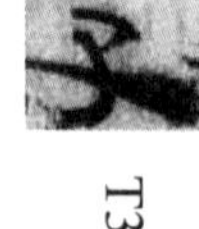
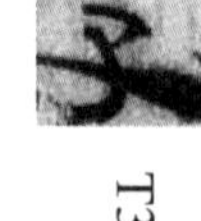

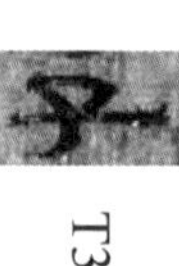
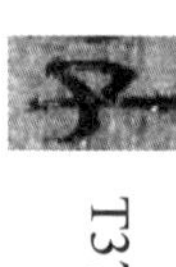
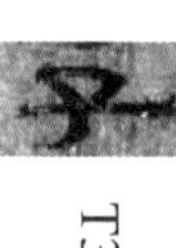

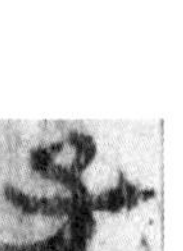

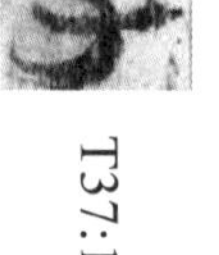

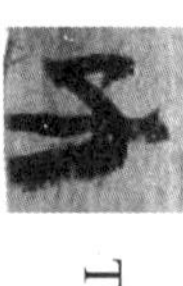

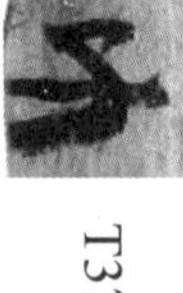
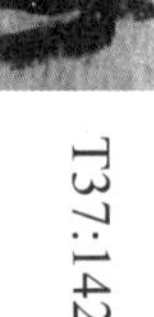
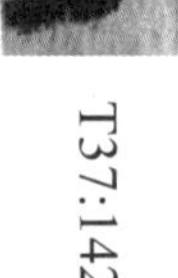

T37:855　T37:860　T37:871　T37:876A　T37:909

T37:930A　T37:990　T37:998　T37:1007　T37:1022　T37:1028

T37:1052A　T37:1063　T37:1066　T37:1076A　T37:1076A

T37:1086　T37:1100　T37:1124　T37:1135　T37:1185

T37:1189　T37:1242　T37:1324　T37:1347　T37:1396A

T37:1408　T37:1423A　T37:1427　T37:1438　T37:1479

T37:1483　T37:1505　T37:1506　T37:1518　T37:1582

T37:1585A　T37:1588　H01:020　H01:024　H01:046

H01:052　H02:048A　H02:048B　H02:048B　H02:048B

H02:050　H02:080　F01:010　F01:025　F01:085　F01:118A

73EJF2:4　73EJF2:7　73EJF2:16　73EJF2:32　73EJF2:36

73EJF2:40　73EJF3:65　73EJF3:65　73EJF3:119A　73EJF3:119A

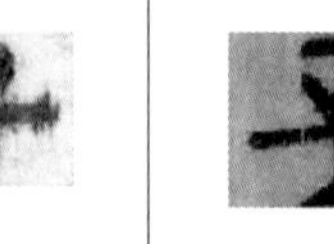

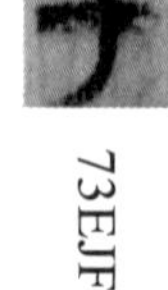

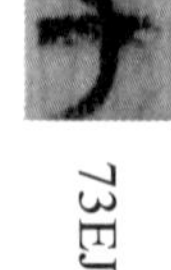

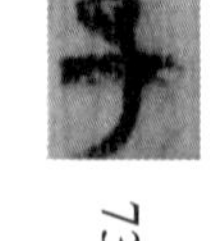
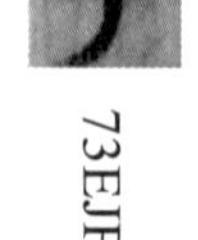

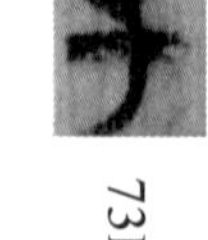

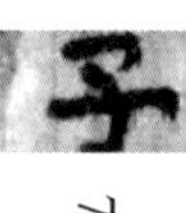
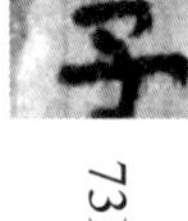

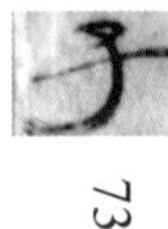

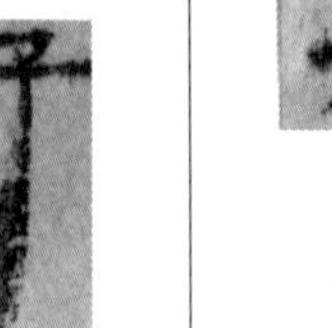

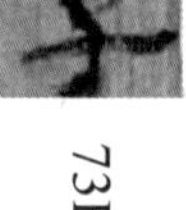

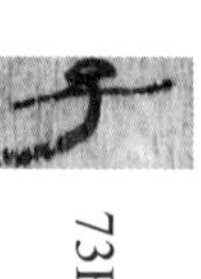
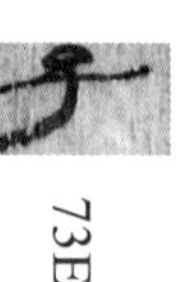

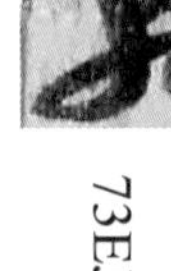
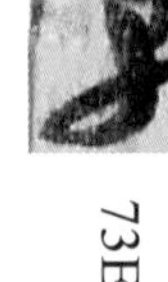

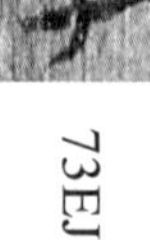

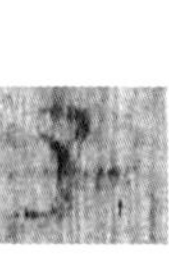

73EJF3:131
73EJF3:131
73EJF3:132
73EJF3:138
73EJF3:154

73EJF3:165
73EJF3:176
73EJF3:179B
73EJF3:183A

73EJF3:237
73EJF3:255
73EJF3:271
73EJF3:311
73EJF3:328A

73EJF3:329A
73EJF3:329A
73EJF3:335
73EJF3:337
73EJF3:382B

73EJF3:384A
73EJF3:384A
73EJF3:473
73EJF3:549A

73EJF3:604A
73EJT4H:5A
73EJT4H:5B
73EJT4H:30A

73EJD:8A
73EJD:13 
73EJD:28B 
73EJD:49A 
73EJD:75A 

73EJD:75A
73EJD:107B 
73EJD:124A 
73EJD:124B 
73EJD:153 

73EJD:187A
73EJD:232 
73EJD:253 
73EJD:284A 
73EJD:284 

73EJD:284B
73EJD:307B 
73EJD:337 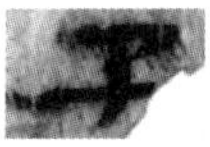
73EJD:354 
73EJD:357 

73EJD:378
73EJD:385 
72EJC:5 
72EJC:13 
72EJC:17 

72EJC:37
72EJC:37 
72EJC:60 
72EJC:108A 
72EJC:116A

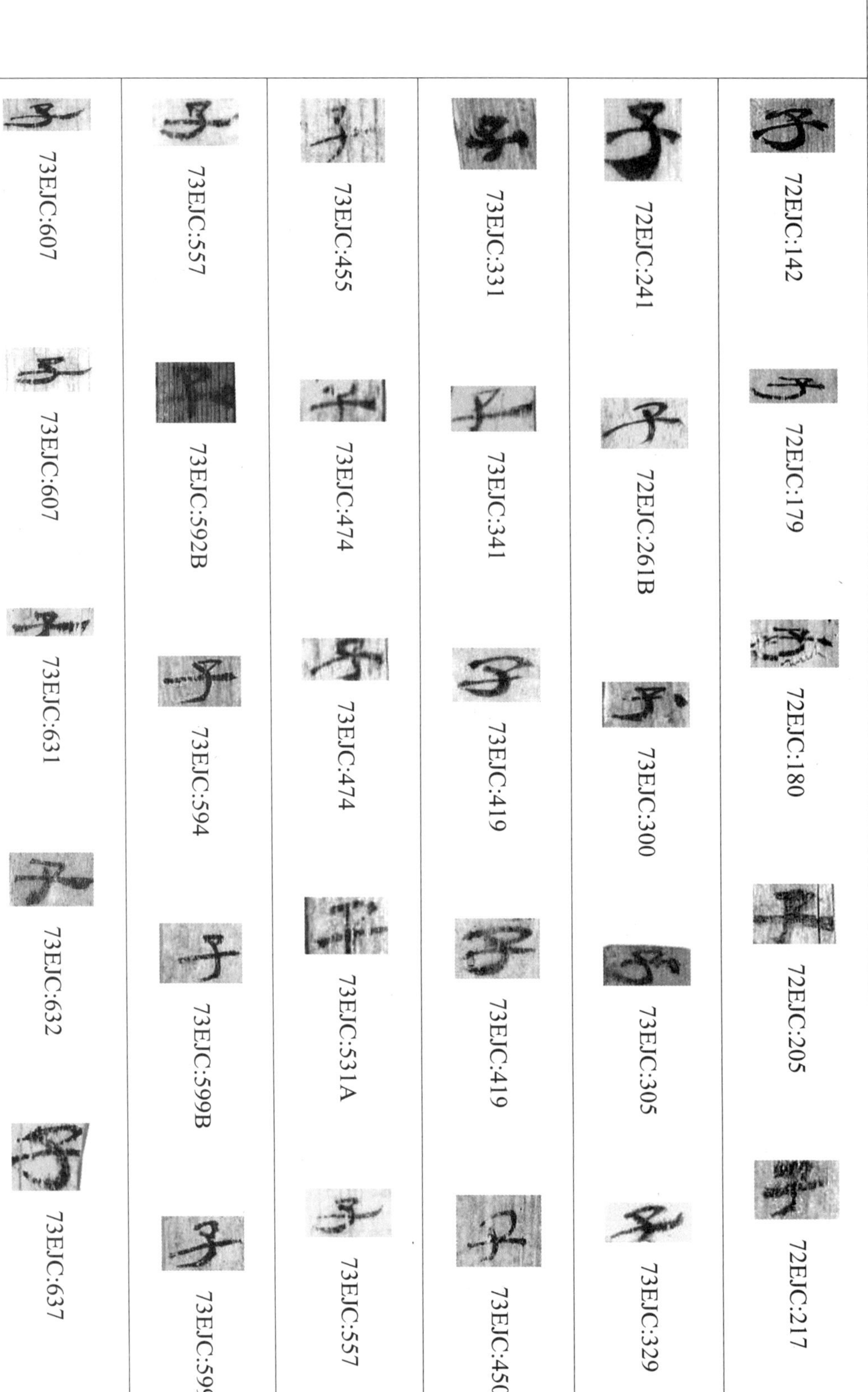
72EJC:142
72EJC:179
72EJC:180
72EJC:205
72EJC:217
72EJC:241
72EJC:261B
73EJC:300
73EJC:305
73EJC:329
73EJC:331
73EJC:341
73EJC:419
73EJC:419
73EJC:450B
73EJC:455
73EJC:474
73EJC:474
73EJC:531A
73EJC:557
73EJC:557
73EJC:592B
73EJC:594
73EJC:599B
73EJC:599B
73EJC:607
73EJC:607
73EJC:631
73EJC:632
73EJC:637

字 㝃
2169

73EJC:653
73EJC:676
73EJC:678
72EBS7C:1A
72EBS7C:1A
T01:001
T01:001
T01:001
T01:001
T03:044
T03:052
T03:077
T04:017
T07:036
T08:027
T08:065
T09:003
T09:014
T09:093
T10:262
T10:278
T15:021
T21:020
T21:050
T23:056
T23:108
T23:146
T23:297
T23:418
T23:825
T23:889
T24:016
T24:248
T25:097

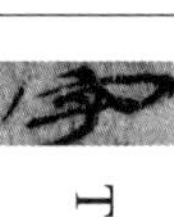

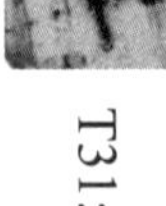

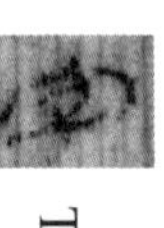
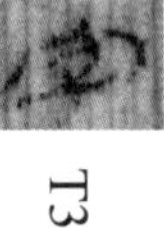

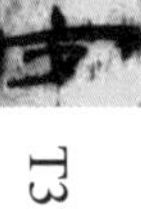
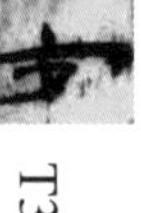
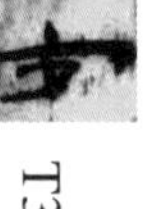
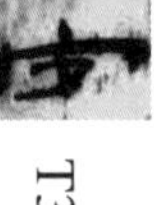
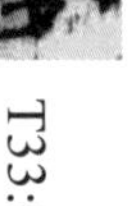

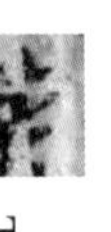

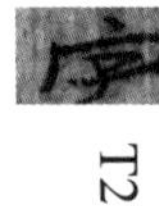

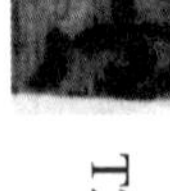
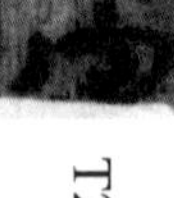
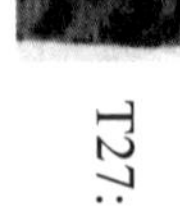

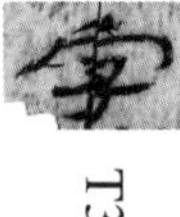
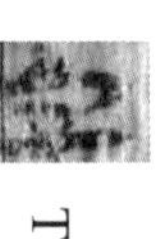

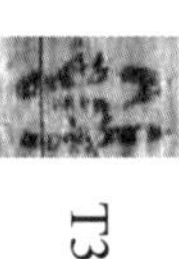
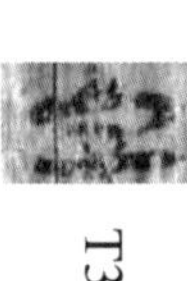
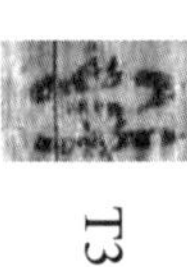
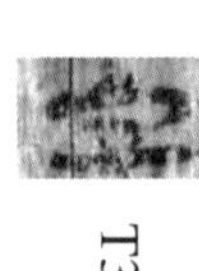
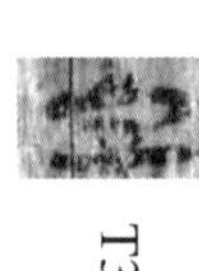

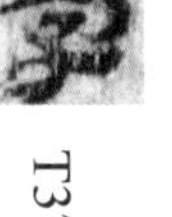

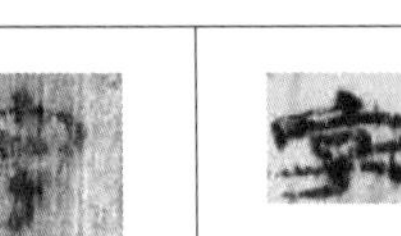

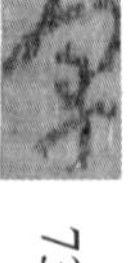

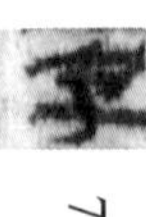

T26:035
T26:036
T26:101
T27:058A
T27:064
T30:102

T30:181
T31:141
T32:018
T33:059A
T37:456
T37:468A

T37:599
T37:675
T37:858
T37:896
T37:1022
T37:1027

T37:1077
T37:1136
T37:1146
T37:1179
T37:1324

T37:1486
T37:1495
73EJF3:132
73EJF3:237
73EJF3:253

73EJT4H:30A
73EJT4H:83
73EJD:1
73EJD:8A
73EJD:70

季 2172

孺 2171

穀 2170

T01:037

T23:001A

T23:344

T23:481A

T23:939

T37:1057A

T09:013

T23:171A

T23:768

T30:179

T37:1039A

T06:014A

73EJC:592A

73EJC:609

73EJC:637

72EDIC:21

73EJD:204

73EJC:294

73EJC:455

73EJC:569

73EJC:592A

T26:173

T26:269A

T37:524

73EJF3:124A

孟 2173

T02:035

T04:109

T06:020

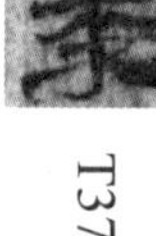
T09:093

T09:149

T21:059

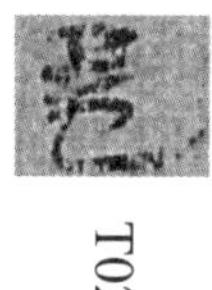
T21:130A

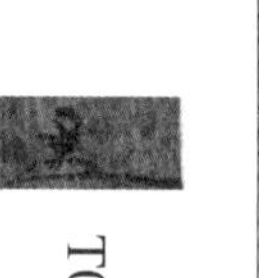
T22:131A

T30:102

T33:062

T37:081

T37:086

T37:1345

73EJF3:88

73EJF3:325

73EJF3:444

73EJF3:571

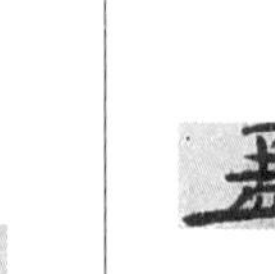
73EJD:191

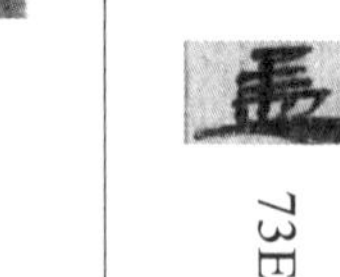
73EJD:284B

73EJC:508

73EJC:609

孤 2174

T04:057

T26:165

T30:023

73EJF3:281+18

73EJF3:365

疏 2178 育 2177 疑 2176 存 2175

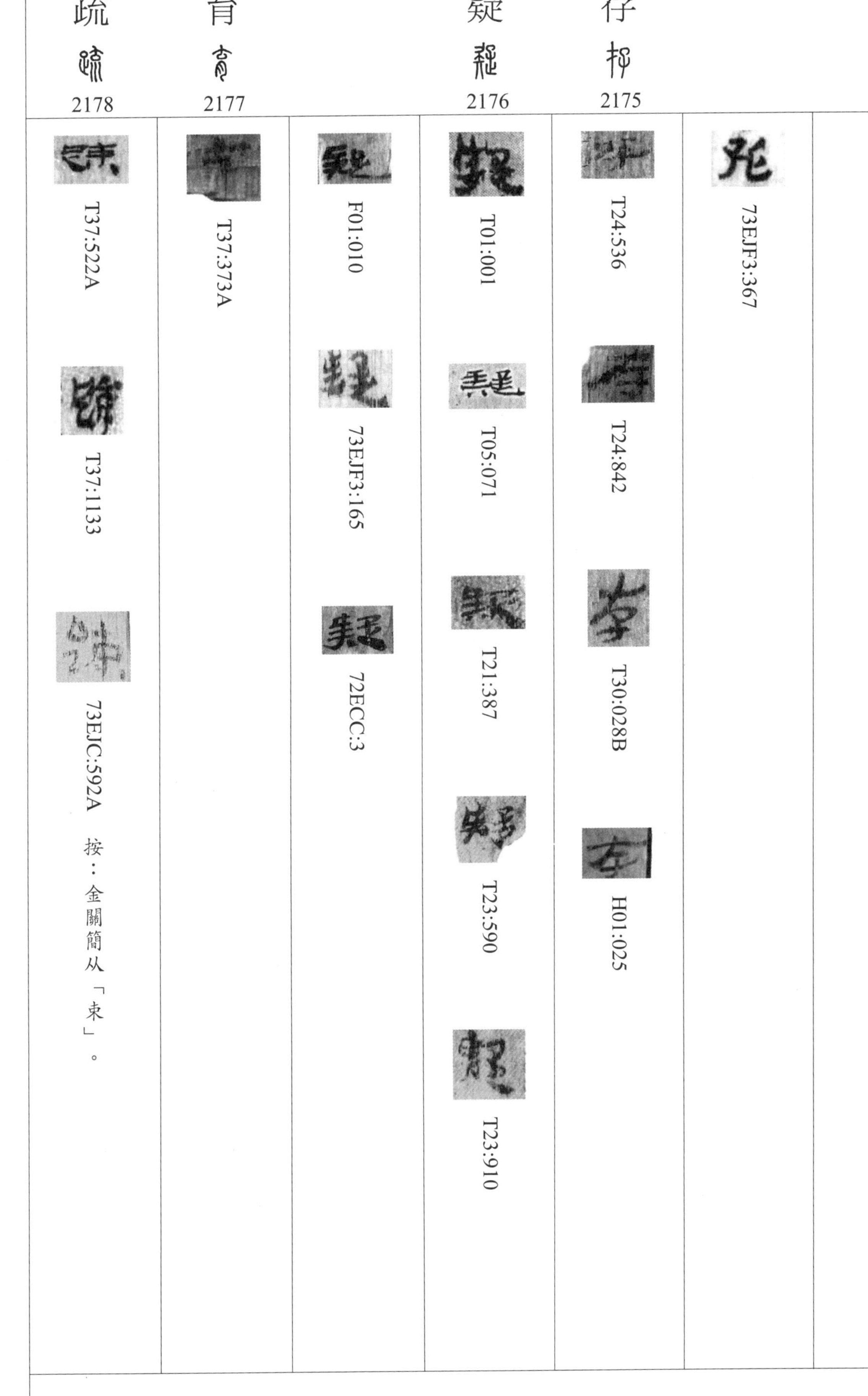

T37:522A
T37:1133
73EJC:592A 按：金關簡从「束」。
T37:373A
F01:010
73EJF3:165
72ECC:3
T01:001
T05:071
T21:387
T23:590
T23:910
T24:536
T24:842
T30:028B
H01:025
73EJF3:367

丑

2179

T01:001
T01:093
T03:114
T04:094
T06:045A
T07:014
T07:017
T07:029
T08:065
T10:177A
T10:256
T10:315A
T10:315A
T10:376
T11:001
T11:012
T11:013
T14:031B
T21:019
T21:187
T23:309
T23:316
T23:378
T23:397
T23:456
T23:620
T23:908
T23:908
T24:017
T24:036
T24:139
T24:145
T24:208
T24:243
T24:327
T24:502

丑部 丑

T24:514
T24:521
T24:546
T25:030
T25:065A
T25:078

T25:105
T26:153
T27:013
T28:009A
T28:029
T28:046A

T28:053A
T28:113
T28:132
T28:135
T30:033B
T30:151A

T30:204
T31:003B
T31:050
T32:017
T33:050
T34:004A

T37:023A
T37:059
T37:148
T37:228
T37:526
T37:528

T37:636
T37:732
T37:740A
T37:772
T37:782
T37:803B

T37:808　T37:938　T37:962A　T37:1045　T37:1140

T37:1424　T37:1450　T37:1454　F01:115　73EJF3:111

73EJF3:115　73EJF3:119A　73EJF3:132　73EJF3:154　73EJF3:176

73EJF3:181　73EJF3:228　73EJF3:473　73EJF3:490　73EJD:34

73EJD:43A　72EJC:194　73EJC:416　73EJC:611　73EJC:655

寅

2180

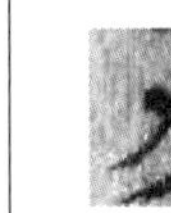

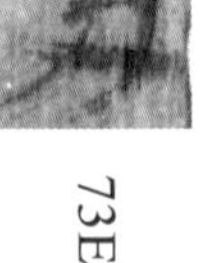

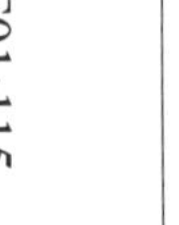

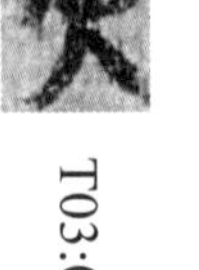

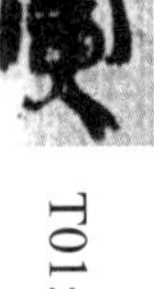

T01:013　T01:104　T03:061　T03:113　T04:051

T04:098A
T05:068A
T06:144
T07:044
T07:089A

T07:132
T07:166A
T09:059A
T09:092A
T09:234

T09:276
T10:248
T10:311
T10:312B
T11:028

T21:042A
T21:097
T21:104
T21:175A
T21:277

T22:132
T23:245
T23:307
T23:316
T23:317

T23:352
T23:386
T23:483
T23:765
T23:966

寅部

寅

T24:012

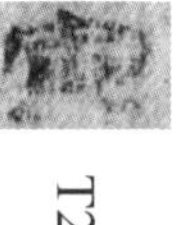
T24:017

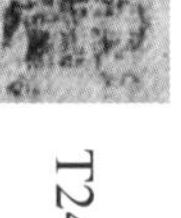
T24:028

T24:032

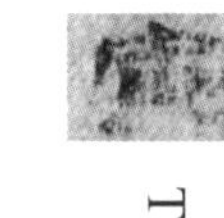
T24:429

T24:434

T24:493

T24:514

T24:532A

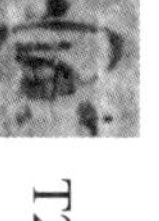
T24:992

T25:068

T26:040

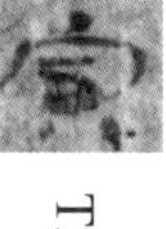
T26:262

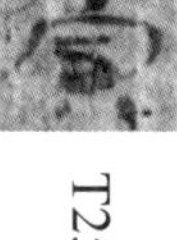
T27:028

T27:029

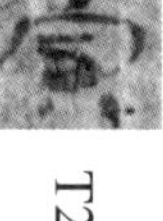
T28:016

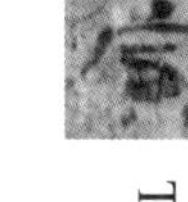
T28:027

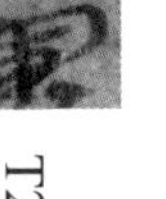
T28:034A

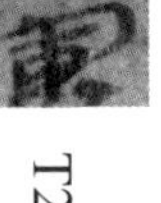
T28:053A

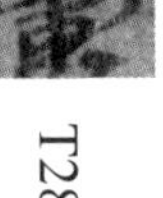
T28:081

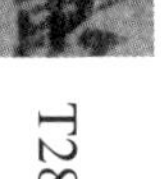
T29:115A

T29:115A

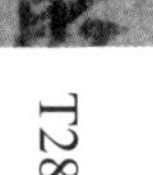
T29:125B

T30:001

T30:002

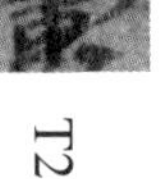
T30:023

T30:034A

T30:034A

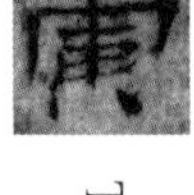
T30:041

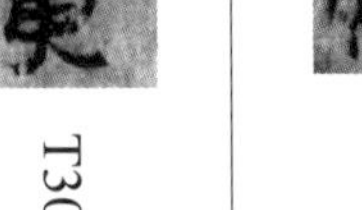
T30:070

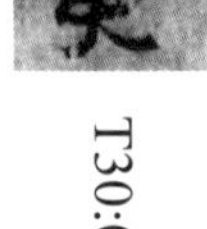
T30:145

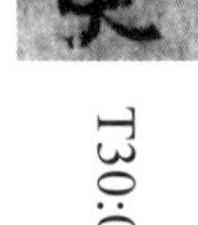
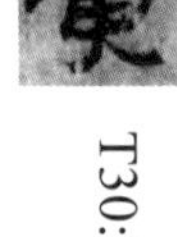
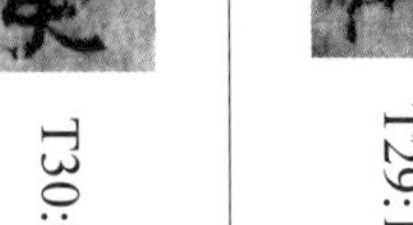
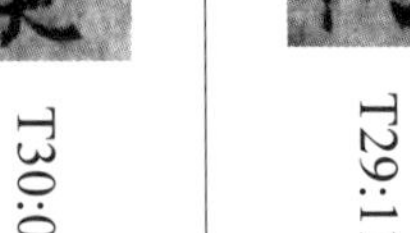
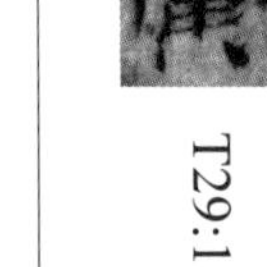

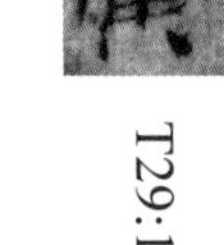
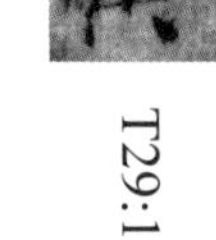

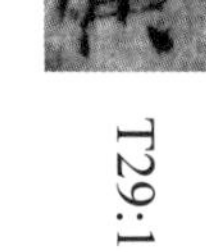
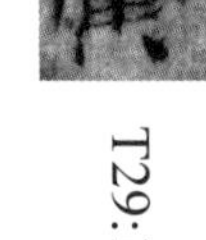
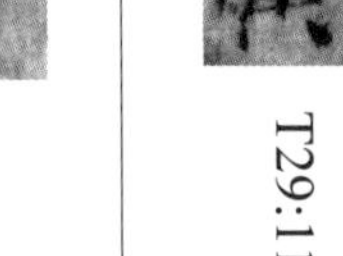
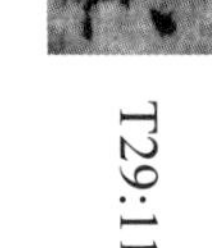
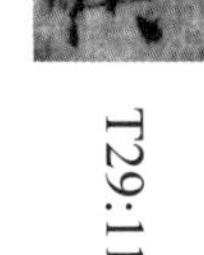

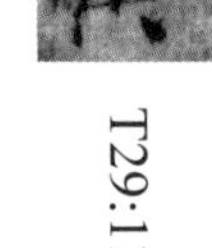

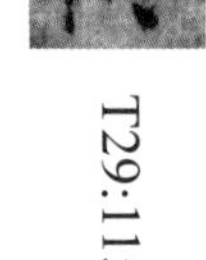
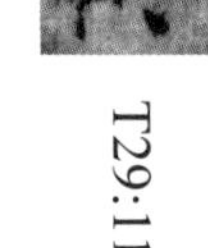
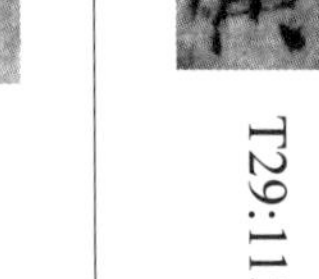
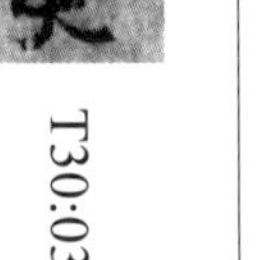
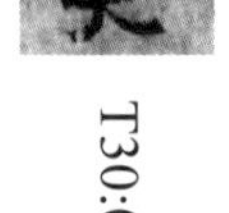

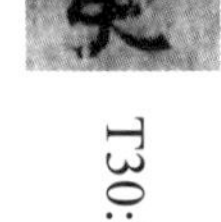
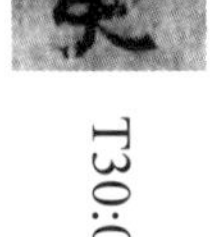
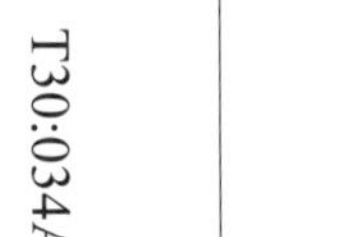

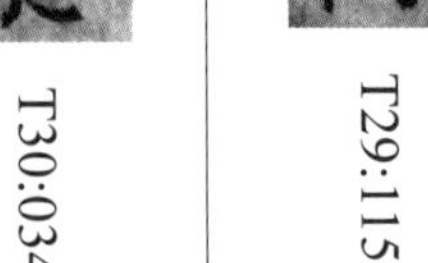

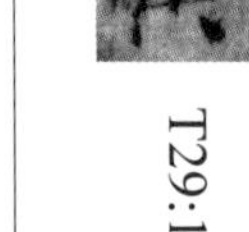
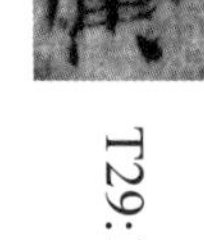
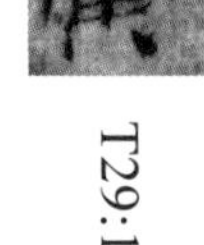
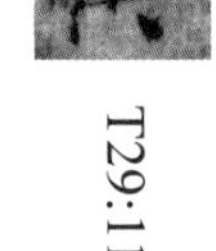
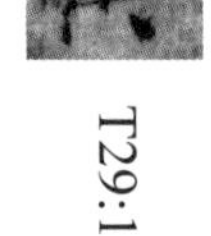
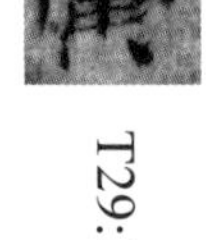
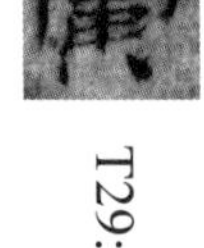
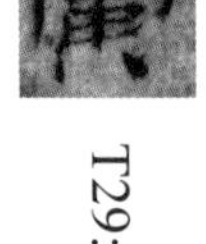
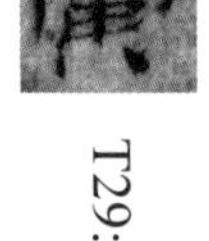
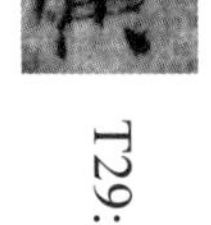
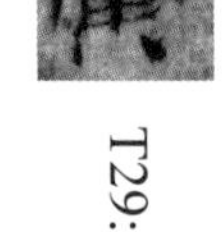
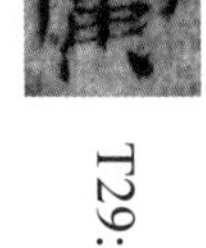
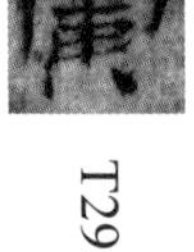
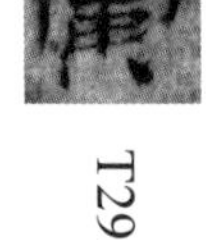
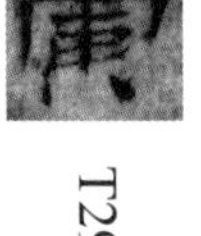
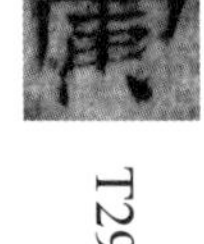
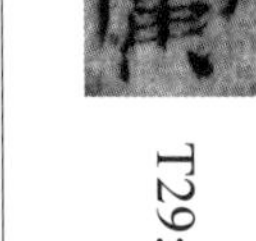
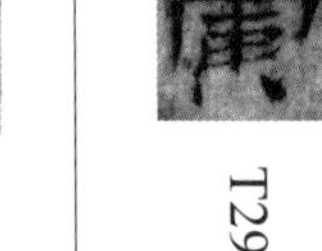
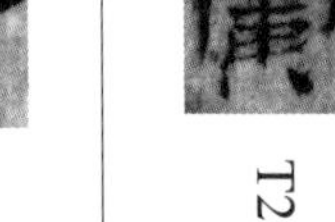
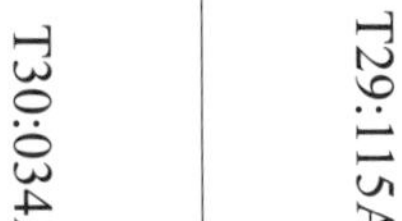
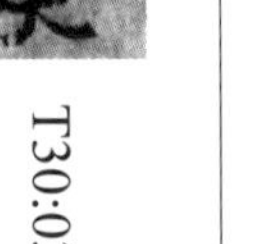

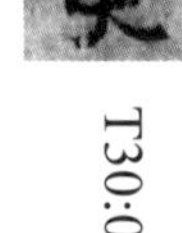

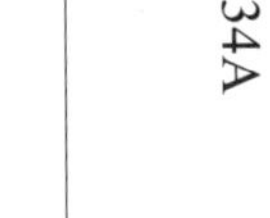

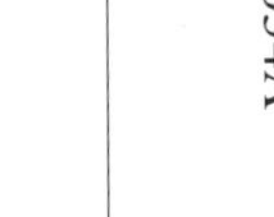
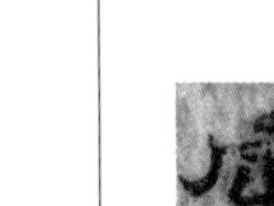

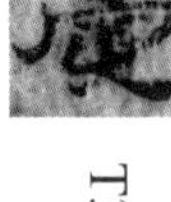
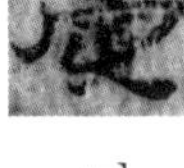
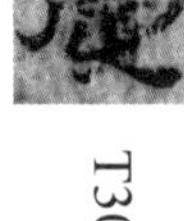

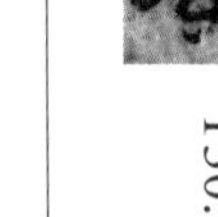
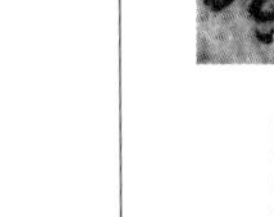
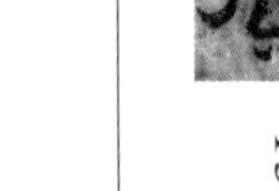
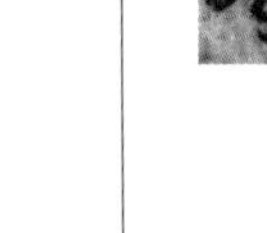

T31:069
T31:157
T32:006
T34:017
T37:003A
T37:052
T37:097
T37:131
T37:342
T37:480A
T37:520A
T37:654A
T37:734B
T37:734B
T37:773
T37:1065A
T37:1075A
T37:1076A
T37:1078
T37:1451A
T37:1451A
T37:1452
T37:1453
T37:1537A
T37:1537A
H01:036
H02:050
F01:035
73EJF2:2
73EJF3:57B

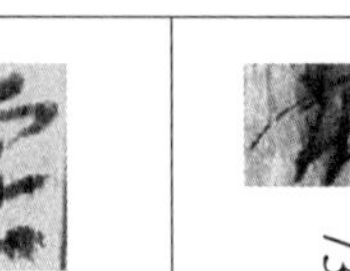
73EJF3:101

73EJF3:116A

73EJF3:120A

73EJF3:155A

73EJF3:192

73EJF3:328A

73EJF3:328A

73EJF3:328A

73EJF3:444

73EJD:45

73EJD:56

73EJD:65

73EJD:115

73EJD:271

73EJD:382

72EJC:145

73EJC:539

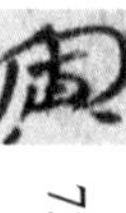

73EJC:629

卯

2181

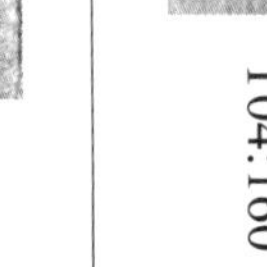
T01:125A

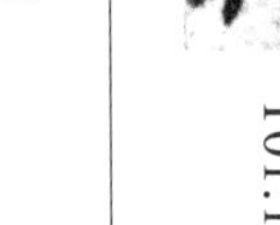
T01:156

T03:070

T03:114

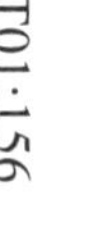

T04:055

T04:160

T04:197

T06:014A

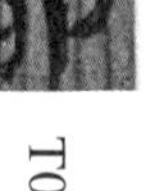
T06:198

T07:026A

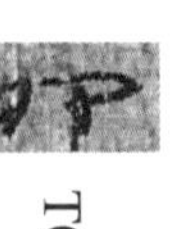

T07:027A

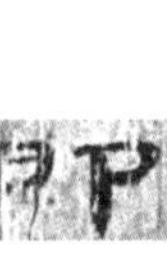

T07:102

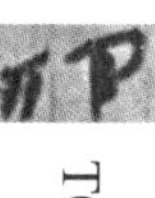

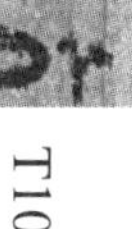

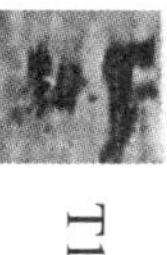
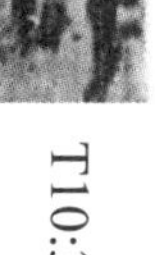
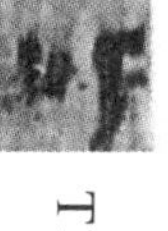

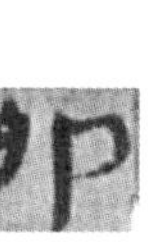

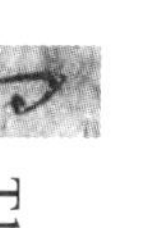
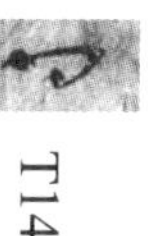
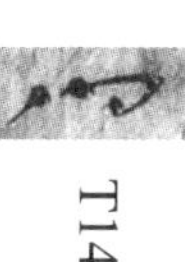

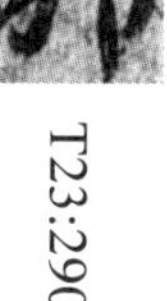

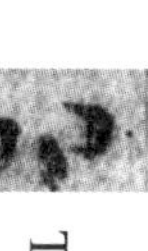
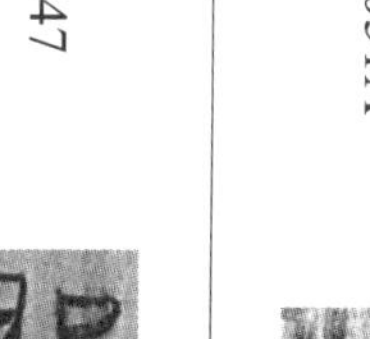

T08:008
T08:009
T08:051A
T09:004
T09:005
T09:029A

T09:139
T09:144A
T09:147
T10:116
T10:127
T10:209

T10:215A
T10:310
T10:334
T10:355B
T10:400
T14:012

T21:098
T21:102A
T21:138
T21:160
T21:175A

T21:336
T22:067
T22:084
T22:088
T22:132
T23:055

T23:100
T23:252
T23:290
T23:316
T23:350
T23:420

卯部 卯

T23:529

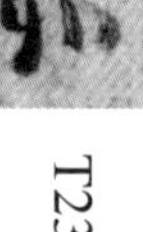
T23:573

T23:764

T23:821

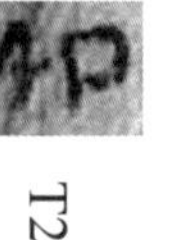
T23:897A

T23:897A

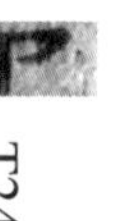
T23:897A

T23:966

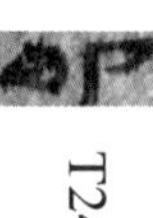
T24:203A

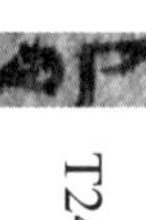
T24:243

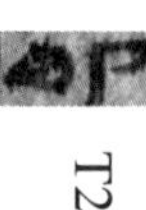
T24:269A

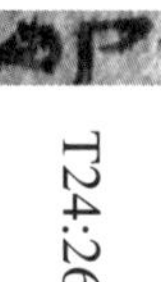
T24:400

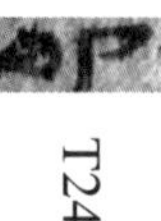
T25:006

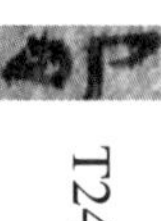
T25:007A

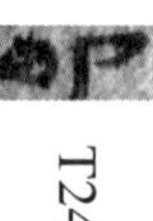
T25:058

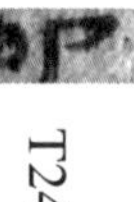
T26:016

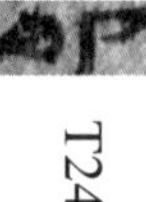
T26:088A

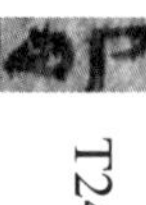
T28:003

T28:029

T28:055

T29:068

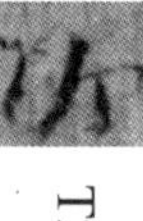
T29:115B

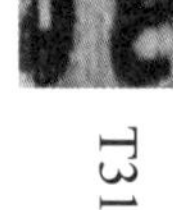
T30:021A

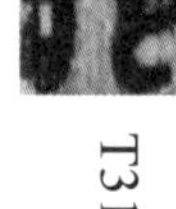
T30:043

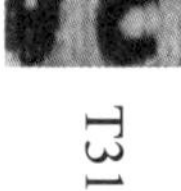
T30:066

T30:103

T31:136

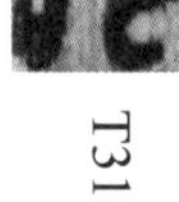
T31:157

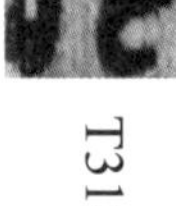
T32:013

T33:040A

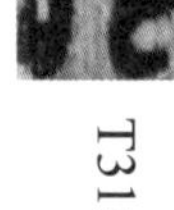
T33:069

T37:274

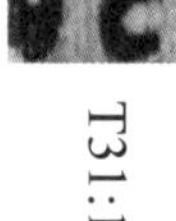
T37:425

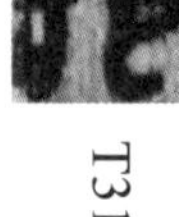

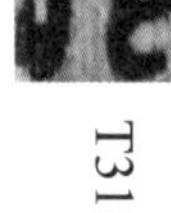

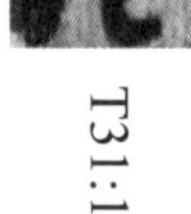
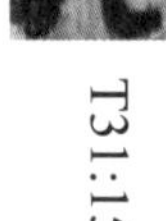

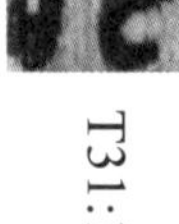

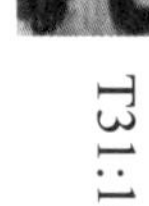

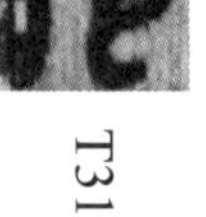

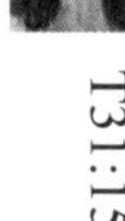

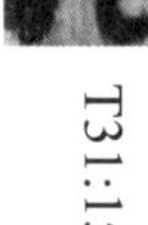

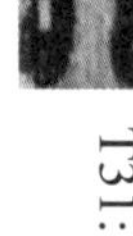

卯部 卯

T37:565 T37:617 T37:626 T37:698 T37:719 T37:721

T37:744A T37:749A T37:871 T37:876A T37:931 T37:1067A

T37:1075A T37:1149 T37:1229A T37:1396A T37:1396B

T37:1500 F01:031 F01:085 73EJF2:2 73EJF3:117A

73EJF3:179A 73EJF3:249 73EJF3:328B 73EJD:6 73EJD:37A

73EJD:43A 73EJD:65 73EJD:158 73EJD:220 73EJD:254

辰

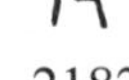

2182

73EJD:281A
72EJC:2A
72EJC:15A
73EJC:604
73EJC:641B

72EDAC:7

T01:001
T01:003
T07:115
T07:132
T08:009

T09:010
T09:115
T09:227
T09:250
T10:064
T10:120A

T10:121A
T10:236A
T10:313A
T10:419
T11:006

T14:031A
T21:109A
T21:137
T22:027
T22:070
T22:095

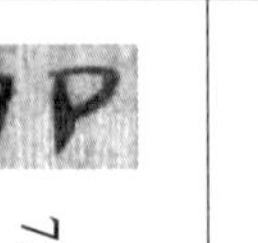

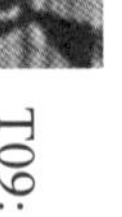

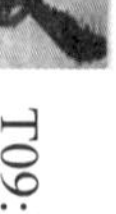

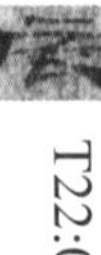

T23:061
T23:115
T23:118
T23:200:②
T23:269
T23:316
T23:335
T23:335
T23:385
T23:389
T23:572
T23:579
T23:865A
T23:908
T23:908
T23:908
T23:932
T24:097
T24:132
T24:191
T24:218
T24:243
T24:303A
T24:384A
T24:667
T24:723
T24:855
T25:007A
T27:052
T28:016
T29:029
T29:107
T29:115A

辰部 辰

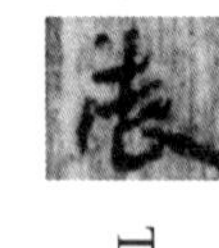
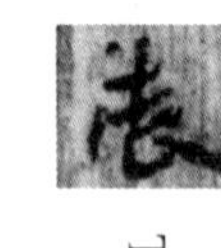
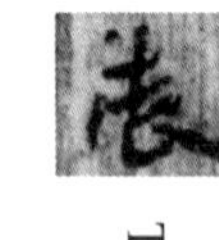
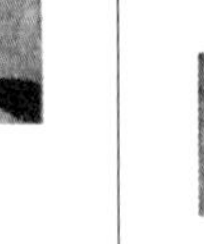
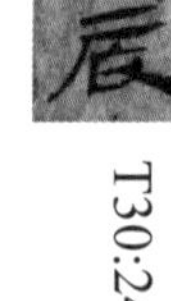
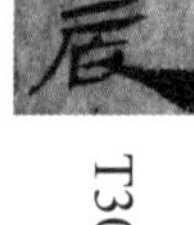

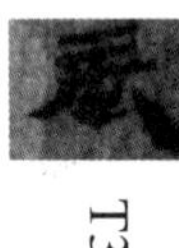
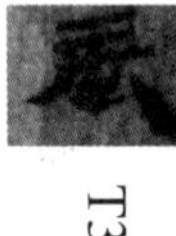

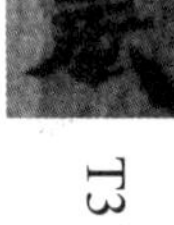

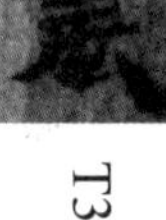

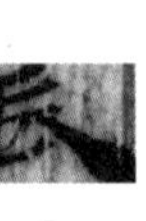

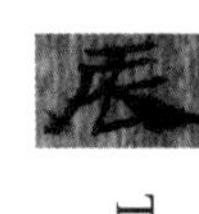

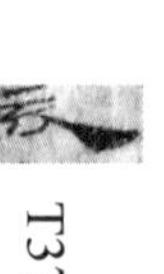

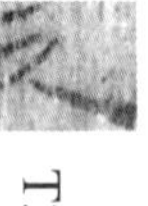

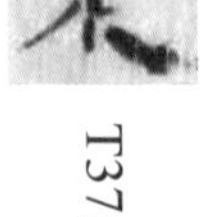

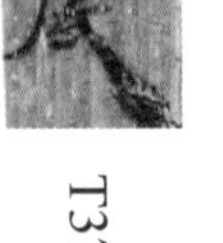
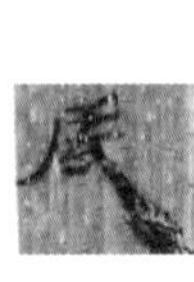
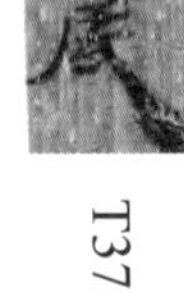

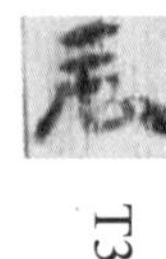
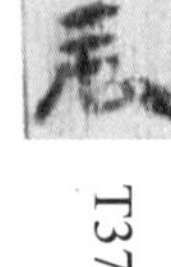

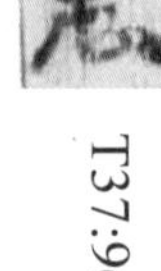

T30:041
T30:057B
T30:179
T30:179
T30:186

T30:190
T30:240
T31:062
T31:131
T32:006
T33:041A

T33:044A
T34:006A
T35:008
T37:150
T37:204
T37:269

T37:290A
T37:519A
T37:520B
T37:522B
T37:524
T37:529

T37:529
T37:572
T37:651A
T37:745
T37:782
T37:927

T37:962A
T37:1148
T37:1202
T37:1423A
T37:1468A

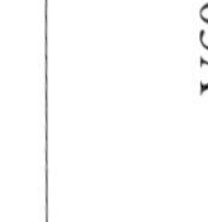

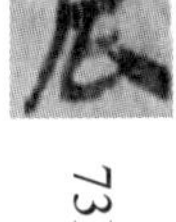

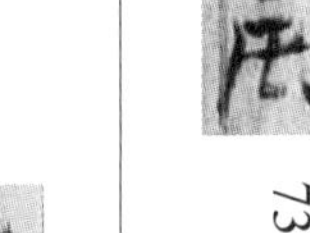

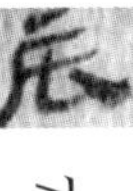

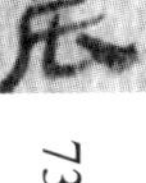
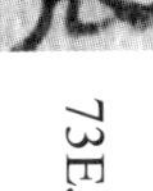

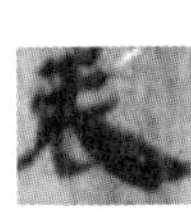

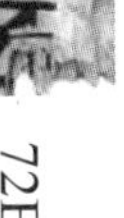
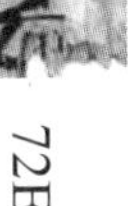

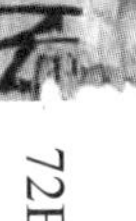

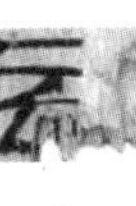

T37:1472
H01:003A
F01:009
73EJF3:92
73EJF3:93

73EJF3:155A
73EJF3:176
73EJF3:181
73EJF3:184A
73EJF3:327

73EJF3:355
73EJF3:516
73EJD:76
73EJD:95
73EJD:101A

73EJD:118
73EJD:167
73EJD:231
73EJD:246
72EJC:79B

72EJC:141
72EJC:168
73EJC:613
73EJC:653
73EJC:673

72EDAC:8

辱

2183

T23:731A

T29:010A

T30:028B

T30:259

T31:103

73EJD:32A

巳

2184

T03:001

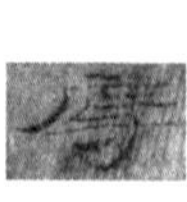
T03:058A

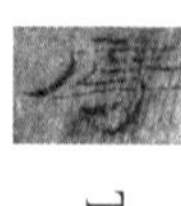
T03:109

T04:100

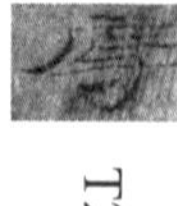
T06:027A

T06:081A

T07:034

T08:016

T08:031

T09:036

T09:115

T09:152A

T10:224

T10:232A

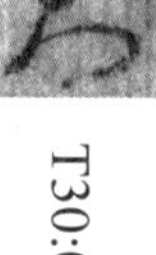
T10:307

T10:312A

T10:375

T21:103

T21:109A

T21:422

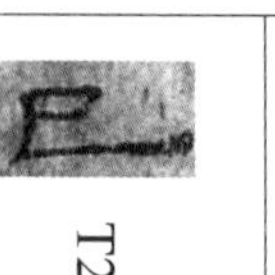
T22:011C

T22:067

T23:015A

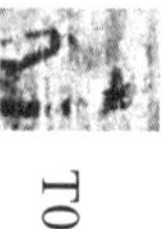

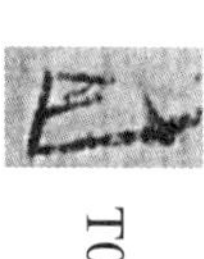
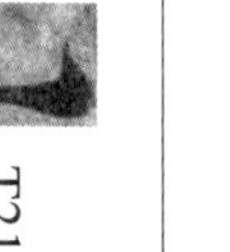

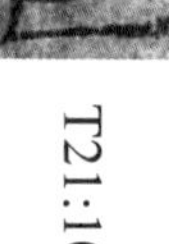
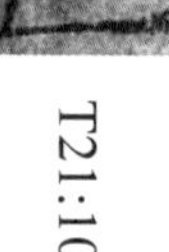

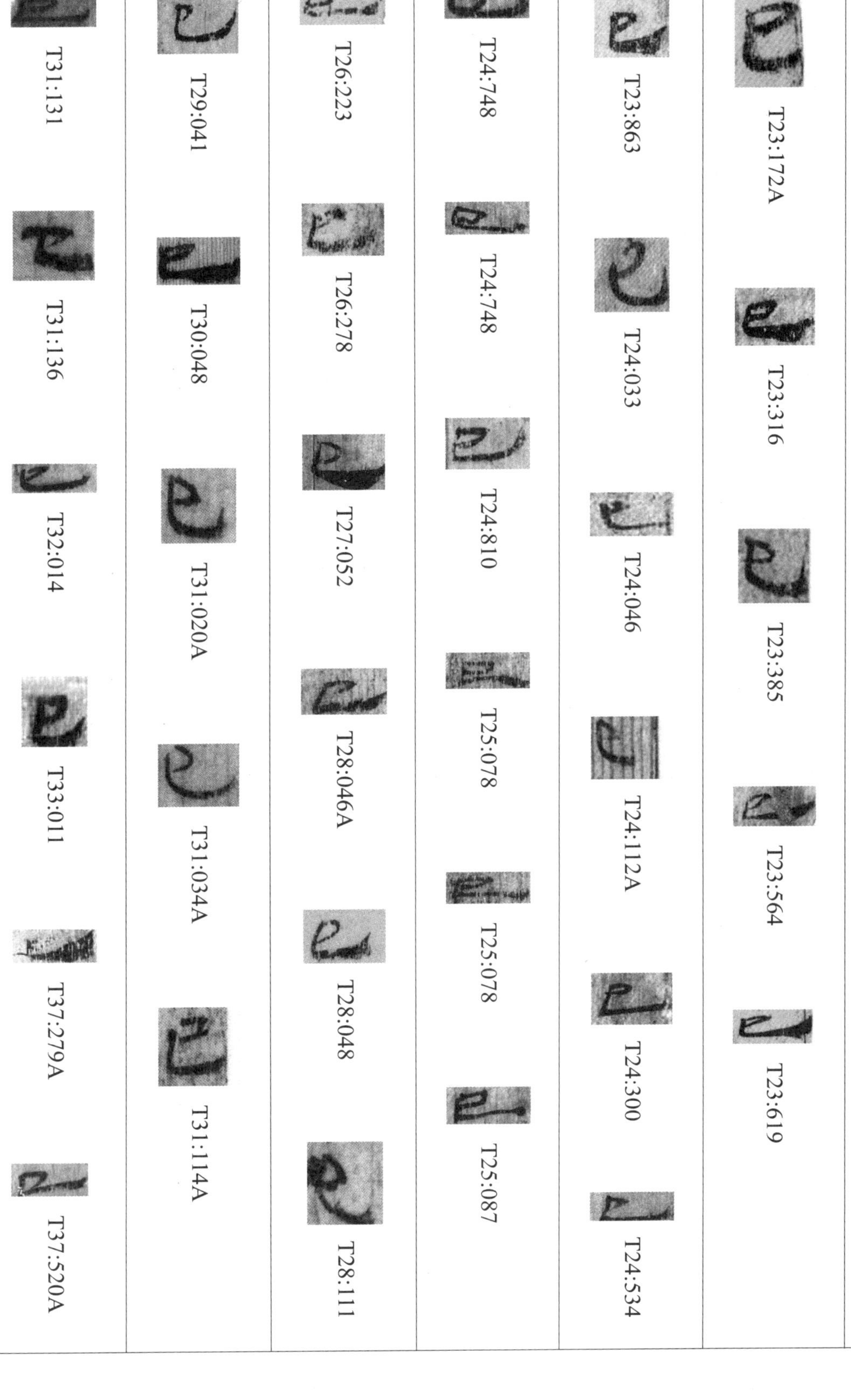

T23:172A
T23:316
T23:385
T23:564
T23:619
T23:863
T24:033
T24:046
T24:112A
T24:300
T24:534
T24:748
T24:748
T24:810
T25:078
T25:078
T25:087
T26:223
T26:278
T27:052
T28:046A
T28:048
T28:111
T29:041
T30:048
T31:020A
T31:034A
T31:114A
T31:131
T31:136
T32:014
T33:011
T37:279A
T37:520A

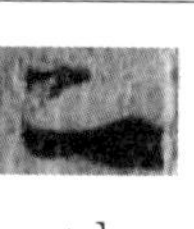
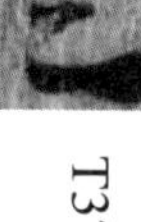
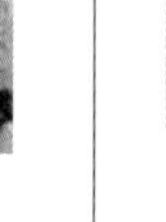

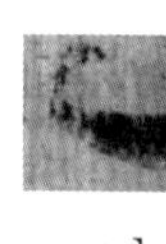
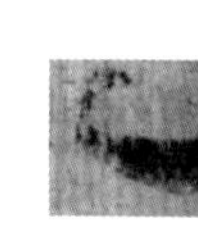
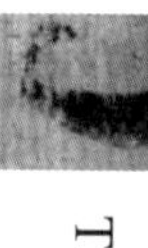
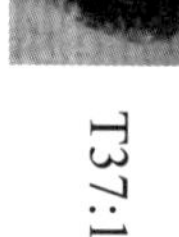

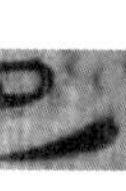

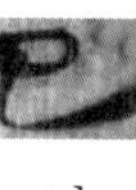
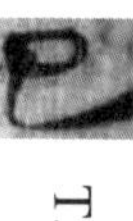
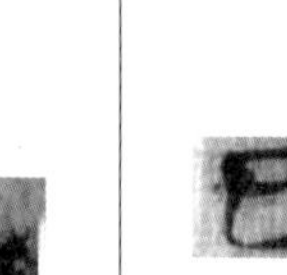
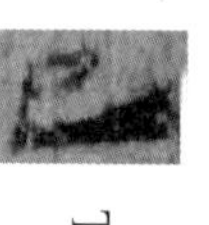
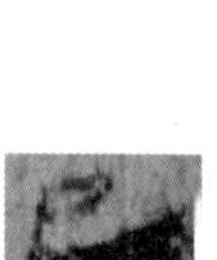
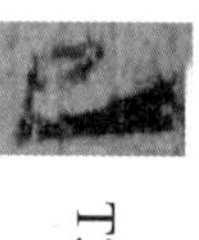

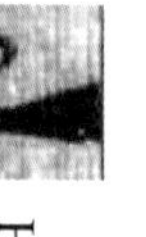

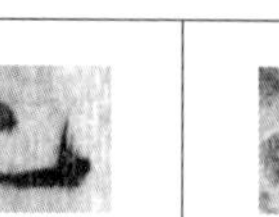

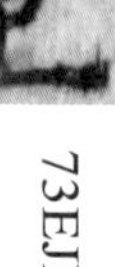
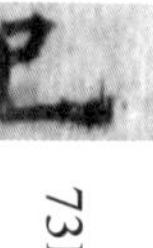

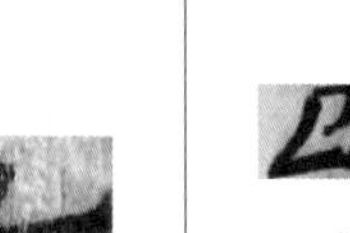

T37:567　T37:749A　T37:752A　T37:795　T37:843

T37:937　T37:1017　T37:1063　T37:1065A　T37:1148

T37:1149　T37:1175　T37:1517　H01:003A　H02:005A　F01:091A

73EJF3:39A　73EJF3:117A　73EJF3:146　73EJF3:179A　73EJF3:493

73EJD:3　73EJD:19A　73EJD:36A　73EJD:68　73EJD:85

73EJD:127　72EJC:46　72EJC:79B　72EJC:194　73EJC:293

㠯

2185

73EJC:409

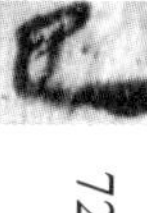
73EJC:444

73EJC:655

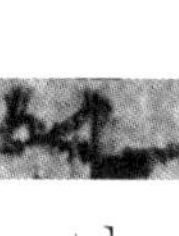
72EDAC:8

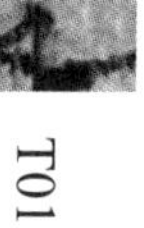
72ECC:13

72EBS9C:2A

T01:001

T01:001

T01:002

T01:023

T01:029

T01:059

T02:016

T02:098

T03:053

T04:005

T04:084

T04:098A

T04:102

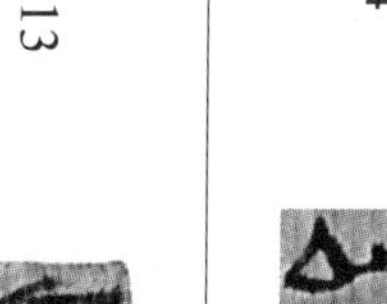
T04:110B

T04:123

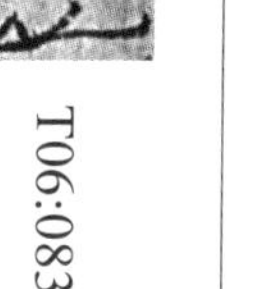
T05:007

T05:013

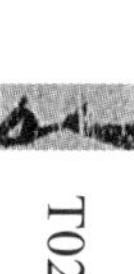
T05:073

T05:073

T05:113

T06:014A

T06:038A

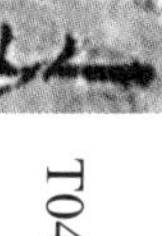
T06:056

T06:083A

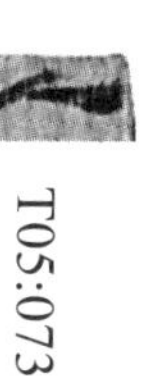

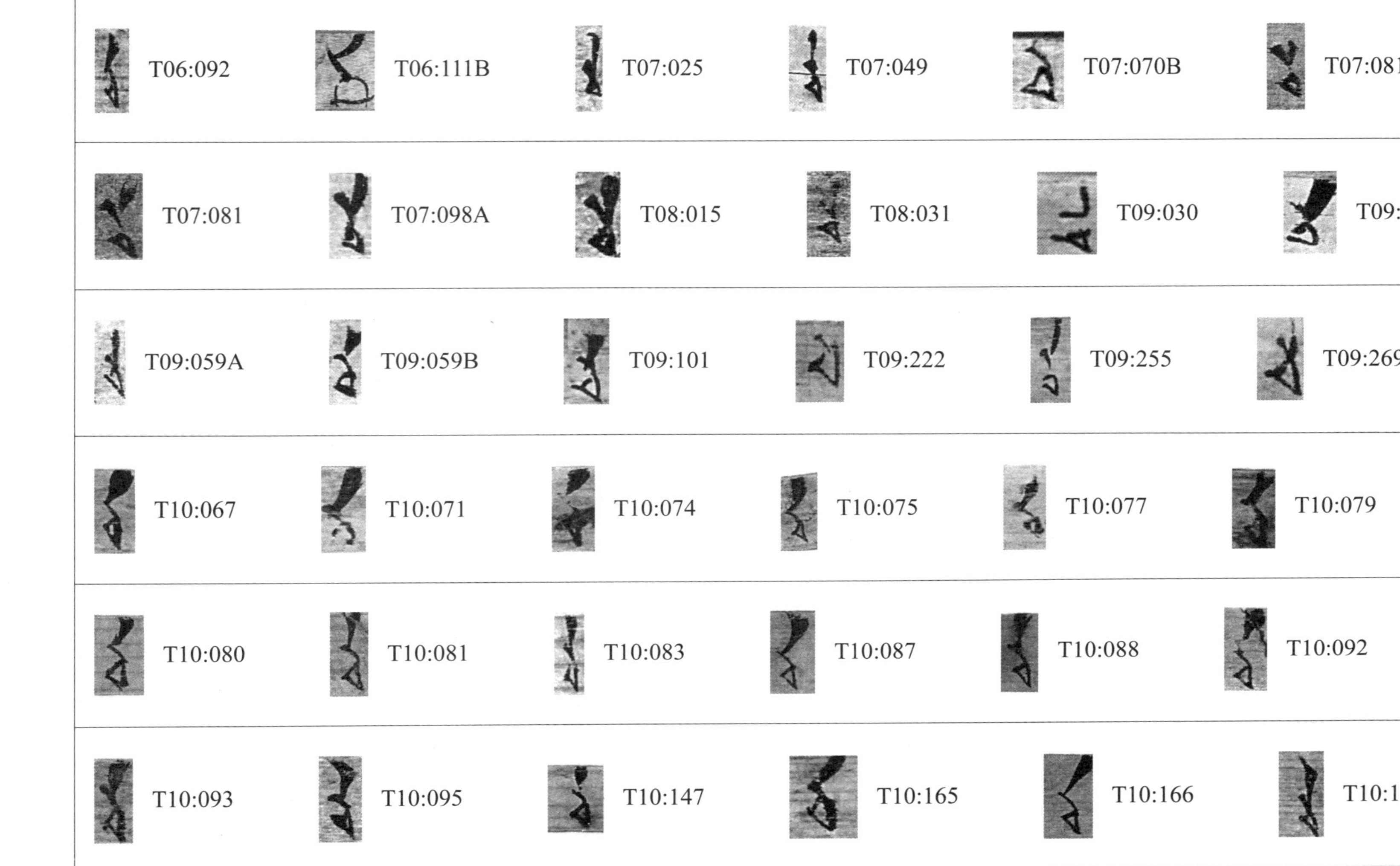
T06:092
T06:111B
T07:025
T07:049
T07:070B
T07:081
T07:081
T07:098A
T08:015
T08:031
T09:030
T09:051
T09:059A
T09:059B
T09:101
T09:222
T09:255
T09:269
T10:067
T10:071
T10:074
T10:075
T10:077
T10:079
T10:080
T10:081
T10:083
T10:087
T10:088
T10:092
T10:093
T10:095
T10:147
T10:165
T10:166
T10:168

T10:169 T10:170 T10:171 T10:172 T10:175 T10:177B

T10:187 T10:208 T10:211 T10:231A T10:243 T10:253

T10:309 T10:316 T10:317 T10:322 T10:353 T10:361

T11:023 T11:023 T11:031A T15:002 T15:003A T15:003A

T15:003A T15:007 T15:024A T21:001 T21:017 T21:042A

T21:047 T21:056 T21:059 T21:059 T21:059 T21:073A

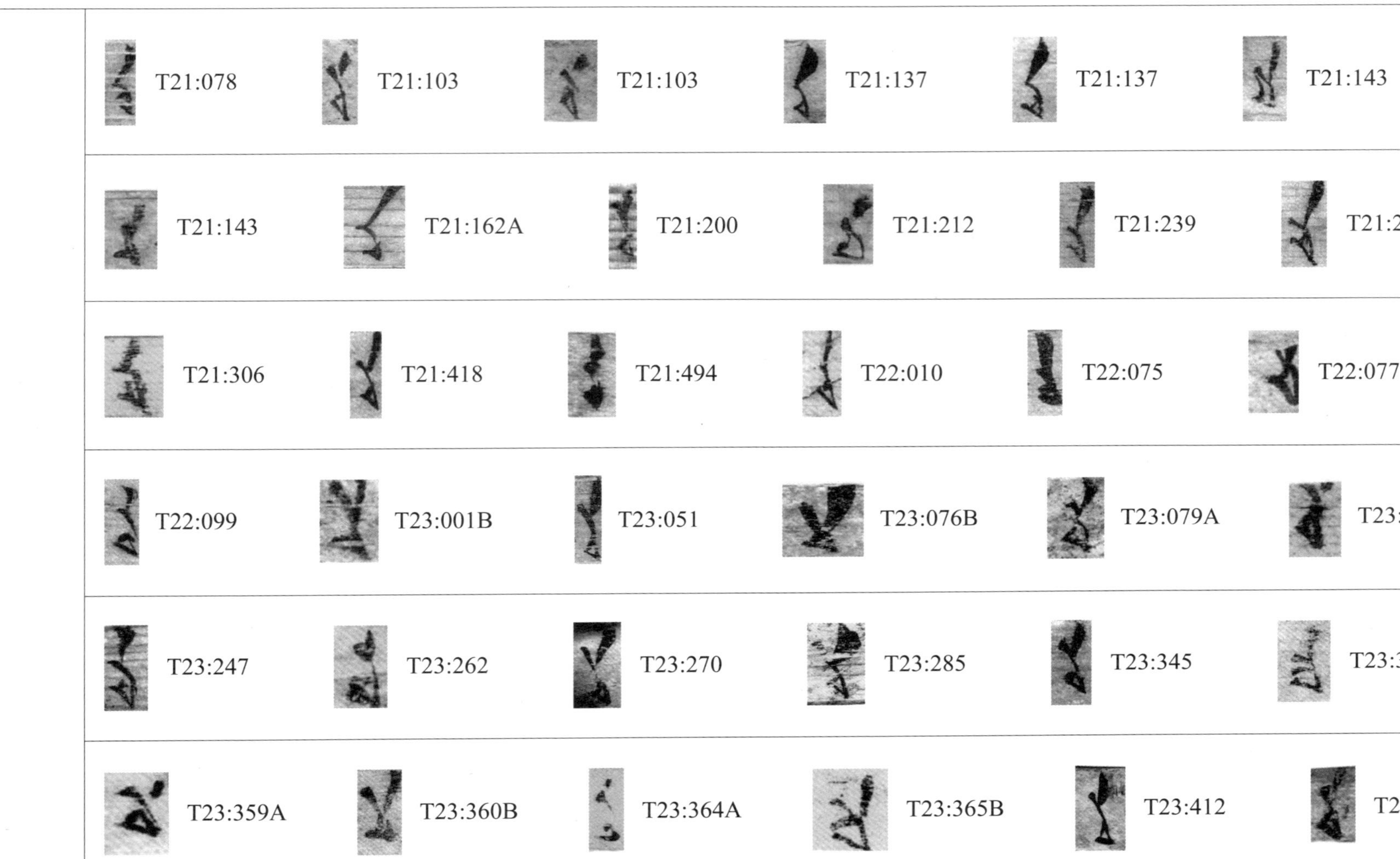

T21:078 T21:103 T21:103 T21:137 T21:137 T21:143

T21:143 T21:162A T21:200 T21:212 T21:239 T21:239

T21:306 T21:418 T21:494 T22:010 T22:075 T22:077

T22:099 T23:001B T23:051 T23:076B T23:079A T23:212B

T23:247 T23:262 T23:270 T23:285 T23:345 T23:358

T23:359A T23:360B T23:364A T23:365B T23:412 T23:453

T23:484
T23:489
T23:493
T23:495B
T23:500
T23:527

T23:553
T23:581
T23:620
T23:623
T23:632
T23:641

T23:671
T23:731A
T23:749
T23:807
T23:855B
T23:886

T23:896A
T23:896A
T23:896A
T23:897B
T23:910
T23:913

T23:917A
T23:919A
T23:919A
T23:960
T24:003

T24:009A
T24:019
T24:025
T24:035A
T24:058B
T24:077

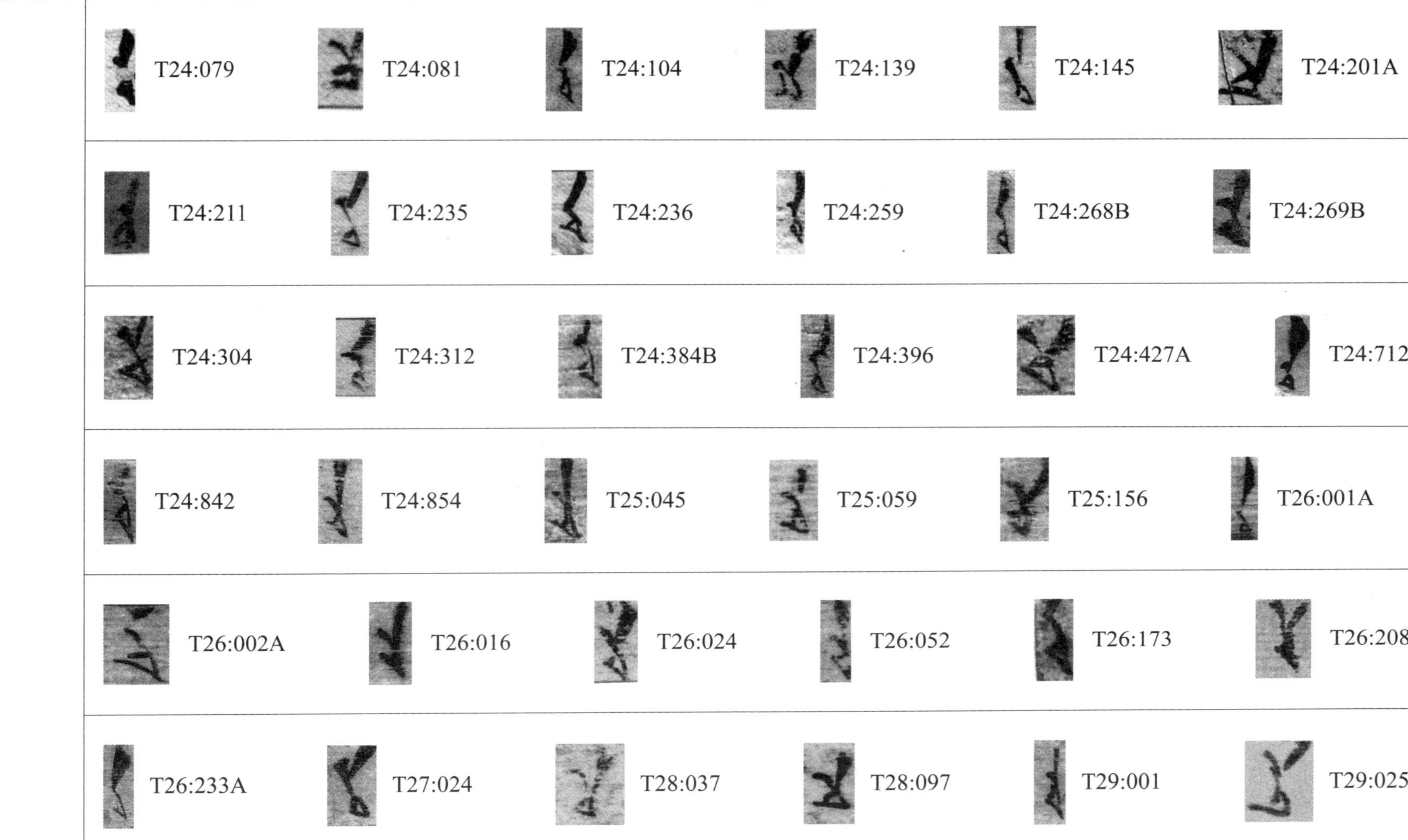

T24:079
T24:081
T24:104
T24:139
T24:145
T24:201A
T24:211
T24:235
T24:236
T24:259
T24:268B
T24:269B
T24:304
T24:312
T24:384B
T24:396
T24:427A
T24:712
T24:842
T24:854
T25:045
T25:059
T25:156
T26:001A
T26:002A
T26:016
T26:024
T26:052
T26:173
T26:208
T26:233A
T27:024
T28:037
T28:097
T29:001
T29:025A

T29:029	T29:054	T29:098	T29:114A	T29:114B	T29:114B
T29:115B	T30:028A	T30:028A	T30:028A	T30:028A	T30:033B
T30:038	T30:040	T30:041	T30:057B	T30:076	T30:080B
T30:179	T30:179	T30:180	T30:204	T30:254	T31:033
T31:073	T31:104A	T31:104A	T31:117	T31:127	T31:135
T31:141	T31:149	T31:149	T32:046	T32:049	T33:039

T33:039 T33:054B T34:011 T34:011 T34:011 T34:019

T34:024 T37:035 T37:056 T37:057 T37:087 T37:120

T37:174 T37:205 T37:284 T37:492 T37:519B T37:520B

T37:522B T37:524 T37:524 T37:526 T37:529 T37:530

T37:530 T37:530 T37:532 T37:616B T37:637 T37:718

T37:726 T37:770A T37:788B T37:795 T37:799A T37:803B

T37:835A 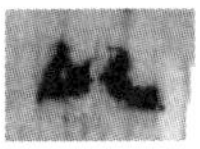　T37:857A 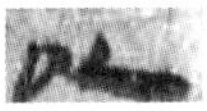　T37:871 　T37:959 　T37:960 　T37:968A

T37:1029 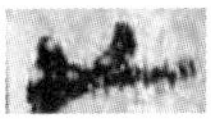　T37:1061B 　T37:1064 　T37:1070 　T37:1092 　T37:1100

T37:1136 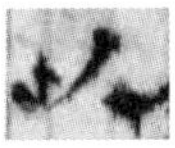　T37:1143B 　T37:1151A 　T37:1188 　T37:1311

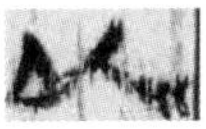

T37:1343　T37:1345 　T37:1396B 　T37:1451A 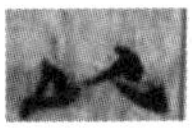　T37:1491 　T37:1491

T37:1499B 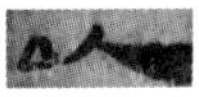　T37:1534 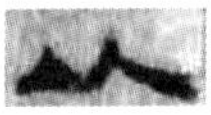　T37:1587 　H01:058 　H02:006 　H02:012

H02:048A 　F01:002 　F01:004 　F01:025 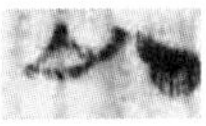　F01:027 　F01:031

F01:084A
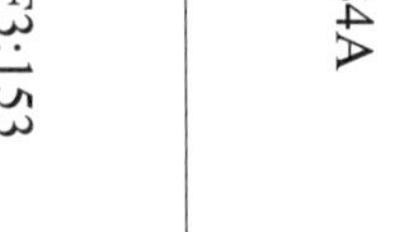
73EJF2:41
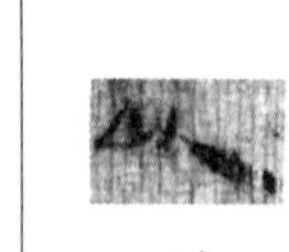
73EJF3:43
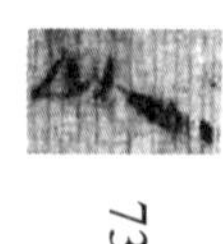
73EJF3:60
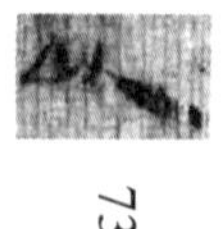
73EJF3:125A
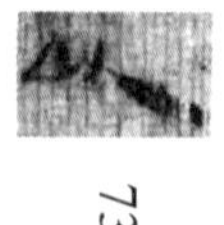
73EJF3:153
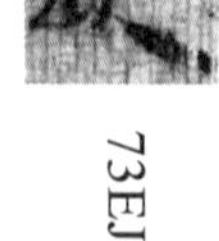
73EJF3:161
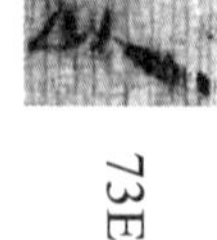
73EJF3:179A
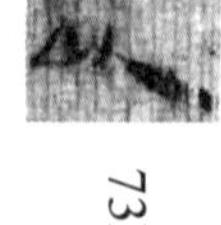
73EJF3:182A
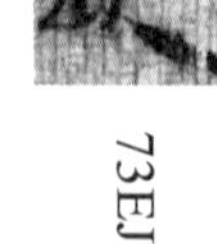
73EJF3:183B

73EJF3:184A

73EJF3:237

73EJF3:300

73EJF3:316

73EJF3:327

73EJF3:335

73EJF3:390

73EJF3:392A

73EJF3:392B

73EJF3:525A
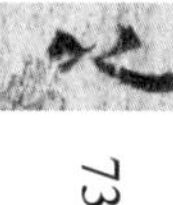
73EJF3:605B

73EJF3:618

73EJD:4

73EJD:16A

73EJD:38

73EJD:39A

73EJD:39B

73EJD:42

73EJD:49A

73EJD:51
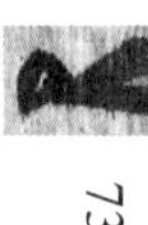

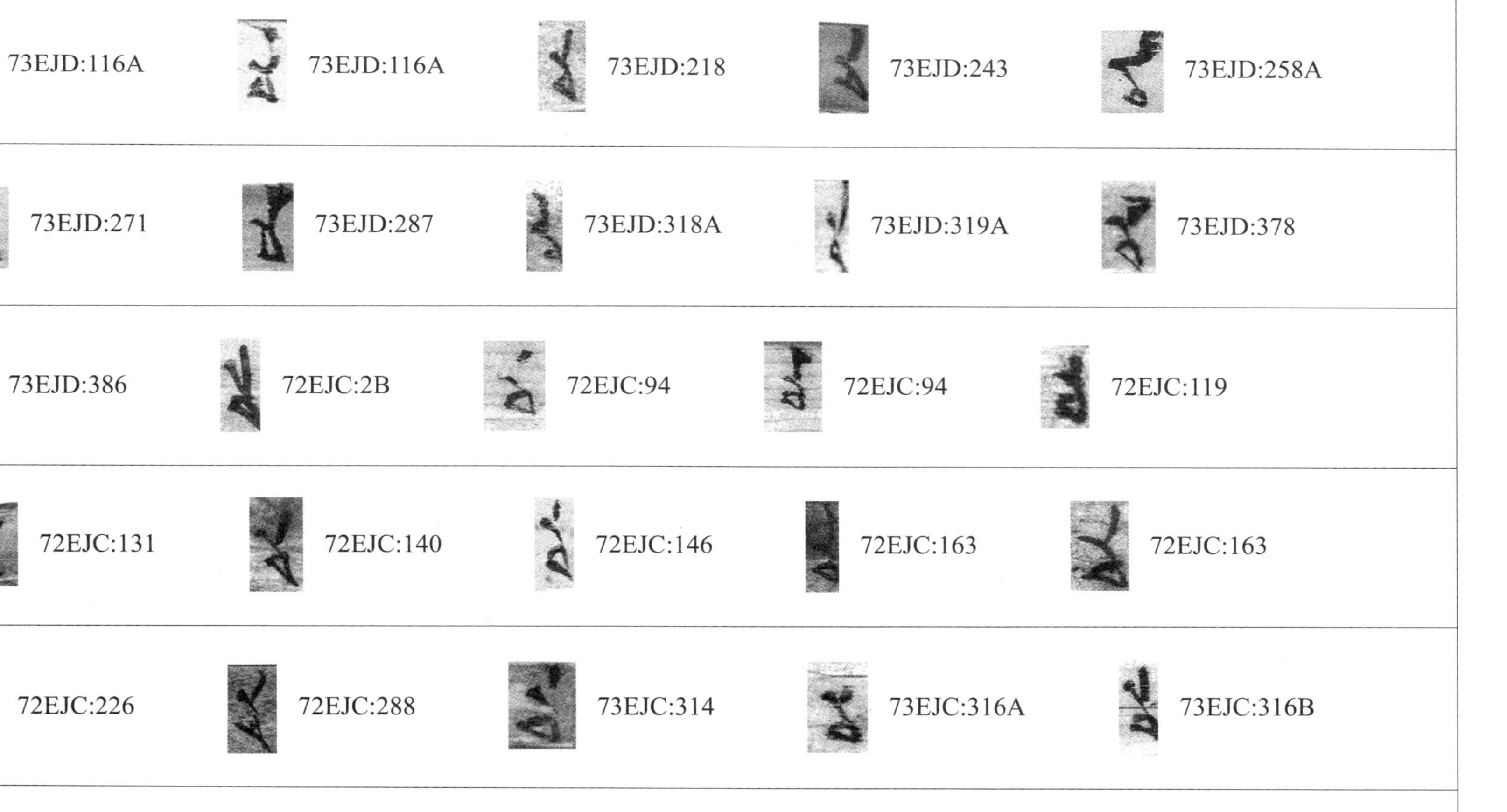
73EJD:116A
73EJD:116A
73EJD:218
73EJD:243
73EJD:258A
73EJD:271
73EJD:287
73EJD:318A
73EJD:319A
73EJD:378
73EJD:386
72EJC:2B
72EJC:94
72EJC:94
72EJC:119
72EJC:131
72EJC:140
72EJC:146
72EJC:163
72EJC:163
72EJC:226
72EJC:288
73EJC:314
73EJC:316A
73EJC:316B
73EJC:358
73EJC:416
73EJC:417
73EJC:423
73EJC:589

已

2186

73EJC:590
73EJC:595A
73EJC:599A
73EJC:604
73EJC:634
72ECC:22
72EBS7C:2A
72EBS7C:4
T03:030
T03:055
T04:080
T04:087
T04:116
T06:187
T07:013A
T07:112
T07:156
T10:099
T10:327A
T21:059
T21:264
T21:282
T23:309
T23:381
T23:405
T23:674
T23:789B
T23:861B
T23:928
T23:928
T23:928
T24:194

T24:275A
T24:534
T24:557
T24:833
T25:013
T26:024
T30:028A
T31:030
T37:138
T37:529
T37:776A
T37:780
T37:870
T37:1151A
H02:046
H02:048A
H02:048A
H02:048B
F01:035
73EJF3:236
73EJF3:249
73EJF3:329B
73EJF3:330
73EJF3:563
73EJT4H:5A
73EJT4H:5B
73EJD:276
72EJC:288
73EJC:296
73EJC:478
73EJC:492
72ECC:14A

午

2187

T02:044 T03:055 T03:055 T04:036 T04:082 T04:100
T05:068A T06:038A T06:052 T07:045 T09:034B T09:034B
T09:222 T09:336 T10:318 T15:025 T21:001 T21:039
T21:047 T21:377 T22:011A T23:002 T23:079A T23:141A
T23:278 T23:288 T23:290 T23:297 T23:316 T23:352
T23:389 T23:432 T23:496 T23:642 T23:668 T23:855A

T23:863
T23:863
T23:878
T24:031A
T24:078
T24:267A

T24:516A
T25:055
T25:074
T25:081
T26:001A
T26:033

T26:047
T27:060A
T30:073
T30:202
T30:240
T30:254

T31:065
T31:089
T32:005A
T32:059
T33:011
T33:039

T33:058
T34:001A
T37:152
T37:156
T37:223
T37:279A

T37:525
T37:527
T37:655
T37:697
T37:698
T37:740A

午部 午

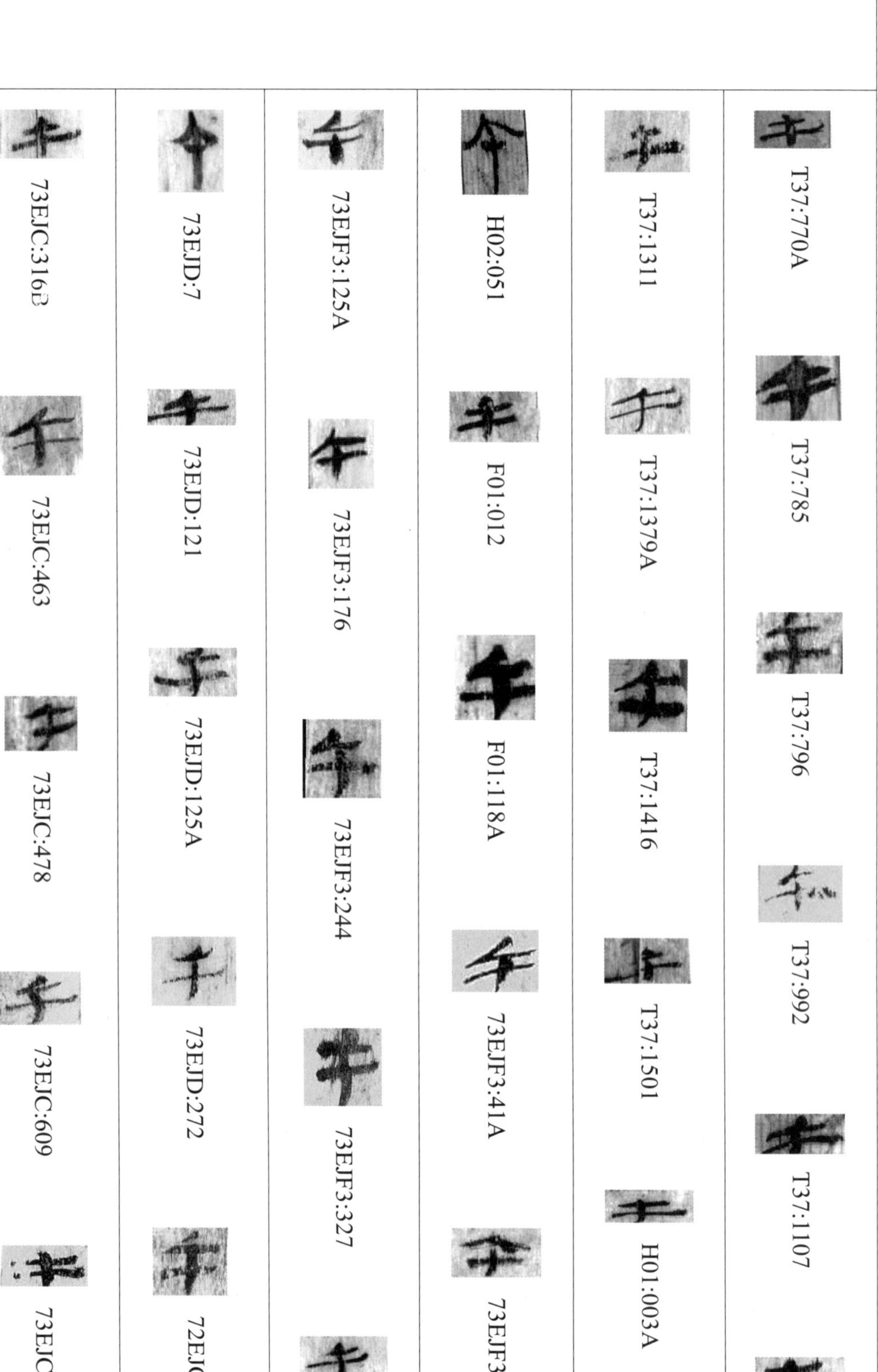

T37:770A
T37:785
T37:796
T37:992
T37:1107
T37:1118
T37:1311
T37:1379A
T37:1416
T37:1501
H01:003A
H02:051
F01:012
F01:118A
73EJF3:41A
73EJF3:105
73EJF3:125A
73EJF3:176
73EJF3:244
73EJF3:327
73EJD:3
73EJD:7
73EJD:121
73EJD:125A
73EJD:272
72EJC:79B
73EJC:316B
73EJC:463
73EJC:478
73EJC:609
73EJC:651

未

2188

72ECC:43

T01:002

T01:168

T01:174D

T02:029A

T03:098

T04:034

T04:094

T04:114B

T04:178

T06:118A

T07:022A

T07:064

T07:100A

T07:167

T08:016

T08:033

T08:047

T09:029A

T09:030

T09:061B

T09:102A

T09:115

T10:044

T10:213A

T10:213A

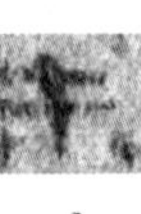

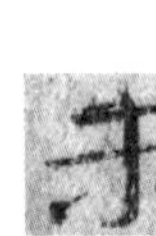

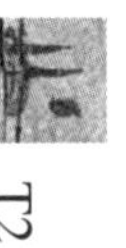

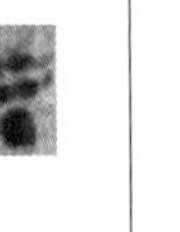
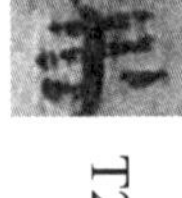
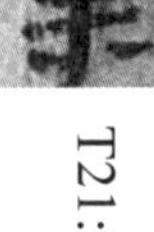
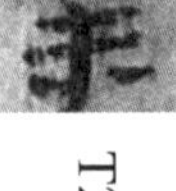
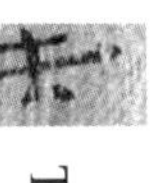
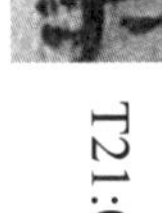
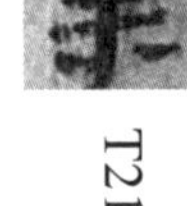

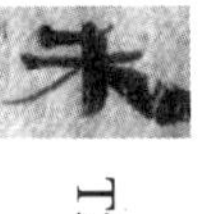

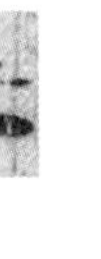

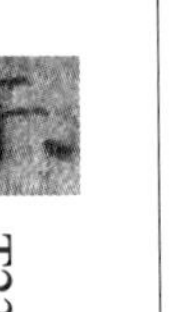

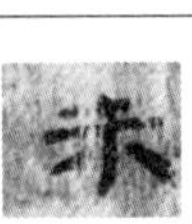

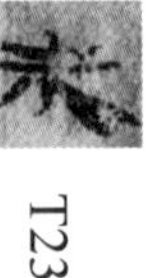

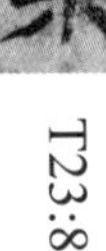

T10:309
T10:309
T10:349
T15:002
T21:060A
T21:102A

T21:224
T21:224
T21:237
T21:245
T21:310
T21:440

T21:455
T22:002
T22:056
T23:019A
T23:173A
T23:309

T23:316
T23:339
T23:349A
T23:362
T23:377
T23:440

T23:484
T23:561
T23:606
T23:619
T23:670
T23:731A

T23:855A
T23:855B
T23:863
T23:863
T23:866B

未部　未

T23:908
T23:908
T23:908
T23:918B
T23:919A
T23:947A
T24:012
T24:025
T24:034
T24:036
T24:065A
T24:120
T24:145
T24:149
T24:262
T24:346
T24:382B
T24:386
T24:402B
T24:416A
T24:534
T24:564
T24:602
T24:627A
T24:630
T24:708
T24:896B
T25:006
T26:039
T28:107
T28:123
T29:115A

未部 未

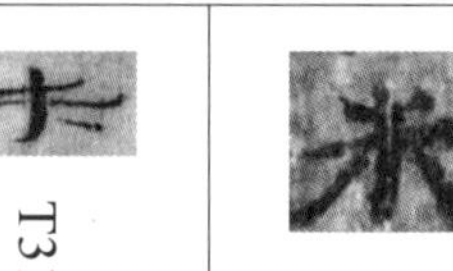
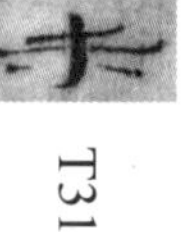

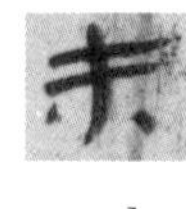

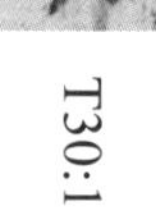

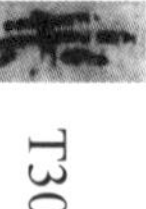

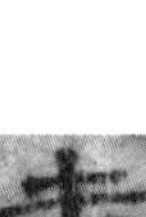

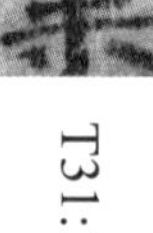

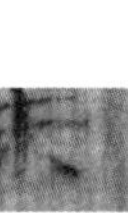
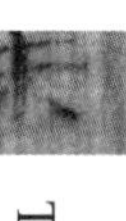
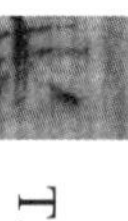

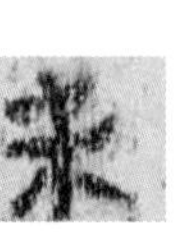

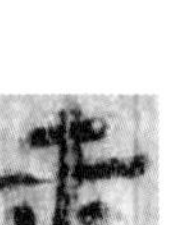
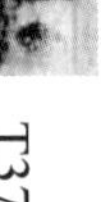

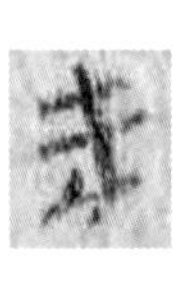

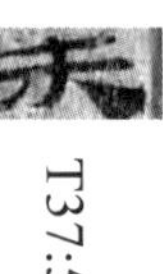

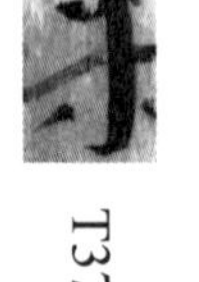
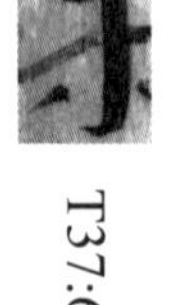

T30:020
T30:081B
T30:119
T30:189
T30:215+217
T31:069
T31:098
T31:102A
T31:162A
T33:011
T33:039
T33:040A
T33:040A
T33:041A
T33:041A
T33:044A
T33:053A
T37:039A
T37:059
T37:089
T37:097
T37:151
T37:290A
T37:448
T37:525
T37:530
T37:615
T37:617
T37:648A
T37:649
T37:696

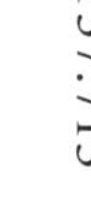

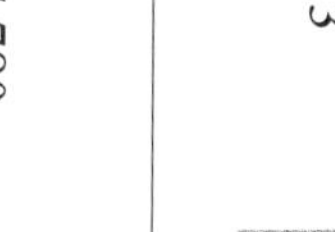
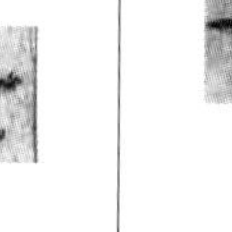

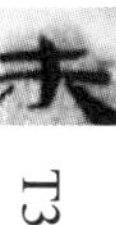

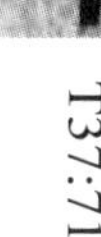
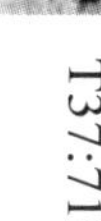
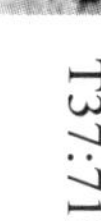

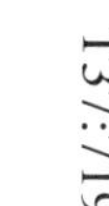

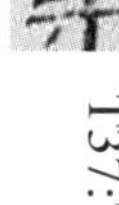

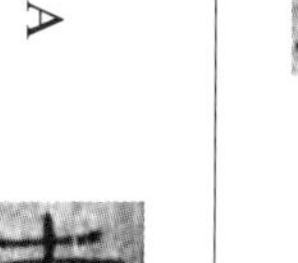

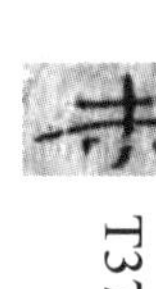

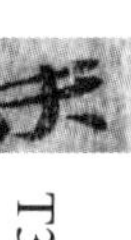

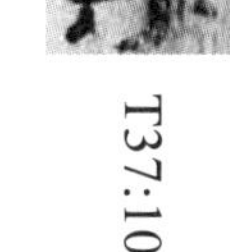

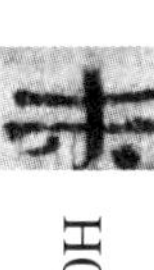

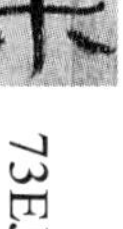

T37:713
T37:719
T37:739
T37:767
T37:769
T37:776A

T37:780
T37:783A
T37:786A
T37:795
T37:800A

T37:802
T37:805A
T37:829
T37:960
T37:1061A
T37:1062A

T37:1062A
T37:1076A
T37:1095A
T37:1502A
H01:003A

73EJF3:41B
73EJF3:54
73EJF3:67
73EJF3:104
73EJF3:115

73EJF3:118A
73EJF3:124B
73EJF3:144
73EJF3:176
73EJF3:262

未部 未

73EJF3:315A

73EJF3:344

73EJF3:440

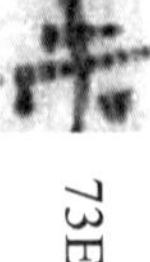
73EJF3:463

73EJD:3

73EJD:10

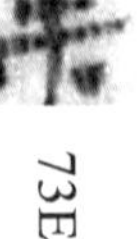
73EJD:16B

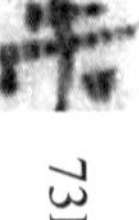
73EJD:30

73EJD:44

73EJD:61

73EJD:68

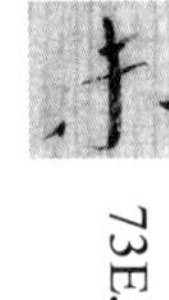
73EJD:73B

73EJD:93

73EJD:97

73EJD:131

73EJD:131

73EJD:198

73EJD:236

73EJD:246

73EJD:270

72EJC:2A

72EJC:2B

72EJC:3

72EJC:8

72EJC:50

72EJC:79B

72EJC:179

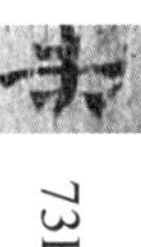
72EJC:200A

73EJC:316A

73EJC:316A

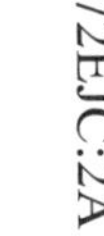

申

2189

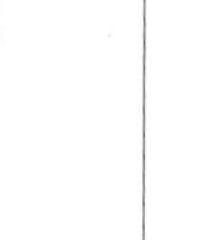

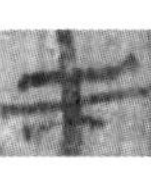
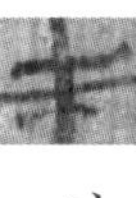

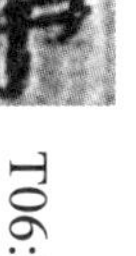

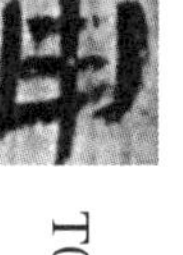

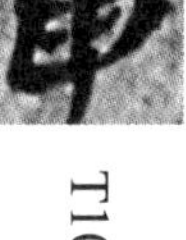
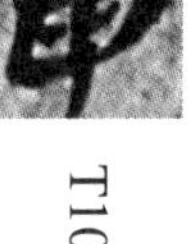

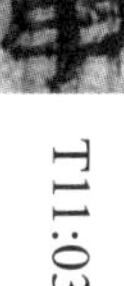

73EJC:316A

73EJC:328

73EJC:478

73EJC:492

73EJC:542A

73EJC:593

73EJC:621

72ECC:40A

T03:001

T03:055

T03:103

T03:109

T03:113

T04:070

T05:084

T06:036

T06:038A

T06:139

T07:003

T07:023

T07:029

T07:106

T07:108

T08:051A

T09:086

T10:177A

T10:313A

T10:313A

T11:031A

T21:047

申部 申

T21:060A T21:080 T21:088 T21:098 T21:161

T21:161 T21:194 T21:295A T21:367 T23:041

T23:098 T23:236 T23:307 T23:316 T23:481B

T23:573 T23:574 T23:740A T23:863 T23:863

T24:017 T24:026 T24:040 T24:045 T24:092A

T24:138 T24:557 T26:050 T30:021A T30:026

申部 申

T30:066

T30:103

T31:040

T31:062

T31:065

T31:096

T33:014

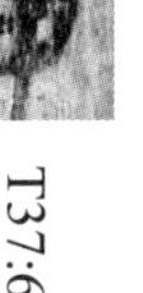
T33:058

T34:001A

T34:004A

T34:006A

T34:006A

T37:156

T37:161A

T37:230

T37:303

T37:410

T37:446

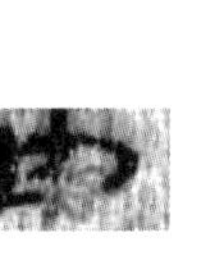
T37:514

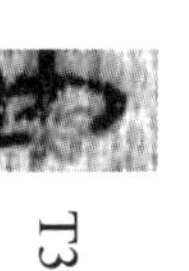
T37:523A

T37:530

T37:616B

T37:623

T37:784A

T37:871

T37:875

T37:875

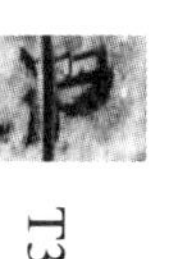
T37:924

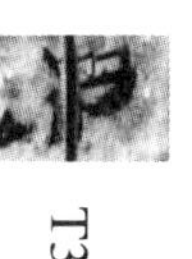
T37:988

T37:1063

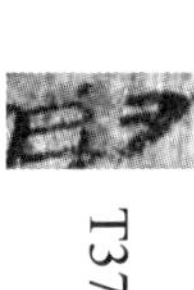
T37:1070

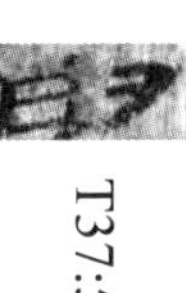

申部 申

T37:1070 T37:1122 T37:1184 T37:1311 T37:1342

T37:1453 T37:1503A H01:014 H01:014 H02:018

H02:053A F01:009 73EJF3:39B 73EJF3:43 73EJF3:77A

73EJF3:107 73EJF3:118A 73EJF3:125A 73EJF3:147 73EJF3:176

73EJF3:228 73EJF3:370 73EJD:36A 73EJD:37A 73EJD:37A

73EJD:66 73EJD:87 72EJC:149 73EJC:521 73EJC:651

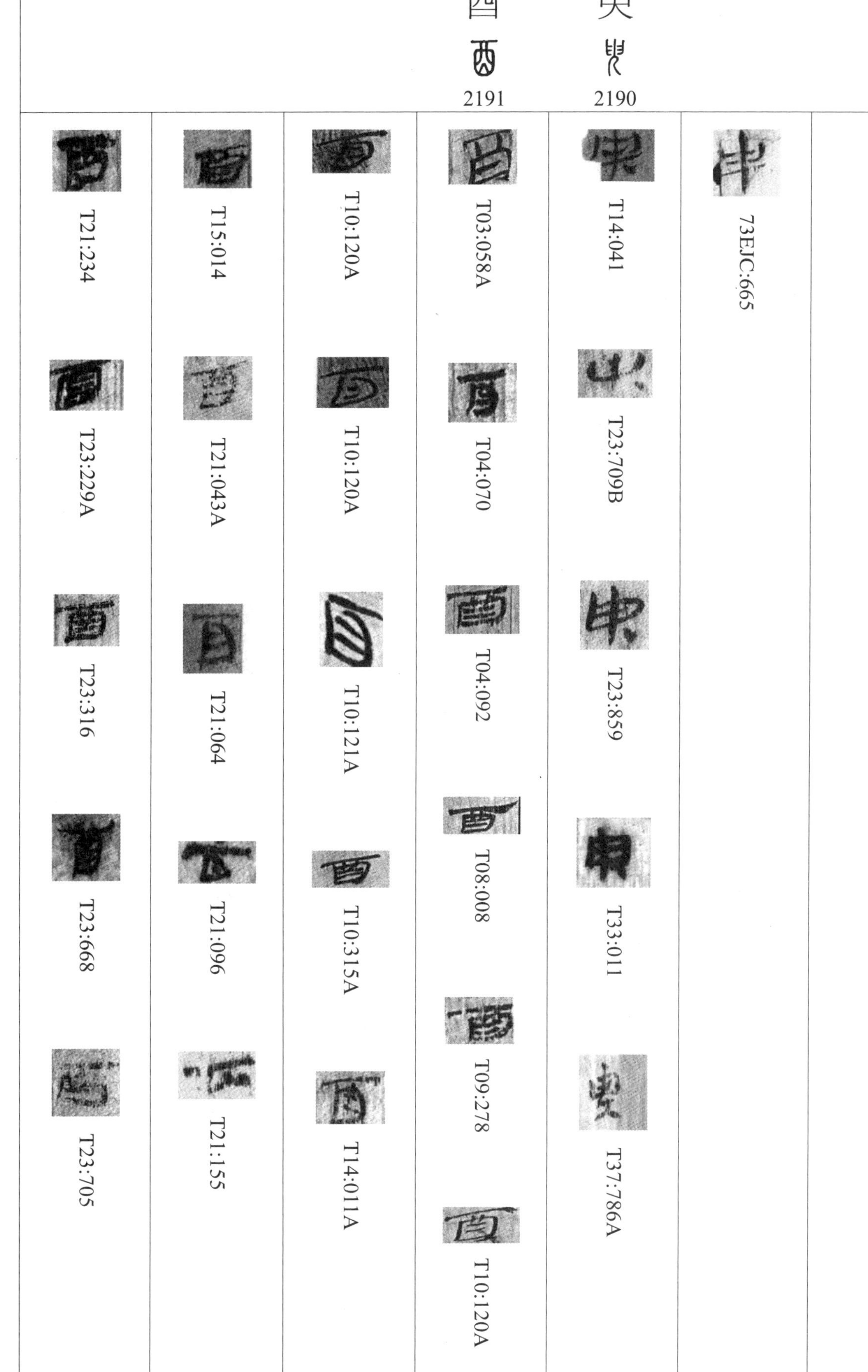
73EJC:665
臾
2190
T14:041
T23:709B
T23:859
T33:011
T37:786A
酉
2191
T03:058A
T04:070
T04:092
T08:008
T09:278
T10:120A
T10:120A
T10:120A
T10:121A
T10:315A
T14:011A
T15:014
T21:043A
T21:064
T21:096
T21:155
T21:234
T23:229A
T23:316
T23:668
T23:705

酉部 酉

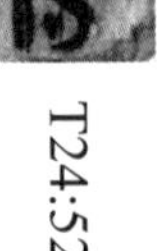

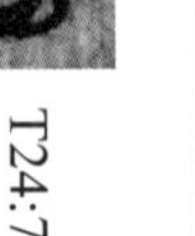

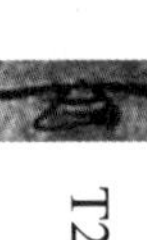

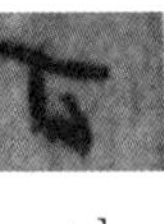

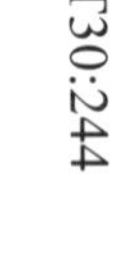

T23:756
T23:797A
T23:809
T23:840
T23:863

T23:991
T24:023A
T24:023A
T24:267A
T24:363

T24:379
T24:527
T24:528
T24:705
T24:719
T25:070B

T25:078
T25:078
T25:087
T26:155
T26:174A
T26:226

T26:237B
T28:111
T30:062
T30:073
T30:210A

T30:215+217
T30:244
T31:020A
T31:066
T31:069
T31:080

酉部 酉

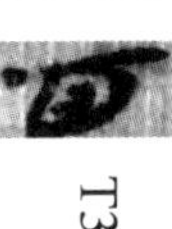

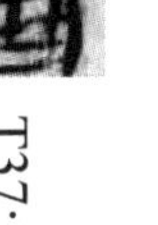

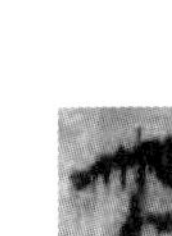

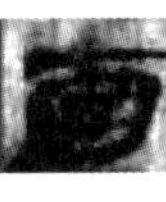

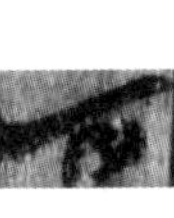

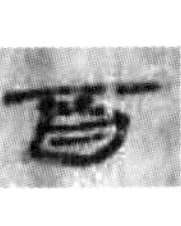
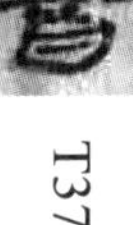

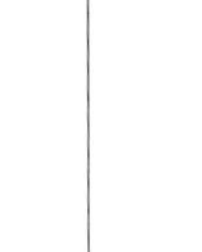

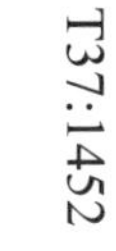

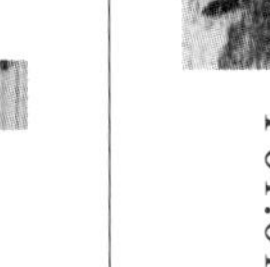

T37:112
T37:148
T37:391
T37:524
T37:524
T37:526

T37:527
T37:678
T37:706
T37:718
T37:760
T37:773

T37:800A
T37:878A
T37:1061A
T37:1089
T37:1100

T37:1100
T37:1136
T37:1148
T37:1184
T37:1184

T37:1452
T37:1460
T37:1513
H02:095
F01:014

73EJF3:1
73EJF3:41A
73EJF3:43
73EJF3:94
73EJF3:104

酒

2192

73EJF3:120A
73EJF3:153
73EJF3:288
73EJF3:382A
73EJF3:612

73EJD:6
73EJD:35
73EJD:42
73EJD:54
73EJD:63

73EJD:95
73EJD:168
72EJC:1
72EJC:62
72EJC:267A

73EJC:445A
73EJC:589
73EJC:591
73EJC:603
73EJC:603

72EBS7C:1A

T02:023
T03:054A
T06:067A
T07:135
T08:096

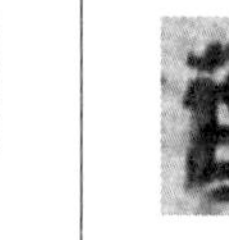

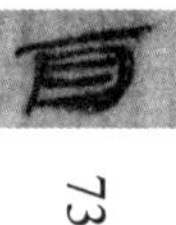
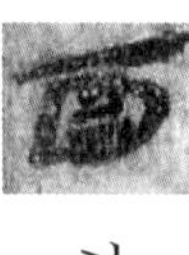

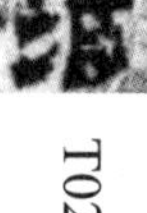

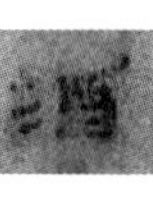

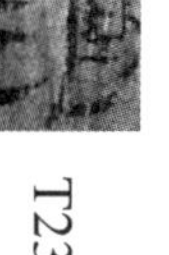

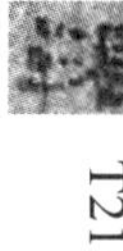

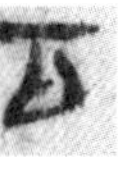

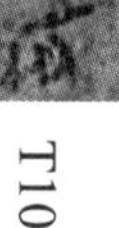
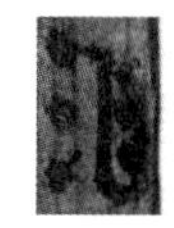
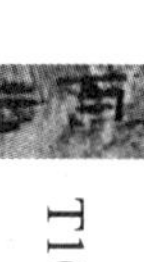

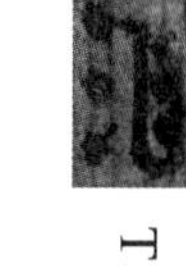
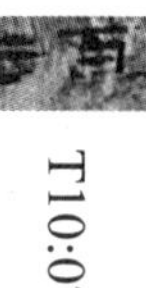

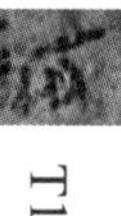
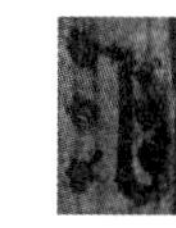

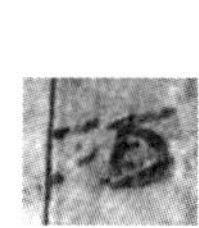

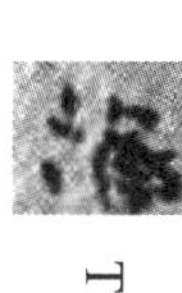
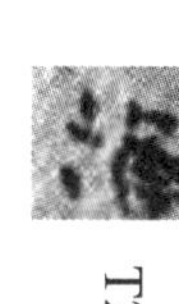

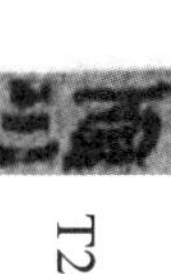

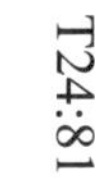

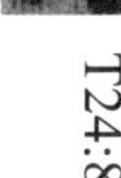

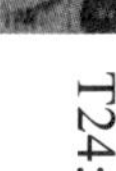

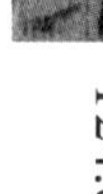

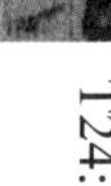

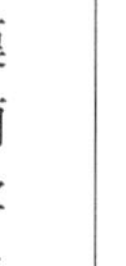
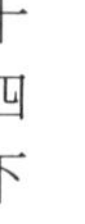

T09:062A
T09:104
T10:075
T10:087
T10:313A
T10:363

T11:005
T21:006
T21:024
T21:174
T21:199B

T21:199B
T23:007A
T23:018
T23:276
T23:506

T23:969
T23:979
T24:009A
T24:044
T24:149
T24:366

T24:814
T24:873A
T25:096
T25:106
T26:024
T27:057

T28:008A
T29:022
T29:130
T31:066
T32:075
T33:039

釀
2193
T37:1273A
酎
2194
T25:128
T37:272B
T37:525
T37:721
T37:722
T37:853
T37:1004
T37:1014
T37:1132
H01:029
H02:047A
F01:084A
73EJF3:169
73EJF3:178A
73EJF3:213
73EJD:7
73EJD:33A
72EJC:147A
73EJC:315
73EJC:617
72ECC:11
72EBS7C:1A

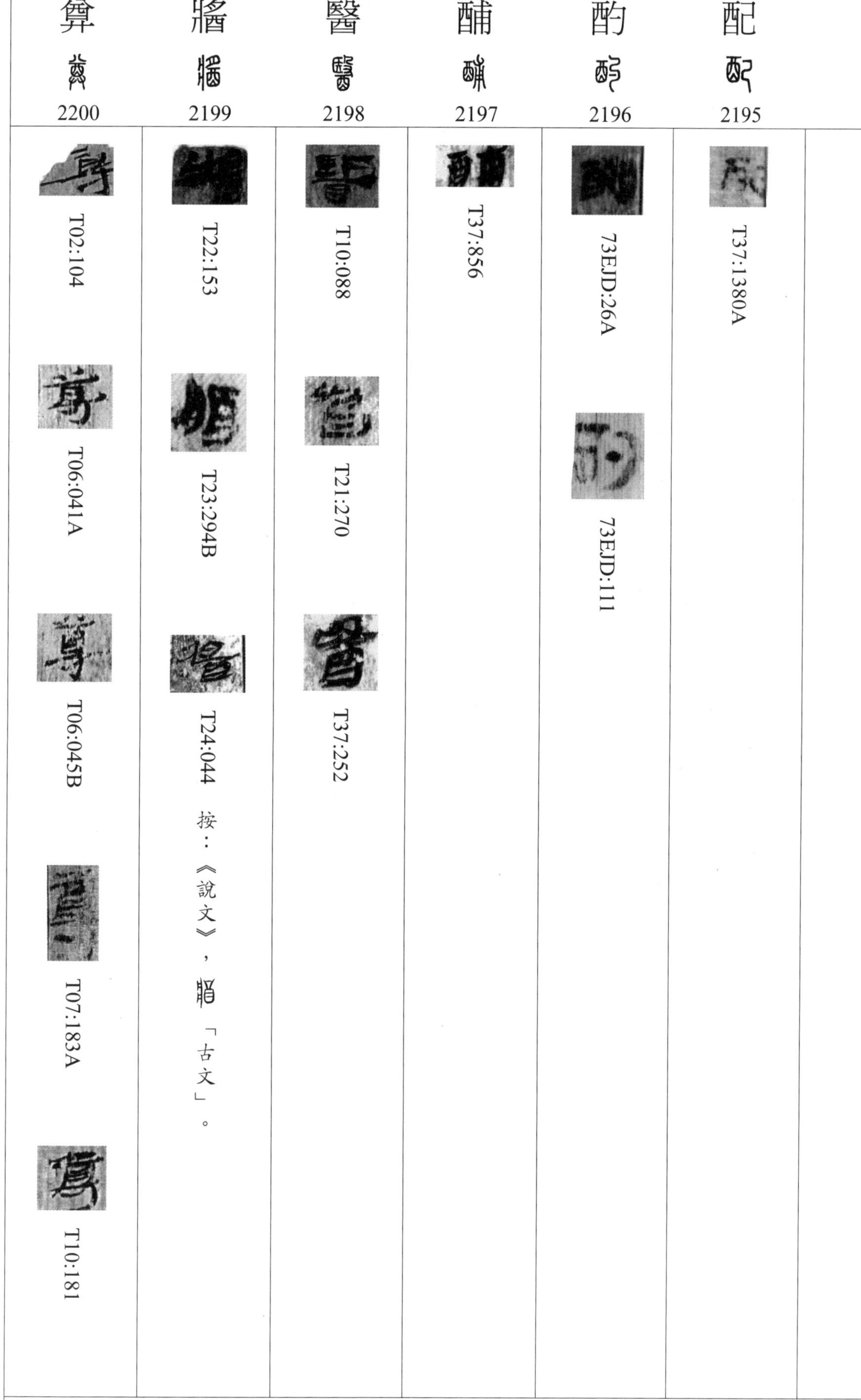

配 2195

T37:1380A

酌 2196

73EJD:26A

73EJD:111

酺 2197

T37:856

醫 2198

T10:088

T21:270

T37:252

醬 2199

T22:153

T23:294B

T24:044

按：《說文》，⿰月酉「古文」。

尊 2200

T02:104

T06:041A

T06:045B

T07:183A

T10:181

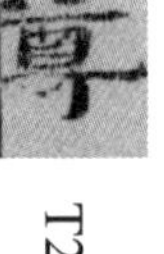
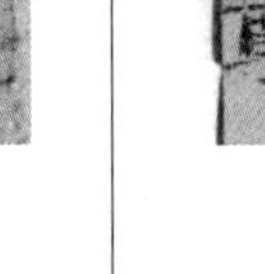
T23:217A

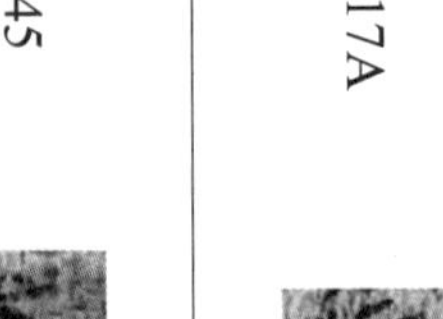
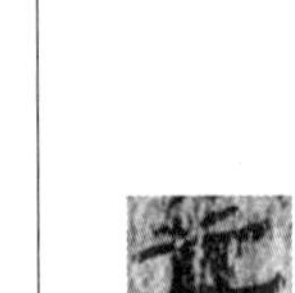
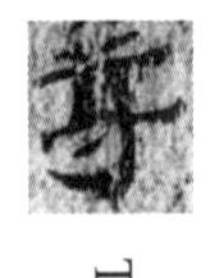
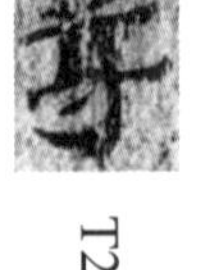

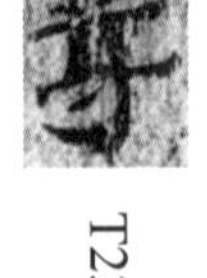

T23:283

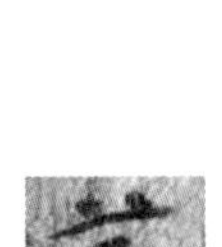

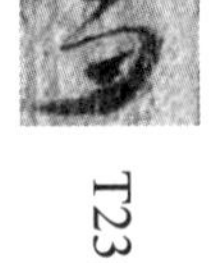
T23:906B

T24:389

T24:581

T25:045

T26:172

T26:210

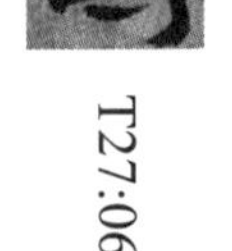
T27:063

T30:102

T30:205

T31:109

T34:043

T37:718

T37:1076A

H01:038

73EJF3:586

73EJD:8A

73EJD:96

73EJD:105

73EJD:280+250A

73EJD:279

73EJC:336

73EJC:337

73EJC:432

72ECC:38

戌

2201

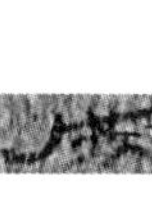
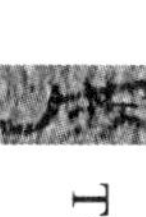
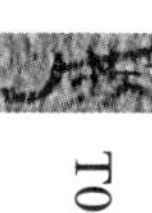
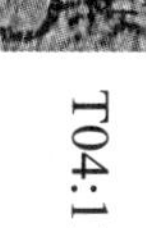

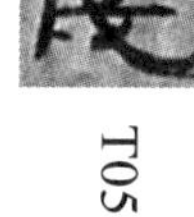
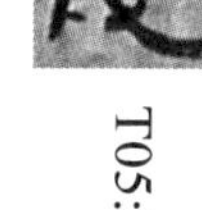
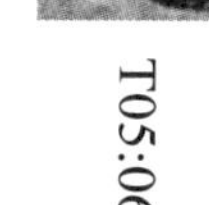

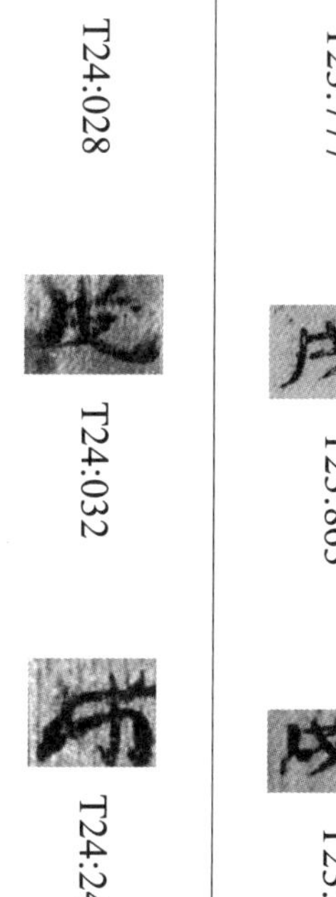

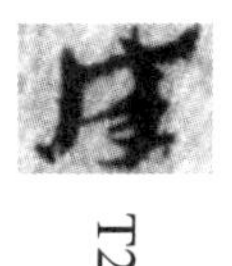
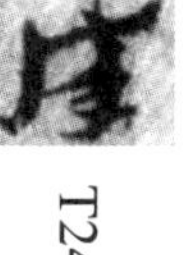
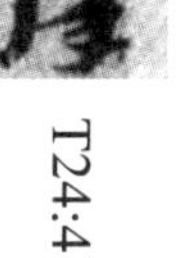

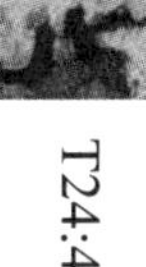

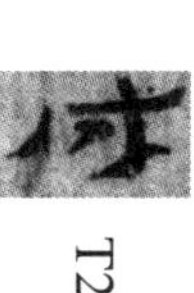

T01:147
T04:100
T04:113B
T05:068A
T05:076
T06:023A
T09:019B
T09:087
T09:115
T09:270
T10:125
T10:224
T10:332B
T14:021
T21:019
T21:287
T21:436
T22:058
T22:146
T23:316
T23:656
T23:777
T23:863
T23:878
T23:908
T23:908
T23:908
T24:028
T24:032
T24:240A
T24:262
T24:265
T24:416A
T24:493
T24:705
T26:003

戌部　戌

T26:050　T26:088A　T26:115　T26:116　T30:043　T30:048

T30:068　T30:167A　T31:054A　T31:096　T31:096　T32:040

T34:043　T34:043　T34:048　T37:067　T37:112　T37:152

T37:355　T37:446　T37:519A　T37:522A　T37:523A

T37:528　T37:639　T37:692　T37:716A　T37:728　T37:770A

T37:788A　T37:803A　T37:1061B　T37:1379A　T37:1450

亥

2202

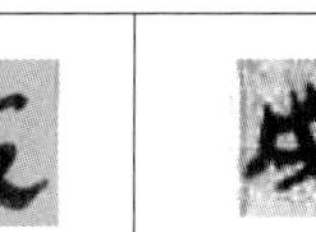

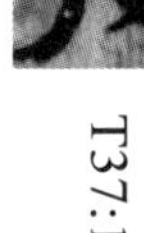

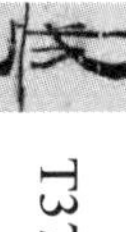

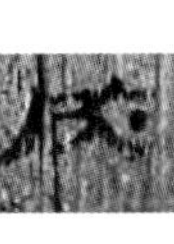
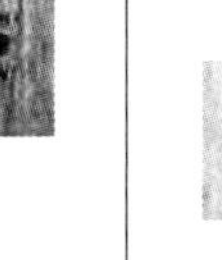
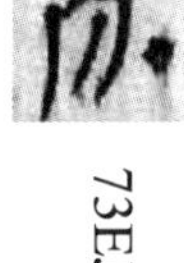

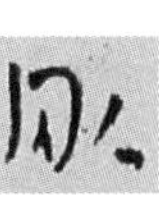

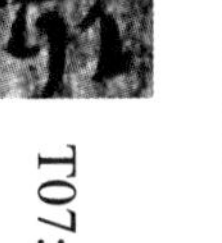

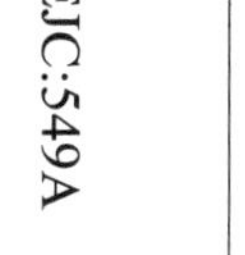

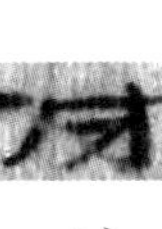

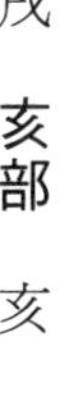

T37:1491

T37:1502A

T37:1535A

F01:025

73EJF3:47

73EJF3:116A

73EJF3:144

73EJF3:153

73EJF3:178A

73EJF3:223

73EJF3:254

73EJF3:318

73EJF3:371

73EJD:30

73EJD:42

73EJD:170

73EJD:270

72EJC:7

72EJC:62

72EJC:121

72EJC:168

73EJC:299

73EJC:549A

72EDAC:7

72EBS7C:2A

T03:053

T05:007

T07:023

T09:004

T09:092A

亥部 亥

T09:104

T09:104

T09:104

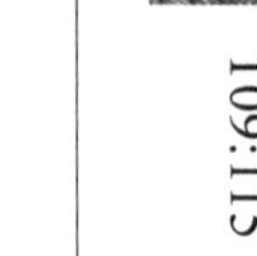
T09:115

T09:335

T10:115A

T10:209
T11:001
T15:005A
T21:123

T21:421

T22:066
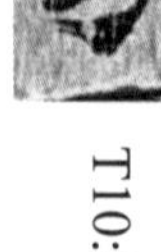
T22:075

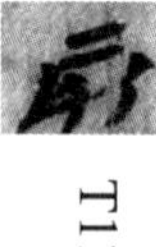
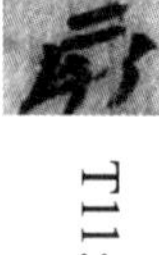
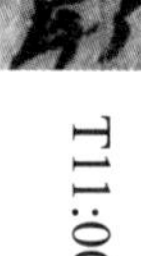

T23:001B

T23:071

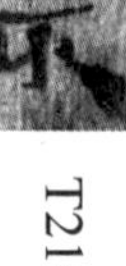
T23:079A

T23:311

T23:316

T23:556

T23:699

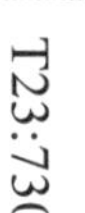
T23:730

T23:804B

T23:863

T23:974
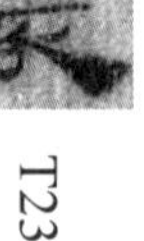

T24:269B

T25:069

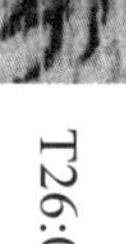
T26:058

T26:111

T30:068
T30:167A
T31:050

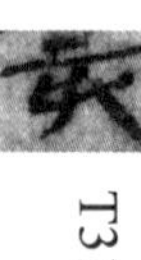
T31:064
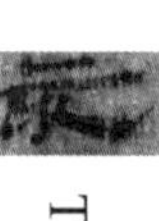
T31:148

T33:080A

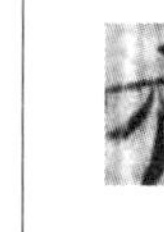
T37:050

T37:058

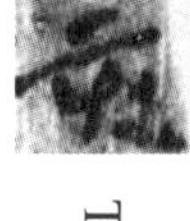

T37:161A

T37:356

T37:480A

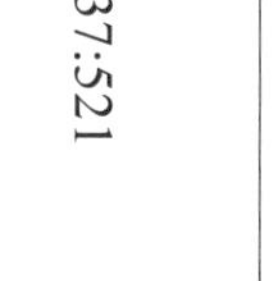
T37:521

T37:521

T37:522A

T37:523A

T37:527

T37:531

T37:640

T37:702A

T37:778

T37:803A

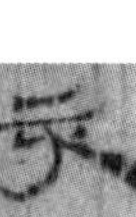

T37:854

T37:931

T37:1067A

T37:1091

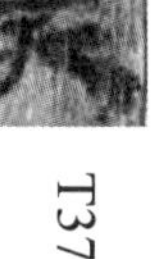
T37:1092

T37:1094A

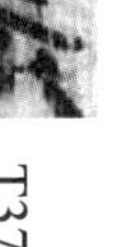
T37:1503A

H01:003A

H01:014

F01:013

F01:015

73EJF3:2

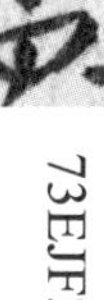
73EJF3:123A

73EJF3:123A

亥部　亥

73EJF3:176

73EJF3:184A

73EJF3:317

73EJF3:369

73EJF3:528

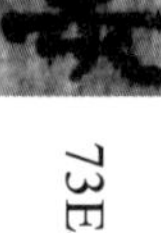
73EJD:44

73EJD:44

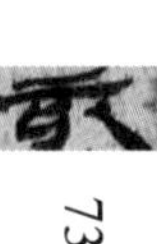
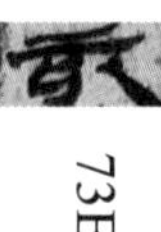

73EJD:87

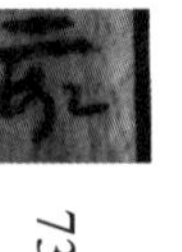

73EJD:94

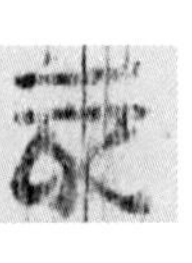

73EJD:127

73EJD:239

73EJD:319C

72EJC:15A

73EJC:445A

73EJC:629

72ECC:13

72EBS7C:2A

肩水金關漢簡字形編·合文

2203	2204	2205	2206
內印	小大	八月	吉奴
T26:234A	T10:221A	T30:213	T30:039

2207	2208	2209	2210	2211	2212
哀憐	十兩	亭長	居延	承詔	七十
73EJC:593	73EJF3:477	T37:696	T37:034	73EJD:385	T01:077 T37:1057A

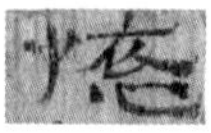

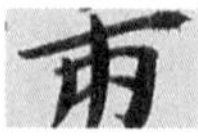

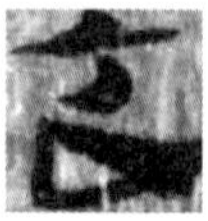

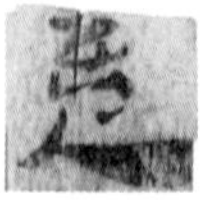

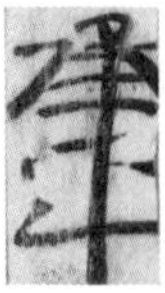

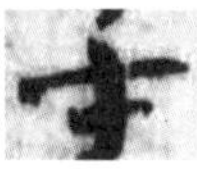

2213 已入

T10:136

T10:284

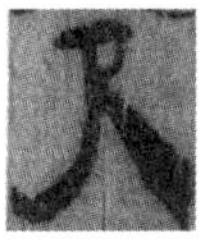

T30:072

T37:1171

2214 已出

T10:119

T10:269

T26:211

T37:224

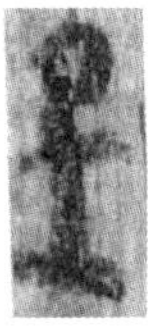

T37:926

T37:990

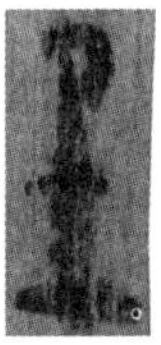

T37:990

T37:1077

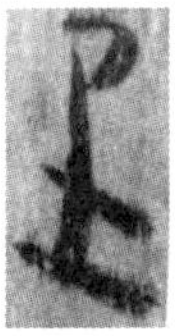

T37:1192

T37:1192

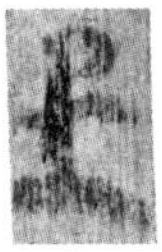

T37:1461

73EJT4H:30A

2215 卌七

T22:107

肩水金關漢簡字形編·未釋字

編號	字形	簡號
2216		T01:011
2217		T03:038A
2218	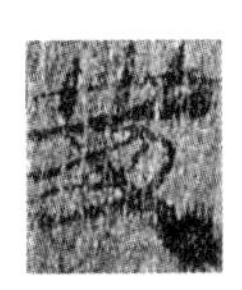	T03:044
2219		T04:044A

2220	2221	2222	2223	2224	2225
T04:081	T05:045	T05:122	T06:198	T08:027	T09:062B

2226	2227	2228	2229	2230	2231
 T09:074	 T09:074	 T09:196	 T10:165	 T10:212	 T21:076

2237	2236	2235	2234	2233	2232
T22:149	T22:061	T22:061	T21:468	T21:390	T21:341

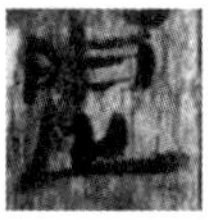

2243	2242	2241	2240	2239	2238
 T24:201B	 T23:910	 T23:733A	 T23:717A	 T23:360B	 T23:130

2244	2245	2246	2247	2248	2249
T24:558	T24:558	T24:630	T26:077	T26:142	T26:167+201

2250	2251	2252	2253	2254	2255
T37:055	T37:055	T37:055	T37:231	T37:446	T37:523A

2256	2257	2258
 T37:558	 73EJF3:53	 73EJC:553

字 頻 表

字頻表說明：

一、第一列數字爲該字在《肩水金關漢簡》中出現的總次數；合文分別在各字下統計；

二、第二列數字爲本文字編正編所收的字形數量；

三、第三列數字爲正編未收字形數量。限於篇幅，《未收字出處索引》爲 PDF 格式電子版文檔，可在華東師範大學中國文字研究與應用中心網站（www.wenzi.cn/qinhan/jinguan/fulu.htm）下載。

四、第四列爲文字編正編的頁碼。

卷一					
部首	字頭	金關簡總數量	本書收數量	本書未收數量	本書頁碼
一部	一	2831	837	1994	一
	元	459	248	211	二六
	天	48	33	15	三四
	吏	418	196	222	三五
丄部	丄	258	146	112	四二
	帝	9	8	1	四七
	旁	10	5	5	四七
	丅	280	134	146	四七
示部	禮	10	6	4	五二
	祿	43	28	15	五二
	福	108	73	35	五三
	神	36	19	17	五五
	齋	22	17	5	五六
	祭	4	2	2	五七
	祀	2	2	0	五七
	祖	11	6	5	五七
	祝	6	4	2	五七
	社	8	4	4	五八
	禁	41	29	12	五八
	礿	1	1	0	五九
三部	三	1236	415	821	五九
王部	王	317	184	133	七三
	閏	68	25	43	七九
	皇	15	12	3	八〇
玉部	玉	4	2	2	八〇
	環	4	3	1	八一
	璜	1	1	0	八一
	珥	1	1	0	八一
	瑕	1	1	0	八一
	理	6	3	3	八一

部首	字頭	金關簡總數量	本書收數量	本書未收數量	本書頁碼
玉部	碧	1	1	0	八一
	珠	1	1	0	八二
	瓅	1	1	0	八二
	靈	1	1	0	八二
	現	1	1	0	八二
气部	乞	4	3	1	八二
士部	士	309	178	131	八二
	壻	3	3	0	八八
	壯	11	8	3	八八
丨部	中	506	236	270	八九
屮部	屯	16	10	6	九九
	毒	2	2	0	九九
艸部	莊	47	36	11	九九
	蘇	45	34	11	一〇一
	葵	4	2	2	一〇二
	蘁	3	3	0	一〇二
	藍	2	2	0	一〇二
	蘭	64	33	31	一〇二
	莚	1	1	0	一〇四
	荅	1	1	0	一〇四
	萇	1	1	0	一〇四
	萬	1	1	0	一〇四
	薛	33	16	17	一〇四
	苦	30	17	13	一〇五
	茅	1	1	0	一〇六
	菅	2	2	0	一〇六
	蒲	15	9	6	一〇六
	茈	1	1	0	一〇六
	蒐	1	1	0	一〇六
	薺	1	1	0	一〇七
	董	46	29	17	一〇七

部首	字頭	金關簡總數量	本書收數量	本書未收數量	本書頁碼
艸部	蓮	1	1	0	一〇八
	蕭	6	5	1	一〇八
	葛	2	1	1	一〇八
	菌	1	1	0	一〇八
	萌	6	4	2	一〇九
	葉	13	8	5	一〇九
	英	1	1	0	一〇九
	莢	1	1	0	一〇九
	芒	1	1	0	一〇九
	茂	33	17	16	一一〇
	蔭	1	1	0	一一〇
	茲	1	1	0	一一〇
	芮	3	1	2	一一一
	荏	3	2	1	一一一
	蒼	7	6	1	一一一
	萃	4	3	1	一一一
	苗	1	1	0	一一一
	苛	142	69	73	一一二
	落	27	20	7	一一四
	蔡	26	13	13	一一五
	薄	3	2	1	一一五
	苑	9	6	3	一一五
	菑	17	13	4	一一六
	藥	14	8	6	一一六
	藉	8	6	2	一一七
	蓋	28	19	9	一一七
	若	23	15	8	一一八
	萆	1	1	0	一一八
	芻	1	1	0	一一八
	茭	46	25	21	一一八
	茹	3	1	2	一一九

部首	字頭	金關簡總數量	本書收數量	本書未收數量	本書頁碼
艸部	苣	17	10	7	一一九
	薪	31	21	10	一二〇
	蔪	10	4	6	一二一
	芥	1	1	0	一二一
	蒠	3	2	1	一二一
	茍	5	4	1	一二一
	莎	3	2	1	一二一
	葦	11	6	5	一二一
	葭	2	2	0	一二二
	蒙	13	10	3	一二二
	范	34	22	12	一二二
	蓬	38	17	21	一二三
	葆	143	91	52	一二四
	蕃	2	2	0	一二七
	草	18	11	7	一二七
	菆	1	1	0	一二七
	蒈	55	30	25	一二八
	荀	1	1	0	一二九
	薌	1	1	0	一二九
	藏	5	1	4	一二九
	萁	1	1	0	一二九
	菓	1	1	0	一二九
	蘩	6	6	0	一三〇
茻部	莫	118	72	46	一三〇
	莽	1	1	0	一三二
卷二					
小部	小	289	157	132	一三三
	少	195	74	121	一三七
八部	八	755	247	508	一四〇
	分	115	45	70	一四七
	尒	1	1	0	一四九

部首	字頭	金關簡總數量	本書收數量	本書未收數量	本書頁碼
八部	曾	11	6	5	一四九
	尚	23	17	6	一四九
	㒸	1	1	0	一五〇
	介	7	4	3	一五〇
	公	485	248	237	一五〇
	必	40	22	18	一五七
	余	1	1	0	一五八
釆部	番	12	8	4	一五八
	寀	28	18	10	一五九
	悉	7	5	2	一五九
	釋	1	1	0	一六〇
半部	半	41	24	17	一六〇
牛部	牛	405	184	221	一六一
	牡	77	46	31	一六七
	特	4	4	0	一六八
	牝	65	34	31	一六八
	犢	6	3	3	一七〇
	犗	32	24	8	一七〇
	牟	6	5	1	一七一
	牽	4	3	1	一七一
	牢	1	1	0	一七一
	犓	15	9	6	一七一
	犀	4	3	1	一七一
	物	54	30	24	一七二
	犍	1	1	0	一七三
	犇	1	1	0	一七三
	㹾	1	1	0	一七三
	犠	1	1	0	一七三
犛部	氂	1	1	0	一七三
告部	告	133	82	51	一七三
口部	口	14	9	5	一七六

部首	字頭	金關簡總數量	本書收數量	本書未收數量	本書頁碼
口部	喙	1	1	0	一七七
	吞	1	1	0	一七七
	呼	15	8	7	一七七
	名	151	102	49	一七七
	吾	14	10	4	一八一
	君	387	188	199	一八一
	命	32	21	11	一八七
	召	35	23	12	一八八
	問	54	25	29	一八九
	唯	45	23	22	一九〇
	和	42	26	16	一九一
	哉	7	7	0	一九二
	咸	10	8	2	一九二
	呈	1	1	0	一九二
	右	283	186	97	一九二
	吉	29	22	7	一九八
	周	58	42	16	一九九
	唐	13	8	5	二〇〇
	吟	1	1	0	二〇一
	各	124	78	46	二〇一
	哀	18	11	7	二〇四
	响	1	1	0	二〇四
	听	3	1	2	二〇四
吅部	嚴	49	32	17	二〇四
	單	48	29	19	二〇五
哭部	喪	4	3	1	二〇六
走部	走	13	5	8	二〇七
	趨	1	1	0	二〇七
	趣	18	11	7	二〇七
	超	7	3	4	二〇七
	越	16	13	3	二〇八

部首	字頭	金關簡總數量	本書收數量	本書未收數量	本書頁碼
走部	起	122	60	62	二〇八
	趍	1	1	0	二一〇
	趙	201	122	79	二一〇
	趌	1	1	0	二一四
止部	止	110	64	46	二一四
	前	271	164	107	二一六
	歷	1	1	0	二二二
	歸	63	39	24	二二二
癶部	登	51	40	11	二二四
步部	步	58	31	27	二二五
	歲	431	220	211	二二六
此部	此	41	26	15	二三四
正部	正	240	112	128	二三五
	乏	12	7	5	二三九
是部	是	26	18	8	二三九
辵部	迹	81	40	41	二四〇
	邁	1	1	0	二四一
	廷	27	20	7	二四一
	延	1	1	0	二四二
	隨	9	5	4	二四二
	遵	1	1	0	二四二
	適	52	34	18	二四二
	過	404	242	162	二四三
	進	41	15	26	二五二
	造	59	36	23	二五二
	還	16	7	9	二五三
	逆	13	10	3	二五四
	迎	45	30	15	二五四
	遇	4	3	1	二五五
	逢	15	11	4	二五五
	通	164	63	101	二五六

部首	字頭	金關簡總數量	本書收數量	本書未收數量	本書頁碼
辵部	辿	13	10	3	二五八
	遷	32	19	13	二五八
	運	3	3	0	二五九
	還	43	15	28	二五九
	送	81	48	33	二六〇
	遣	224	133	91	二六一
	遲	2	2	0	二六六
	連	23	12	11	二六六
	逋	7	5	2	二六七
	遺	15	12	3	二六七
	遂	35	26	9	二六七
	逃	2	2	0	二六八
	追	12	7	5	二六九
	逐	29	16	13	二六九
	迺	1	1	0	二七〇
	近	24	11	13	二七〇
	迫	30	14	16	二七〇
	遮	8	6	2	二七一
	遼	1	1	0	二七一
	遠	22	14	8	二七一
	道	204	112	92	二七二
	邊	16	11	5	二七五
彳部	德	89	53	36	二七六
	復	77	52	25	二七八
	往	60	27	33	二八〇
	徼	17	12	5	二八一
	循	28	20	8	二八一
	微	1	1	0	二八二
	徐	96	50	46	二八二
	待	8	6	2	二八四
	後	70	38	32	二八四

部首	字頭	金關簡總數量	本書收數量	本書未收數量	本書頁碼
彳部	得	749	436	313	二八五
	律	494	261	233	三〇〇
	御	57	30	27	三〇九
廴部	廷	70	42	28	三一〇
	建	239	142	97	三一一
㢟部	延	1002	539	463	三一六
行部	行	377	193	184	三三四
	術	7	4	3	三四〇
	街	3	2	1	三四一
	衝	2	1	1	三四一
	衙	5	3	2	三四一
	衛	13	8	5	三四一
齒部	齒	203	109	94	三四一
	齔	2	2	0	三四五
牙部	牙	1	1	0	三四五
足部	足	126	50	76	三四六
	踵	1	1	0	三四七
	踶	1	1	0	三四七
	蹇	1	1	0	三四八
	路	14	8	6	三四八
	跕	2	2	0	三四八
	跗	1	1	0	三四八
	跳	1	1	0	三四八
品部	品	7	4	3	三四九
龠部	龠	6	5	1	三四九
冊部	扁	5	5	0	三四九
卷三					
㗊部	嚻	4	4	0	三五一
	器	23	18	5	三五一
干部	干	32	12	20	三五二
㕯部	商	15	12	3	三五二

部首	字頭	金關簡總數量	本書收數量	本書未收數量	本書頁碼
句部	句	10	7	3	三五三
	拘	2	2	0	三五三
	鉤	1	1	0	三五三
古部	古	9	6	3	三五三
十部	十	2093	604	1489	三五四
	丈	87	33	54	三七四
	千	375	149	226	三七五
	博	89	67	22	三八〇
	廿	847	301	546	三八二
	卌	271	116	155	三九一
卉部	卉	649	274	375	三九四
	世	140	94	46	四〇二
言部	言	942	476	466	四〇五
	語	7	2	5	四二一
	談	1	1	0	四二二
	謂	92	60	32	四二二
	請	128	61	67	四二四
	謁	210	103	107	四二六
	許	38	23	15	四三〇
	諾	2	2	0	四三〇
	讎	3	3	0	四三一
	諸	34	16	18	四三一
	詩	1	1	0	四三一
	諷	1	1	0	四三二
	誨	1	1	0	四三二
	謀	2	1	1	四三二
	論	14	11	3	四三二
	議	5	4	1	四三三
	詳	2	2	0	四三三
	識	10	7	3	四三三
	訊	3	2	1	四三三

部首	字頭	金關簡總數量	本書收數量	本書未收數量	本書頁碼
言部	謹	300	138	162	四三三
	信	32	20	12	四三八
	誠	22	13	9	四三九
	諴	1	1	0	四三九
	詔	50	31	19	四四〇
	課	8	8	0	四四一
	試	4	3	1	四四一
	訢	5	2	3	四四一
	說	4	3	1	四四一
	計	59	21	38	四四一
	調	29	19	10	四四二
	警	2	1	1	四四三
	誼	51	36	15	四四三
	詡	41	27	14	四四四
	護	86	58	28	四四五
	託	1	1	0	四四八
	記	114	56	58	四四八
	謝	27	16	11	四五〇
	訖	4	4	0	四五〇
	詣	379	154	225	四五一
	謾	1	1	0	四五六
	誣	1	1	0	四五六
	誟	1	1	0	四五六
	䜌	16	10	6	四五六
	誤	8	4	4	四五七
	訾	10	6	4	四五七
	譟	1	1	0	四五七
	詐	6	5	1	四五七
	訟	2	2	0	四五七
	讘	1	1	0	四五八
	讓	7	6	1	四五八

部首	字頭	金關簡總數量	本書收數量	本書未收數量	本書頁碼
言部	譙	3	3	0	四五八
	誶	1	1	0	四五八
	證	24	16	8	四五八
	誰	5	4	1	四五九
	讕	1	1	0	四五九
	診	2	2	0	四五九
	誅	2	1	1	四六〇
	詬	8	6	2	四六〇
	譔	1	1	0	四六〇
	譚	61	38	23	四六〇
誩部	譱	85	43	42	四六二
音部	音	42	23	19	四六三
	章	189	99	90	四六四
	竟	42	25	17	四六八
䇂部	童	4	3	1	四六九
	妾	1	1	0	四六九
丵部	業	21	13	8	四六九
	對	32	18	14	四六九
菐部	僕	3	2	1	四七〇
廾部	奉	196	109	87	四七〇
	丞	502	282	220	四七四
	戒	1	1	0	四八三
	兵	57	39	18	四八四
	具	120	50	70	四八五
𠬜部	樊	11	9	2	四八七
共部	共	13	9	4	四八七
	龔	4	3	1	四八七
異部	異	11	7	4	四八八
	戴	6	6	0	四八八
舁部	與	127	69	58	四八八
	興	12	5	7	四九一

部首	字頭	金關簡總數量	本書收數量	本書未收數量	本書頁碼
𦥑部	㝅	27	17	10	四九一
䢅部	䢅	1	1	0	四九二
	農	45	25	20	四九二
革部	革	28	17	11	四九五
	靬	6	5	1	四九六
	鞏	4	3	1	四九六
	鞮	37	20	17	四九六
	鞫	4	2	2	四九七
	鞏	1	1	0	四九七
	靳	38	19	19	四九七
	鞌	2	2	0	四九八
	勒	25	12	13	四九八
	鞭	4	2	2	四九八
	鞠	5	5	0	四九八
鬲部	鬴	9	4	5	四九九
	融	2	2	0	四九九
爪部	孚	1	1	0	四九九
	爲	569	316	253	四九九
丮部	䡅	4	3	1	五一〇
鬥部	鬭	4	3	1	五一〇
又部	又	60	18	42	五一〇
	父	33	18	15	五一一
	曼	7	6	1	五一一
	夬	1	1	0	五一二
	尹	60	39	21	五一二
	及	80	40	40	五一三
	秉	2	2	0	五一五
	反	17	14	3	五一五
	叔	17	11	6	五一五
	取	296	141	155	五一六
	叚	2	2	0	五二一

部首	字頭	金關簡總數量	本書收數量	本書未收數量	本書頁碼
又部	友	13	9	4	五二一
	度	10	6	4	五二一
𠂇部	卑	5	4	1	五二二
史部	史	909	434	475	五二二
	事	477	247	230	五三六
支部	支	9	4	5	五四五
聿部	書	566	311	255	五四五
畫部	畫	1	1	0	五五六
	晝	7	2	5	五五六
臤部	堅	7	5	2	五五六
	豎	2	1	1	五五七
臣部	臣	27	17	10	五五七
	臧	34	19	15	五五七
殳部	毄	8	3	5	五五八
	殿	2	1	1	五五八
	段	22	17	5	五五八
殺部	殺	14	8	6	五五九
寸部	寸	402	147	255	五五九
	寺	1	1	0	五六四
	將	102	68	34	五六四
	専	4	4	0	五六七
	導	1	1	0	五六七
皮部	皮	15	11	4	五六七
攴部	敄	1	1	0	五六七
	效	1	1	0	五六七
	故	126	84	42	五六八
	政	25	16	9	五七〇
	數	70	30	40	五七一
	敞	50	28	22	五七二
	改	1	1	0	五七三
	變	4	3	1	五七三

部首	字頭	金關簡總數量	本書收數量	本書未收數量	本書頁碼
攴部	更	139	87	52	五七三
	敕	1	1	0	五七六
	斂	1	1	0	五七六
	救	2	2	0	五七七
	赦	40	30	10	五七七
	敦	20	14	6	五七八
	敗	3	2	1	五七八
	寇	38	24	14	五七八
	收	54	34	20	五七九
	攻	3	3	0	五八〇
	牧	6	5	1	五八一
教部	教	55	29	26	五八一
	斆	1	1	0	五八二
卜部	卜	4	3	1	五八二
	貞	5	4	1	五八二
	占	70	41	29	五八二
	兆	15	8	7	五八四
用部	用	278	152	126	五八四
	庸	57	34	23	五八九
	甯	20	14	6	五九一
卷四					
目部	目	12	8	4	五九三
	睢	46	26	20	五九三
	晵	24	8	16	五九四
	相	154	96	58	五九四
	督	13	9	4	五九八
	眇	2	2	0	五九八
	眑	1	1	0	五九八
	瞷	1	1	0	五九八
䀠部	䀠	1	1	0	五九八
	瞏	1	1	0	五九九

部首	字頭	金關簡總數量	本書收數量	本書未收數量	本書頁碼
眉部	省	43	27	16	五九九
盾部	盾	5	2	3	六〇〇
自部	自	275	156	119	六〇〇
白部	皆	122	71	51	六〇五
	魯	30	25	5	六〇八
	者	382	221	161	六〇九
	𣉻	2	2	0	六一六
	百	754	242	512	六一六
鼻部	鼻	7	5	2	六二四
習部	習	14	11	3	六二四
羽部	羽	4	2	2	六二五
	翟	16	11	5	六二五
	翁	26	15	11	六二五
	翕	3	3	0	六二六
	翊	4	2	2	六二六
隹部	隻	8	5	3	六二六
	雒	66	38	28	六二六
	雀	2	2	0	六二八
	雞	34	21	13	六二八
	雛	1	1	0	六二九
	離	13	11	2	六二九
	雖	12	9	3	六二九
	雜	4	2	2	六三〇
奞部	奪	5	2	3	六三〇
	奮	5	5	0	六三〇
羊部	羊	15	8	7	六三〇
	羝	1	1	0	六三一
	羭	1	1	0	六三一
	羣	2	2	0	六三一
	美	13	7	6	六三一
	羌	10	5	5	六三一

部首	字頭	金關簡總數量	本書收數量	本書未收數量	本書頁碼
雔部	靃	1	1	0	六三二
雥部	雧	2	2	0	六三二
鳥部	鳥	2	1	1	六三二
	鳳	131	79	52	六三二
	鸞	1	1	0	六三五
	鸐	5	3	2	六三五
	鴻	21	10	11	六三五
	鳴	20	8	12	六三六
	鵟	1	1	0	六三六
	鵂	2	2	0	六三六
烏部	烏	13	7	6	六三六
	焉	7	3	4	六三七
華部	畢	42	26	16	六三九
	糞	4	2	2	六四〇
	棄	6	3	3	六四〇
冓部	再	204	74	130	六四〇
幺部	幼	41	17	24	六四三
𢆶部	幾	3	3	0	六四三
叀部	惠	22	17	5	六四四
玄部	玄	8	7	1	六四四
予部	予	37	20	17	六四五
	舒	10	7	3	六四五
放部	放	53	35	18	六四六
𠬪部	爰	32	26	6	六四七
	受	255	114	141	六四八
	敢	626	333	293	六五二
歺部	殊	1	1	0	六六三
	殘	1	1	0	六六三
	殄	17	6	11	六六三
	殖	1	1	0	六六三
死部	死	123	55	68	六六四

部首	字頭	金關簡總數量	本書收數量	本書未收數量	本書頁碼
冎部	剮	21	10	11	六六五
骨部	骨	5	5	0	六六六
	體	1	1	0	六六六
肉部	肉	13	5	8	六六六
	臚	1	1	0	六六六
	肫	1	1	0	六六六
	腎	1	1	0	六六七
	脾	2	2	0	六六七
	肝	1	1	0	六六七
	胃	2	2	0	六六七
	腸	7	4	3	六六七
	膏	1	1	0	六六七
	膌	1	1	0	六六八
	背	1	1	0	六六八
	脅	3	3	0	六六八
	肩	838	385	453	六六八
	臂	2	2	0	六八一
	腹	8	5	3	六八一
	股	1	1	0	六八二
	脛	1	1	0	六八二
	胲	1	1	0	六八二
	肖	8	5	3	六八二
	脫	3	3	0	六八二
	臘	7	4	3	六八三
	胙	1	1	0	六八三
	隋	6	6	0	六八三
	胥	1	1	0	六八三
	胡	102	67	35	六八三
	脯	7	4	3	六八六
	脩	16	12	4	六八六
	脘	1	1	0	六八六

部首	字頭	金關簡總數量	本書收數量	本書未收數量	本書頁碼
肉部	朐	2	2	0	六八六
	胥	7	5	2	六八七
	脂	7	5	2	六八七
	膾	1	1	0	六八七
	散	3	2	1	六八七
	膠	1	1	0	六八七
	腐	1	1	0	六八七
	肎	13	9	4	六八八
	肥	4	3	1	六八八
	肚	1	1	0	六八八
	胗	4	2	2	六八八
	脔	1	1	0	六八八
刀部	刀	41	28	13	六八九
	削	5	4	1	六九〇
	利	166	106	60	六九〇
	初	69	34	35	六九三
	則	39	23	16	六九四
	剛	1	1	0	六九五
	刻	1	1	0	六九五
	副	9	8	1	六九五
	辨	9	7	2	六九六
	列	3	3	0	六九六
	刪	10	6	4	六九六
	剽	2	1	1	六九七
	刲	1	1	0	六九七
	制	9	6	3	六九七
	罰	10	5	5	六九七
	券	19	6	13	六九七
	刺	18	12	6	六九八
	劇	2	1	1	六九八
	刁	3	2	1	六九八

部首	字頭	金關簡總數量	本書收數量	本書未收數量	本書頁碼
刀部	刚	1	1	0	六九八
刃部	刃	10	6	4	六九九
	劒	117	64	53	六九九
耒部	耒	1	1	0	七〇一
	耕	6	5	1	七〇一
角部	角	16	11	5	七〇一
	觿	1	1	0	七〇二
	觻	396	234	162	七〇二
	衡	7	4	3	七〇九
	解	55	41	14	七一〇
	觝	1	1	0	七一一
	觡	3	2	1	七一一
卷五					
竹部	竹	3	2	1	七一三
	箭	9	5	4	七一三
	節	66	35	31	七一三
	籍	125	83	42	七一四
	籥	1	1	0	七一七
	等	131	73	58	七一八
	符	61	34	27	七二〇
	簟	1	1	0	七二一
	箅	1	1	0	七二二
	笥	4	2	2	七二二
	箸	3	2	1	七二二
	箭	1	1	0	七二二
	籠	1	1	0	七二二
	笪	1	1	0	七二二
	箱	20	13	7	七二三
	策	1	1	0	七二三
	箠	2	2	0	七二三
	笞	4	3	1	七二三

部首	字頭	金關簡總數量	本書收數量	本書未收數量	本書頁碼
竹部	篋	1	1	0	七二四
	筑	1	1	0	七二四
	筭	42	12	30	七二四
	算	4	4	0	七二四
	笑	1	1	0	七二五
	第	138	86	52	七二五
	答	1	1	0	七二八
	簿	128	69	59	七二八
箕部	箕	246	120	126	七三〇
丌部	典	1	1	0	七三五
	畀	1	1	0	七三五
	亓	4	4	0	七三五
左部	左	187	119	68	七三五
	差	1	1	0	七三九
工部	工	12	8	4	七三九
	式	3	2	1	七三九
	巧	3	3	0	七四〇
	巨	13	5	8	七四〇
巫部	巫	1	1	0	七四〇
甘部	甘	69	29	40	七四〇
	甚	136	47	89	七四一
曰部	曰	158	86	72	七四三
	沓	1	1	0	七四六
	曹	44	25	19	七四六
乃部	乃	22	11	11	七四七
	卤	36	21	15	七四七
丂部	寧	13	8	5	七四八
可部	可	118	79	39	七四八
	奇	15	7	8	七五一
兮部	羲	1	1	0	七五一
	乎	20	11	9	七五一

部首	字頭	金關簡總數量	本書收數量	本書未收數量	本書頁碼
亏部	亏	27	15	12	七五二
	平	349	221	128	七五二
旨部	嘗	1	1	0	七五九
喜部	喜	21	14	7	七六〇
	憙	44	29	15	七六〇
壴部	彭	60	40	20	七六一
	嘉	57	29	28	七六二
鼓部	鼓	10	5	5	七六三
豈部	豈	1	1	0	七六四
豆部	豆	5	3	2	七六四
豐部	豐	106	52	54	七六四
虍部	虞	25	18	7	七六六
	虔	2	2	0	七六七
	虖	1	1	0	七六七
	虐	1	1	0	七六七
	虡	1	1	0	七六七
虎部	虎	4	3	1	七六七
	虢	1	1	0	七六七
皿部	盛	7	3	4	七六八
	盧	7	3	4	七六八
	盆	1	1	0	七六八
	益	27	19	8	七六八
	盡	127	68	59	七六九
去部	去	76	47	29	七七一
血部	血	5	4	1	七七三
丶部	主	76	43	33	七七三
丹部	丹	28	13	15	七七五
青部	青	32	21	11	七七五
	靜	1	1	0	七七六
井部	井	77	48	29	七七六
	刱	47	32	15	七七八

部首	字頭	金關簡總數量	本書收數量	本書未收數量	本書頁碼
皀部	卽	93	56	37	七七九
	旣	1	1	0	七八一
鬯部	爵	128	79	49	七八一
食部	食	411	229	182	七八四
	餱	1	1	0	七九二
	養	18	8	10	七九二
	飯	13	9	4	七九二
	飧	1	1	0	七九二
	餔	51	19	32	七九三
	餐	1	1	0	七九三
	饒	1	1	0	七九三
	餘	81	54	27	七九四
	館	9	6	3	七九五
	飢	1	1	0	七九六
	餎	1	1	0	七九六
	餳	1	1	0	七九六
亼部	合	35	23	12	七九六
	今	188	103	85	七九七
	舍	172	88	84	八〇一
會部	會	102	59	43	八〇四
倉部	倉	116	66	50	八〇六
入部	入	721	248	473	八〇八
	內	86	55	31	八一六
	糴	1	1	0	八一八
	仝	10	9	1	八一八
缶部	罌	1	1	0	八一八
	缺	6	5	1	八一八
	罄	1	1	0	八一八
矢部	矢	184	83	101	八一九
	䠶	17	14	3	八二一
	矦	115	67	48	八二二

部首	字頭	金關簡總數量	本書收數量	本書未收數量	本書頁碼
矢部	短	10	8	2	八二四
	知	81	43	38	八二五
	矣	7	6	1	八二六
高部	高	158	83	75	八二六
	亭	386	234	152	八二九
冂部	市	136	87	49	八三七
	央	32	21	11	八四〇
京部	京	23	15	8	八四一
	就	88	55	33	八四二
𣆪部	厚	37	20	17	八四三
畗部	良	56	30	26	八四四
㐭部	㐭	2	2	0	八四五
	稟	95	70	25	八四六
	亶	1	1	0	八四八
嗇部	嗇	317	173	144	八四八
來部	來	236	120	116	八五四
麥部	麥	124	65	59	八五八
	麴	7	4	3	八六一
夊部	致	86	51	35	八六一
	憂	15	9	6	八六二
	愛	15	14	1	八六三
	夏	51	33	18	八六三
舛部	舛	1	1	0	八六四
	舞	2	1	1	八六五
舜部	舜	3	2	1	八六五
韋部	韋	13	8	5	八六五
	韎	8	4	4	八六五
	韍	1	1	0	八六五
	韓	47	31	16	八六六
弟部	弟	62	42	20	八六七
夂部	夆	2	2	0	八六八

部首	字頭	金關簡總數量	本書收數量	本書未收數量	本書頁碼
久部	久	38	18	20	八六八
桀部	桀	789	425	364	八六九
卷六					
木部	木	28	17	11	八八五
	杏	3	2	1	八八六
	柰	14	10	4	八八六
	李	188	121	67	八八六
	桃	6	6	0	八九〇
	桂	4	3	1	八九一
	棠	1	1	0	八九一
	杜	43	28	15	八九一
	槫	1	1	0	八九二
	枇	1	1	0	八九二
	桔	1	1	0	八九二
	楊	66	45	21	八九二
	桺	11	8	3	八九四
	欒	1	1	0	八九四
	權	1	1	0	八九四
	柜	1	1	0	八九五
	槐	4	4	0	八九五
	杞	2	2	0	八九五
	柘	2	2	0	八九五
	榮	4	4	0	八九五
	桐	3	3	0	八九五
	楡	14	10	4	八九六
	樵	1	1	0	八九六
	松	2	2	0	八九六
	柏	13	11	2	八九六
	某	13	11	2	八九七
	樹	17	10	7	八九七
	本	41	20	21	八九七

部首	字頭	金關簡總數量	本書收數量	本書未收數量	本書頁碼
木部	朱	52	30	22	八九八
	根	7	5	2	八九九
	末	1	1	0	八九九
	杲	1	1	0	八九九
	枝	1	1	0	九〇〇
	條	4	4	0	九〇〇
	枚	74	32	42	九〇〇
	梃	2	2	0	九〇一
	格	9	5	4	九〇一
	枯	1	1	0	九〇一
	槀	1	1	0	九〇二
	楨	1	1	0	九〇二
	材	3	3	0	九〇二
	栽	1	1	0	九〇二
	極	2	2	0	九〇二
	柱	13	8	5	九〇二
	櫨	1	1	0	九〇三
	樓	3	3	0	九〇三
	楯	5	3	2	九〇三
	槍	7	5	2	九〇三
	桓	7	4	3	九〇三
	桯	1	1	0	九〇四
	牀	3	2	1	九〇四
	櫝	11	7	4	九〇四
	柃	2	1	1	九〇四
	栖	9	5	4	九〇四
	案	183	114	69	九〇五
	料	6	5	1	九〇九
	椑	5	5	0	九〇九
	榼	2	2	0	九〇九
	櫎	1	1	0	九〇九

部首	字頭	金關簡總數量	本書收數量	本書未收數量	本書頁碼
木部	滕	1	1	0	九〇九
	杼	2	2	0	九〇九
	杖	1	1	0	九一〇
	棓	4	2	2	九一〇
	椎	8	4	4	九一〇
	柯	4	3	1	九一〇
	柲	1	1	0	九一〇
	檄	6	4	2	九一〇
	棱	2	2	0	九一一
	櫓	1	1	0	九一一
	樂	239	158	81	九一一
	柎	2	2	0	九一六
	札	8	5	3	九一六
	檢	14	12	2	九一六
	檄	95	53	42	九一七
	橾	2	2	0	九一九
	橋	7	5	2	九一九
	梁	90	57	33	九一九
	校	28	21	7	九二一
	采	3	2	1	九二二
	横	14	11	3	九二二
	檮	12	8	4	九二二
	析	1	1	0	九二三
	休	5	2	3	九二三
	械	1	1	0	九二三
	楫	4	4	0	九二三
	楬	1	1	0	九二三
	杌	1	1	0	九二四
	板	10	8	2	九二四
	棻	1	1	0	九二四
	椒	1	1	0	九二四

部首	字頭	金關簡總數量	本書收數量	本書未收數量	本書頁碼
木部	棰	1	1	0	九二四
	楪	2	2	0	九二五
	椹	1	1	0	九二五
	樣	1	1	0	九二五
	槫	1	1	0	九二五
	槧	1	1	0	九二五
東部	東	277	179	98	九二五
林部	林	24	17	7	九三一
	楚	1	1	0	九三二
	麓	1	1	0	九三二
叒部	桑	1	1	0	九三三
之部	之	921	433	488	九三三
帀部	帀	1	1	0	九四八
	師	13	8	5	九四八
出部	出	1051	425	626	九四八
	賣	42	25	17	九六二
𣎵部	索	101	63	38	九六三
	南	440	249	191	九六五
生部	生	41	23	18	九七三
	產	11	8	3	九七四
	隆	20	15	5	九七四
華部	華	29	19	10	九七五
稽部	稽	22	19	3	九七五
桼部	桼	24	16	8	九七六
	髹	1	1	0	九七七
束部	束	53	24	29	九七七
橐部	橐	259	140	119	九七八
	囊	4	3	1	九八二
囗部	回	3	2	1	九八三
	圖	1	1	0	九八三
	國	349	232	117	九八三

部首	字頭	金關簡總數量	本書收數量	本書未收數量	本書頁碼
口部	園	11	5	6	九九〇
	因	74	41	33	九九〇
	囚	20	13	7	九九二
	固	12	9	3	九九二
	圍	2	2	0	九九二
	困	3	2	1	九九三
	圂	3	2	1	九九三
	因	1	1	0	九九三
員部	員	9	6	3	九九三
貝部	貝	3	3	0	九九三
	財	35	21	14	九九四
	資	3	2	1	九九四
	賢	83	40	43	九九四
	賁	1	1	0	九九六
	賀	40	28	12	九九六
	贊	3	3	0	九九七
	齎	5	3	2	九九七
	貸	37	19	18	九九七
	贛	27	14	13	九九八
	賞	66	38	28	九九八
	賜	60	29	31	一〇〇〇
	贏	7	5	2	一〇〇一
	賴	2	1	1	一〇〇一
	負	87	32	55	一〇〇一
	貳	1	1	0	一〇〇二
	賓	26	15	11	一〇〇二
	貰	29	22	7	一〇〇三
	質	1	1	0	一〇〇四
	貿	2	2	0	一〇〇四
	贖	4	3	1	一〇〇四
	費	9	5	4	一〇〇四

部首	字頭	金關簡總數量	本書收數量	本書未收數量	本書頁碼
貝部	責	76	44	32	一〇〇四
	賈	48	29	19	一〇〇六
	販	2	2	0	一〇〇七
	買	59	28	31	一〇〇七
	賤	9	4	5	一〇〇八
	賦	45	29	16	一〇〇八
	貧	11	7	4	一〇〇九
	賕	1	1	0	一〇一〇
	購	2	1	1	一〇一〇
	貲	3	3	0	一〇一〇
	貴	27	17	10	一〇一〇
	貶	1	1	0	一〇一一
	贕	1	1	0	一〇一一
邑部	邑	199	130	69	一〇一一
	郡	489	349	140	一〇一五
	都	438	204	234	一〇二六
	鄰	1	1	0	一〇三二
	鄮	1	1	0	一〇三二
	邸	3	2	1	一〇三二
	郵	53	30	23	一〇三二
	鄙	1	1	0	一〇三三
	扈	2	2	0	一〇三四
	郝	5	3	2	一〇三四
	鄭	52	41	11	一〇三四
	部	262	152	110	一〇三五
	鄆	1	1	0	一〇四〇
	鄀	1	1	0	一〇四〇
	祁	3	3	0	一〇四〇
	鄴	6	5	1	一〇四一
	邯	18	13	5	一〇四一
	鄲	18	14	4	一〇四一

部首	字頭	金關簡總數量	本書收數量	本書未收數量	本書頁碼
邑部	郐	2	2	0	一〇四二
	郅	2	2	0	一〇四二
	郟	1	1	0	一〇四二
	鄀	6	5	1	一〇四二
	鄧	12	5	7	一〇四二
	鄂	3	3	0	一〇四三
	鄞	3	3	0	一〇四三
	郱	3	3	0	一〇四三
	郜	2	1	1	一〇四三
	郎	7	3	4	一〇四三
	郯	1	1	0	一〇四三
	郭	72	48	24	一〇四四
	邱	1	1	0	一〇四五
䢵部	鄉	176	101	75	一〇四五
	鄕	5	4	1	一〇四九
卷七					
日部	日	775	265	510	一〇五一
	時	266	122	144	一〇六〇
	早	1	1	0	一〇六四
	昧	6	4	2	一〇六四
	昭	152	82	70	一〇六四
	晉	2	2	0	一〇六六
	晏	16	9	7	一〇六七
	景	3	3	0	一〇六七
	旰	1	1	0	一〇六七
	昏	10	7	3	一〇六七
	晦	16	7	9	一〇六八
	昨	8	6	2	一〇六八
	昌	190	131	59	一〇六八
	暑	2	1	1	一〇七三
	㬥	2	2	0	一〇七三

部首	字頭	金關簡總數量	本書收數量	本書未收數量	本書頁碼
日部	昔	1	1	0	一〇七三
	昆	13	8	5	一〇七三
	普	18	12	6	一〇七三
	曉	4	3	1	一〇七四
	晾	1	1	0	一〇七四
	晃	1	1	0	一〇七四
	暠	1	1	0	一〇七四
	暮	1	1	0	一〇七五
旦部	旦	60	27	33	一〇七五
倝部	斡	18	7	11	一〇七六
㫃部	旃	2	2	0	一〇七六
	施	18	8	10	一〇七六
	游	56	23	33	一〇七七
	族	1	1	0	一〇七七
晶部	壘	3	3	0	一〇七七
	曑	9	4	5	一〇七八
月部	月	2672	984	1688	一〇七八
	朔	554	288	266	一一〇九
	霸	29	16	13	一一一八
	朗	2	2	0	一一一九
	期	18	11	7	一一一九
	朌	1	1	0	一一一九
	朋	1	1	0	一一一九
有部	有	236	144	92	一一一九
朙部	朙	98	57	41	一一二四
囧部	盟	1	1	0	一一二六
夕部	夕	10	5	5	一一二六
	夜	51	29	22	一一二六
	外	60	31	29	一一二七
	夗	1	1	0	一一二八
多部	多	50	32	18	一一二九

部首	字頭	金關簡總數量	本書收數量	本書未收數量	本書頁碼
田部	貫	1	1	0	一一三〇
	虜	82	54	28	一一三〇
马部	圅	16	12	4	一一三二
	甬	2	2	0	一一三二
卤部	㮚	2	2	0	一一三二
	粟	127	83	44	一一三二
齊部	齊	48	29	19	一一三五
朿部	棘	3	3	0	一一三六
片部	牘	1	1	0	一一三六
	牒	131	73	58	一一三七
克部	克	4	4	0	一一三九
禾部	禾	8	4	4	一一三九
	種	17	9	8	一一三九
	稺	33	23	10	一一四〇
	私	151	100	51	一一四一
	稷	2	2	0	一一四四
	秫	1	1	0	一一四四
	穬	7	2	5	一一四四
	移	696	398	298	一一四四
	穎	28	17	11	一一五七
	穫	3	3	0	一一五八
	積	87	53	34	一一五八
	秩	59	36	23	一一六〇
	穅	70	40	30	一一六一
	稾	36	19	17	一一六三
	穰	5	3	2	一一六三
	稖	3	3	0	一一六三
	程	4	3	1	一一六四
	秊	2587	1171	1416	一一六四
	穀	108	67	41	一二〇二
	租	3	3	0	一二〇四

部首	字頭	金關簡總數量	本書收數量	本書未收數量	本書頁碼
禾部	稅	1	1	0	一二〇五
	稾	1	1	0	一二〇五
	稍	6	4	2	一二〇五
	秋	104	60	44	一二〇五
	秦	14	4	10	一二〇七
	稱	4	4	0	一二〇七
	程	46	30	16	一二〇七
	稯	2	2	0	一二〇八
	穩	1	1	0	一二〇八
	稛	1	1	0	一二〇九
	稂	1	1	0	一二〇九
	稧	1	1	0	一二〇九
秝部	兼	88	57	31	一二〇九
黍部	黍	9	5	4	一二一一
米部	米	55	34	21	一二一一
	粱	10	7	3	一二一二
	粲	1	1	0	一二一三
	精	3	3	0	一二一三
	糜	28	15	13	一二一三
	糟	1	1	0	一二一四
	糒	16	10	6	一二一四
	糧	2	1	1	一二一四
	糴	18	5	13	一二一四
	氣	4	1	3	一二一四
	竊	2	2	0	一二一五
臼部	臼	1	1	0	一二一五
	舂	2	2	0	一二一五
	臿	2	2	0	一二一五
	舀	2	2	0	一二一五
凶部	凶	9	3	6	一二一五
	兇	1	1	0	一二一六

部首	字頭	金關簡總數量	本書收數量	本書未收數量	本書頁碼
朩部	枲	19	9	10	一二一七
麻部	麻	4	4	0	一二一七
韭部	韭	3	3	0	一二一七
	韰	2	2	0	一二一八
	韮	1	1	0	一二一八
瓜部	瓜	1	1	0	一二一八
宀部	家	204	141	63	一二一八
	宅	2	2	0	一二二三
	室	17	12	5	一二二三
	宣	98	53	45	一二二三
	㝃	2	2	0	一二二五
	宛	25	21	4	一二二五
	宏	24	13	11	一二二六
	定	198	125	73	一二二七
	安	420	278	142	一二三一
	宴	1	1	0	一二三九
	察	19	13	6	一二三九
	完	76	49	27	一二四〇
	富	120	89	31	一二四一
	實	49	33	16	一二四四
	容	5	2	3	一二四六
	寶	1	1	0	一二四六
	宦	3	3	0	一二四六
	宰	14	10	4	一二四六
	守	634	383	251	一二四七
	宜	125	79	46	一二五九
	寫	86	54	32	一二六二
	宿	71	49	22	一二六四
	寬	22	15	7	一二六五
	客	55	35	20	一二六六
	寄	16	8	8	一二六七

部首	字頭	金關簡總數量	本書收數量	本書未收數量	本書頁碼
宀部	寒	19	12	7	一二六七
	害	20	12	8	一二六八
	宕	1	1	0	一二六八
	宋	66	44	22	一二六九
	宗	109	68	41	一二七〇
	寘	1	1	0	一二七二
	寰	1	1	0	一二七三
宫部	宫	29	18	11	一二七三
	營	33	17	16	一二七三
吕部	吕	42	30	12	一二七四
穴部	竈	1	1	0	一二七五
	穿	5	4	1	一二七五
	竇	5	5	0	一二七五
	空	14	8	6	一二七六
	窒	2	2	0	一二七六
	突	1	1	0	一二七六
	穹	1	1	0	一二七六
	窮	8	7	1	一二七七
	窋	1	1	0	一二七七
疒部	疾	44	27	17	一二七七
	痛	3	2	1	一二七八
	病	56	29	27	一二七八
	瘚	1	1	0	一二七九
	癰	1	1	0	一二七九
	瘧	1	1	0	一二八〇
	瘦	2	1	1	一二八〇
冖部	冠	27	13	14	一二八〇
	冣	18	13	5	一二八〇
冃部	同	143	78	65	一二八一
冃部	冒	6	3	3	一二八三
㒳部	兩	383	138	245	一二八四

部首	字頭	金關簡總數量	本書收數量	本書未收數量	本書頁碼
网部	罪	99	41	58	一二八八
	署	44	27	17	一二八九
	罷	43	25	18	一二九〇
	置	54	34	20	一二九一
	罵	1	1	0	一二九二
襾部	覆	3	3	0	一二九三
巾部	巾	4	2	2	一二九三
	幣	21	13	8	一二九三
	帶	13	7	6	一二九三
	幘	2	2	0	一二九四
	常	134	89	45	一二九四
	幝	1	1	0	一二九七
	幡	12	7	5	一二九七
	帣	2	2	0	一二九七
	帚	4	2	2	一二九八
	席	15	11	4	一二九八
	幨	11	5	6	一二九八
	布	99	56	43	一二九八
	希	2	2	0	一三〇〇
	帑	1	1	0	一三〇〇
帛部	帛	8	6	2	一三〇一
白部	白	173	86	87	一三〇一
	皁	31	16	15	一三〇四
㡀部	敝	2	2	0	一三〇五
卷八					
人部	人	787	318	469	一三〇七
	保	5	5	0	一三一六
	仁	48	30	18	一三一六
	佩	2	2	0	一三一七
	伋	2	2	0	一三一八
	伉	1	1	0	一三一八

部首	字頭	金關簡總數量	本書收數量	本書未收數量	本書頁碼
人部	伯	26	11	15	一三一八
	仲	21	14	7	一三一八
	伊	1	1	0	一三一九
	倩	22	12	10	一三一九
	佳	2	2	0	一三二〇
	傀	1	1	0	一三二〇
	偉	13	8	5	一三二〇
	僑	1	1	0	一三二〇
	俟	1	1	0	一三二〇
	健	4	3	1	一三二一
	佗	241	137	104	一三二一
	何	104	64	40	一三二五
	儋	2	2	0	一三二七
	儲	2	2	0	一三二七
	備	21	13	8	一三二七
	偕	6	6	0	一三二八
	俱	57	41	16	一三二八
	傅	17	11	6	一三三〇
	倚	6	4	2	一三三〇
	依	4	4	0	一三三〇
	侍	16	7	9	一三三一
	付	163	70	93	一三三一
	俠	6	3	3	一三三三
	伍	20	13	7	一三三三
	什	2	2	0	一三三四
	佰	4	3	1	一三三四
	作	89	50	39	一三三四
	假	24	11	13	一三三六
	借	5	5	0	一三三六
	侵	5	5	0	一三三七
	候	835	413	422	一三三七

部首	字頭	金關簡總數量	本書收數量	本書未收數量	本書頁碼
人部	儨	21	13	8	一三五〇
	僅	1	1	0	一三五〇
	代	26	12	14	一三五一
	儀	5	3	2	一三五一
	便	40	27	13	一三五一
	任	66	41	25	一三五二
	儉	1	1	0	一三五四
	俗	1	1	0	一三五四
	使	168	79	89	一三五四
	傳	375	204	171	一三五七
	倂	1	1	0	一三六四
	倍	3	2	1	一三六四
	僞	6	6	0	一三六四
	偏	2	2	0	一三六四
	倀	1	1	0	一三六五
	佻	1	1	0	一三六五
	僞	1	1	0	一三六五
	倡	1	1	0	一三六五
	僵	2	2	0	一三六五
	偃	40	27	13	一三六五
	傷	43	26	17	一三六六
	伏	236	81	155	一三六七
	係	1	1	0	一三七〇
	伐	3	2	1	一三七〇
	但	4	3	1	一三七〇
	傴	1	1	0	一三七〇
	仇	1	1	0	一三七一
	値	1	1	0	一三七一
	偶	1	1	0	一三七一
	佋	2	2	0	一三七一
	僊	1	1	0	一三七一

部首	字頭	金關簡總數量	本書收數量	本書未收數量	本書頁碼
人部	侶	2	2	0	一三七一
	僦	2	2	0	一三七二
	佢	1	1	0	一三七二
	佝	1	1	0	一三七二
	佐	274	160	114	一三七二
	佚	1	1	0	一三七七
	佷	1	1	0	一三七七
	俓	5	3	2	一三七七
	俢	1	1	0	一三七七
	偈	1	1	0	一三七八
	偷	6	4	2	一三七八
	偊	1	1	0	一三七八
	僃	3	2	1	一三七八
	償	1	1	0	一三七八
	儙	1	1	0	一三七八
	僉	3	2	1	一三七九
	儴	1	1	0	一三七九
匕部	眞	27	21	6	一三七九
匕部	頃	34	18	16	一三八〇
	卬	4	2	2	一三八〇
从部	從	312	178	134	一三八一
	幷	21	7	14	一三八六
比部	比	17	13	4	一三八六
北部	北	408	201	207	一三八七
	冀	3	3	0	一三九三
丘部	丘	34	23	11	一三九三
	虗	1	1	0	一三九四
㐺部	衆	64	44	20	一三九四
	聚	4	3	1	一三九五
𡈼部	徵	130	54	76	一三九六
	朢	98	62	36	一三九七

部首	字頭	金關簡總數量	本書收數量	本書未收數量	本書頁碼
重部	重	37	24	13	一三九九
臥部	臥	7	6	1	一四〇〇
	監	8	6	2	一四〇一
	臨	152	89	63	一四〇一
身部	身	26	14	12	一四〇四
㐆部	殷	26	20	6	一四〇四
衣部	衣	106	55	51	一四〇五
	褕	4	4	0	一四〇七
	袤	122	46	76	一四〇七
	裏	4	3	1	一四〇九
	褘	1	1	0	一四〇九
	襲	16	7	9	一四〇九
	袍	15	8	7	一四〇九
	襍	1	1	0	一四一〇
	衺	7	4	3	一四一〇
	襜	5	5	0	一四一〇
	褒	67	35	32	一四一〇
	複	3	1	2	一四一一
	袁	5	4	1	一四一二
	襦	6	4	2	一四一二
	襌	1	1	0	一四一二
	襄	24	19	5	一四一二
	被	20	15	5	一四一三
	裨	3	3	0	一四一三
	雜	16	11	5	一四一三
	補	22	13	9	一四一四
	裝	4	3	1	一四一四
	卒	1183	605	578	一四一五
	褚	1	1	0	一四三三
	裹	17	11	6	一四三四
	製	1	1	0	一四三四

部首	字頭	金關簡總數量	本書收數量	本書未收數量	本書頁碼
衣部	襏	1	1	0	一四三四
裘部	裘	12	8	4	一四三四
老部	老	38	26	12	一四三五
	耋	1	1	0	一四三六
	壽	131	72	59	一四三六
	孝	47	27	20	一四三八
毛部	毛	20	11	9	一四三九
尸部	尸	1	1	0	一四四〇
	居	948	504	444	一四四〇
	眉	2	1	1	一四五六
	展	1	1	0	一四五六
	屍	2	1	1	一四五六
	尼	2	2	0	一四五六
	屠	5	4	1	一四五六
	屋	36	22	14	一四五六
	屏	2	1	1	一四五七
	屖	1	1	0	一四五七
尺部	尺	541	211	330	一四五九
尾部	屬	175	107	68	一四六五
	屈	5	5	0	一四六九
履部	履	14	6	8	一四六九
舟部	船	3	2	1	一四七〇
	朕	1	1	0	一四七〇
	服	27	16	11	一四七〇
方部	方	152	96	56	一四七一
儿部	兒	11	6	5	一四七四
	允	5	4	1	一四七四
	兌	3	3	0	一四七四
	充	93	57	36	一四七四
	兗	23	19	4	一四七六
兄部	兄	33	21	12	一四七七

部首	字頭	金關簡總數量	本書收數量	本書未收數量	本書頁碼
先部	兂	21	16	5	一四七八
皃部	皃	1	1	0	一四七八
先部	先	39	29	10	一四七八
見部	見	161	89	72	一四七九
	視	30	19	11	一四八三
	觀	3	3	0	一四八三
	覽	1	1	0	一四八三
	覺	2	2	0	一四八四
	親	44	26	18	一四八四
	覓	1	1	0	一四八五
欠部	欽	30	19	11	一四八五
	欣	5	3	2	一四八六
	欲	92	57	35	一四八六
	歌	1	1	0	一四八八
	歐	9	7	2	一四八八
	欬	2	1	1	一四八八
	次	62	27	35	一四八八
	歆	19	11	8	一四八九
㱃部	㱃	17	5	12	一四九〇
次部	次	3	2	1	一四九〇
	盜	21	17	4	一四九〇
卷九					
頁部	頭	499	188	311	一四九三
	顏	4	3	1	一四九九
	頌	1	1	0	一五〇〇
	顯	192	104	88	一五〇〇
	題	1	1	0	一五〇三
	頸	3	1	2	一五〇三
	領	53	18	35	一五〇四
	碩	1	1	0	一五〇四
	顧	7	6	1	一五〇四

部首	字頭	金關簡總數量	本書收數量	本書未收數量	本書頁碼
頁部	順	45	32	13	一五〇五
	頓	12	5	7	一五〇六
	頡	3	2	1	一五〇六
	頗	7	3	4	一五〇六
	煩	9	7	2	一五〇六
	顯	14	10	4	一五〇七
	預	3	3	0	一五〇七
	頻	2	2	0	一五〇七
	頭	1	1	0	一五〇七
	額	1	1	0	一五〇七
面部	面	21	11	10	一五〇八
首部	首	11	4	7	一五〇八
県部	縣	454	261	193	一五〇八
須部	須	33	23	10	一五一七
	顧	1	1	0	一五一八
	顪	2	2	0	一五一八
彡部	弱	7	7	0	一五一八
彣部	彥	1	1	0	一五一九
文部	文	77	41	36	一五一九
髟部	髮	3	3	0	一五二〇
	髡	3	3	0	一五二〇
后部	后	2	2	0	一五二〇
司部	司	117	58	59	一五二一
卩部	令	1202	619	583	一五二三
	卷	12	9	3	一五四四
	卻	9	6	3	一五四五
	叩	325	117	208	一五四五
印部	印	366	155	211	一五四九
色部	色	353	184	169	一五五五
卯部	卿	368	177	191	一五六一
辟部	辟	50	24	26	一五六六

部首	字頭	金關簡總數量	本書收數量	本書未收數量	本書頁碼
勹部	旬	1	1	0	一五六七
	匈	9	5	4	一五六七
	冢	2	2	0	一五六七
茍部	敬	38	26	12	一五六八
鬼部	鬼	6	5	1	一五六八
	醜	1	1	0	一五六九
	魋	1	1	0	一五六九
厶部	厶	4	2	2	一五六九
	篡	1	1	0	一五六九
嵬部	巍	65	48	17	一五六九
山部	山	101	62	39	一五七三
	岑	7	4	3	一五七五
	密	9	7	2	一五七五
	崇	12	11	1	一五七五
	崔	5	3	2	一五七六
	嵩	1	1	0	一五七六
	崩	1	1	0	一五七六
广部	广	1	1	0	一五七六
	府	351	173	178	一五七六
	庠	2	2	0	一五八二
	廬	3	3	0	一五八二
	庭	9	7	2	一五八三
	庉	4	2	2	一五八三
	廚	13	12	1	一五八三
	庫	48	23	25	一五八四
	廏	34	22	12	一五八四
	序	1	1	0	一五八五
	廣	335	225	110	一五八五
	廥	1	1	0	一五九三
	庾	4	4	0	一五九三
	庰	2	2	0	一五九三

部首	字頭	金關簡總數量	本書收數量	本書未收數量	本書頁碼
广部	廉	14	10	4	一五九三
	龐	12	7	5	一五九四
	庇	3	2	1	一五九四
	庶	11	9	2	一五九四
	廢	1	1	0	一五九五
	庰	18	8	10	一五九五
	廖	1	1	0	一五九五
	麃	5	5	0	一五九五
	廋	9	5	4	一五九五
厂部	厲	1	1	0	一五九六
	厝	2	2	0	一五九六
丸部	丸	13	7	6	一五九六
危部	危	2	2	0	一五九六
石部	石	632	276	356	一五九六
	磿	6	5	1	一六〇四
	破	42	22	20	一六〇五
	磑	1	1	0	一六〇五
	硏	7	3	4	一六〇六
長部	長	1745	913	832	一六〇六
	肆	2	2	0	一六三五
勿部	勿	41	24	17	一六三五
	昜	1	1	0	一六三六
冄部	冄	1	1	0	一六三六
而部	而	32	19	13	一六三六
	耏	12	8	4	一六三七
豕部	豬	2	2	0	一六三七
	豶	1	1	0	一六三七
	豭	1	1	0	一六三七
	豤	2	2	0	一六三七
㣇部	豪	8	5	3	一六三八
彑部	彘	1	1	0	一六三八

部首	字頭	金關簡總數量	本書收數量	本書未收數量	本書頁碼
彑部	彖	4	4	0	一六三八
豚部	豚	8	6	2	一六三八
豸部	豹	1	1	0	一六三八
	豺	1	1	0	一六三九
	貂	1	1	0	一六三九
	貍	2	2	0	一六三九
易部	易	27	14	13	一六三九
象部	豫	1	1	0	一六四〇
卷十					
馬部	馬	639	340	299	一六四一
	駒	3	3	0	一六五二
	驪	14	9	5	一六五二
	騩	23	17	6	一六五三
	騮	20	10	10	一六五三
	騅	6	4	2	一六五四
	駱	5	3	2	一六五四
	驄	1	1	0	一六五四
	駹	16	9	7	一六五四
	騧	28	15	13	一六五五
	驃	1	1	0	一六五五
	駒	2	1	1	一六五五
	駮	1	1	0	一六五五
	駿	15	10	5	一六五六
	驕	6	4	2	一六五六
	驩	14	8	6	一六五六
	驗	23	15	8	一六五六
	駠	1	1	0	一六五七
	驤	1	1	0	一六五七
	騎	214	125	89	一六五七
	駕	21	11	10	一六六一
	駟	10	9	1	一六六二

部首	字頭	金關簡總數量	本書收數量	本書未收數量	本書頁碼
馬部	馮	48	27	21	一六六二
	驅	1	1	0	一六六三
	馳	15	9	6	一六六三
	驚	11	9	2	一六六四
	騫	1	1	0	一六六四
	騷	1	1	0	一六六四
	騶	3	3	0	一六六四
	驛	20	14	6	一六六四
	駮	19	14	5	一六六五
	驘	1	1	0	一六六五
	驢	1	1	0	一六六六
	駿	1	1	0	一六六六
	�	1	1	0	一六六六
	駑	1	1	0	一六六六
	駣	4	2	2	一六六六
	騂	157	86	71	一六六六
	驜	1	1	0	一六六九
	駱	1	1	0	一六六九
	驊	1	1	0	一六七〇
	驩	10	5	5	一六七〇
廌部	薦	3	3	0	一六七〇
	灋	24	13	11	一六七〇
鹿部	鹿	26	20	6	一六七一
	麋	1	1	0	一六七一
	麇	1	1	0	一六七一
	麗	10	5	5	一六七二
麤部	麤	1	1	0	一六七二
兔部	兔	1	1	0	一六七二
	冤	10	7	3	一六七二
犬部	犬	5	3	2	一六七二
	狗	18	13	5	一六七三

部首	字頭	金關簡總數量	本書收數量	本書未收數量	本書頁碼
犬部	狡	1	1	0	一六七三
	猥	3	2	1	一六七三
	狠	3	3	0	一六七三
	狀	40	28	12	一六七四
	犯	6	5	1	一六七五
	猜	3	2	1	一六七五
	猛	32	14	18	一六七五
	犺	1	1	0	一六七五
	戾	1	1	0	一六七六
	獨	15	9	6	一六七六
	狩	1	1	0	一六七六
	獲	7	6	1	一六七六
	獻	1	1	0	一六七七
	狂	1	1	0	一六七七
	類	2	2	0	一六七七
	狄	4	3	1	一六七七
	狼	2	2	0	一六七七
	狐	4	2	2	一六七七
	狹	1	1	0	一六七八
㹜部	獄	176	85	91	一六七八
能部	能	31	21	10	一六八〇
熊部	熊	2	1	1	一六八一
火部	火	51	30	21	一六八一
	然	9	7	2	一六八二
	燔	12	7	5	一六八三
	炊	2	1	1	一六八三
	尉	669	326	343	一六八三
	燭	1	1	0	一六九三
	㸑	6	4	2	一六九四
	煙	3	2	1	一六九四
	煒	1	1	0	一六九四

部首	字頭	金關簡總數量	本書收數量	本書未收數量	本書頁碼
火部	煌	13	10	3	一六九四
	光	121	79	42	一六九四
	熱	4	3	1	一六九七
	燥	1	1	0	一六九七
	燧	16	5	11	一六九七
	熙	1	1	0	一六九八
	煞	1	1	0	一六九八
	薰	2	2	0	一六九八
黑部	黑	367	184	183	一六九八
	黠	3	1	2	一七〇四
	黨	54	33	21	一七〇五
	黮	1	1	0	一七〇六
囪部	悤	2	2	0	一七〇七
焱部	熒	37	22	15	一七〇七
炙部	炙	1	1	0	一七〇八
赤部	赤	22	16	6	一七〇八
大部	大	792	394	398	一七〇九
	夾	2	1	1	一七二〇
	奄	1	1	0	一七二〇
	夷	13	11	2	一七二〇
亦部	亦	4	3	1	一七二一
夨部	吳	32	26	6	一七二一
夭部	喬	2	2	0	一七二二
交部	交	3	3	0	一七二二
壺部	壺	4	4	0	一七二二
壹部	壹	8	6	2	一七二二
幸部	幸	196	73	123	一七二三
	睪	2	2	0	一七二五
	執	36	20	16	一七二五
	圉	8	5	3	一七二六
	報	77	47	30	一七二六

部首	字頭	金關簡總數量	本書收數量	本書未收數量	本書頁碼
亢部	亢	2	2	0	一七二八
夲部	奏	35	20	15	一七二八
夰部	昦	1	1	0	一七二九
大部	奘	1	1	0	一七二九
	奚	1	1	0	一七二九
夫部	夫	535	287	248	一七二九
	扶	1	1	0	一七三八
立部	立	44	29	15	一七三八
	端	7	5	2	一七三九
竝部	竝	68	41	27	一七四〇
思部	思	10	7	3	一七四一
	慮	1	1	0	一七四一
心部	心	13	8	5	一七四一
	息	22	14	8	一七四二
	志	4	3	1	一七四二
	意	57	38	19	一七四二
	應	25	15	10	一七四四
	慎	9	5	4	一七四四
	忠	97	65	32	一七四四
	快	1	1	0	一七四七
	念	6	6	0	一七四七
	憲	42	28	14	一七四七
	惲	43	25	18	一七四八
	恬	1	1	0	一七四九
	恢	3	2	1	一七四九
	恭	36	19	17	一七四九
	恕	2	2	0	一七五〇
	慈	1	1	0	一七五〇
	恩	33	21	12	一七五〇
	慶	27	17	10	一七五一
	懷	4	3	1	一七五二

部首	字頭	金關簡總數量	本書收數量	本書未收數量	本書頁碼
心部	想	2	2	0	一七五二
	悟	1	1	0	一七五二
	急	60	31	29	一七五二
	愚	11	6	5	一七五四
	𢡟	1	1	0	一七五四
	忽	23	10	13	一七五四
	忘	19	11	8	一七五四
	忌	3	2	1	一七五五
	忿	1	1	0	一七五五
	恚	1	1	0	一七五五
	怒	11	9	2	一七五五
	惡	10	6	4	一七五六
	恨	4	2	2	一七五六
	悔	1	1	0	一七五六
	悲	3	2	1	一七五六
	惜	1	1	0	一七五六
	恙	74	38	36	一七五七
	患	3	3	0	一七五八
	恐	17	9	8	一七五八
	惶	1	1	0	一七五八
	憐	12	7	5	一七五九
	忍	9	6	3	一七五九
	憎	1	1	0	一七五九
	恒	1	1	0	一七五九
	悀	1	1	0	一七六〇
	憤	1	1	0	一七六〇
卷十一					
水部	水	912	428	484	一七六一
	河	364	209	155	一七七四
	江	13	9	4	一七八〇
	沱	1	1	0	一七八〇

部首	字頭	金關簡總數量	本書收數量	本書未收數量	本書頁碼
水部	溫	51	35	16	一七八〇
	沮	1	1	0	一七八二
	涂	2	2	0	一七八二
	溺	2	2	0	一七八二
	涇	7	5	2	一七八二
	渭	2	1	1	一七八二
	漢	98	65	33	一七八二
	沔	1	1	0	一七八五
	漆	2	2	0	一七八五
	洛	7	5	2	一七八五
	汝	8	4	4	一七八五
	汾	6	4	2	一七八五
	蕩	1	1	0	一七八五
	灌	2	2	0	一七八六
	泠	4	3	1	一七八六
	深	17	12	5	一七八六
	淮	95	68	27	一七八六
	泄	3	3	0	一七八八
	淩	1	1	0	一七八九
	濼	5	5	0	一七八九
	濕	2	2	0	一七八九
	泗	1	1	0	一七八九
	治	122	56	66	一七八九
	浸	1	1	0	一七九一
	濟	31	20	11	一七九一
	濡	1	1	0	一七九二
	沽	2	2	0	一七九二
	泥	1	1	0	一七九二
	海	8	7	1	一七九二
	衍	6	2	4	一七九三
	泫	2	2	0	一七九三

部首	字頭	金關簡總數量	本書收數量	本書未收數量	本書頁碼
水部	汪	3	3	0	一七九三
	況	21	11	10	一七九三
	浩	1	1	0	一七九四
	波	1	1	0	一七九四
	浮	1	1	0	一七九四
	氾	3	2	1	一七九四
	清	11	8	3	一七九四
	淵	7	4	3	一七九五
	滿	24	12	12	一七九五
	滑	2	2	0	一七九五
	澤	23	15	8	一七九六
	淺	3	2	1	一七九六
	涅	2	2	0	一七九六
	浥	1	1	0	一七九六
	沙	67	30	37	一七九七
	浦	1	1	0	一七九八
	汜	3	3	0	一七九八
	滎	5	3	2	一七九八
	潢	1	1	0	一七九八
	湖	3	2	1	一七九八
	洫	1	1	0	一七九八
	溝	7	6	1	一七九九
	渠	42	24	18	一七九九
	決	20	12	8	一八〇〇
	注	3	2	1	一八〇〇
	津	142	80	62	一八〇〇
	泭	6	5	1	一八〇三
	渡	8	6	2	一八〇三
	淦	1	1	0	一八〇四
	泛	1	1	0	一八〇四
	湛	3	3	0	一八〇四

部首	字頭	金關簡總數量	本書收數量	本書未收數量	本書頁碼
水部	湮	1	1	0	一八〇四
	沒	2	2	0	一八〇四
	濩	1	1	0	一八〇四
	沈	1	1	0	一八〇五
	濃	1	1	0	一八〇五
	溓	1	1	0	一八〇五
	渴	1	1	0	一八〇五
	汙	4	3	1	一八〇五
	準	1	1	0	一八〇五
	湯	31	25	6	一八〇六
	涫	5	5	0	一八〇六
	浚	1	1	0	一八〇七
	潘	4	3	1	一八〇七
	涼	4	3	1	一八〇七
	溢	2	2	0	一八〇七
	沐	1	1	0	一八〇七
	浴	1	1	0	一八〇七
	汲	10	8	2	一八〇八
	淳	12	7	5	一八〇八
	滌	1	1	0	一八〇八
	汗	8	6	2	一八〇八
	瀐	1	1	0	一八〇九
	減	2	2	0	一八〇九
	滅	8	4	4	一八〇九
	漕	8	5	3	一八〇九
	漏	2	1	1	一八〇九
	湲	1	1	0	一八一〇
	洲	1	1	0	一八一〇
	池	71	45	26	一八一〇
	浸	1	1	0	一八一一
	汴	1	1	0	一八一一

部首	字頭	金關簡總數量	本書收數量	本書未收數量	本書頁碼
水部	溜	1	1	0	一八一二
	澼	2	2	0	一八一二
	潰	1	1	0	一八一二
沝部	㴇	4	2	2	一八一三
川部	川	26	17	9	一八一三
	州	3	2	1	一八一四
泉部	泉	116	69	47	一八一四
灥部	厵	20	15	5	一八一六
永部	永	73	49	24	一八一七
谷部	谷	22	18	4	一八一八
	谿	1	1	0	一八一九
仌部	凍	2	2	0	一八一九
	冬	10	4	6	一八一九
	冶	1	1	0	一八二〇
雨部	雨	4	2	2	一八二〇
	靁	1	1	0	一八二〇
	霽	2	2	0	一八二〇
	霄	1	1	0	一八二〇
	扇	1	1	0	一八二〇
	露	65	28	37	一八二一
	霜	1	1	0	一八二二
雲部	雲	21	13	8	一八二二
魚部	魚	25	19	6	一八二二
	鮮	4	3	1	一八二三
	鮑	3	2	1	一八二三
燕部	燕	4	2	2	一八二三
龍部	龍	23	15	8	一八二三
非部	非	34	13	21	一八二四
	靡	5	5	0	一八二四
卷十二					
乙部	孔	23	16	7	一八二五

部首	字頭	金關簡總數量	本書收數量	本書未收數量	本書頁碼
乙部	乳	2	2	0	一八二五
不部	不	608	343	265	一八二六
至部	至	147	85	62	一八三六
	到	245	134	111	一八三九
	臺	2	2	0	一八四三
西部	西	137	83	54	一八四三
鹵部	鹵	2	2	0	一八四六
鹽部	鹽	19	13	6	一八四六
戶部	戶	44	21	23	一八四六
	房	56	29	27	一八四七
門部	門	88	49	39	一八四八
	閎	1	1	0	一八五〇
	閣	1	1	0	一八五〇
	闐	1	1	0	一八五〇
	閈	1	1	0	一八五〇
	閭	14	11	3	一八五〇
	閻	11	5	6	一八五一
	開	6	5	1	一八五一
	閣	11	8	3	一八五一
	閒	31	17	14	一八五二
	闌	29	16	13	一八五二
	閉	1	1	0	一八五三
	關	773	365	408	一八五三
	閱	2	2	0	一八六五
	闊	1	1	0	一八六五
	閔	4	3	1	一八六六
	闒	12	8	4	一八六六
耳部	耳	20	9	11	一八六六
	耿	16	10	6	一八六六
	聊	6	5	1	一八六七
	聖	27	14	13	一八六七

部首	字頭	金關簡總數量	本書收數量	本書未收數量	本書頁碼
耳部	聽	12	6	6	一八六七
	職	21	16	5	一八六八
	聲	1	1	0	一八六八
	聞	52	28	24	一八六九
	聑	21	12	9	一八七〇
	聶	2	2	0	一八七〇
	耶	4	3	1	一八七〇
叵部	叵	4	4	0	一八七〇
手部	手	6	3	3	一八七一
	掌	10	9	1	一八七一
	指	1	1	0	一八七一
	捧	189	60	129	一八七一
	揞	1	1	0	一八七三
	推	7	5	2	一八七四
	抵	1	1	0	一八七四
	扶	11	9	2	一八七四
	持	79	39	40	一八七四
	挈	1	1	0	一八七六
	據	4	3	1	一八七六
	攝	12	7	5	一八七六
	把	1	1	0	一八七六
	攜	1	1	0	一八七六
	提	1	1	0	一八七七
	掾	277	156	121	一八七七
	擇	4	3	1	一八八二
	掷	1	1	0	一八八二
	捊	2	2	0	一八八二
	投	2	2	0	一八八二
	承	56	28	28	一八八三
	接	2	2	0	一八八三
	撫	1	1	0	一八八四

部首	字頭	金關簡總數量	本書收數量	本書未收數量	本書頁碼
手部	投	1	1	0	一八八四
	擾	2	2	0	一八八四
	擧	52	33	19	一八八四
	振	1	1	0	一八八五
	擅	11	6	5	一八八五
	失	19	10	9	一八八六
	拓	11	6	5	一八八六
	拾	2	2	0	一八八六
	拔	1	1	0	一八八六
	擣	1	1	0	一八八七
	摩	1	1	0	一八八七
	揟	3	3	0	一八八七
	擊	7	5	2	一八八七
	扞	1	1	0	一八八七
	捕	35	18	17	一八八七
	搒	1	1	0	一八八八
	掫	1	1	0	一八八八
	捐	20	13	7	一八八八
	換	2	2	0	一八八九
	掖	318	155	163	一八八九
	扽	1	1	0	一八九四
	拒	1	1	0	一八九四
	抻	1	1	0	一八九四
	掃	1	1	0	一八九四
	摸	1	1	0	一八九五
	擔	1	1	0	一八九五
	攔	1	1	0	一八九五
女部	女	147	74	73	一八九七
	姓	66	40	26	一八九九
	姬	1	1	0	一九〇〇
	姚	12	9	3	一九〇一

部首	字頭	金關簡總數量	本書收數量	本書未收數量	本書頁碼
女部	嫁	2	2	0	一九〇一
	妻	84	50	34	一九〇一
	婦	21	13	8	一九〇三
	母	18	9	9	一九〇三
	媪	1	1	0	一九〇四
	姑	5	2	3	一九〇四
	威	41	24	17	一九〇四
	姊	3	3	0	一九〇五
	嫂	2	2	0	一九〇五
	婢	43	28	15	一九〇五
	奴	116	77	39	一九〇六
	始	273	158	115	一九〇八
	好	7	4	3	一九一三
	娟	1	1	0	一九一三
	娶	1	1	0	一九一三
	如	642	350	292	一九一三
	嬰	19	9	10	一九二四
	媛	1	1	0	一九二四
	婁	2	1	1	一九二四
	嬈	1	1	0	一九二五
	姦	29	18	11	一九二五
	妖	1	1	0	一九二五
	嬫	1	1	0	一九二六
毋部	毋	745	385	360	一九二六
民部	民	76	46	30	一九三八
丿部	乂	7	2	5	一九三九
	弗	2	2	0	一九三九
厂部	弋	2	2	0	一九三九
㇂部	也	89	56	33	一九四〇
氏部	氏	56	36	20	一九四二
氐部	氐	64	38	26	一九四三

部首	字頭	金關簡總數量	本書收數量	本書未收數量	本書頁碼
戈部	戟	42	30	12	一九四四
	賊	19	12	7	一九四五
	戍	316	129	187	一九四六
	戰	2	2	0	一九四九
	戲	1	1	0	一九五〇
	或	21	17	4	一九五〇
	武	287	182	105	一九五〇
戉部	戚	1	1	0	一九五六
我部	我	6	5	1	一九五六
	義	29	20	9	一九五七
㇄部	直	233	89	144	一九五七
亾部	亾	90	53	37	一九六〇
	𣜩	18	15	3	一九六二
匸部	區	1	1	0	一九六三
	匿	12	10	2	一九六三
	匽	3	2	1	一九六三
	匹	443	194	249	一九六三
匚部	匠	2	2	0	一九六九
	医	2	2	0	一九六九
	匡	5	3	2	一九六九
曲部	曲	42	30	12	一九七〇
甾部	甾	1	1	0	一九七一
	畚	1	1	0	一九七一
瓦部	瓦	6	5	1	一九七一
	甑	2	2	0	一九七一
	瓿	1	1	0	一九七一
弓部	弓	78	46	32	一九七一
	張	669	356	313	一九七三
	彊	74	45	29	一九八四
	弘	65	51	14	一九八六
	弛	4	2	2	一九八七

部首	字頭	金關簡總數量	本書收數量	本書未收數量	本書頁碼
弓部	弩	173	78	95	一九八七
	發	87	37	50	一九九〇
	弾	1	1	0	一九九一
	彌	4	3	1	一九九二
弦部	弦	32	8	24	一九九二
系部	孫	208	121	87	一九九二
	繇	7	5	2	一九九六
卷十三					
糸部	糸	12	6	6	一九九七
	緒	2	2	0	一九九七
	純	2	2	0	一九九七
	經	5	4	1	一九九八
	織	2	2	0	一九九八
	紝	1	1	0	一九九八
	緯	6	4	2	一九九八
	統	1	1	0	一九九八
	紀	10	7	3	一九九八
	納	1	1	0	一九九九
	絶	20	14	6	一九九九
	續	5	2	3	一九九九
	縱	3	3	0	二〇〇〇
	紓	1	1	0	二〇〇〇
	細	8	3	5	二〇〇〇
	級	10	6	4	二〇〇〇
	總	1	1	0	二〇〇〇
	約	16	9	7	二〇〇一
	縛	1	1	0	二〇〇一
	給	77	56	21	二〇〇一
	終	7	5	2	二〇〇三
	繒	1	1	0	二〇〇三
	縑	7	6	1	二〇〇三

部首	字頭	金關簡總數量	本書收數量	本書未收數量	本書頁碼
糸部	綈	2	2	0	二〇〇四
	練	6	3	3	二〇〇四
	縵	1	1	0	二〇〇四
	綠	5	5	0	二〇〇四
	縹	3	3	0	二〇〇四
	絳	5	2	3	二〇〇四
	綰	3	2	1	二〇〇五
	緹	7	5	2	二〇〇五
	紺	9	4	5	二〇〇五
	緋	8	3	5	二〇〇五
	紘	1	1	0	二〇〇五
	紳	2	2	0	二〇〇五
	綬	3	2	1	二〇〇六
	紐	1	1	0	二〇〇六
	紟	5	1	4	二〇〇六
	緣	5	2	3	二〇〇六
	絝	20	11	9	二〇〇六
	綱	1	1	0	二〇〇七
	繕	2	2	0	二〇〇七
	纍	57	35	22	二〇〇七
	緱	15	8	7	二〇〇八
	繩	20	11	9	二〇〇九
	約	1	1	0	二〇〇九
	編	48	24	24	二〇〇九
	維	4	4	0	二〇一〇
	紱	1	1	0	二〇一〇
	紂	1	1	0	二〇一一
	絮	21	6	15	二〇一一
	纊	1	1	0	二〇一一
	紨	1	1	0	二〇一一
	緆	1	1	0	二〇一一

部首	字頭	金關簡總數量	本書收數量	本書未收數量	本書頁碼
糸部	絜	7	4	3	二〇一二
	繆	1	1	0	二〇一二
	絣	1	1	0	二〇一二
	綏	13	7	6	二〇一二
	綀	1	1	0	二〇一二
	繁	4	4	0	二〇一三
	緣	1	1	0	二〇一三
素部	素	9	7	2	二〇一三
	緩	8	3	5	二〇一三
絲部	絲	3	2	1	二〇一三
率部	率	25	10	15	二〇一四
虫部	虫	1	1	0	二〇一四
	雖	3	2	1	二〇一四
	強	34	23	11	二〇一四
	蜀	5	2	3	二〇一五
	蠋	1	1	0	二〇一五
蚰部	蠶	1	1	0	二〇一七
	蚤	33	15	18	二〇一七
	蝱	17	1	16	二〇一八
	蠡	1	1	0	二〇一八
蟲部	蠚	2	1	1	二〇一八
風部	風	14	7	7	二〇一八
它部	它	85	42	43	二〇一八
二部	二	2194	648	1546	二〇二〇
	亟	4	3	1	二〇三九
	凡	162	75	87	二〇三九
土部	土	13	6	7	二〇四二
	地	390	190	200	二〇四二
	均	1	1	0	二〇四八
	凷	7	6	1	二〇四八
	垣	13	8	5	二〇四八

部首	字頭	金關簡總數量	本書收數量	本書未收數量	本書頁碼
土部	堵	1	1	0	二〇四九
	堨	1	1	0	二〇四九
	埒	1	1	0	二〇四九
	堪	2	1	1	二〇四九
	堂	4	3	1	二〇四九
	垩	8	7	1	二〇五〇
	墼	7	3	4	二〇五〇
	在	78	41	37	二〇五〇
	望	83	57	26	二〇五一
	塡	3	3	0	二〇五三
	堤	1	1	0	二〇五四
	封	372	141	231	二〇五四
	壐	3	2	1	二〇五八
	墨	7	4	3	二〇五九
	城	187	110	77	二〇五九
	增	5	3	2	二〇六二
	埤	1	1	0	二〇六二
	塞	166	92	74	二〇六三
	壙	5	4	1	二〇六六
	毀	1	1	0	二〇六六
	壞	3	1	2	二〇六六
	壇	1	1	0	二〇六六
	垂	3	3	0	二〇六六
	塗	5	3	2	二〇六七
	�	3	3	0	二〇六七
	堞	1	1	0	二〇六七
	堠	11	6	5	二〇六七
	墧	1	1	0	二〇六七
垚部	堯	2	1	1	二〇六八
堇部	堇	2	1	1	二〇六八
里部	里	2062	1152	910	二〇六八

部首	字頭	金關簡總數量	本書收數量	本書未收數量	本書頁碼
里部	野	40	31	9	二一〇三
田部	田	249	156	93	二一〇四
	疇	1	1	0	二一〇九
	畸	1	1	0	二一〇九
	畮	11	5	6	二一〇九
	畦	1	1	0	二一〇九
	畔	3	3	0	二一一〇
	畍	126	78	48	二一一〇
	畤	1	1	0	二一一二
	略	4	3	1	二一一二
	當	475	260	215	二一一三
	畱	254	133	121	二一二一
	畜	16	9	7	二一二六
	由	4	3	1	二一二六
	畟	1	1	0	二一二六
畕部	畺	1	1	0	二一二七
黃部	黃	97	60	37	二一二七
男部	男	226	120	106	二一二九
力部	力	30	11	19	二一三三
	勳	19	10	9	二一三三
	功	94	38	56	二一三四
	助	14	10	4	二一三五
	務	14	10	4	二一三五
	勉	4	3	1	二一三五
	勝	39	25	14	二一三六
	動	1	1	0	二一三六
	勞	66	23	43	二一三七
	勮	4	3	1	二一三七
	勤	6	3	3	二一三八
	加	14	7	7	二一三八
	勢	17	13	4	二一三八

部首	字頭	金關簡總數量	本書收數量	本書未收數量	本書頁碼
力部	勇	8	5	3	二一三九
	勃	4	4	0	二一三九
	飭	2	2	0	二一三九
	劾	18	12	6	二一三九
	募	1	1	0	二一四〇
	辦	7	5	2	二一四〇
	勵	1	1	0	二一四〇
卷十四					
金部	金	444	206	238	二一四一
	錫	1	1	0	二一四八
	銅	11	6	5	二一四八
	鐵	14	7	7	二一四八
	錄	9	7	2	二一四八
	釘	1	1	0	二一四九
	錮	1	1	0	二一四九
	鍛	1	1	0	二一四九
	鐎	1	1	0	二一四九
	鍵	1	1	0	二一四九
	錯	5	3	2	二一四九
	錡	1	1	0	二一五〇
	鍤	5	4	1	二一五〇
	鍼	1	1	0	二一五〇
	鈹	1	1	0	二一五〇
	鋈	1	1	0	二一五〇
	錢	388	137	251	二一五〇
	鉏	2	2	0	二一五五
	鎌	1	1	0	二一五五
	銍	1	1	0	二一五五
	鉗	3	3	0	二一五五
	鋸	1	1	0	二一五六
	錐	1	1	0	二一五六

部首	字頭	金關簡總數量	本書收數量	本書未收數量	本書頁碼
金部	銖	3	2	1	二一五六
	鈞	7	3	4	二一五六
	鐘	1	1	0	二一五六
	鏃	10	4	6	二一五六
	鎧	11	7	4	二一五七
	鈇	1	1	0	二一五七
	鑘	14	9	5	二一五七
	鉅	22	17	5	二一五七
	銘	1	1	0	二一五八
	釵	1	1	0	二一五八
	鉼	5	4	1	二一五八
	錧	1	1	0	二一五八
	鑷	1	1	0	二一五九
勺部	勺	2	2	0	二一五九
几部	処	23	14	9	二一五九
且部	且	35	24	11	二一六〇
斤部	斤	60	20	40	二一六〇
	斧	10	6	4	二一六一
	斲	1	1	0	二一六二
	所	662	387	275	二一六二
	斯	2	2	0	二一七四
	斷	4	4	0	二一七四
	新	60	41	19	二一七四
斗部	斗	339	142	197	二一七六
	斛	39	25	14	二一八〇
	魁	1	1	0	二一八一
	升	152	76	76	二一八一
矛部	矛	8	4	4	二一八四
車部	車	720	317	403	二一八四
	軒	3	2	1	二一九五
	軺	213	104	109	二一九五

部首	字頭	金關簡總數量	本書收數量	本書未收數量	本書頁碼
車部	輕	1	1	0	二一九八
	輣	1	1	0	二一九八
	輿	3	3	0	二一九八
	輒	9	4	5	二一九九
	軸	4	2	2	二一九九
	軹	1	1	0	二一九九
	輻	1	1	0	二一九九
	轅	1	1	0	二一九九
	載	37	21	16	二一九九
	軍	55	40	15	二二〇〇
	轉	47	23	24	二二〇二
	輸	33	18	15	二二〇二
	輩	15	10	5	二二〇三
	軋	2	2	0	二二〇三
	軼	1	1	0	二二〇四
	輓	1	1	0	二二〇四
	斬	13	8	5	二二〇四
	輔	69	52	17	二二〇四
	軟	1	1	0	二二〇六
	較	1	1	0	二二〇六
𠂤部	官	598	333	265	二二〇六
𨸏部	陵	108	60	48	二二一九
	陰	67	47	20	二二二一
	陽	577	369	208	二二二二
	陸	7	6	1	二二三三
	阿	23	17	6	二二三四
	阪	7	5	2	二二三四
	隗	3	1	2	二二三四
	陜	1	1	0	二二三四
	陟	1	1	0	二二三五
	陷	3	2	1	二二三五

部首	字頭	金關簡總數量	本書收數量	本書未收數量	本書頁碼
𨸏部	隊	59	53	6	二二三五
	降	26	14	12	二二三七
	防	2	2	0	二二三七
	附	2	2	0	二二三七
	障	33	21	12	二二三八
	隱	6	4	2	二二三八
	隴	9	5	4	二二三九
	陜	8	6	2	二二三九
	阮	2	2	0	二二三九
	陳	145	84	61	二二三九
	陶	25	16	9	二二四二
	除	66	38	28	二二四二
	陛	1	1	0	二二四四
	隖	29	9	20	二二四四
	陌	2	2	0	二二四四
	陣	2	2	0	二二四四
𨺅部	𨺅	631	383	248	二二四四
四部	四	1067	433	634	二二五六
五部	五	1600	643	957	二二六九
六部	六	1009	355	654	二二八八
七部	七	980	312	668	二二九九
九部	九	536	202	334	二三〇八
内部	禽	13	6	7	二三一四
	萬	178	110	68	二三一四
	禹	52	34	18	二三一八
甲部	甲	372	172	200	二三一九
乙部	乙	308	112	196	二三二五
	乾	8	4	4	二三二八
	亂	4	3	1	二三二八
	尤	11	5	6	二三二八
丙部	丙	299	141	158	二三二八

部首	字頭	金關簡總數量	本書收數量	本書未收數量	本書頁碼
丁部	丁	337	116	221	二三三三
戊部	戊	304	100	204	二三三六
	成	227	132	95	二三三九
己部	己	350	137	213	二三四三
庚部	庚	297	108	189	二三四七
辛部	辛	344	138	206	二三五一
	辜	2	1	1	二三五六
	辤	26	14	12	二三五六
辡部	辯	4	3	1	二三五六
壬部	壬	323	107	216	二三五七
癸部	癸	287	110	177	二三六〇
子部	子	1051	486	565	二三六四
	字	110	71	39	二三七九
	穀	1	1	0	二三八一
	孺	8	6	2	二三八一
	季	14	9	5	二三八一
	孟	47	21	26	二三八二
	孤	10	6	4	二三八二
	存	5	4	1	二三八三
	疑	12	8	4	二三八三
𠫓部	育	1	1	0	二三八三
	疏	4	3	1	二三八三
丑部	丑	263	97	166	二三八四
寅部	寅	283	114	169	二三八六
卯部	卯	286	118	168	二三九〇
辰部	辰	256	115	141	二三九四
	辱	8	6	2	二三九八
巳部	巳	254	94	160	二三九八
	㠯	802	378	424	二四〇一
	已	151	56	95	二四一二
午部	午	257	104	153	二四一四

部首	字頭	金關簡總數量	本書收數量	本書未收數量	本書頁碼
未部	未	427	193	234	二四一七
申部	申	269	114	155	二四二三
	臾	5	5	0	二四二七
酉部	酉	293	107	186	二四二七
	酒	137	60	77	二四三〇
	釀	1	1	0	二四三二
	酎	1	1	0	二四三二
	配	1	1	0	二四三三
	酌	2	2	0	二四三三
	餔	1	1	0	二四三三
	醫	3	3	0	二四三三
	牆	3	3	0	二四三三
酋部	尊	55	31	24	二四三三
戌部	戌	236	95	141	二四三五
亥部	亥	235	85	150	二四三七

參考文獻

一、專　著

1963年

漢·許　慎：《說文解字》，北京：中華書局，1963年。

2011年

甘肅簡牘保護中心等主編：《肩水金關漢簡（壹）》，上海：中西書局，2011年。

2012年

甘肅簡牘保護中心等主編：《肩水金關漢簡（貳）》，上海：中西書局，2012年。

2013年

張德芳：《敦煌馬圈灣漢簡集釋》，蘭州：甘肅文化出版社，2013年。

馬　怡、張榮強：《居延新簡釋校》，天津：天津古籍出版社，2013年。

2014年

甘肅簡牘保護中心等主編：《肩水金關漢簡（叁）》，上海：中西書局，2014年。

2015年

甘肅簡牘保護中心等主編：《肩水金關漢簡（肆）》，上海：中西書局，2015年。

2016年

甘肅簡牘保護中心等主編：《肩水金關漢簡（伍）》，上海：中西書局，2016年。

張德芳主編：《居延新簡集釋》，蘭州：甘肅文化出版社，2016年。

2017年

簡牘整理小組編：《居延漢簡（壹—肆）》，臺北：臺北中央研究院史語所，2014-2017年。

2018年

黃艷萍：《肩水金關漢簡異體字研究》，桂林：廣西師範大學出版社，2018年。

二、論　文

2012年

方　勇：《讀〈肩水金關漢簡〉劄記二則》，《魯東大學學報》（哲學社會科學版），2012年第2期。

馬智全：《〈肩水金關漢簡（壹）〉校讀記》，《考古與文物》，2012年第6期。

邢義田：《〈肩水金關漢簡（壹）〉初讀札記之一》，《簡帛》第7輯，上海：上海古籍出版社，2012年。

2013年

楊小亮：《肩水金關漢簡綴合八則》，《出土文獻研究》第12輯，上海：中西書局，2013年。

李　燁：《〈肩水金關漢簡（壹）〉研究三題》，西南大學碩士論文，2013年。

2014年

何茂活：《〈肩水金關漢簡（貳）〉疑難字形義考辨》，《簡帛研究（二〇一四）》，桂林：廣西師範大學出版社，2014年。

李洪財：《漢簡草字整理與研究》，吉林大學博士學位論文，2014年。

任　達：《肩水金關漢簡（壹）文字編》，吉林大學碩士學位論文，2014年。

王凱博：《額濟納漢簡文字編》，吉林大學碩士學位論文，2014年。

李　瑤：《居延舊簡文字編》，吉林大學博士學位論文，2014年。

白海燕：《居延新簡文字編》，吉林大學博士學位論文，2014年。

2015年

周艷濤：《〈肩水金關漢簡（貳）〉釋文補正四則》，《敦煌研究》，2015年第2期。

高一致：《讀〈肩水金關漢簡（三）〉劄記（十八則）》，《珞珈史苑》，武漢：武漢大學出版社，2015年。

何茂活：《〈肩水金關漢簡（貳）〉殘斷字釋補》，《出土文獻綜合研究集刊》第2輯，成都：巴蜀書社，2015年。

胡永鵬：《肩水金關漢簡校讀劄記》，《漢字文化》，2015年第3期。

李　燁、張顯成：《肩水金關漢簡（壹）》校勘記》，《古籍整理研究學刊》，2015年第4期。

劉倩倩：《〈肩水金關漢簡（壹）〉注釋及相關問題研究》，華東師範大學碩士學位論文，2015年。

2016年

司曉蓮，曲元凱：《讀〈肩水金關漢簡（貳）〉劄記》，《集美大學學報》（哲社版），2016年第4期。

林獻忠：《〈肩水金關漢簡（貳）〉考釋六則》，《敦煌研究》，2016年第5期。

何茂活：《〈肩水金關漢簡（壹）〉釋文訂補》，《簡帛語言文字研究》第8輯，成都：巴蜀書社，2016年。

謝　坤：《〈肩水金關漢簡（肆）〉綴合六則》，《出土文獻》第9輯，上海：中西書局，2016年。

何茂活：《〈肩水金關漢簡（叁）〉釋文商訂（之一）》，《出土文獻研究》第15輯，上海：中西書局，2016年。

何茂活：《〈肩水金關漢簡（叁）〉釋文商訂（之二）》，《簡帛》第13輯，上海：上海古籍出版社，2016年。

何茂活：《〈肩水金關漢簡（壹）〉殘斷字釋補》，《中國文字》第41期，臺北：藝文印書館，2016年。

2017年

尉侯凱：《讀〈肩水金關漢簡〉零劄七則》，《西華大學學報》（哲學社會科學版），2017年第1期。

徐佳文：《〈肩水金關漢簡（伍）〉劄記二則》，《漢字文化》，2017年第6期。

姚　磊：《〈肩水金關漢簡（肆）〉綴合與釋文補正》，《敦煌研究》，2017年第6期。

王錦城、魯普平：《肩水金關漢簡釋文校補舉隅》，《出土文獻》第11輯，上海：中西書局，2017年。

尉侯凱：《肩水金關漢簡綴合十三則》，《出土文獻》第11輯，上海：中西書局，2017年。

姚　磊：《〈肩水金關漢簡（肆）〉拾遺》，《簡帛》第14輯，上海：上海古籍出版社，2017年。

雷海龍：《〈肩水金關漢簡（伍）〉釋文補正及殘簡新綴》，《簡帛》第14輯，上海：上海古籍出版社，2017年。

黄浩波：《〈肩水金關漢簡（伍）〉釋地五則》，《簡帛》第15輯，上海：上海古籍出版社，2017年。

張再興、黄艷萍：《肩水金關漢簡校讀劄記》，《中國文字研究》第26輯，上海：上海書店出版社，2017年。

2018年

李穎梅：《〈肩水金關漢簡（貳）〉校釋六則》，《昆明學院學報》，2018年第1期。

萬堯緒：《肩水金關漢簡考證三則》，《魯東大學學報》（哲學社會科學版），2018年第3期。

未收字出處索引

此索引與文字編正編一起可以兼具逐字索引的功能，進一步增強了本字形編的功能。由於篇幅的原因，《未收字出處索引》以 pdf 格式電子文檔形式發佈在華東師範大學中國文字研究與應用中心網站（www.wenzi.cn/qinhan/jinguan/fulu.htm）上，供讀者下載。

後記

《肩水金關漢簡字形編》時至今日終於完工，這本工具書由我和我博士生導師張再興教授合作完成，老師仁心寬厚，念及我年輕更需要學術成果，讓我的名字寫在了前面，實際上這本工具書的完成耗費了老師極大的心血。老師的知遇之恩、栽培之情無以爲報，唯願在今後的道路上不辜負老師的期望。

我與肩水金關漢簡結緣始於二〇一二年。當時幸運的考取成老師的博士研究生。其時《肩水金關漢簡（壹）》剛出版不久，入學面試完成之後，老師將這本書交到我手中並囑咐要好好讀起來。這是我第一次接觸簡牘，也是最初遇見肩水金關漢簡時的情形，至今記憶猶新。

入學不久，老師主持的教育部人文社會科學重點研究基地的重大項目「秦漢簡語料庫建設」正式開展。肩水金關漢簡是其中重要的語料之一，又是新出版的簡牘材料，故與老師商量後，選定以肩水金關漢簡作爲博士論文的研究材料。本字形編的雛形是我博士學位論文附錄部份的字形表，博士論文完成時肩水金關漢簡衹出版到第四卷，因此該字形表也衹收錄了前四卷的字形。當時整理字形主要是爲論文主體部份的異體字研究服務，附錄部份的字形表十分粗糙，還算不上嚴格意義上的文字編。2016年肩水金關漢簡第五卷出版後，老師建議重新好好整理一下字形表，爭取做成一個較爲完備的文字編。於是在老師的繼續指導和幫助下開始字編的重新整理工作，字編最終經過大量的修改與增補得如今的模樣。

字編收錄了二十世紀七十年代在今甘肅張掖肩水金關遺址出土的漢代簡牘文字。由於這批簡牘是分批出版，因此字編前期基礎工作持續時間較長，從最初的簡文錄入和拓片掃描工作算起，至今歷時六年左右。每卷簡文出版後，我們首先將釋文錄入數據庫，建立基礎語料庫，同時收集閱讀各家考釋，對照原簡審核字形釋讀，確保釋文更加準確。再依據中冊的紅外線掃描版簡文拓片切字，除圖畫簡和殘泐不清的文字外，切取字形時衹要是清晰可識的字形均從原簡切取保留。這樣處理的主要原因是：肩水金關漢簡書寫者衆多，書體多樣，時代延續較長，字形複雜多變，難以取捨選擇，所以本字形編衹要是清晰完整的字形基本收錄，旨在爲學術界提供儘量豐富的字形。

字編編撰過程中，簡文數字化處理，字編内容的設計與安排，字頭分析與審校工作主要由張再興教授完成。簡文録入、簡文掃描、切字、字形拓片處理、字形審校工作主要由我完成。爲方便讀者使用，字編還在數據庫的支持下提供了金關簡總字頻、已收字數、未收字數等有價值的數據以及窮盡性的未收字索引。這也是這本工具書較有特點之處。

字編交付在印之即，頗有如釋重負之感。字編的順利完成主要歸功於我導師張再興教授的堅持和付出，可以説沒有老師的付出就沒有現在的字編。此書完成，也算了卻了與師同著一書的心願。博士畢業時老師也曾有同樣的願望。雖然師生一場一開始就是一輩子的事，但這樣白紙黑字的呈現出來似乎更能突出師生情誼。

其次還感謝我的碩士生導師西南大學漢語言文獻研究所的鄧章應教授，先生時常關心字編的編撰進展，鼓勵與信任頗多。

同時也非常感謝編輯王炘先生的全力支持以及他率領的高效編輯團隊的辛勤付出，沒有他們的鼎力相助就沒有字編的盡早面世。

字編或有不完備之處，限於精力和學識，疏漏在所難免。僅寄望小書能有些作用，能爲學界學術研究提供些便利！

黄艷萍　二〇一八年八月於江南大學青年教師公寓

图书在版编目（CIP）数据

肩水金关汉简字形编 / 黄艳萍，张再兴编著．-- 北京 ：学苑出版社，2018.10

ISBN 978-7-5077-5562-6

Ⅰ．①肩… Ⅱ．①黄… ②张… Ⅲ．①竹简文－汉字－汇编－中国－汉代 Ⅳ．①H121 ②K877.5

中国版本图书馆 CIP 数据核字（2018）第 223606 号

出 版 人：孟　白
选题策划：王　炘
责任编辑：洪文雄　杨　雷
技术编辑：王亚维　王元旦
校对统筹：侯　玮
封面设计：曹全弘
出版发行：学苑出版社
社　　址：北京市丰台区南方庄 2 号院 1 号楼
邮政编码：100079
网　　址：www.book001.com
电子信箱：xueyuanpress@163.com
联系电话：010-67601101（销售部）　67603091（总编室）
经　　销：新华书店
印 刷 厂：北京赛文印刷有限公司
开本尺寸：787×1092　1/16
印　　张：168.25
字　　数：1434 千
版　　次：2018 年 10 月北京第 1 版
印　　次：2018 年 10 月第 1 次印刷
定　　价：3980.00 元（特精装 全六册）

部首檢字表

（一）部首

一畫

一亅同 4
丨 4
丿 4
丶 4
乙乛乚乚同 4

二畫

十 5
厂𠂆同 5
匚匸同 5
卜⺊同 5
冂⺆同 5
人入亻同 5
八丷同 6
勹 6
匕 7
儿 7
几⺇同 7
亠 7
冫 7
冖 7
凵 7
卩㔾同 7
刀⺈刂同 7
力 8
又 8
廴 8
厶 8

附

阝(右)同邑 30
阝(左)同阜 32

三畫

干 8
工 8
土士同 8
廾 9
大 9
尢兀尣同 9
寸 9
弋 9
口 9
囗 10
巾 10
山 10
屮 11
彳 11
彡 11
夂夊同 11
夕 11
广 11
宀 12
尸 12
己巳同 12
弓 12
女 13
小⺌同 13
子 13
彑彐同 13
幺 13

附

艹同艸 26
扌同手 17
犭同犬 15
忄同心 19
氵同水 20
辶同辵 30

四畫

王玉同 13
木 13
支 15
犬犭同 15
歹歺同 15
戈 15
无旡同 15
牙 15
止 15
攴攵同 16
日曰曰同 16
牛牜同 16
手扌同 17
毛 17
气 17
片 17
斤 17
爪爫同 17
戶 18
父 18
月 18
氏民同 18
欠 18
殳 18
文 19
方 19
火 19
斗 19
心忄⺗同 19
毋毌母同 20

水氵氺同 20

附

耂同老 23
艹同艸 26
辶同辵 30

五畫

示 21
瓦 21
甘 21
石 21
比 21
目 21
田 21
皿 22
生 22
矢 22
禾 22
白 23
瓜 23
疒 23
立 23
穴 23
疋⻊同 23
皮 23
癶 23
矛 23

附

玉同王 13
歺同歹 15
罒同网 24
衤同衣 25
民同氏 18
氺同水 20
母同毌 20

六畫

老耂同 23
耳 23
臣 24
襾西覀同 24
而 24
至 24
虍虎同 24
虫 24
肉 24
网罒同 24
耒 24
缶 24
舌 24
竹 24
臼 25
自 25
血 25
舟 25
色 25
衣衤同 25
羊⺶⺷同 25
米 26
艮 26
艸艹艹卝同 26
羽 27
糸 27

七畫

言 28
走 28
赤 28
車 28
豆 29
酉 29
辰 29
豕 29
貝 29
見 30
里 30
足⻊同 30
邑阝(右)同 30
身 30
辵辶辶同 30
釆 31
谷 31
豸 31
角 31
辛 31

附

镸同長 31

八畫

青 31
長镸同 31
雨 31
非 32
隹 32
阜阝(左)自同 32
金 32
門 33
隶 33

附

虎同虍 24
飠同食 34

九畫

革 33
頁 33
面 33
韭 33
食飠同 34
風 34
音 34
首𩠐同 34

十畫

髟 34
馬 34
鬲 34
鬥 35
骨 35

鬼 35
高 35
韋 35

附

𦣻同首 34

十一畫

麥 35
鹵 35
鳥 35
魚 35
麻 35

十二畫

黄 35
黑 35
黍 35
鹿 35

十三畫

鼓 35

十四畫

鼻 35
齊 36

十五畫

齒 36

十六畫

龍 36

十七畫

龠 36

（二）正文

一部

一 1
一畫
二 2020
丅 47
丄 42
七 2299
丁 2333
二畫
三 59
亐 752
丈 374
三畫
井 776
亓 735
廿 382
五 2269
午 2414
不 1826
丑 2384
四畫
世 402
且 2160
丙 2328
丘 1393
五畫
再 640
吏 35
丞 474
六畫
卌 391
更 573
七畫
亟 2039
事 536
兩 1284
八畫
甚 741
十畫
啇 352

丨部

三畫
中 89
四畫
㠯 2401

丿部

一畫
乂 1939
乃 747
二畫
川 1813
久 868
三畫
升 2181
乏 239
及 513
四畫
乎 751
八畫
禹 2318
十畫
悉 159
十一畫
番 158
十九畫
釋 160

丶部

二畫
丸 1596
之 933
三畫
丹 775
四畫
主 773
五畫
州 1814

乙部

乙 2325
一畫
刁 698
九 2308
二畫
也 1940
乞 82
三畫
夬 512
予 645
六畫
甬 1132
七畫
乳 1825
承 1883
十畫
乾 2328
十二畫
亂 2328

十五畫
豫 1640
十九畫
[illegible] 510

十部

十 354
一畫
千 375
四畫
卌 394
六畫
直 1957
卑 522
卒 1415
七畫
南 965
十畫
博 380

厂部

七畫
厚 843
八畫
厝 1596
十二畫
厲 1596
二十七畫
厵 1816

匚部

二畫
匹 1963
巨 740
四畫
匡 1969
匠 1969
五畫
𦣝 1870
七畫
匧 1969
匽 1963
八畫
匿 1963
九畫
區 1963

卜部

卜 582
三畫
占 582
六畫
卤 747
𠧞 584

冂部

二畫
冄 1636
內 816
三畫
用 584

人部

人 1307
入 808
一畫
亾 1960
二畫
仁 1316
什 1334
今 797
介 150
仇 1371
三畫
仝 818
付 1331
代 1351
仭 1318
四畫
休 923
伍 1333
伏 1367
佢 1372
伐 1370
仲 1318
任 1352
佝 1372
伉 1318
伊 1319
五畫
余 158
何 1325
佐 1372
但 1370
佚 1377
作 1334
伯 1318
佗 1321
佋 1371
六畫
舍 801
佳 1320
侍 1331
使 1354
來 854
佰 1334
佻 1365
佩 1317
依 1330

佷 1377

七畫

信 438
便 1351
俠 1333
俓 1377
保 1316
侶 1371
俗 1354
係 1370
侵 1337
俟 1320

八畫

倩 1319
倀 1365
借 1336
値 1371
倚 1330
倉 806
俱 1328
倡 1365
⿰亻夜 1377
倍 1364

健 1321

九畫

偃 1365
條 900
脩 686
偶 1371
偈 1378
偊 1378
偏 1364
偷 1378
候 1337
假 1336

十畫

傅 1330
偕 1328
傀 1320
禽 2314
偉 1320

十一畫

傿 1364
備 1327
僅 1350
傳 1357

傴 1370
⿰亻常 1378
傰 1378
傷 1366
偋 1364

十二畫

僊 1371
僕 470
僑 1320
僞 1365
僦 1372

十三畫

僵 1365
⿰亻愈 1379
儉 1354
儋 1327
儀 1351

十四畫

儙 1378

十五畫

償 1350

十六畫

儲 1327

十七畫

儴 1379

八部

八 140

二畫

六 2288
分 147
公 150

三畫

半 160
尒 149

四畫

共 487

五畫

兵 484
弟 867

六畫

具 485
典 735

七畫

㒸 150

八畫

兼 1209
眞 1379

十畫

曾 149

十一畫

業 469
與 488

十四畫

興 491

十五畫

冀 1393

勹部

一畫

勺 2159

二畫

勿 1635

三畫

句 353

四畫

旬 1567

匈 1567

匕部

三畫

北 1387

儿部

二畫

元 26
兂 1478
允 1474

三畫

兄 1477

四畫

光 1694
先 1478
兇 1216
充 1474

五畫

克 1139
兊 1474
兎 1476

六畫

兒 1474

几部

一畫

凡 2039

三畫

処 2159

亠部

二畫

亢 1728

三畫

市 837
玄 644

四畫

交 1722
亦 1721
亥 2437

六畫

京 841
亯 845
夜 1126

七畫

亭 829

九畫

率 2014

十一畫

亶 848

十六畫

亹 640

冫部

五畫

冶 1820

八畫

凍 1819

冖部

七畫

冠 1280

八畫

冣 1280
冢 1567
冤 1672

凵部

二畫

凶 1215

三畫

凷 2048
出 948

卩部

二畫

卬 1380

三畫

叩 1545
令 1523
卯 2390

四畫

印 1549
危 1596

六畫

卷 1544

七畫

卽 779
卻 1545

十畫

卿 1561

刀部

刀 689

一畫

刃 699

四畫

刱 778
列 696

五畫

刑 698
刪 696
利 690

六畫

刲 697

刺 698
到 1839
剮 665
免 1672
制 697
刻 695
券 697

七畫

削 690
則 694

八畫

剛 695

九畫

副 695

十一畫

剽 697

十二畫

罰 697

十三畫

劇 698

十四畫

劍 699

力部

力 2133

三畫

功 2134
加 2138

五畫

助 2135

六畫

劾 2139

七畫

勃 2139
勉 2135
勇 2139

九畫

動 2136

十畫

募 2140
勞 2137

十一畫

勢 2138
勤 2138

十三畫

勮 2137

十四畫

勵 2140
勳 2133
辦 2140

又部

又 510

二畫

友 521
反 515

六畫

取 516
叔 515
受 648

七畫

叚 521

九畫

曼 511
叙 652

廴部

四畫

廷 310
延 316

六畫

建 311

厶部

厶 1569

三畫

去 771

干部

干 352

二畫

平 752

五畫

幷 1386

工部

工 739

二畫

左 735
巧 740

四畫

巫 740

土部

土 2042
士 82

一畫

壬 2357

三畫

在 2050
地 2042

四畫

均 2048
壯 88

五畫

望 2051
幸 1723

六畫

坙 2067

垣 2048
城 2059
垂 2066

七畫

袁 1412
埒 2049

八畫

堊 2050
堅 556
堂 2049
埤 2062
執 1725

九畫

堯 2068
堵 2049
堪 2049
堞 2067
堤 2054
堨 2049
堠 2067
報 1726
壹 1722
壺 1722
壻 88

十畫

塡 2053
塗 2067
塞 2063

十一畫

壽 1436

十二畫

墨 2059
𡑞 2067
增 2062

十三畫

壇 2066

十四畫

墼 2050

壐 2058

十五畫

壙 2066

十六畫

壞 2066

廾部

九畫

𢍰 2433

大部

大 1709

一畫

天 34
夫 1729

二畫

央 840
失 1886

三畫

夷 1720

四畫

夾 1720

五畫

奉 470
㚘 1738
奇 751
奄 1720

六畫

奏 1728

七畫

奚 1729
奘 1729

十一畫

奪 630

十二畫

樊 487

十三畫

奮 630

十八畫

[illegible] 1962

尢部

尢 2328

九畫

就 842

寸部

寸 559

三畫

寺 564

六畫

封 2054

八畫

專 567
將 564

九畫

尉 1683

十三畫

對 469
導 567

弋部

弋 1939

三畫

式 739

口部

口 176

二畫

古 353
右 192

可 748
史 522
司 1521
召 188

三畫

吉 198
同 1281
后 1520
合 796
各 201
名 177

四畫

吞 177
吾 181
告 173
呈 192
呂 1274
吟 201
君 181
吳 1721

五畫

和 191
听 204
命 187
呼 177
周 199
呴 204

六畫

哉 192
咸 192
品 349
哀 204

七畫

員 993
唐 200

八畫

唯 190

九畫

喜 760
喪 206
單 205
喬 1722
喙 177

十畫

嗇 848

十一畫

嘉 762

十三畫

器 351

十七畫

嚴 204

十八畫

囂 351

十九畫

囊 982

囗部

二畫

囚 992
四 2256

三畫

因 990
回 983

四畫

囷 993
困 993

五畫

固 992

七畫

圂 993
圅 1132

八畫

圉 1726
國 983

十畫

園 990
圍 992

十一畫

圖 983

巾部

巾 1293

一畫

市 948

二畫

布 1298

四畫

希 1300

五畫

帛 1301
帚 1298

六畫

帤 1300
帝 47
帣 1297

七畫

師 948
席 1298

八畫

帶 1293
常 1294

九畫

幅 1298
幝 1297

十一畫

幘 1294
幣 1293

十二畫

幡 1297

山部

山 1573

四畫
岑 1575
八畫
崔 1576
崩 1576
崇 1575
密 1575
十畫
嵩 1576
十八畫
巍 1569

屮部

一畫
屯 99

彳部

三畫
行 334
五畫
往 280
六畫
待 284
衍 1793
律 300
後 284
七畫
徐 282
八畫
術 340
得 285
從 1381
九畫
街 341
御 309
復 278
循 281
十畫
衙 341
微 282
十二畫
德 276
徵 1396
十三畫
徼 281
衡 709
衞 341
十五畫
衢 341

彡部

六畫
彥 1519
九畫
彭 761

夂部

二畫
冬 1819
四畫
夆 868
七畫
夏 863

夕部

夕 1126
二畫
外 1127
夗 1128
三畫
舛 864
多 1129
十一畫
舞 865

广部

广 1576
四畫
庉 1583
序 1585
五畫
庇 1594
府 1576
庚 2347
六畫
度 521
庭 1583
庠 1582
庰 1595
七畫
庫 1584
八畫
庶 1594
庰 1593
庾 1593
庸 589
十畫
廋 1595
廆 1595
廉 1593
十一畫
廖 1595
十二畫
廚 1583
廣 1585
廏 1584
慶 1751
廢 1595
十三畫
廥 1593

十四畫

應 1744

十六畫

廬 1582

龐 1594

宀部

二畫

它 2018

三畫

守 1247

宇 1225

宅 1223

安 1231

四畫

完 1240

宋 1269

宏 1226

五畫

宗 1270

定 1227

宕 1268

宜 1259

官 2206

宛 1225

六畫

宣 1223

宦 1246

室 1223

客 1266

七畫

家 1218

宴 1239

宮 1273

害 1268

宷 159

容 1246

宰 1246

八畫

寇 578

寅 2386

寄 1267

宿 1264

九畫

寒 1267

富 1241

甯 591

十畫

寘 1272

寖 1791

十一畫

察 1239

寧 748

實 1244

十二畫

寬 1265

寫 1262

十三畫

寰 1273

十七畫

寶 1246

尸部

尸 1440

一畫

尹 512

尺 1459

二畫

尼 1456

尻 1456

三畫

屖 1457

五畫

居 1440

屈 1469

六畫

屋 1456

屆 1456

七畫

展 1456

八畫

屚 1820

屏 1457

九畫

屠 1456

十二畫

履 1469

十八畫

屬 1465

己部

己 2343

巳 2398

已 2412

弓部

弓 1971

二畫

弗 1939

弘 1986

三畫

弛 1987

五畫

弦 1992

弩 1987

七畫

弱 1518

八畫

張 1973

弸 1991

強 2014

十三畫
彊 1984
十四畫
彌 1992

女部

女 1897
二畫
奴 1906
三畫
如 1913
好 1913
四畫
姸 1913
妖 1925
姊 1905
五畫
姑 1904
妻 1901
姓 1899
妾 469
始 1908
六畫
姚 1901
姦 1925
七畫
姬 1900
八畫
娶 1913
婁 1924
婢 1905
婦 1903
九畫
媛 1924
嫂 1905
十畫
嫗 1904
嫁 1901
十二畫
嬈 1925
十四畫
嬰 1924
十五畫
𡣞 1926

小部

小 133
一畫
少 137
五畫
尚 149

子部

子 2364
一畫
孔 1825
三畫
存 2383
字 2379
四畫
孝 1438
孚 499
五畫
孟 2382
季 2381
孤 2382
七畫
孫 1992
十四畫
孺 2381

彑部

六畫
彖 1638
十畫
彘 1638
十五畫
彝 1638

幺部

二畫
幼 643
九畫
幾 643

王部

王 73
玉 80
五畫
皇 80
六畫
珥 81
珠 82
七畫
現 82
理 81
九畫
瑕 81
十二畫
璜 81
十三畫
環 81
十五畫
瓅 82
十七畫
䨩 82

木部

木 885

一畫

末 899
未 2417
本 897
札 916

二畫

朱 898

三畫

杜 891
杖 910
杌 924
材 902
杏 886
束 977
杞 895
李 886

四畫

林 931
枝 900
柜 895
果 899
東 925
枚 900
析 923
采 922
板 924
松 896
枓 909
牀 904
杼 909

五畫

柰 886
某 897
枯 901
枇 892
柯 910
柘 895
柎 916
柏 896
柃 904
柱 902
柲 910
枲 1217

六畫

桂 891
桔 892
栽 902
桓 903
桐 895
梃 901
桃 890
格 901
校 921
案 905
根 899
桑 933

七畫

械 923
梛 894
棻 924
梧 904
桯 904
桼 976
梁 919

八畫

極 902
椒 924
棠 891
棘 1136
棰 924
椎 910
椑 909
棄 869
棓 910
棱 911

九畫

椹 925
楪 925
楚 932
楨 902
[illegible] 1132
楊 892
楬 923
楯 903
楡 896

十畫

榬 925
榼 909
槐 895
槍 903
槀 902
榮 895

十一畫

槥 923
槫 925
椁 892
樓 903
樂 911

十二畫

樹 897
橫 922
橐 978
橋 919
樵 896

十三畫

檄 910
橾 919
檄 917
檢 916

十四畫

檮 922
槧 925

十五畫

櫝 904

檐 911
櫎 909
十六畫
櫨 903
十八畫
權 894
欝 781
十九畫
欒 894

支部

支 545

犬部

犬 1672
二畫
犯 1675
四畫
狂 1677
狄 1677
狀 1674

五畫
狜 1675
狐 1677
狗 1673
六畫
狡 1673
狩 1676
狠 1673
七畫
狹 1678
狼 1677
八畫
猜 1675
猛 1675
九畫
猥 1673
十一畫
獄 1678
十三畫
獨 1676
十四畫
獲 1676
十六畫

獻 1677

歹部

二畫
死 664
五畫
殄 663
六畫
殊 663
八畫
殖 663
殘 663

戈部

一畫
戊 2336
二畫
戌 2435
戍 1946
成 2339
三畫

戒 483
我 1956
四畫
或 1950
五畫
戟 1944
威 1904
七畫
戚 1956
十畫
臧 557
十二畫
戰 1949
十三畫
戲 1950
十四畫
戴 488

旡部

七畫
既 781

牙部

牙 345

止部

止 214
一畫
正 235
二畫
此 234
三畫
步 225
四畫
武 1950
六畫
前 216
九畫
歲 226
十二畫
歷 222
十四畫
歸 222

攴部

二畫

收 579

三畫

攻 580
改 573

四畫

牧 581
放 646

五畫

政 570
故 568
敄 567

六畫

效 567

七畫

赦 577
教 581
敕 576
救 577
敗 578
敝 1305

八畫

敞 572
敦 578

九畫

敬 1568

十畫

嫛 599

十一畫

數 571

十二畫

㪔 687

十三畫

斂 576

十五畫

斄 173

十六畫

斅 582

十九畫

變 573

日部

日 1051
曰 743

一畫

旦 1075

二畫

早 1064
曲 1970

三畫

旰 1067

四畫

昔 1073
昌 1068
昏 1067
易 1639

五畫

昧 1064
昹 1074
是 239
昦 1729
昜 1636
昆 1073
冒 1283
昨 1068
昭 1064

六畫

時 1060
晉 1066
晃 1074
晏 1067
書 545

七畫

曹 746
晦 1068
晝 556

八畫

景 1067

九畫

暑 1073
會 804
普 1073

十畫

嘗 759
暠 1074

十二畫

曉 1074

十三畫

曐 1077
曑 1078

十四畫

曓 1073

牛部

牛 161

二畫

牝 168
牟 171

三畫

牡 167
牢 171

四畫

物 172

六畫

特 168

七畫

牽 171

八畫

犇 173
犍 173
犀 171

十畫

犗 170

十一畫

犥 170

十二畫

𤛓 173

十五畫

犢 170

犛 171

手部

手 1871

三畫

扞 1887

四畫

扶 1874

拒 1894

扽 1894

投 1884

把 1876

五畫

拓 1886

拔 1886

抻 1894

抵 1874

拘 353

六畫

持 1874

挈 1876

拾 1886

指 1871

七畫

捕 1887

振 1885

捐 1888

捋 1882

八畫

掫 1888

掌 1871

推 1874

授 1882

掖 1889

接 1883

掐 1873

掃 1894

九畫

提 1877

揤 1882

換 1889

揟 1887

掾 1877

十畫

摸 1895

搒 1888

十一畫

摓 1871

摩 1887

十二畫

撫 1884

十三畫

擊 1887

據 1876

擇 1882

舉 1884

擔 1895

擅 1885

十四畫

擣 1887

十八畫

攝 1876

攜 1876

十九畫

攖 1884

攔 1895

毛部

毛 1439

气部

六畫

氣 1214

片部

九畫

牒 1137

十五畫

牘 1136

斤部

斤 2160

四畫

斧 2161

八畫

斯 2174

九畫

新 2174

十一畫

斲 2162

十五畫

斷 2174

爪部

五畫

爰 647

八畫

爲 499

九畫

舜 865

戶部

戶 1846

四畫

戾 1676
所 2162
房 1847

五畫

扁 349

父部

父 511

月部

月 1078

二畫

有 1119
肎 688

三畫

肝 667
肚 688
肙 682

四畫

肦 1119
肞 688
脊 683
朋 1119
肫 666
股 682
育 2383
肥 688
服 1470

五畫

胡 683
背 668
胃 667
胙 683
肩 668
朐 686
胥 687

六畫

朕 1470
脂 687
胲 682
朔 1109
脅 668
能 1680

七畫

脯 686
脛 682
朙 1124
脫 682
脘 686
朗 1119

八畫

期 1119
腎 667
脾 667
勝 2136

九畫

腸 667
腹 681

十畫

朢 1397
縢 909
膏 667

十一畫

膠 687

十三畫

膾 687
臂 681

十五畫

臘 683

十六畫

臚 666
羸 1001

十九畫

驘 1665

氏部

氏 1942
民 1938

一畫

氐 1943

欠部

二畫

次 1488

四畫

欣 1486

六畫

欬 1488

七畫

欲 1486

八畫

欽 1485

九畫

歆 1489

十畫

歌 1488

十一畫

歐 1488
歙 1490

殳部

五畫

段 558

六畫

殷 1404

七畫

殺 559

九畫

毅 2381
毀 2066
殿 558

十畫

毄 558

十一畫

穀 1202

文部

文 1519

方部

方 1471

五畫

施 1076

六畫

旃 1076
旁 47

七畫

族 1077

火部

火 1681

四畫

炊 1683
炙 1708

六畫

烏 636

七畫

焉 637

八畫

然 1682

九畫

熙 1698
煙 1694
煩 1506
煌 1694
煞 1698

十畫

熒 1707
煒 1694
熊 1681

十一畫

熱 1697
熏 1698
燹 1697

十二畫

燕 1823
燔 1683

十三畫

燥 1697
燭 1693
營 1273

二十四畫

爨 1694

斗部

斗 2176

七畫

斛 2180

心部

心 1741

一畫

必 157

三畫

志 1742
忘 1754
忌 1755
忍 1759

四畫

忠 1744
念 1747
忿 1755
忽 1754
快 1747

五畫

思 1741
急 1752
怒 1755

六畫

恚 1755
恐 1758
恭 1749
恢 1749
恩 1750
恬 1749
息 1742
恙 1757
恨 1756
恕 1750

七畫

悟 1752
患 1758
悎 1759
悔 1756
悤 1707
恒 1759

八畫

惡 1756
惜 1756
惠 644
悲 1756
𢡆 1760

九畫

想 1752
愚 1754
惶 1758

愛 863
意 1742
慈 1750
惲 1748

十畫

愼 1744

十一畫

憂 862
慮 1741

十二畫

憙 760
憐 1759
憲 1747
憛 1760

十六畫

懷 1752

二十四畫

戇 1754

毋部

毋 1926
母 1903

四畫

毒 99

水部

水 1761

一畫

永 1817

二畫

氾 1794

三畫

汗 1808
汙 1805
江 1780
汌 1810
汜 1798
池 1810
汝 1785

四畫

汪 1793
沐 1807
沔 1785
汾 1785
泛 1804
次 1490
沒 1804
汲 1808
汴 1811
沈 1805
決 1800
沙 1797
没 1811
沓 746

五畫

泄 1788
沽 1792
河 1774
沮 1782
況 1793
泗 1789
泭 1803
泉 1814
泠 1786
注 1800
泫 1793
沱 1780
泥 1792
治 1789
波 1794

六畫

洫 1798
洛 1785
津 1800

七畫

浦 1798
涇 1782
涅 1796
浥 1796
浩 1794
海 1792
浮 1794
涂 1782
浴 1807
浚 1807

八畫

清 1794
淩 1789
渠 1799
淺 1796
淮 1786
淦 1804
涼 1807
淳 1808
涫 1806
深 1786

九畫

湛 1804
湖 1798
湮 1804
減 1809
湯 1806
渴 1805
渭 1782
淵 1795
湲 1810
渡 1803
游 1077

十畫

溝 1799
滅 1809
滑 1795
溫 1780

準 1805
溓 1805
溢 1807
滎 1798
溺 1782

十一畫

漢 1782
滿 1795
漆 1785
漕 1809
潹 1813
漏 1809
漝 1812
潰 1812

十二畫

潢 1798
潘 1807

十三畫

濃 1805
澤 1796

十四畫

濩 1804
濡 1792
濕 1789
瀝 1812
濟 1791

十五畫

濼 1789

十七畫

瀹 1808

十八畫

灌 1786
灋 1670

二十畫

𤄷 1809

示部

二畫

礽 59

三畫

社 58
祀 57

五畫

祖 57
神 55
祝 57

六畫

祭 57

八畫

禁 58
祿 52

九畫

福 53

十三畫

禮 52

瓦部

瓦 1971

八畫

瓿 1971

十二畫

甑 1971

甘部

甘 740

石部

石 1596

四畫

研 1606

五畫

破 1605

九畫

碧 81
碩 1504

十畫

磑 1605

十二畫

磿 1604

比部

比 1386

目部

目 593

四畫

相 594
盾 600
眇 598
省 599

五畫

䀠 598
眑 598

八畫

督 598
睢 593

九畫

睸 598
瞀 594

田部

田 2104
由 2126
甲 2319
申 2423

二畫

男 2129

三畫

畀 735
甾 1971

四畫

畍 2110

五畫

畔 2110
畜 2126

六畫

畦 2109
畤 2112
畢 639
略 2112

七畫

異 488
畱 2121
畮 2109
畫 556

八畫

畺 2127
畸 2109
當 2113
畚 1971

九畫

毘 2126

十四畫

疇 2109

皿部

四畫

盆 768

五畫

益 768

六畫

盛 768

七畫

盈 1126
盜 1490

九畫

監 1401
盡 769

十一畫

盧 768

十八畫

蠲 2015

十九畫

鹽 1846

生部

生 973

六畫

產 974

矢部

矢 819

二畫

矣 826

三畫

知 825

四畫

矦 822

六畫

短 824

七畫

䠶 821

十一畫

矰 616

禾部

禾 1139

二畫

私 1141

三畫

秊 1164
秉 515

四畫

秋 1205

五畫

秦 1207
秫 1144
租 1204
秩 1160

六畫

秵 1209
移 1144
稂 1209

七畫

稄 1209
程 1207
稍 1205
稅 1205

八畫

稟 846

九畫

種 1139
稈 1164
稱 1207
稯 1208

十畫

稷 1144
稾 1163
稖 1163
稺 1140

十一畫

積 1158

十二畫

穡 975

十三畫

穅 1161
穀 1205

十四畫

穫 1158
穩 1208

十五畫
穬 1144
十七畫
穰 1163

白部

白 1301
一畫
百 616
二畫
皁 1304
皃 1478
五畫
皆 605
六畫
習 624

瓜部

瓜 1218

疒部

五畫
病 1278
疾 1277
七畫
痛 1278
九畫
瘧 1280
瘦 1280
十畫
瘷 1279
十四畫
癠 668
十八畫
癰 1279

立部

立 1738
五畫
竝 1740
六畫
章 464
竟 468
七畫
童 469
九畫
端 1739

穴部

三畫
空 1276
穹 1276
四畫
突 1276
穿 1275
六畫
窒 1276
十四畫
竆 1277
十五畫
竇 1275
十六畫
竈 1275
十八畫
⿱穴聶 1277
二十一畫
竊 1215

疋部

七畫
疏 2383
九畫
疑 2383

皮部

皮 567

癶部

四畫
癸 2360
七畫
登 224
發 1990

矛部

矛 2184
六畫
務 2135

老部

老 1435
五畫
者 609
六畫
耋 1436

耳部

耳 1866
四畫
耿 1866
五畫
聊 1867
六畫
聑 1870
七畫
聖 1867

八畫

聚 1395

十一畫

聲 1868

十二畫

聶 1870

職 1868

十六畫

聽 1867

臣部

臣 557

二畫

臥 1400

十一畫

臨 1401

襾部

西 1843

十二畫

覆 1293

而部

而 1636

三畫

耏 1637

至部

至 1836

四畫

致 861

八畫

臺 1843

虍部

虎 767

三畫

虐 767

四畫

虔 767

五畫

虖 767

六畫

虛 1394

七畫

虜 1130

虞 766

虢 767

十二畫

虡 767

虫部

虫 2014

九畫

蝱 2018

十畫

蚤 2017

十五畫

蠡 2018

十八畫

蠶 2017

二十畫

蠹 2018

肉部

肉 666

五畫

胥 688

八畫

腐 687

网部

六畫

眾 1394

八畫

睪 1725

置 1291

罪 1288

蜀 2015

九畫

署 1289

十畫

罷 1290

十一畫

罵 1292

耒部

耒 701

四畫

耕 701

缶部

四畫

缺 818

十三畫

罄 818

十四畫

罌 818

舌部

六畫

舒 645

竹部

竹 713

四畫
笸 722
笑 725
五畫
符 720
笥 722
第 725
笞 723
六畫
等 718
筑 724
策 723
答 728
七畫
筭 724
筩 722
八畫
箕 730
算 724
箅 722
九畫
箸 722
箱 723
箴 724
箠 723
節 713
箭 713
十畫
簒 1569
十二畫
簞 721
十三畫
簿 728
十四畫
籍 714
十六畫
籠 722
十七畫
籥 717

臼部

臼 1215
二畫
臾 2427
臽 1215
三畫
臿 1215
四畫
毀 491
五畫
舂 1215

自部

自 600

血部

血 773

舟部

五畫
船 1470
十畫
𦪈 1076

色部

色 1555

衣部

衣 1405
二畫
初 693
四畫
衺 1407
五畫
袍 1409
被 1413
衮 1410
七畫
補 1414
裚 1434
裘 1434
裏 1409
裝 1414
八畫
裨 1413
九畫
褚 1433
複 1411
褕 1407
十畫
褱 1434
褘 1409
十一畫
襄 1412
褻 1410
十二畫
襆 1410
襌 1412
襏 1434
十三畫
襜 1410
十四畫
襦 1412
十六畫
襲 1409

羊部

羊 630
一畫

羌 631
三畫
美 631
四畫
差 739
五畫
羝 631
七畫
義 1957
羣 631
九畫
羭 631
十畫
羲 751

米部

米 1211
七畫
粲 1213
粱 1212
八畫
精 1213
九畫
[illegible] 1132
十一畫
糒 1214
糟 1214
糜 1213
十二畫
糧 1214
十四畫
糴 1214
十六畫
羅 818

艮部

一畫
良 844

艸部

三畫
芒 109
四畫
苣 119
芮 111
芹 121
芥 121
芻 118
五畫
苦 105
苛 112
若 118
茂 110
苗 111
英 109
苟 121
苑 115
范 122
茅 106
六畫
茾 129
茝 104
茬 111
荑 104
茈 106
草 127
荀 129
茖 104
茭 118
茹 119
茲 110
七畫
華 975
莢 109
莽 132
莫 130
莎 121
莊 99
八畫
萇 104
菆 127
菫 2068
菖 128
菓 129
萌 109
菌 108
萆 118
萃 111
菅 106
九畫
葉 109
葢 117
萬 2314
葛 108
葆 124
落 114
葭 122
葵 102
菑 116
十畫
蒐 106
蒼 111
蒲 106
蒙 122
葦 121
蔭 110
十一畫
蓮 108
暮 1075
蔥 121
蓬 123
蔡 115

十二畫
蕃 · 127
薑 107
蕩 1785
薌 129
十三畫
薦 1670
薪 120
薄 115
蕭 108
十四畫
藏 129
藍 102
藉 117
薺 107
十五畫
藥 116
十六畫
薛 104
蘇 101
蘁 102
十七畫
蘗 130
蘭 102

羽部

羽 625
四畫
翁 625
五畫
翊 626
六畫
翕 626
八畫
翟 625

糸部

糸 1997
三畫
紂 2011
約 2001
紀 1998
四畫
素 2013
索 963
紘 2005
納 1999
紝 1998
紟 2006
純 1997
級 2000
紐 2006
紓 2000
五畫
紺 2005
紳 2005
細 2000
紨 2011
絇 2009
終 2003
六畫
絝 2006
絥 2010
絜 2012
給 2001
絶 1999
統 1998
絮 2011
絲 2013
七畫
經 1998
綏 2012
絳 2004
綈 2004
八畫
綼 2005
綱 2007
絣 2012
維 2010
綬 2006
紦 2012
綰 2005
綠 2004
九畫
緒 1997
練 2004
緹 2005
編 2009
緱 2008
緣 2006
十畫
縛 2001
縣 1508
縑 2003
縐 2011
緯 1998
十一畫
縹 2004
縵 2004
繁 2013
總 2000
縱 2000
繆 2012
十二畫
繒 2003
繇 1996
織 1998
繕 2007
十三畫
緩 2013
轡 2013
繩 2009
十五畫

續 1999
纍 2007
纘 2011

言部

言 405
二畫
計 441
三畫
訖 450
託 448
訊 433
記 448
四畫
許 430
訢 441
訟 457
五畫
詐 457
診 459
詔 440
六畫
試 441
詩 431
誠 439
訾 457
誅 460
詬 460
詣 451
詳 433
詡 444
七畫
誡 439
誣 456
誖 456
語 421
誤 457
誨 432
說 441
八畫
請 424
諾 430
課 441
誰 459
論 432
調 442
誶 458
談 422
誼 443
九畫
諸 431
謀 432
[言頁] 1507
謁 426
謂 422
諷 432
十畫
謝 450
十一畫
謹 433
謾 456
十二畫
譔 460
譚 460
譙 458
識 433
證 458
䜌 456
十三畫
警 443
譟 457
譱 462
議 433
十四畫
護 445
十六畫
讎 431
十七畫
讕 459
讓 458
十八畫
讘 458

走部

走 207
三畫
起 208
五畫
越 208
趃 214
超 207
六畫
趍 210
七畫
趙 210
八畫
趣 207
十畫
趨 207

赤部

赤 1708

車部

車 2184
一畫
軋 2203
二畫
軍 2200
三畫
軒 2195

四畫
斬 2204
軟 2206
五畫
軸 2199
軹 2199
軼 2204
軺 2195
六畫
載 2199
較 2206
七畫
輒 2199
輔 2204
輕 2198
輓 2204
八畫
輩 2203
輣 2198
九畫
輻 2199
輸 2202
十畫
轅 2199
輿 2198
十一畫
轉 2202

豆部
豆 764
三畫
豈 764
八畫
豎 557
十一畫
豐 764

酉部
酉 2427
三畫
酎 2432
酌 2433
酒 2430
配 2433
七畫
酺 2433
八畫
醬 2433
十畫
醜 1569
十一畫
醫 2433
十七畫
釀 2432

辰部
辰 2394
三畫
辱 2398
七畫
晨 492
十三畫
農 492

豕部
四畫
豚 1638
六畫
豤 1637
九畫
豬 1637
豭 1637
十二畫
豶 1637

貝部
貝 993
二畫
貞 582
負 1001
三畫
財 994
四畫
責 1004
販 1007
貧 1009
貶 1011
貫 1130
五畫
貳 1002
賁 996
貰 1003
貴 1010
買 1007
貸 997
貿 1004
費 1004
賀 996
六畫
賊 1945
賈 1006
貲 1010
資 994
七畫
賕 1010
賓 1002
八畫
賦 1008
賣 962
賢 994

賤 1008
賞 998
賜 1000
質 1004

九畫

賴 1001

十畫

購 1010

十二畫

贊 997

十三畫

⿰貝雷 1011

十五畫

贖 1004

十八畫

贛 998

見部

見 1479

四畫

覓 1485

五畫

視 1483

九畫

親 1484

十三畫

覺 1484

十四畫

覽 1483

十八畫

觀 1483

里部

里 2068

二畫

重 1399

四畫

野 2103

足部

足 346

五畫

跕 348
跗 348

六畫

路 348

八畫

踦 348

九畫

踶 347
踵 347

十畫

蹇 348

邑部

邑 1011

四畫

扈 1034

五畫

祁 1040
邯 1041
邴 1043
邱 1045
邸 1032

六畫

耶 1870
郅 1042

七畫

郝 1034
郟 1042
郜 1043
郎 1043
郡 1015

八畫

郪 1042
郭 1044
部 1035
郯 1043

九畫

都 1026
鄂 1043
郵 1032
鄃 1042
鄆 1040
郿 1033

十畫

鄐 1040

十一畫

鄞 1043

十二畫

鄲 1041
鄭 1034
鄧 1042

十三畫

鄴 1041
鄳 1049
鄰 1032

十四畫

[illegible] 1045

十九畫

酇 1032

身部

身 1404

辵部

三畫

迂 241
迣 258

四畫
近 270
迎 254
五畫
[illegible] 242
迫 270
六畫
追 269
送 260
逃 268
迹 240
逆 254
七畫
連 266
逋 267
逎 270
逐 269
造 252
逢 255
通 256
八畫
進 252
九畫
遇 255
過 243
遂 267
道 272
運 259
十畫
遠 271
遣 261
遝 253
十一畫
遮 271
適 242
隨 242
十二畫
邁 241
遷 258
遼 271
遺 267
遵 242
遲 266
十三畫
還 259
十四畫
邊 275

采部

十一畫
[illegible] 640

谷部

谷 1818
十畫
谿 1819

豸部

三畫
豺 1639
豹 1638
五畫
貂 1639
七畫
貍 1639

角部

角 701
五畫
觝 711
六畫
[illegible] 711
解 710
十五畫
觻 702
十八畫
觿 702

辛部

辛 2351
五畫
辜 2356
六畫
辟 1566
八畫
辤 2356
九畫
辨 696
十四畫
辯 2356

青部

青 775
八畫
靜 776

長部

長 1606

雨部

雨 1820
四畫
雲 1822
七畫
霄 1820
九畫
霜 1822

十一畫
⿱雨尋 1820
十三畫
霸 1118
露 1821
十五畫
靁 1820
十六畫
靃 632

非部

非 1824
十一畫
靡 1824

隹部

二畫
隻 626
三畫
雀 628
六畫
雒 626
八畫
⿰享隹 630
九畫
雖 2014
十畫
雞 628
雛 629
⿰亲隹 1413
離 629
雝 629
二十畫
雧 632

阜部

四畫
阮 2239
防 2237
五畫
阿 2234
附 2237
六畫
陌 2244
七畫
陣 2244
陜 2234
陝 2239
陟 2235
除 2242
降 2237
八畫
陸 2233
陵 2219
陬 2234
陳 2239
陛 2244
陰 2221
陶 2242
陷 2235
九畫
隋 683
陽 2222
隊 2235
十畫
隗 2234
隝 2244
十一畫
障 2238
十二畫
隆 974
十四畫
隱 2238
十六畫
隴 2239
二十五畫
[illegible] 2244

金部

金 2141
二畫
釘 2149
三畫
釵 2158
四畫
鈇 2157
鉅 2157
鈞 2156
五畫
鉗 2155
鉏 2155
鉤 353
鈹 2150
六畫
銎 2150
銍 2155
銅 2148
銖 2156
銘 2158
八畫
錯 2149
錡 2150
錢 2150
錫 2148
錮 2149
鉼 2158
錐 2156
錧 2158
鍵 2149
鋸 2156
錄 2148

九畫
鍤 2150
鍼 2150
鍛 2149
鏃 2156
十畫
鎧 2157
鎌 2155
十二畫
鐂 2157
鐎 2149
鐘 2156
十三畫
鐵 2148
十八畫
鑷 2159

門部

門 1848
三畫
閈 1850
閉 1853
問 189
四畫
閏 79
開 1851
閎 1850
閒 1852
閔 1866
六畫
聞 1869
閤 1850
閣 1851
閡 1866
七畫
閭 1850
閱 1865
八畫
閻 1851
九畫
闌 1852
闊 1865
十畫
闒 1850
十一畫
關 1853

隶部

七畫
隸 1635

革部

革 495
二畫
勒 498
三畫
靬 496
四畫
靳 497
六畫
鞏 496
鞌 498
八畫
鞠 497
九畫
鞮 496
鞭 498
鞫 498
鞪 497

頁部

二畫
頃 1380
三畫
順 1505
須 1517
四畫
頌 1500
頓 1506
預 1507
五畫
領 1504
頗 1506
六畫
頡 1506
七畫
頭 1493
頸 1503
頻 1507
[illegible] 1518
頴 1157
九畫
題 1503
顗 1518
顏 1499
額 1507
十畫
類 1677
十二畫
顧 1504
十四畫
顯 1507
十六畫
顱 1500

面部

面 1508

非部

韭 1217
十畫
䪢 1218
十四畫
⿰頁韭 1218

食部

食 784
二畫
飢 796
三畫
飧 792
四畫
⿰食方 2139
飯 792
六畫
餎 796
養 792
七畫
餔 793
餐 793
餘 794
八畫
館 795
九畫
餲 796
餱 792
十二畫
饒 793

風部

風 2018

音部

音 463

首部

首 1508

髟部

三畫
髡 1520
五畫
髮 1520
十一畫
鬒 977

馬部

馬 1641
二畫
馮 1662
三畫
馰 1655
馳 1663
四畫
駁 1655
⿰馬卬 1657
五畫
⿰馬可 1666
駟 1662
駒 1652
駑 1666
駕 1661
六畫
駣 1666
駱 1654
駮 1665
七畫
駹 1654
騂 1666
駿 1656
八畫
騎 1657
騅 1654
九畫
⿰馬者 1669
⿰馬枼 1669
騧 1655
騣 1666
十畫
驊 1670
騩 1653
騶 1664
騫 1664
騷 1664
十一畫
驃 1655
驅 1663
驄 1654
十二畫
驑 1653
驕 1656
十三畫
驚 1664
驛 1664
驗 1656
十六畫
驢 1666
驡 1670
十七畫
驤 1657
十八畫
驩 1656
二十畫
驪 1652

鬲部

六畫

融 499

七畫

鬴 499

鬥部

十五畫

鬭 510

骨部

骨 666

十三畫

體 666

鬼部

鬼 1568

四畫

魁 2181

八畫

魋 1569

高部

高 826

韋部

韋 865

五畫

韎 865

九畫

[illegible] 865

十畫

韓 866

麥部

麥 858

八畫

麴 861

鹵部

鹵 1846

鳥部

鳥 632

三畫

鳴 636

鳳 632

六畫

鴻 635

七畫

鵂 636

八畫

[illegible] 636

十一畫

[illegible] 635

十九畫

鸞 635

魚部

魚 1822

四畫

魯 608

五畫

鮑 1823

六畫

鮮 1823

麻部

麻 1217

黃部

黃 2127

黑部

黑 1698

六畫

黠 1704

八畫

黨 1705

九畫

黮 1706

黍部

黍 1211

鹿部

鹿 1671

五畫

麇 1671

六畫

麋 1671

八畫

麓 932

麗 1672

二十四畫

麤 1672

鼓部

鼓 763

鼻部

鼻 624

齊部

齊 1135

三畫

齋 56

七畫

齎 997

齒部

齒 341

二畫

齔 345

龍部

龍 1823

六畫

龔 487

龠部

龠 349

拼音檢字表

（一）音序

A		bàn	9	bīng	10	cè	10	chí	11
		bàng	9	bǐng	10	cén	10	chǐ	11
āi	9	bāo	9	bìng	10	chā	10	chì	11
ài	9	bǎo	9	bō	10	chá	10	chōng	11
ān	9	bào	9	bó	10	chāi	10	chóng	11
àn	9	bēi	9	bū	10	chái	10	chóu	11
áng	9	běi	9	bǔ	10	chǎi	10	chǒu	11
àng	9	bèi	9	bù	10	chān	10	chū	11
áo	9	běn	9			chǎn	10	chú	11
ǎo	9	bēng	9	C		chāng	10	chǔ	11
		bèng	9			cháng	10	chù	11
B		bí	9	cāi	10	chǎng	10	chuān	11
		bǐ	9	cái	10	chàng	10	chuán	11
bā	9	bì	9	cǎi	10	chāo	10	chuǎn	11
bá	9	biān	9	cài	10	chē	10	chuáng	11
bǎ	9	biǎn	10	cān	10	chén	10	chuī	11
bà	9	biàn	10	cán	10	chèn	11	chuí	11
bái	9	biǎo	10	càn	10	chēng	11	chūn	11
bǎi	9	bié	10	cāng	10	chéng	11	chún	11
bài	9	bīn	10	cáo	10	chī	11	cí	11

cǐ 11
cì 11
cōng 11
cóng 11
cū 11
cù 11
cuān 11
cuàn 11
cuī 11
cuí 11
cuì 12
cún 12
cùn 12
cuò 12

D

dà 12
dài 12
dān 12
dǎn 12
dàn 12
dāng 12
dǎng 12
dàng 12
dāo 12
dǎo 12
dào 12
dé 12
dēng 12
děng 12
dèng 12
dī 12
dí 12
dǐ 12
dì 12
diǎn 12
diàn 12
diāo 12
diǎo 12
dié 12
dīng 12
dìng 12
dōng 12
dǒng 12
dòng 12
dǒu 12
dòu 12
dū 12
dú 12
dǔ 13
dù 13
duān 13
duǎn 13
duàn 13
duī 13
duì 13
dūn 13
dùn 13
duō 13
duó 13
duò 13

E

ē 13
è 13
ēn 13
ér 13
ěr 13
èr 13

F

fā 13
fá 13
fǎ 13
fà 13
fān 13
fán 13
fǎn 13
fàn 13
fāng 13
fáng 13
fàng 13
fēi 13
féi 13
fěi 13
fèi 13
fēn 13
fén 13
fèn 13
fēng 13
féng 14
fèng 14
fǒu 14
fòu 14
fū 14
fú 14
fǔ 14
fù 14

G

gāi 14
gǎi 14
gài 14
gān 14
gǎn 14
gàn 14
gāng 14
gāo 14
gǎo 14
gào 14
gē 14

gé 14
gè 14
gēn 14
gēng 14
gěng 14
gèng 14
gōng 14
gǒng 14
gòng 15
gōu 15
gǒu 15
gòu 15
gū 15
gǔ 15
gù 15
guā 15
guài 15
guān 15
guǎn 15
guàn 15
guāng 15
guǎng 15
guī 15
guǐ 15
guì 15
guō 15
guó 15
guǒ 15
guò 15

H

hǎi 15
hài 15
hán 15
hàn 15
háo 15
hǎo 15
hào 15
hé 15
hè 15
hēi 15
hèn 15
héng 15
hóng 16
hóu 16
hòu 16
hū 16
hú 16
hǔ 16
hù 16
huá 16
huà 16
huái 16
huài 16
huān 16
huán 16
huǎn 16
huàn 16
huáng 16
huǎng 16
huī 16
huí 16
huǐ 16
huì 16
hūn 16
hùn 16
huǒ 16
huò 16

J

jī 16
jí 17
jǐ 17
jì 17
jiā 17
jiá 17
jiǎ 17
jià 17
jiān 17
jiǎn 17
jiàn 17
jiāng 17
jiàng 17
jiāo 17
jiǎo 17
jiào 17
jiē 17
jié 17
jiě 18
jiè 18
jīn 18
jǐn 18
jìn 18
jīng 18
jǐng 18
jìng 18
jiǔ 18
jiù 18
jū 18
jú 18
jǔ 18
jù 18
juān 18
juǎn 18
juàn 18
jué 18
jūn 18
jùn 18

K

kāi 18
kǎi 18
kài 18

kān 18	kùn 19	liàn 20	luàn 20	mén 21
kāng 19	kuò 19	liáng 20	lüè 20	méng 21
kàng 19		liǎng 20	lún 20	měng 21
kāo 19	L	liáo 20	luó 20	mèng 21
kē 19		liè 20	luò 20	mí 21
kě 19	là 19	lín 20		mǐ 21
kè 19	lái 19	lǐn 20	M	mì 21
kěn 19	lài 19	líng 20		miǎn 21
kōng 19	lán 19	lìng 20	má 21	miàn 21
kǒng 19	lǎn 19	liú 20	mǎ 21	miáo 21
kǒu 19	láng 19	liǔ 20	mǎi 21	miǎo 21
kòu 19	lǎng 19	liù 20	mài 21	miè 21
kū 19	láo 19	lóng 20	mán 21	mín 21
kǔ 19	lǎo 19	lǒng 20	mǎn 21	mǐn 21
kù 19	lè 19	lóu 20	màn 21	míng 21
kuài 19	léi 19	lòu 20	máng 21	mìng 21
kuān 19	lěi 19	lú 20	mǎng 21	mó 21
kuāng 19	lèi 19	lǔ 20	máo 21	mò 21
kuáng 19	lí 19	lù 20	mǎo 21	móu 21
kuàng 19	lǐ 19	lǘ 20	mào 21	mǒu 21
kuī 19	lì 19	lǚ 20	méi 21	mǔ 21
kuí 19	lián 20	lǜ 20	měi 21	mù 21
kūn 19	liǎn 20	luán 20	mèi 21	

N

nà	22
nǎi	22
nài	22
nán	22
náng	22
nèi	22
néng	22
ní	22
nì	22
niè	22
nián	22
niàn	22
niàng	22
niǎo	22
niè	22
níng	22
nìng	22
niú	22
niǔ	22
nóng	22
nú	22
nǔ	22
nù	22
nǚ	22
nüè	22
nuò	22

O

ǒu	22

P

pān	22
pán	22
páng	22
páo	22
pèi	22
pén	22
péng	22
pī	22
pí	22
pǐ	22
pì	22
piān	22
pián	22
piǎo	22
piào	23
pín	23
pǐn	23
pìn	23
píng	23
pō	23
pò	23
póu	23
pú	23
pǔ	23
pù	23

Q

qī	23
qí	23
qǐ	23
qì	23
qiān	23
qián	23
qiǎn	23
qiàn	23
qiāng	23
qiáng	23
qiáo	23
qiǎo	23
qiào	23
qiě	23
qiè	23
qīn	23
qín	23
qīng	23
qíng	23
qǐng	24
qìng	24
qiōng	24
qióng	24
qiū	24
qiú	24
qū	24
qú	24
qǔ	24
qù	24
quán	24
quǎn	24
quàn	24
quē	24
què	24
qún	24

R

rán	24
rǎn	24
ráng	24
ràng	24
ráo	24
rǎo	24
rè	24
rén	24
rěn	24
rèn	24
réng	24
rì	24
róng	24
ròu	24

rú 24
rǔ 24
rù 24
ruì 24
rùn 24
ruò 24

S

sà 24
sài 25
sān 25
sàn 25
sāng 25
sāo 25
sǎo 25
sè 25
shā 25
shān 25
shǎn 25
shàn 25
shāng 25
shǎng 25
shàng 25
shāo 25
shǎo 25
shé 25
shè 25
shēn 25
shén 25
shěn 25
shèn 25
shēng 25
shéng 25
shèng 25
shī 25
shí 25
shǐ 25
shì 25
shōu 25
shǒu 25
shòu 26
shū 26
shú 26
shǔ 26
shù 26
shuāng 26
shuài 26
shuí 26
shuǐ 26
shuì 26
shǔn 26
shùn 26
shuō 26
shuò 26
sī 26
sǐ 26
sì 26
sōng 26
sòng 26
sōu 26
sū 26
sú 26
sù 26
suàn 26
suī 26
suí 26
suì 26
sūn 26
suō 26
suǒ 27

T

tā 27
tà 27
tái 27
tán 27
tǎn 27
tāng 27
táng 27
táo 27
tè 27
tí 27
tǐ 27
tiān 27
tián 27
tiǎn 27
tiāo 27
tiáo 27
tiào 27
tiē 27
tiě 27
tīng 27
tíng 27
tǐng 27
tìng 27
tōng 27
tóng 27
tǒng 27
tòng 27
tóu 27
tū 27
tú 27
tǔ 27
tù 27
tuī 27
tuí 27
tūn 27
tún 27
tuō 27
tuó 27

W

wǎ	28	X		xìn	29	yá	30	yīng	31
wài	28			xīng	29	yà	30	yíng	31
wán	28	xī	28	xíng	29	yān	30	yǐng	31
wǎn	28	xí	28	xǐng	29	yán	30	yōng	31
wàn	28	xǐ	29	xìng	29	yǎn	30	yǒng	31
wāng	28	xì	29	xiōng	29	yàn	30	yòng	31
wáng	28	xiá	29	xióng	29	yāng	30	yōu	31
wǎng	28	xià	29	xiū	29	yáng	30	yóu	31
wàng	28	xiān	29	xū	29	yǎng	30	yǒu	31
wēi	28	xián	29	xú	30	yàng	30	yòu	31
wéi	28	xiǎn	29	xǔ	30	yāo	30	yú	31
wěi	28	xiàn	29	xù	30	yáo	30	yǔ	31
wèi	28	xiāng	29	xuān	30	yào	30	yù	31
wēn	28	xiáng	29	xuán	30	yě	30	yuān	32
wén	28	xiǎng	29	xuàn	30	yè	30	yuán	32
wèn	28	xiàng	29	xuē	30	yī	30	yuǎn	32
wēng	28	xiāo	29	xuě	30	yí	30	yuàn	32
wǒ	28	xiǎo	29	xuè	30	yǐ	31	yuē	32
wò	28	xiào	29	xūn	30	yì	31	yuè	32
wū	28	xié	29	xún	30	yīn	31	yún	32
wú	28	xiě	29	xùn	30	yín	31	yǔn	32
wǔ	28	xiè	29			yǐn	31	yùn	32
wù	28	xīn	29	Y		yìn	31		

Z		zèng	32	zhēn	33	zhú	33	zòng	34
		zhá	32	zhěn	33	zhǔ	34	zōu	34
zā	32	zhà	32	zhèn	33	zhù	34	zǒu	34
zá	32	zhāi	32	zhēng	33	zhuān	34	zòu	34
zāi	32	zhái	32	zhèng	33	zhuàn	34	zū	34
zǎi	32	zhān	32	zhī	33	zhuāng	34	zú	34
zài	32	zhǎn	32	zhí	33	zhuàng	34	zǔ	34
zàn	32	zhàn	32	zhǐ	33	zhuī	34	zuǎn	34
zāng	32	zhāng	32	zhì	33	zhuì	34	zuì	34
zàng	32	zhǎng	32	zhōng	33	zhūn	34	zūn	34
zāo	32	zhàng	33	zhǒng	33	zhǔn	34	zuó	34
zǎo	32	zhāo	33	zhòng	33	zhuó	34	zuǒ	34
zào	32	zhào	33	zhōu	33	zī	34	zuò	34
zé	32	zhē	33	zhóu	33	zǐ	34		
zéi	32	zhé	33	zhǒu	33	zì	34		
zēn	32	zhě	33	zhòu	33	zōng	34		
zēng	32	zhè	33	zhū	33	zǒng	34		

（二）正文

A	bā	扶　1738	誖　456	碧　81
	八　140	bàng	背　668	必　157
āi	bá	棓　910	貝　993	畢　639
哀　204	拔　1886	bāo	糒　1214	臂　681
ài	bǎ	褒　1410	備　1327	箄　722
愛　863	把　1876	bǎo	倍　1364	畀　735
ān	bà	葆　124	被　1413	柲　910
鞌　498	罷　1290	寶　1246	絥　2010	賁　996
安　1231	bái	保　1316	輩　2203	幤　1293
àn	白　1301	bào	běn	敝　1305
案　905	bǎi	暴　1073	本　897	比　1386
áng	百　616	豹　1638	畚　1971	被　1413
卬　1380	柏　896	報　1726	bēng	裨　1413
àng	佰　1334	鮑　1823	絣　2012	辟　1566
䭹　1657	bài	bēi	bèng	庇　1594
áo	敗　578	卑　522	搒　1888	閉　1853
㔜　2138	罷　1290	桮　904	bí	婢　1905
ǎo	捭　1871	悲　1756	鼻　624	陛　2244
媪　1904	bàn	běi	bǐ	biān
	半　160	北　1387	比　1386	邊　275
B	辦　696	bèi	bì	鞭　498

編 2009

biǎn

扁 349

biàn

變 573

辯 2356

biǎo

袌 1407

bié

別 665

bīn

賓 1002

bīng

兵 484

bǐng

秉 515

稟 846

邴 1043

屏 1457

庰 1593

丙 2328

bìng

病 1278

偋 1364

拼 1386

竝 1740

bō

波 1794

bó

薄 115

博 380

誖 456

帛 1301

伯 1318

駁 1655

駮 1665

勃 2139

bū

逋 267

餔 793

bǔ

卜 582

補 1414

捕 1887

bù

步 225

部 1035

布 1298

瓿 1971

附 2237

C

cāi

猜 1675

cái

材 902

財 994

cǎi

采 922

cài

蔡 115

cān

餐 793

cán

殘 663

蠶 2017

càn

粲 1213

cāng

蒼 111

倉 806

cáo

曹 746

漕 1809

cè

策 723

cén

岑 1575

chā

差 739

臿 1215

鍤 2150

chá

察 1239

chāi

差 739

chái

豺 1639

chǎi

茝 104

chān

襜 1410

chǎn

產 974

chāng

昌 1068

倀 1365

cháng

萇 104

腸 667

嘗 759

常 1294

償 1350

長 1606

chǎng

敞 572

chàng

倡 1365

chāo

超 207

chē

車 2184

chén

晨 492

臣 557
湛 1804
沈 1805
陳 2239
辰 2394
chèn
齔 345
chēng
稱 1207
chéng
呈 192
誠 439
丞 474
盛 768
椉 869
程 1207
承 1883
城 2059
成 2339
chī
笞 723
chí
茬 111
趍 210
遲 266
馳 1663
治 1789
持 1874
弛 1987
chǐ
齒 341
尺 1459
chì
敕 576
㡿 1595
赤 1708
飭 2139
chōng
衝 341
舂 1215
充 1474
chóng
崇 1575
chóu
讎 431
疇 2109
chǒu
醜 1569
丑 2384
chū
初 693
樗 892
出 948
chú
芻 118
雛 629
廚 1583
鉏 2155
除 2242
chǔ
楚 932
儲 1327
褚 1433
処 2159
chù
鄐 1040
畜 2126
chuān
穿 1275
川 1813
chuán
船 1470
chuǎn
舛 864
chuáng
牀 904
chuī
炊 1683
chuí
箠 723
椎 910
垂 2066
chūn
萅 128
chún
䧼 630
淳 1808
純 1997
cí
薺 107
慈 1750
辤 2356
cǐ
此 234
cì
刺 698
賜 1000
次 1488
cōng
蔥 121
驄 1654
悤 1707
cóng
從 1381
cū
麤 1672
cù
厝 1596
cuān
篡 1569
cuàn
篡 1569
cuī
崔 1576
cuí

錐 2156

cuì

萃 111

cún

存 2383

cùn

寸 559

cuò

厝 1596

錯 2149

D

dà

大 1709

dài

待 284

戴 488

貸 997

帶 1293

代 1351

大 1709

dān

單 205

丹 775

鄲 1041

儋 1327

襌 1412

dǎn

亶 848

dàn

旦 1075

但 1370

dāng

當 2113

dǎng

黨 1705

dàng

宕 1268

蕩 1785

dāo

刀 689

dǎo

導 567

擣 1887

dào

道 272

纛 1205

盜 1490

到 1839

dé

德 276

得 285

dēng

登 224

děng

等 718

dèng

鄧 1042

dī

鞮 496

羝 631

dí

翟 625

糴 818

狄 1677

dǐ

邸 1032

抵 1874

氐 1943

堤 2054

dì

帝 47

踶 347

弟 867

馰 1655

地 2042

diǎn

典 735

diàn

殿 558

簟 721

diāo

貂 1639

diǎo

鳥 632

dié

牒 1137

褋 1410

耋 1436

dīng

釘 2149

丁 2333

dìng

定 1227

dōng

東 925

冬 1819

dǒng

董 107

dòng

凍 1819

動 2136

dǒu

斗 2176

dòu

鬭 510

豆 764

竇 1275

dū

督 598

都 1026

dú

毒 99

犢 170

櫝 904
牘 1136
獨 1676

dǔ

堵 2049

dù

度 521
杜 891
渡 1803

duān

端 1739

duǎn

短 824

duàn

段 558
[illegible] 865
鍛 2149
斷 2174

duī

敦 578

duì

對 469
兌 1474
隊 2235

dūn

敦 578

dùn

盾 600
頓 1506
庉 1583

duō

多 1129

duó

奪 630

duò

隋 683

E

ē

阿 2234

è

鄂 1043
惡 1756
堊 2050

ēn

恩 1750

ér

兒 1474
而 1636

ěr

珥 81
尒 149
耳 1866

èr

貳 1002
二 2020

F

fā

發 1990

fá

乏 239
罰 697
伐 1370

fǎ

灋 1670

fà

髮 1520

fān

番 158
幡 1297

fán

蕃 127
樊 487
煩 1506
燔 1683
凡 2039

fǎn

反 515

fàn

范 122
飯 792
販 1007
犯 1675
氾 1794
泛 1804

fāng

方 1471

fáng

房 1847
防 2237

fàng

放 646

fēi

非 1824

féi

肥 688

fěi

[illegible] 2018

fèi

費 1004
廢 1595

fēn

分 147

fén

獖 1637
汾 1785

fèn

奮 630
糞 640
忿 1755

fēng

豐 764

漨 1697
風 2018
封 2054

féng

逢 255
馮 1662

fèng

諷 432
奉 470
鳳 632

fǒu

不 1826

fòu

附 2237

fū

柎 916
夫 1729
鈇 2157

fú

福 53
孚 499
符 720
伏 1367
複 1411
服 1470
浮 1794
泭 1803
扶 1874
弗 1939
紨 2011
輻 2199

fǔ

黼 499
脯 686
腐 687
府 1576
撫 1884
斧 2161
輔 2204

fù

復 278
父 511
腹 681
負 1001
賦 1008
富 1241
覆 1293
傅 1330
付 1331
婦 1903
縛 2001

G

gāi

胲 682

gǎi

改 573

gài

蓋 117

gān

干 352
肝 667
甘 740
乾 2328

gǎn

敢 652

gàn

旰 1067
淦 1804
紺 2005

gāng

剛 695
綱 2007

gāo

膏 667
高 826

gǎo

槀 902
稾 1163

gào

告 173
郜 1043

gē

歌 1488

gé

茖 104
葛 108
革 495
格 901
假 1336
閣 1850
閣 1851

gè

各 201

gēn

根 899

gēng

更 573
耕 701
庚 2347

gěng

耿 1866

gèng

更 573

gōng

公 150
龔 487
攻 580
工 739
宮 1273
恭 1749
弓 1971
功 2134

gǒng

鞏 496
穬 1144

gòng

共 487
贛 998

gōu

句 353
鉤 353
溝 1799
緱 2008

gǒu

苟 121
狗 1673

gòu

詬 460
購 1010
㝅 2381

gū

沽 1792
姑 1904
辜 2356
孤 2382

gǔ

古 353
骨 666
股 682
鼓 763
賈 1006
穀 1202
谷 1818

gù

故 568
固 992
顧 1504
錮 2149

guā

瓜 1218
騧 1655

guài

夬 512

guān

冠 1280
觀 1483
關 1853
官 2206

guǎn

館 795

guàn

貫 1130
灌 1786
涫 1806

guāng

光 1694

guǎng

廣 1585

guī

歸 222
傀 1320
騩 1653

guǐ

鬼 1568
癸 2360

guì

桂 891
貴 1010

guō

郭 1044

guó

虢 767
國 983

guǒ

果 899

guò

過 243

H

hǎi

海 1792

hài

害 1268
亥 2437

hán

韓 866
邯 1041
函 1132
寒 1267

hàn

漢 1782
汗 1808
閈 1850
扞 1887

háo

豪 1638
𠢕 2138

hǎo

好 1913

hào

昦 1729
浩 1794

hé

和 191
合 796
禾 1139
何 1325
河 1774
劾 2139

hè

賀 996
郝 1034

hēi

黑 1698

hèn

恨 1756

héng

衡 709
橫 922
hóng
鴻 635
宏 1226
閎 1850
弘 1986
紘 2005
hóu
餱 792
矦 822
鍭 2156
hòu
後 284
詬 460
厚 843
候 1337
后 1520
hū
呼 177
虖 767
忽 1754
hú
胡 683
乎 751
狐 1677
壺 1722
湖 1798
斛 2180
hǔ
虎 767
hù
護 445
笠 722
扈 1034
戶 1846
huá
華 975
滑 1795
huà
畫 556
huái
槐 895
懷 1752
淮 1786
huài
壞 2066
huān
驩 1656
huán
環 81
還 259
桓 903
澣 1808
huǎn
緩 2013
huàn
宦 1246
患 1758
澣 1808
換 1889
huáng
皇 80
璜 81
穔 1164
煌 1694
惶 1758
潢 1798
黃 2127
huǎng
櫎 909
huī
睢 593
禕 1409
恢 1749
huí
回 983
huǐ
悔 1756
虫 2014
毀 2066
huì
喙 177
誨 432
惠 644
會 804
槥 923
晦 1068
恚 1755
hūn
昏 1067
hùn
圂 993
huǒ
火 1681
huò
靃 632
穫 1158
獲 1676
濩 1804

J

jī
迹 240
訖 450
毄 558
雞 628
幾 643
箕 730
飢 796
稽 975
齎 997
積 1158
羈 1292

借	1336	給	2001	莢	109	錢	2150	茭	118
擊	1887	己	2343	郟	1042	jiàn		徼	281
姬	1900	jì		jiǎ		建	311	膠	687
墼	2050	祭	57	叚	521	劍	699	驕	1656
畸	2109	薺	107	假	1336	箭	713	[illegible]	1694
jí		計	441	甲	2319	賤	1008	交	1722
藉	117	記	448	jià		健	1321	鐎	2149
吉	198	既	781	駕	1661	儉	1354	jiǎo	
及	513	稷	1144	嫁	1901	見	1479	角	701
櫜	632	寄	1267	jiān		薦	1670	狡	1673
籍	714	冀	1393	菅	106	鍵	2149	jiào	
卽	779	忌	1755	靬	496	jiāng		教	581
極	902	紀	1998	堅	556	薑	102	校	921
棘	1136	季	2381	肩	668	僵	1365	jiē	
疾	1277	jiā		兼	1209	江	1780	街	341
伋	1318	葭	122	監	1401	畺	2127	皆	605
急	1752	嘉	762	閒	1852	jiàng		接	1883
汲	1808	家	1218	姦	1925	將	564	jié	
揤	1882	佳	1320	縑	2003	匠	1969	節	713
級	2000	豭	1637	jiǎn		絳	2004	桔	892
亟	2039	夾	1720	蹇	348	降	2237	椄	911
jǐ		加	2138	檢	916	醬	2433	楬	923
濟	1791	jiá		減	1809	jiāo		偕	1328

絜 2012

jiě

解 710

jiè

藉 117
芥 121
介 150
犗 170
誡 439
戒 483
借 1336
⿰目介 2110

jīn

今 797
巾 1293
津 1800
紟 2006
金 2141
斤 2160

jǐn

謹 433
僅 1350

jìn

禁 58
進 252
近 270
靳 497
盡 769
晉 1066
濅 1791

jīng

京 841
精 1213
驚 1664
涇 1782
經 1998

jǐng

警 443
井 776
景 1067
頸 1503

jìng

竟 468
脛 682
靜 776
敬 1568

jiǔ

久 868
韭 1217
九 2308
酒 2430

jiù

救 577
就 842
臼 1215
廄 1584

jū

拘 353
俱 1328
居 1440
駒 1652
沮 1782
且 2160

jú

鞠 497

jǔ

柜 895
舉 1884

jù

苣 119
句 353
具 485
⿰目且 598
巨 740
虡 767
冣 1280
聚 1395
據 1876
勮 2137
鋸 2156
鉅 2157

juān

捐 1888
蠲 2015

juǎn

卷 1544

juàn

帣 1297

jué

爵 781
瘚 1279
覺 1484
決 1800
絶 1999

jūn

君 181
麇 1671
均 2048
鈞 2156
軍 2200

jùn

菌 108
郡 1015
駿 1656
浚 1807

K

kāi

開 1851

kǎi

鎧 2157

kài

欬 1488

kān

堪 2049

kāng

穅 1161

kàng

伉 1318
亢 1728

kāo

尻 1456

kē

苛 112
榼 909
柯 910

kě

可 748
渴 1805

kè

課 441
刻 695
克 1139
客 1266

kěn

肎 688
狠 1637

kōng

空 1276

kǒng

恐 1758
孔 1825

kǒu

口 176

kòu

寇 578

kū

枯 901

kǔ

苦 105

kù

庫 1584
絝 2006

kuài

膾 687
廥 1593
快 1747
凷 2048

kuān

寬 1265

kuāng

匡 1969

kuáng

狂 1677

kuàng

況 1793
纊 2011
壙 2066

kuī

刲 697

kuí

葵 102
魁 2181

kūn

昆 1073
幝 1297
髡 1520

kùn

困 993

kuò

闊 1865

L

là

臘 683

lái

斄 173
來 854

lài

賴 1001

lán

藍 102
蘭 102
讕 459
闌 1852

lǎn

覽 1483

láng

郎 1043
狼 1677

lǎng

朗 1119

láo

牢 171
勞 2137

lǎo

老 1435

lè

勒 498

léi

靁 1820
纍 2007

lěi

耒 701

lèi

類 1677

lí

犂 171
離 629
貍 1639
驪 1652

lǐ

禮 52
理 81
李 886
裏 1409
蠡 2018
里 2068

lì

吏 35
瓅 82
歷 222
利 690
㮚 1132
厲 1596
磿 1604
麗 1672
戾 1676
立 1738
力 2133

lián

蓮 108
連 266
廉 1593
憐 1759
溓 1805
鎌 2155

liǎn

斂 576

liàn

練 2004

liáng

良 844
梁 919
粱 1212
糧 1214
涼 1807

liǎng

兩 1284

liáo

遼 271
聊 1867

liè

列 696
埒 2049

lín

林 931
鄰 1032
臨 1401

lǐn

㐭 845

líng

靈 82
柃 904
領 1504
泠 1786
淩 1789
陵 2219

lìng

令 1523

liú

騮 1653
瀏 1813
留 2121
鎦 2157

liǔ

桺 894

liù

六 2288

lóng

籠 722
隆 974
龍 1823

lǒng

隴 2239

lóu

樓 903
婁 1924

lòu

漏 1809
屚 1820

lú

臚 666
盧 768
櫨 903
廬 1582

lǔ

魯 608
櫓 911
虜 1130
鹵 1846

lù

祿 52
路 348
觻 702
簏 932
鹿 1671
濼 1789
露 1821
錄 2148
陸 2233

lǘ

驢 1666
閭 1850

lǚ

呂 1274
履 1469

lǜ

律 300
慮 1741
綠 2004

luán

䜌 456
鸞 635
欒 894

luàn

亂 2328

lüè

略 2112

lún

論 432

luó

蠃 1665

luò

落 114
雒 626
駱 1654
洛 1785

M

má
麻 1217
mǎ
馬 1641
mǎi
買 1007
mài
邁 241
麥 858
賣 962
mán
謾 456
mǎn
滿 1795
màn
曼 511
縵 2004
máng
芒 109
駹 1654
mǎng
莽 132
máo
茅 106
毛 1439
矛 2184
mǎo
卯 2390
mào
茂 110
瞀 594
貿 1004
冒 1283
袤 1410
皃 1478
méi
某 897
枚 900
郿 1033
měi
美 631
mèi
韎 865
昧 1064
mén
門 1848
méng
萌 109
蒙 122
盟 1126
蝱 2018
měng
猛 1675
mèng
孟 2382
mí
糜 1213
麋 1671
mǐ
米 1211
靡 1824
mì
密 1575
糸 1997
miǎn
沔 1785
勉 2135
miàn
面 1508
miáo
苗 111
miǎo
眇 598
miè
滅 1809
mín
民 1938
mǐn
閔 1866
míng
名 177
鳴 636
朙 1124
mìng
命 187
mó
摩 1887
mò
莫 130
末 899
沒 1804
墨 2059
móu
牟 171
謀 432
繆 2012
mǒu
某 897
mǔ
牡 167
母 1903
畮 2109
mù
莫 130
鞪 497
牧 581
目 593
木 885

沐 1807
募 2140

N

nà
納 1999
nǎi
乃 747
nài
柰 886
耏 1637
nán
鸛 635
南 965
男 2129
náng
囊 982
nèi
內 816
néng
能 1680
ní
尼 1456
泥 1792
nì
逆 254
匿 1963
niè
瓛 1809
nián
季 1164
niàn
廿 382
念 1747
niàng
釀 2432
niǎo
鳥 632
褭 1434
嬈 1925
niè
幸 1723
涅 1796
聶 1870
níng
寧 748
nìng
甯 591
niú
牛 161
niǔ
紐 2006
nóng
農 492
濃 1805
nú
奴 1906
nǔ
弩 1987
nù
怒 1755
nǚ
女 1897
nüè
虐 767
瘧 1280
nuò
諾 430

O

ǒu
偶 1371
歐 1488

P

pān
潘 1807
pàn
畔 2110
páng
旁 47
稫 1163
龐 1594
páo
袍 1409
pèi
佩 1317
配 2433
pén
盆 768
péng
蓬 123
彭 761
輣 2198
pī
鈹 2150
pí
皮 567
脾 667
枇 892
椑 909
埤 2062
pǐ
匹 1963
pì
萆 118
副 695
piān
偏 1364
pián
便 1351
piǎo
縹 2004

piào	酺 2433	綥 2005	乾 2328	qiè
剽 697	pǔ	畦 2109	qiǎn	妾 469
驃 1655	普 1073	qǐ	遣 261	竊 1215
pín	浦 1798	起 208	淺 1796	[犭去] 1675
貧 1009	pù	豈 764	qiàn	挈 1876
pǐn	暴 1073	杞 895	倩 1319	匧 1969
品 349		qì	qiāng	qīn
pìn	Q	器 351	羌 631	侵 1337
牝 168		訖 450	槍 903	親 1484
píng	qī	棄 640	qiáng	欽 1485
平 752	桼 976	罄 818	彊 1984	qín
馮 1662	郪 1042	亟 2039	強 2014	秦 1207
pō	期 1119	qiān	qiáo	堇 2068
頗 1506	漆 1785	牽 171	樵 896	勤 2138
pò	谿 1819	遷 258	橋 919	禽 2314
迫 270	妻 1901	千 375	僑 1320	qīng
霸 1118	戚 1956	騫 1664	喬 1722	青 775
破 1605	七 2299	婜 1913	qiǎo	頃 1380
póu	qí	qián	巧 740	卿 1561
抔 1882	奇 751	前 216	qiào	清 1794
pú	祁 1040	虔 767	譙 458	輕 2198
蒲 106	齊 1135	錢 2150	qiě	qíng
僕 470	騎 1657	鉗 2155	且 2160	檠 910

qǐng

請 424

qìng

慶 1751

qiōng

穹 1276

銎 2150

qióng

窮 1277

qiū

邱 1045

秋 1205

丘 1393

qiú

遒 270

囚 992

賕 1010

仇 1371

裘 1434

qū

趨 207

虛 1394

屈 1469

軀 1663

區 1963

曲 1970

qú

朐 686

渠 1799

絇 2009

qǔ

取 516

qù

趣 207

去 771

quán

全 818

權 894

泉 1814

quǎn

犬 1672

quàn

券 697

quē

缺 818

què

雀 628

卻 1545

qún

羣 631

R

rán

䫇 1518

然 1682

rǎn

冄 1636

姌 1913

ráng

穰 1163

ràng

讓 458

ráo

饒 793

rǎo

擾 1884

rè

熱 1697

rén

人 1307

仁 1316

任 1352

壬 2357

rěn

忍 1759

rèn

刃 699

紝 1998

réng

卤 747

rì

日 1051

róng

融 499

榮 895

容 1246

頌 1500

戎 1944

ròu

肉 666

rú

襦 1412

濡 1792

如 1913

孺 2381

rǔ

汝 1785

乳 1825

辱 2398

rù

茹 119

入 808

ruì

芮 111

rùn

閏 79

ruò

若 118

弱 1518

溺 1782

S

sà

卅 394

sài

塞 2063

sān

三 59

sàn

散 687

sāng

喪 206

桑 933

sāo

騷 1664

sǎo

嫂 1905

sè

嗇 848

色 1555

shā

殺 559

沙 1797

shān

删 696

山 1573

shǎn

陝 2239

shàn

譱 462

擅 1885

繕 2007

shāng

商 352

傷 1366

shǎng

賞 998

shàng

上 42

尙 149

shāo

稍 1205

佋 1371

shǎo

少 137

shé

斲 121

shè

社 58

赦 577

舍 801

躲 821

攝 1876

shēn

曑 1078

身 1404

深 1786

紳 2005

申 2423

shén

神 55

shěn

宷 159

沈 1805

shèn

腎 667

甚 741

愼 1744

shēng

生 973

聲 1868

勝 2136

升 2181

shéng

繩 2009

shèng

賸 909

聖 1867

shī

詩 431

師 948

施 1076

尸 1440

失 1886

shí

十 354

食 784

時 1060

實 1244

什 1334

碩 1504

石 1596

拾 1886

shǐ

史 522

矢 819

使 1354

豕 1638

始 1908

shì

士 82

釋 160

是 239

適 242

世 402

識 433

試 441

事 536

式 739

市 837

貰 1003

室 1223

侍 1331

視 1483

氏 1942

shōu

收 579

shǒu

守 1247
首 1508
手 1871
shòu
受 648
瘦 1280
壽 1436
狩 1676
授 1882
綬 2006
shū
叔 515
書 545
舒 645
殊 663
橾 919
鄃 1042
紓 2000
輸 2202
疏 2383
shú
孰 510
贖 1004
秫 1144
shǔ
數 571
暑 1073
黍 1211
署 1289
蜀 2015
shù
術 340
豎 557
樹 897
束 977
庶 1594
恕 1750
戍 1946
shuāng
霜 1822
shuài
率 2014
shuí
誰 459
shuǐ
水 1761
shuì
稅 1205
shǔn
盾 600
楯 903
shùn
舜 865
順 1505
shuō
說 441
shuò
朔 1109
碩 1504
sī
私 1141
司 1521
厶 1569
思 1741
絲 2013
斯 2174
sǐ
死 664
sì
祀 57
寺 564
笥 722
俟 1320
肆 1635
駟 1662
泗 1789
汜 1798
四 2256
巳 2398
sōng
松 896
sòng
送 260
訟 457
宋 1269
頌 1500
sōu
蒐 106
sū
蘇 101
sú
俗 1354
sù
㮚 1132
宿 1264
素 2013
suàn
筭 724
算 724
suī
綏 2012
雖 2014
suí
隨 242
suì
㒸 150
歲 226
遂 267
誶 458
隧 2244
sūn
飧 792
孫 1992
suō
莎 121

suǒ

索 963
所 2162

T

tā

它 2018

tà

遝 253
沓 746
濕 1789
闒 1850

tái

臺 1843

tán

談 422
郯 1043
壇 2066

tǎn

黮 1706

tāng

湯 1806

táng

唐 200
棠 891
堂 2049

táo

逃 268
桃 890
檮 922
陶 2242

tè

特 168

tí

荑 104
題 1503
提 1877
綈 2004

tǐ

體 666
緹 2005

tiān

天 34

tián

恬 1749
填 2053
田 2104

tiǎn

殄 663

tiāo

佻 1365

tiáo

調 442
條 900

tiào

糶 1214

tiē

聑 1870

tiě

鐵 2148

tīng

桯 904
聽 1867

tíng

廷 310
亭 829
庭 1583

tǐng

梃 901

tìng

聽 1867

tōng

通 256

tóng

童 469
筩 722
桐 895
同 1281
銅 2148

tǒng

統 1998

tòng

痛 1278

tóu

頭 1493
投 1884

tū

突 1276

tú

𨑒 241
圖 983
屠 1456
涂 1782

tǔ

土 2042

tù

兔 1672

tuī

推 1874

tuí

魋 1569

tūn

吞 177

tún

豚 1638

tuō

託 448
脫 682
它 2018

tuó

橐 978
佗 1321
沱 1780

W

wǎ

瓦 1971

wài

外 1127

wán

完 1240
丸 1596
狠 1673

wǎn

脘 686
宛 1225
綰 2005
輓 2204

wàn

萬 2314

wāng

汪 1793

wáng

王 73
忘 1754
亾 1960

wǎng

往 280

wàng

望 1397

wēi

微 282
巍 1569
危 1596
威 1904

wéi

爲 499
圍 992
維 2010

wěi

葦 121
唯 190
韋 865
偉 1320
猥 1673
煒 1694
緯 1998
隗 2234

wèi

衛 341
謂 422
胃 667
僞 1365
磑 1605
尉 1683
渭 1782
未 2417

wēn

溫 1780

wén

文 1519
聞 1869

wèn

問 189

wēng

翁 625

wǒ

我 1956

wò

臥 1400
捾 1873

wū

誣 456
烏 636
巫 740
屋 1456

wú

吾 181
吳 1721
毋 1926
橆 1962

wǔ

舞 865
伍 1333
武 1950
隖 2244
五 2269
午 2414

wù

物 172
誤 457
敄 567
勿 1635
悟 1752
汙 1805
務 2135
戊 2336

X

xī

悉 159
犀 171
翕 626
羲 751
析 923
昔 1073
夕 1126
熙 1698
奚 1729
息 1742
惜 1756
谿 1819
西 1843
錫 2148

xí

習 624
檄 917

席 1298
襲 1409

xǐ

𨑨 258
喜 760
憙 760
枲 1217
璽 2058

xì

氣 1214
係 1370
戲 1950
細 2000

xiá

瑕 81
俠 1333
黠 1704
陜 2234

xià

丅 47
夏 863

xiān

僊 1371
先 1478
鮮 1823

xián

咸 192
賢 994
次 1490
弦 1992

xiǎn

顯 1507

xiàn

臽 1215
獻 1677
憲 1747
陷 2235

xiāng

相 594
箱 723
𨛜 1045
襄 1412
驤 1657

xiáng

詳 433
夅 868
庠 1582

xiǎng

亯 1225
想 1752

xiàng

䢼 1049

xiāo

蕭 108
囂 351
霄 1820

xiǎo

小 133
曉 1074

xiào

效 567
斆 582
肖 682
笑 725
孝 1438

xié

脅 668
偕 1328
頡 1506
攜 1876

xiě

寫 1262

xiè

謝 450
解 710
械 923
[illegible] 1218
屑 1456

xīn

薪 120
訢 441
欣 1486
歆 1489
心 1741
新 2174
辛 2351

xìn

信 438

xīng

興 491
曐 1077

xíng

行 334
㓝 778
滎 1798

xǐng

省 599

xìng

杏 886
姓 1899

xiōng

凶 1215
兇 1216
兄 1477
匈 1567

xióng

熊 1681

xiū

脩 686
休 923
髹 977

xū

胥 687
虛 1394
須 1517

揟 1887
戌 2435
xú
徐 282
xǔ
許 430
詡 444
xù
壻 88
序 1585
洫 1798
緒 1997
續 1999
絮 2011
畜 2126
xuān
[illegible] 702
宣 1223
軒 2195
xuán
玄 644
縣 1508
xuàn
泫 1793
xuē
薛 104
削 690
xuě
䨮 1820
xuè
血 773
xūn
勳 2133
xún
循 281
旬 1567
xùn
訊 433

Y

yá
衙 341
牙 345
yà
軋 2203
yān
焉 637
煙 1694
yán
嚴 204
延 316
言 405
顏 1499
鹽 1846
閻 1851
yǎn
偃 1365
广 1576
奄 1720
衍 1793
匽 1963
yàn
晏 1067
宴 1239
傿 1364
彥 1519
驗 1656
燕 1823
yāng
央 840
yáng
羊 630
楊 892
昜 1636
陽 2222
yǎng
養 792
卬 1380
yàng
狀 1674
恙 1757
yāo
叟 491
yáo
肴 683
姚 1901
繇 1996
堯 2068
軺 2195
yào
藥 116
叟 491
yě
冶 1820
也 1940
野 2103
yè
葉 109
謁 426
業 469
鄴 1041
夜 1126
掖 1889
堨 2049
yī
一 1
伊 1319
依 1330
衣 1405
壹 1722
醫 2433
yí
遺 267
移 1144

宜 1259
儀 1351
夷 1720
匜 1870
疑 2383

yǐ

矣 826
倚 1330
錡 2150
乙 2325
㠯 2401

yì

議 433
誼 443
詣 451
異 488
翊 626
益 768
邑 1011
易 1639
驛 1664
亦 1721
睪 1725
意 1742
泄 1788
浥 1796
溢 1807
乂 1939
弋 1939
義 1957
軼 2204

yīn

音 463
因 990
殷 1404
湮 1804
陰 2221

yín

吟 201
鄞 1043
寅 2386

yǐn

尹 512
㱃 1490
隱 2238

yìn

蔭 110
印 1549

yīng

英 109
癭 668
罌 818
應 1744
嬰 1924

yíng

迎 254
贏 1001
營 1273
熒 1707

yǐng

穎 1157

yōng

庸 589
雝 629
癰 1279

yǒng

甬 1132
永 1817
勇 2139

yòng

用 584

yōu

憂 862

yóu

郵 1032
游 1077
尤 2328

yǒu

友 521
有 1119
酉 2427

yòu

右 192
又 510
幼 643

yú

余 158
衙 341
羭 631
亐 752
虞 766
餘 794
榆 896
褕 1407
圉 1726
愚 1754
魚 1822
輿 2198
臾 2427

yǔ

語 421
與 488
羽 625
予 645
傴 1370
庾 1593
雨 1820
禹 2318

yù

玉 80
遇 255
御 309
欲 1486
豫 1640
獄 1678

浴 1807
彧 1950
育 2383

yuān

冤 1672
淵 1795

yuán

元 26
爰 647
園 990
員 993
袁 1412
厵 1816
緣 2006
垣 2048
轅 2199

yuǎn

遠 271
阮 2239

yuàn

苑 115
願 1500
掾 1877

媛 1924

yuē

曰 743
約 2001

yuè

越 208
龠 349
說 441
籥 717
樂 911
月 1078
閱 1865

yún

雲 1822

yǔn

允 1474

yùn

運 259
鄆 1040
惲 1748

Z

zā

帀 948

zá

雜 1413

zāi

哉 192

zǎi

宰 1246

zài

再 640
栽 902
在 2050
載 2199

zàn

贊 997
酇 1032

zāng

臧 557

zàng

奘 1729

zāo

糟 1214

zǎo

早 1064
蚤 2017

zào

草 127
造 252
譟 457
竈 1275
燥 1697
漕 1809

zé

則 694
責 1004
幘 1294
澤 1796
擇 1882

zéi

賊 1945

zēn

兂 1478

zēng

曾 149
繒 2003
增 2062

zèng

甑 1971

zhá

札 916

zhà

詐 457

zhāi

齋 56

zhái

宅 1223

zhān

占 582
旃 1076

zhǎn

展 1456
斬 2204

zhàn

湛 1804
戰 1949

zhāng

章 464
張 1973

zhǎng

掌 1871
zhàng
丈 374
杖 910
障 2238
zhāo
昭 1064
軺 1076
佋 1371
zhào
召 188
趙 210
詔 440
兆 584
zhē
遮 271
zhé
讋 458
輒 2199
zhě
者 609
zhè
柘 895
zhēn
貞 582
箴 724
楨 902
眞 1379
塡 2053
鍼 2150
zhěn
診 459
zhèn
診 459
朕 1470
振 1885
zhēng
延 242
徵 1396
zhèng
正 235
證 458
政 570
鄭 1034
zhī
支 545
隻 626
脂 687
知 825
枝 900
之 933
織 1998
zhí
殖 663
値 1371
執 1725
職 1868
拓 1886
直 1957
zhǐ
止 214
指 1871
軹 2199
zhì
[illegible] 616
制 697
致 861
質 1004
郅 1042
穉 1140
秩 1160
窒 1276
置 1291
彘 1638
炙 1708
志 1742
至 1836
畤 2112
銍 2155
陟 2235
zhōng
中 89
忠 1744
終 2003
鐘 2156
zhǒng
踵 347
冢 1567
zhòng
種 1139
仲 1318
眾 1394
重 1399
zhōu
周 199
州 1814
zhóu
軸 2199
zhǒu
帚 1298
zhòu
晝 556
紂 2011
縐 2011
酎 2432
zhū
珠 82
諸 431
誅 460
朱 898
豬 1637
銖 2156
zhú
逐 269
竹 713

筑 724
燭 1693
zhǔ
主 773
枓 909
屬 1465
zhù
祝 57
箸 722
柱 902
杼 909
注 1800
助 2135
zhuān
專 567
zhuàn
傳 1357
轉 2202
zhuāng
莊 99
裝 1414
zhuàng
壯 88
狀 1674
戇 1754
zhuī
追 269
騅 1654
錐 2156
zhuì
隊 2235
zhūn
屯 99
肫 666
[巾盾] 1298
zhǔn
準 1805
zhuó
勺 2159
斲 2162
酌 2433
zī
茲 110
菑 116
資 994
貲 1010
頿 1518
甾 1971
zǐ
茈 106
訾 457
姊 1905
子 2364
zì
自 600
字 2379
zōng
稯 1208
宗 1270
zǒng
總 2000
zòng
縱 2000
zōu
菆 127
騶 1664
掫 1888
陬 2234
zǒu
走 207
zòu
奏 1728
zū
租 1204
zú
足 346
族 1077
卒 1415
zǔ
祖 57
zuǎn
酇 1032
zuì
罪 1288
zūn
遵 242
尊 2433
zuó
昨 1068
zuǒ
左 735
zuò
胙 683
作 1334
坐 2051